中国社会科学院创新工程学术出版资助项目

于文浩 著

民国初期的中日民间经济外交：

以商人组织为主体的历史考察

中国社会科学出版社

图书在版编目（CIP）数据

民国初期的中日民间经济外交：以商人组织为主体的历史考察/于文浩著．
—北京：中国社会科学出版社，2018.4
ISBN 978 - 7 - 5203 - 0868 - 7

Ⅰ.①民… Ⅱ.①于… Ⅲ.①中日关系—对外经济关系—研究—民国
Ⅳ.①F125.531.3

中国版本图书馆 CIP 数据核字（2017）第 210815 号

出 版 人	赵剑英
责任编辑	吴丽平
责任校对	石春梅
责任印制	李寡寡

出 版	中国社会科学出版社
社 址	北京鼓楼西大街甲 158 号
邮 编	100720
网 址	http://www.csspw.cn
发 行 部	010 - 84083685
门 市 部	010 - 84029450
经 销	新华书店及其他书店
印刷装订	北京明恒达印务有限公司
版 次	2018 年 4 月第 1 版
印 次	2018 年 4 月第 1 次印刷
开 本	710×1000 1/16
印 张	22
字 数	360 千字
定 价	88.00 元

序　言

　　于文浩的博士后报告经过修改终于出版了，可喜可贺。大凡学者有新著出版，均是可喜可贺之事，不过我这里对于文浩此书出版的可喜可贺还另有缘由，一是因其不易也，二是因其不凡也。

　　所谓不易，是指于文浩成就此书之不易。于文浩于2009—2011年在中国社会科学院近代史研究所跟我做博士后。此前，她在日本留学8年，修完硕士和博士研究生，2009年在日本中央大学综合政策学院获博士学位，学的是经济学，研究的是当代中国经济问题，博士论文《中国区域经济差距和区域开发政策的研究：基于实证研究和政策研究的视角》，不仅获得日本中央大学最高的学术奖项：第14届船木胜马学术奖，还获得2012年度国家社会科学基金中华学术外译项目资助。2009年夏，当她从日本获得博士学位回国之时，一时没找到合适的工作，经人介绍来找我帮助。我对她留学8年还没找到合适工作的境况很是同情，很想帮她，但亦无能为力，转而想到她是留学归国人员如果做博士后的话不会受名额限制，先做博士后过渡一下不失为一个办法，遂答应帮她找找做博士后的单位和导师，而她则直接提出就做我的博士后。我觉得她所学所研与近代史一毛钱关系也没有，能跟我做博士后吗？能在2年中写出博士后报告吗？但也觉得她经过系统的研究工作训练，有经济学素养，有较好的科研功底，所做博士论文也不错，日语水平又很高；又联想到我正承担国家社科基金的一个关于"中国近代商人外交"的课题，内中包含中美、中日、中英三大块，中美这一块已由我的第一个博士研究生贾中福做了，不妨就把中日这一块交给她来做吧，发挥她日语的长处，加之我已收集了一些资料，掌握了一些资料线索，可以让她利用，减少她查资料的时间，或许在2年中能够完成博士后报告。于是我就抱着试试看的心情，同意接受她做我的博士后。

　　于文浩进站做我的博士后以后，为了弥补近代史学术背景的短缺，学习非常努力，补习了不少近代史和近代经济史的著作，领会能力亦很强，我给她讲的东西很快就能理解。为了写好博士后报告，又专门去日本搜集资料，利用了大量的日文资料。在做博士后期间，还在研究报告的基础上，以中日民间经济外交为内容，申报并获得了中国博士后科学基金面上资助项目和特别资助项目。一人获得博士后基金面上资助和特别资助两个项目，这在博士后中是极为少见的，这可能是她的运气好，但亦表明她对这一研究课题领会到家，能设计出新颖的研究目标和框架结构。最终，她经过刻苦努力，按时完成了出站报告，实属不易。

　　所谓不凡，是指于文浩此书多有出新出彩之处。这本著作的书名是《民国初期的中日民间经济外交：以商人组织为主体的历史考察》，与她的博士后报告《中日民间经济外交（1919—1928）：以商人团体为主体的历史考察》略有不同，但主体内容是大同小异的。当时，我替她选择这一论题时，是基于我的已有研究而考虑的。我从1993年出版的《商会与中国早期现代化》一书撰写时开始提出和研究近代中国的商人外交问题，到2000年在《近代史研究》第2期发表《五四运动与商人外交》一文，开始从完善商人外交概念的角度提出民间经济外交的问题，认为："所谓商人外交，从外交活动的主体来说，它是国民外交的一个组成部分，是指商人的有组织的对外交往活动，内中包括商人独立的外交活动和商人与政府合作的外交活动，又包括商人直接的外交活动和间接的外交后援活动，但是不包括商人个人的外事活动；从外交活动的内涵来说，它是民间经济外交的主体，也就是一种把经济利益作为主要目标，或作为主要手段以达到其他目标的国民外交。"到时隔10年后的2010年，在《史林》第4期发表《早期世界博览会与清末民初商人外交的兴起》一文，对民间经济外交再做概念界定，提出："所谓民间经济外交，是指民间有组织的，以促进和改善国际经贸关系和本国经济发展为目的的国际交往活动，为实际国际经贸业务的发展创造条件。具体而言，可以包括参与国际经贸组织活动；开展生产技术、经贸知识和信息的国际交流；进行国际经济合作的意向性互访和谈判，以及签订框架性合作协议等，但不包括实际的国际经贸业务。由于民间经济外交往往以商人为主体，因而也是商人外交的主要内容。"但此文的立脚点仍在商人外交，只是对民间经济外交问题有所涉及。

因此我至今没有做过多少近代中国民间经济外交的专题性研究，时时惦记此事。现在于文浩这一著作的问世，终于让我看到了关于近代中国民间经济外交的实证研究成果。

于文浩不仅做了我想做而没有做到的事情，而且完善和超越了我对这一问题的理论认识和研究范畴。她对民间经济外交提出了如下概念界定和内容概括："民间经济外交是指民间的商人组织利用其掌握的经济命脉，为捍卫国家主权和自身权利，通过正式或非正式的对内对外交涉和交流，来影响本国政府或他国政府的决策以及国际关系，是相对于政府外交而言的非常广泛的外交活动领域中的一部分。需要强调的是民间经济外交的实施主体是具有非官方身份的商人组织，不是单个的企业的外事行为或商人个人的外事活动。民间经济外交的活动方式是多种多样的，既包括独立的、以及与政府合作的外交活动和对外交流交涉，还包括直接的外交活动和间接的外交后援活动。对内的活动方式主要是组织一定规模的舆论运动和民众运动，利用舆论宣传活动，激发本国公众舆论支持，影响本国政府的外交立场和对外交涉力度；同时也力求争取得到外交对象国公众舆论的理解，争取达到外国政府修正对外政策的目的。对外的活动方式主要是通过出国访问、参会或者接待来访活动，开展对外交涉和交流活动。活动方式或是与一些对政府决策有影响力的人物建立某种私人关系，再运用这些关系来间接影响外国政府的对外政策；或是与外国政府官员或政府机构直接接触，以影响外国政府的对外政策。"

在具体研究方面，该书以时间为经，以历史事件及重要人物为纬，将战前中日商人组织为主体的中日民间经济外交放在中日两国国内外政治环境的大背景中加以分析，在梳理清史实的基础上，着重分析中日两国民间经济外交发生、发展、演变的历史过程，及其与两国政治外交、相互经济利益的关系。并从国际经济学与国际政治学的观点出发，评价民间力量与政治决策的关系、估量民间经济外交在国家政治外交过程中的地位，对中日民间经济外交的作用、特点、影响作出总体评价。可以说对1908—1928年间的中日民间经济外交进行了至今最为全面系统的研究，理清其发展变化脉络，指出其基本特点，总结其历史作用，揭示了这一历史阶段中日外交的另一个面向。

民间经济外交是随着民间经济力量的增强和经济全球化的扩展而逐渐发展起来的，它首先在西方发达国家兴起，在近代中国亦已经出现，在当前中国则更是日显活跃而重要。但对它的学术研究，则无论是国外还是国内都显得明显不足，尤其是国内的研究更是少有学者问津。在我于2000年提出这一问题之时，国内所见仅有一位留日学者李恩民所著的《中日民间经济外交，1945—1972》（人民出版社1997年版）一书，且所研究之内容实则主要是战后及新中国早期的中日民间贸易，而较少民间经济外交的特色，更未包括近代的内容。后来，我的第一个博士研究生贾中福出版了他的博士论文《中美商人组织与近代国民外交（1905—1927）》（中国社会科学出版社2008年版）一书，内中有些内容也涉及了中美民间经济外交，但毕竟该书不是专门研究中美民间经济外交的。

现在有了于文浩的这本著作，虽然仍属初创之作，不免有论述不够精到，研究不够充分，范围比较有限之缺陷，但其创新之功值得肯定，其研究所得值得重视。从总体上来说，民间经济外交的研究还有很大的空间，如中日民间经济外交还有其他时段尚未研究，而中国与其他国家的民间经济外交的研究更几乎是空白一片。因此，希望于文浩和更多的学者，在此项研究成果的基础上继续深入和开拓中外民间经济外交的研究。

虞和平

2017年10月

目　　录

绪论 ……………………………………………………………………（1）

第一节　选题的意义 …………………………………………………（1）

第二节　文献综述 ……………………………………………………（3）

　一　国内外与民间经济外交相关的文献综述 ………………………（3）

　二　国内外民间经济外交专题研究的文献综述 ……………………（4）

　三　已有研究成果的不足 ……………………………………………（5）

第三节　本书的研究目的 ……………………………………………（6）

第一章　民间经济外交的内涵 ……………………………………（7）

第一节　清末民初民间经济外交意识产生的背景 …………………（7）

　一　国际背景 …………………………………………………………（7）

　二　国内背景 …………………………………………………………（8）

第二节　民间经济外交意识的发展阶段 ……………………………（9）

　一　最初萌发阶段 ……………………………………………………（10）

　二　初步发展阶段 ……………………………………………………（11）

　三　强化发展阶段 ……………………………………………………（14）

第三节　民间经济外交的概念 ………………………………………（19）

第二章　清末民初中日民间经济外交之始端

　　　　——1908 年抵制日货运动 ……………………………（23）

第一节　商人组织主导下的抵制日货运动 …………………………（23）

第二节　商人组织的作用 ……………………………………………（27）

第三章　跨出国门的中日民间经济外交

　　　　——中日实业代表团的互访 …………………………（30）

第一节　1910 年日本实业团访华概况 ………………………（30）

　　一　访华的背景：中日民间经济外交与美国 ……………（30）

　　二　日本实业团的访华经纬及内容 ………………………（32）

第二节　1926 年中国实业代表团的赴日访问 ………………（40）

　　一　出访日本的缘起 ………………………………………（40）

　　二　赴日访问的经过 ………………………………………（50）

　　三　出访日本的意义 ………………………………………（76）

第四章　华盛顿会议前及会议期间中国商人组织的民间经济外交

　　　　活动 ……………………………………………………（80）

第一节　华盛顿会议前的民间经济外交活动及其主张 ……（80）

　　一　反对直接交涉山东 ……………………………………（81）

　　二　救国赎路运动的发起 …………………………………（84）

　　三　选派赴美国民代表 ……………………………………（91）

　　四　华盛顿会议的积极筹备 ………………………………（96）

第二节　华盛顿会议期间积极主动的民间经济外交活动 …（98）

　　一　参与中日"边缘"会谈的外交努力 …………………（98）

　　二　救国赎路运动的发展 …………………………………（105）

　　三　集金赎路运动的结束及其影响 ………………………（116）

　　四　各地为支持政府外交而发动的抵制日货运动 ………（117）

第五章　"抵制"与"反抵制"

　　　　——华盛顿会议后中日商人组织与民间经济外交的

　　　　进一步发展 ………………………………………………（122）

第一节　"抵制"：围绕交涉旅大中国商人组织发起的抵制日货

　　　　运动 ………………………………………………………（122）

　　一　抵制日货运动的原因 …………………………………（122）

　　二　抵制日货运动的发动 …………………………………（126）

　　三　抵制日货运动的发展 …………………………………（132）

第二节　抵制日货运动的政治经济效果评价 ………………（168）

第三节　日本商人组织的"反抵制"运动 ……………………（173）

一　"反抵制"运动核心力量：日华实业协会的创建 ………（173）

二　日本国内的"反抵制"经过 ……………………………（177）

三　在华日本商人组织的"反抵制"经过 …………………（188）

四　"反抵制"的特点 ………………………………………（196）

第四节　"抵制"与"反抵制"：中日民间经济外交视角下的

博弈 ……………………………………………………（199）

第六章　关税特别会议前后中国商人组织发起的民间经济外交

活动 ………………………………………………………（206）

第一节　中国关税主权的丧失经过 ………………………（207）

第二节　关税自主意识的兴起及增强 ……………………（209）

一　关税研究会的成立及召开 ……………………………（215）

二　关税研究会的议案内容 ………………………………（240）

第三节　关税特别会议：中国商人组织力争关税自主的民间经济

外交斗争 ………………………………………………（259）

一　中国商人组织致力于税则修改和关余用途的活动 ………（259）

二　中国商人组织争取关税自主的主张 …………………（267）

三　中国商人组织为关税特别会议建言献策 ……………（282）

第七章　天津日本居留民团的民间经济外交活动

——1928 年低利息资金请愿运动 ……………………（302）

第一节　天津日本居留民会的构成 ………………………（303）

第二节　低利息资金请愿运动的背景 ……………………（306）

第三节　低利息资金请愿运动的始末 ……………………（308）

一　低利息资金的启动 ……………………………………（308）

二　在华居留民团及商工会所联合会提议的发起 ………（312）

三　低利息资金贷款的实施 ………………………………（314）

第八章　民国初期中日民间经济外交的评价 …………………（317）

第一节　中日民间经济外交的作用 ………………………（317）

一　中日民间外交对政府外交的作用 ……………………（317）

二　中日民间外交对经济发展的作用 ……………………（320）

第二节　中日民间经济外交的特点 ……………………（321）

结语 ……………………………………………………（325）

主要参考文献 …………………………………………（331）

后记 ……………………………………………………（340）

绪　论

第一节　选题的意义

近代民间经济外交的研究起步较晚，虽在商会史、反帝爱国运动史和中外关系事件研究中有所涉及，但对于民间经济外交的理论研究却很少，这与民间经济外交的重要性极其不符。民间经济外交活动与所处时代的国内外政治、经济形势密切相关，体现了商人组织为了维护自身和国家经济利益所付出的外交努力，这种外交努力又反映了当时的政治倾向、经济发展状况以及社会、民族意识。作为政府外交的补充方式，尤其在国内外重大事件中涉及的较多，在维护国家主权、民族利益方面，发挥了不可忽视的作用。

对此，虞和平老师指出："从外交活动的能量来说，商人有较广的社会联系网络，上与官绅相维相系，外与洋商相连相争；又有较高的团体组织水平，各种固定的、临时的组织，不仅涵盖了全体商人，而且联结了其他的社会阶层。因此，商人具有较多、较强的外交诉求和外交能力，他们的外交活动不仅作为民间经济外交主干载体而在国民外交中频繁出现，而且作为社会的主要代表力量往往在诸多的国民外交运动中处于领导和核心的地位。"另外，"从外交活动的内容构成来说，国民外交所涉及的内容虽然很广泛，包括政治、军事、经济、文化、教育等方面，但是涉及最多的还是经济方面"。并且"经济方面的外交，无疑以商人外交为主干载体。因此，从商人的外交活动考察国民外交，应该说是既可以抓住国民外交的主流，又可以深入到国民外交的核心"。①

---

① 贾中福：《中美商人组织与近代国民外交（1905—1927）》，中国社会科学出版社 2008 年版，序言第 2—3 页。

　　在民国初期这一研究时段，在中国方面，在内，中央政权极其不稳，中央集权空前弱化，而且军阀连年混战，中央财政极度空虚；在外，政治、经济上受制于外国列强，尤其是来自邻国日本的对华侵略扩张，使得中国大量主权旁落，政府在外交上经常做出有损国家利益的决定。尤其是第一次世界大战后巴黎和会的召开，使中国看到了能够享受平等的国际待遇的希望，认为这是一次能够挽回中国百十年在国际上失败的好机会。但是在巴黎和会上，非但没有改善中国的国际地位，而且还将山东主权转移给了日本。围绕山东问题，中国的外交意识在这种民族危机严重的情况下得以激发，激起了轰轰烈烈的五四运动的爆发。在五四运动过程中，以商人组织为主的民间经济外交意识也得到了继续强化，其表现主要有两点：一是"力争中华平等独立国际地位的思想认识有较大提高"；二是"斗争手段有所强化""除了采用通电请愿、抵制日货等传统方法之外，还采用了对资产阶级来说最为有力的手段——罢市和抗税"。[①]

　　在国际关系中，国家力量是衡量一国在国际社会中地位、作用和影响的重要尺度。其中的一个主要因素就是以经济力量为后盾的物质要素。第一次世界大战后，日本一跃成为债权国、国际收支的顺差国，且民间资本也有了相当程度的积累。经济上，1919 年日本对华投资为 14.39 亿日元，比战前增长近 2 倍。对华贸易总额达 11.424 亿日元[②]，较战前增长 2.6 倍，日本几乎形成对中国市场的独占地位。而日本实业界通过资本的输出以及贷款等经济手段占据国外市场的要求，与政府所期待的实现经济权益的扩张要求达到了一致。但是，随着对中国市场的扩张这一过程，日本的商人组织也面临着两个严峻的课题：一是日本与西方列强围绕中国市场上的争夺日益尖锐化，二是中国各地如火如荼的反日高潮。在这种形势下，日本商人组织积极展开了对华的民间经济外交，以摆脱实业界所面临的困境。

　　因此，对此分析时段的中日民间经济外交进行研究，不仅对于近代商人研究和社会经济史研究具有非常重要的意义，而且对于我们进一步充分了解民国初期的政治外交全貌、了解其运行的机制以及研究中日关系史也有不可忽视的作用。

　　但是，到目前为止，我们对这一研究还相当陌生，没有相关的专题研

---

①　虞和平：《商会与中国早期现代化》，上海人民出版社 1993 年版，第 354—355 页。

②　参见［美］雷麦《外人在华投资》，蒋学模等译，商务印书馆 1959 年版，第 345 页。

究。基于对此领域研究不足，本书通过对中日两国扎实的史料收集工作，挖掘新史料，并对其展开深入的论述、分析，将是有价值的学术探索。不仅对民间经济外交活动的研究富有开拓和深入的意义，而且丰富和深化了民间经济外交研究的内容，填补了中日民间经济外交专题研究的空白。为人们展示民间经济外交的魅力所在，对当今世界全球化的大趋势下日益活跃的民间组织的对外经济交往活动，具有一定的现实意义。

第二节　文献综述

由于对民间经济外交的研究起步较晚，没有形成系统的研究体系，只是在商会史、反帝爱国运动史和中外关系史中稍有论及。因此，对于民间经济外交理论进入中国的发展过程、发展脉络缺少详尽的梳理，对于民间经济外交的概念研究以及将其作为专题来进行研究的成果也很少，可以说仍然处于初步研究的状态。为做到有所深入、进步的研究，现对国内外研究现状进行文献综述。

一　国内外与民间经济外交相关的文献综述

从相关研究的动态来看，对民间经济外交的实施主体——商会的论述较多，研究视角主要是从商会史的角度出发，研究的内容大多针对商会参与外交活动的过程、表现以及与政治、经济、外交的相互关系，做了阐述和分析。虞和平首次对商人外交的概念进行了定义，对商人外交的表现、形态以及特点等这些综合性的问题进行了开创性的论述，且明确表明"从外交活动的内涵来说，商人外交是民间经济外交的主体"。并且还对商人组织参与太平洋商务会议进行的外交努力做了个案研究，阐明了商人在外交上的重要性。彭邦富就北洋时期商会为维护本阶级和国家民族利益，在兴实业、争主权、反干涉等方面参与的一系列重大的政治、经济、外交活动做了考察，还阐明了外交活动的作用。在此基础上，顾莹惠和郭太风虽没有说明民间经济外交的概念、特点等，但对民间经济外交在国际舞台上的重要组成部分，即为捍卫国家主权、取消不平等条约等外交史实，做了更加详尽的剖析。朱英没有直接提及民间经济外交观念的变迁，但从商人思想观念转变的视角，对商人组织外交意识的发展、变化和形成做了较多论述。李达嘉和张恒忠分别以上海总商会的外交参与活动为例，对外交参与始末、方法手段等做了梳理，描述了民间经济外交的参与主体——商会的政治、经济、外交参与作用。此外，冯筱才从反帝爱国运动角度，论述了商会在国内政治外交问题上的表现和作用。贾中福从中外关系史角度，以中美商人外交活动关系为切入点，研究了近代的国民外交。

日本学界主要从商会史、外交关系史以及华侨史等方面，围绕商人组织参与民间外交的诸多史实和案例，进行了较多的研究，这些研究虽然没有对民间经济外交做出理论界定，但或多或少地蕴含了民间经济外交的相关内容。其中，片桐庸夫以日本实业界头领、商工会所会头涩泽荣一为重要人物，从民间经济外交的角度出发，就日本的商人组织通过民间外交活动，如何参与并影响日本的对华经济政策等内容做了详尽的阐述，在日本学界具有一定的影响力。野泽丰以辛亥革命前中国实业界的发展动向为分析背景，通过对日、美两国实业团访华这一具体的民间外交活动的考察，还原了其发生、发展以及形成的详细过程。金子肇对20世纪20年代上海商会参与政治外交活动的背景和动因做了具体分析。大石嘉一郎针对20世纪20年代至30年代日本对华经济政策的变动，描述了日本商人组织为了在中国市场上争夺经济权益，通过积极参与政治、经济、外交等活动同其他列强国家的商人组织之间的争斗过程。波形昭一以日本最大的商人组织——商工会所在中国的大连、天津以及奉天的支店为主要研究对象，对其在中国所从事的民间经济外交活动，以及同中日两国政府的关系进行了分析。饭岛涉和神户华侨华人研究会的论著，对在日华侨参与民间外交的愿望、行动、结果等作了论述。

在西方学界，以地方商会为研究对象的论文见多。主要对商人参与外交过程中体现的政商关系、外交意识、外交诉求以及作用做了阐释。Joseph Fewsmith 的著作以上海商会为例，分析了晚清至国民党上台期间商人参与政治、外交的演化过程，包括对商人组织观念的变化，参与政治外交诉求等相关变化的探讨。Susan Mann Jones 论述了商人与政治外交关系的动态变化状况，认为民间商人力量的成长隐含着对国家的反抗。Marie-Claire Berère 的著作指出，1911—1927年中国资产阶级对政治参与的觉悟日益增强，是商人组织的组织政治化要求得到发展的黄金时代。

二　国内外民间经济外交专题研究的文献综述

上述内容是与民间经济外交研究相关的文献回顾，与此相比较，民间

经济外交专题研究的文献并不多见。1989 年日本学者木村昌人对近代日本
和美国的民间经济外交观念的发展以及互动过程做了详尽考察，首次提出
了民间经济外交的概念，但对民间经济外交的广义和狭义区分范围，以及
民间经济外交的对象、主体等没有进行严格的定义，这表明在理论上关于
民间经济外交的概念还需要进一步地完善和精确。第一次将近代中日商人
的民间经济外交纳入研究视野的是虞和平，论述了神户华侨商人成立的日
中实业协会在开展民间经济外交活动时，为谋求中日关系的改善，力图影
响日本政府采用友好的对华政策所做出的努力，肯定了民间经济外交的历
史意义和影响。李恩民再次界定了民间经济外交的概念和形态，强调了
"无邦交时期的民间经济外交"的特色，评述了民间经济外交的政治意义
与经济效益的关系。他的定义虽然对民间经济外交的对象、主体及目标有
了更进一步的概括和归纳。但没有厘清民间经济外交观念的发展演变脉
络，从内涵方面来看有待深入探讨。

三　已有研究成果的不足

以上国内外的研究成果为本书的研究提供了值得借鉴的地方，但是仍
然存在着不少尚需更深入探讨和完善之处。主要有以下几个方面。

（1）就理论研究框架而言，以往研究对于民间经济外交的概念、内涵
和外延大多只是进行了简略的归纳，缺乏全面、严密的定义。

（2）就专题研究而言，以往关于民间经济外交的研究大多是在相关研
究中或多或少有所涉及，但作为专题来进行研究的却少之又少，这与民间
经济外交研究的重要性极其不相称。

（3）就研究资料而言，以往研究多利用国内的报纸、杂志、回忆录等
资料，缺乏对国外资料的充分利用，尤其是缺乏对国外的报纸、重要人物
传记资料、商人组织的记录、企业的记事，以及国外外交史料馆、历史史
料馆、官方档案的利用，在研究资料上存在很大的局限性。

（4）就研究范围而言，已有研究偏重于中国商人单方面的外交活动，
而对两国以上的商人双方的，并兼及在中国国内和国外展开的外交活动的
研究却很少，尚缺乏深入研究。

（5）就研究视角而言，已有研究大多从商会史、反帝爱国运动史及中
外关系的角度出发进行研究分析，而缺少从民间经济外交的角度进行考察
和剖析，即在研究视角的转换方面还需拓展。

（6）就问题意识而言，以往研究论著对于民间经济外交所处的国内局势与国际环境、商人与政府的关系及其组织上的转化、民间经济外交所实施的手段等问题，大都是单方面或是简单地进行分析，而没有对这些影响民间经济外交的因素进行综合性的分析和评价，从而容易把复杂的历史问题片面化。

（7）就研究方法而言，以往研究虽然也采用了历史学、政治学、社会学等跨学科的研究方法，但对于以国民外交为主干载体的民间经济外交来讲，还缺乏比较经济学的研究方法的使用。

第三节　本书的研究目的

如同本书在问题意识中所阐述的那样，民间经济外交在国民外交中虽然占有十分重要的地位，但是到目前为止，我们对这一研究还相当陌生，没有相关的专题研究。基于对此研究领域的不足，本书通过对中日两国扎实的史料收集工作，挖掘新史料，并对其展开深入的论述、分析，将是有价值的学术探索。不仅对民间经济外交活动的研究富有开拓和深入的意义，而且丰富和深化了民间经济外交研究的内容，填补了中日民间经济外交专题研究的空白。

通过本书的研究，希望能够实现下述研究目的。

第一，开拓理论价值的应用前景。

一般说来，民间经济外交很容易让人用追求利润这一经济学上的行动原理来说明，但是当我们考察民间经济外交活动的时候，发现经济利益固然是其一个重要的方面，但绝不是唯一的方面，其中包含着与之不可分割的政治的、外交的因素。因此，作为一个与国际关系、国际政治学有关的经济史专题研究，本书将为民间经济外交研究领域提供一定的理论价值，并为确立民间经济外交理论在近现代经济史及国际关系理论中的地位提供可资借鉴的历史经验。

第二，现实意义的实现。

本书的研究将会为人们展示民间经济外交的魅力所在，对当今世界全球化大趋势下日益活跃的民间组织的对外经济交往活动，具有一定的现实意义。

第一章　民间经济外交的内涵

本章主要通过对清末民初民间经济外交意识产生的国内外背景，以及民间经济外交意识的各个发展阶段的总结整理，概括民间经济外交的概念，探讨民国初期民间经济外交的内涵。

第一节　清末民初民间经济外交意识产生的背景

20世纪初期，民间经济外交意识是在特定历史环境下的产物，具有其特定的国际、国内时代背景。

一　国际背景

从国际背景来看，进入19世纪70年代后，西方资本主义世界陆续爆发了1873年、1882年、1890年、1900年和1907年5次经济危机，对外扩张的需求日益发展。而地大物博、人口众多的中国对于西方帝国主义列强来说，有着巨大的诱惑力。自从1840年第一次鸦片战争，西方列强迫使中国打开了对外贸易的大门以来，帝国主义国家不惜一切代价，用各种手段来扩大对华贸易。为进一步占有中国市场，作为产品倾销地，认为有必要推进组织化的行动，随后通过商会实地考察了中国的经济发展状况。从考察的实施方和推动方来看，有时是官方的，有时是民间的，还有官民相结合的形式。这些活动虽然多多少少与官方有着不可分割的联系，但由各国大商会自身组织发起的活动还是较多的。考察过程中，主要的接触对象是中国的一些经济团体和工商实业界人士。外国商人通过考察，对中国的政治、经济、文化、社会发展情况有了进一步的认识，并且产生了加强交流的意愿。中国商人通过与外国商会、商人组织的交流，不但对世界经济的发展态势有了初步了解，同时也认识了自身的不足，因此，希望多看看外面的世界，多了解世界的开放观念发生了较大改变。随着开放观念的转变，引发了中国商人对自身社会身份的认识，促使商人组织展开了对社会身份与国家发展之间的相关性的思考，并进一步推动了中国商人组织对外发展观念的初步形成。外国商会为配合本国政府对华的经济和政治扩张的目的，一边增加在华企业的数量，一边扩大在华企业业务发展的规模。同时，为了进一步扩大自身利益，还瞅准时机陆续在广州、上海、香港、天津等重要的通商口岸成立了本国商会。中国商会成立于1904年，在此之前，外商在华已经成立了6个商会。到1923年，在华洋商商会数量多达61个。外商通过这些在华商会组织，一方面提高与中国政商界的交涉能力，保护在华商务的利益；另一方面通过与驻华外交使节的联络，配合本国政府的对华经济扩张目的。如1834年英国商人在广州设立了第一个洋商商会，明确成立目的是为了"力图强制打开中国门户之时确保行动一致"。① 1847年，各国商人在上海成立了上海洋商总商会，章程规定"以保护商业的总体利益为宗旨"，"中心联络所或协调机构的地位，并可随时将所征集的有关各国商业利益的意见向中国政府和各国驻华使节们反映"。②

通过与外国商会的交流、商务合作以及商务竞争，中国商会对外国商会的内部运行情况也渐趋熟悉，针对对方的意图，做出应对策略，或推行合作关系，或展开竞争斗争关系。如中国商会和外国商会的互访，扩大了彼此间的商务合作空间；但当在遇到对中国不利或危及自身利益的情况时，又与之展开斗争，如中国商会领导并参与的一系列的商人抵制洋货运动、力争关税自主的运动等。

二　国内背景

从国内背景来看，中国商会的成立为民间经济外交的发展提供了组织保证。在政府的劝导下，1904年成立了上海商务总会，后来中国各地又相继成立了地方商会。商会的成立，反映了政府和商人各自的意图。从政府的角度来看，政府劝办商会的目的在于消除官商隔阂，以振兴商务而广开

---

① 虞和平：《商会与中国早期现代化》，上海人民出版社1993年版，第64页。

② Julean Arnold, *China: A Commercial and Industrial Handbook*, Washington: Government Printing Office, 1926, p. 380.

财源。但为了维护自身统治的专有性，又禁止商会参与政治、外交等国家大事，推行"在商言商""政经分离"原则。对商人来讲，成立商会的目的，不仅仅停留于通过"联商""振商"来有效维护商人自身的经济利益，更多的是希望通过商会组织增强商人的社会影响力，扩大谋求自主的权利，提高参政地位。

晚清，政府又提出了"振兴工商""预备立宪"的新政策，这与商会发展经济、扩大商权的要求相契合。商会对于政府的"预备立宪"多表示出合作的态度，在积极协助预备立宪的基础上呼吁广大国民"合全国人民之精神才智，急追急起，并日兼营"。[1] 虽然政府和商人有了上述契合点，但由于双方的终极目的不一致，经济、政治矛盾也日趋激化。政府"振兴工商"的最终目的是为了增加财政收入，为了财政收入的增加做出了侵夺商利等损害商人利益的行为。商会的"振兴工商"目的是为了维护和发展商人的经济利益。商人积极拥护的"预备立宪"与"合全国人民之精神才智"背道而驰，最终却是以"皇族内阁"而告终，这彻底浇灭了商人参政愿望的火花。因此，商会通过其经济行为来表达对政府的反抗，如商会领导并参与了一系列的商人抗捐抗税斗争、收回利权运动等。

时至北洋政府时期，政权极度不稳，财政恶化，政府甚至为获取政治借款，做出了出卖国家主权的行为。作为一国政府不能有效地行使职权来保护本国主权和尊严的情况下，国民通过集体的力量来捍卫主权的尊严，捍卫自身的权利尤为重要。可以说，这一时期，民间外交是国家外交不可或缺的重要组成部分。以商会等商人组织为主体，通过非官方的经济行为的民间外交活动显得日益频繁，在一定程度上，依靠自身的力量为维护国家主权做出了努力。

第二节　民间经济外交意识的发展阶段

随着国内外环境的变化，在民族危机逐步严重的情况下，中国的商人组织逐渐萌发了通过有组织的行动来维护商人自身和国家经济利益的民间经济外交观念，并经历了最初萌发、初步发展和强化发展三个阶段。

---

[1]　《宣统元年颂词》，《华商联合报》第1期。

一　最初萌发阶段

自 19 世纪末至 20 世纪初的短短几年间，西方列强通过《马关条约》和《辛丑条约》获得了很多特权，享有侵略特权的外资在华企业，对中国的传统工商业造成了极大的压迫。如何建立一个平等竞争的环境，如何在竞争中扭转不利地位，如何增强中国传统工商业的竞争力，不得不迫使中国工商界亟需寻求一种合适的解决方案。也就是说，在这种"对外商战"和"对内振商"的内外夹击下，伴随着日趋频繁的对外商务交往活动，商人更多地接触了外国商业思想和文化，认识到需要从思想观念上谋思辨，开始逐步改变"在商言商"独善其身的想法，对于"天下兴亡、匹夫有责"的认识越发强烈起来。商会成立之后，商人通过商会的主导作用，开始在外交舞台上展露了锋芒。始于 1904 年延续到 1911 年的收回利权和路权运动以及 1905 年的抵制美货运动中，商人组织通过自身的经济行为，积极地参与到了抵抗经济侵略、维护国家主权的间接外交活动中，这是民间经济外交观念最初萌发的态势，民间经济外交的观念可以说是以此为发端而萌发的。

在 1904—1911 年的《收回利权运动》中，商人组织就意识到了必须要保护国家主权的问题，认为"铁路是交通权之一大端，若由外人掌握，自己主权便失了，主权一失，便事事受制于人"。[1] 为了捍卫国家主权，商人组织提出了"商办之鲜明旗帜为拒外债、废成约，收回自办"。[2] 在此期间，由商人组织发起的收回利权的运动有：1904—1910 年的湘、鄂、粤三省绅商收回粤汉路权；1905 年 7 月—1908 年 3 月的浙、苏绅商收回苏杭甬路权；1905—1908 年的直、鲁、苏、皖四省绅商收回津镇路权；1905—1908 年的云南绅商收回滇越路权；1906—1907 年的四川绅商收回川汉路权。在收回矿权方面有：1905 年 2 月—1908 年 1 月的山西绅商收回福公司矿权；1905—1910 年 2 月的安徽绅商收回铜官山矿权；1905 年的四川绅商收回江北厅矿权；1905—1906 年的黑龙江绅商收回俄国矿权；1906—1911 年的云南绅商收回澂江等七府矿权；1908—1909 年的山东绅商收回

---

① 四川档案馆：《四川保路运动档案选编》，四川人民出版社 1981 年版，第 123 页。

② 《川路今后处分议》，《蜀报》总 11 期。

德国矿权。① 商人组织依靠自身的经济力量，号召国民筹集股本，实现铁路和矿权商办的这场运动，体现了商人参与外交、维护国家主权的观念，萌发了运用民间经济外交手段来维护国家主权、反抗外来侵略的意识。

由商会主导的另一重大的民间经济外交活动，是被誉为"国民干预外交之第一起点"的 1905 年的抵制美货运动。广大商人意识到其经济利益与国家主权息息相关，为了保护自身经济利益，必须放弃狭隘的商民意识，力争国家主权、民族地位和国民人权。抵货初期，上海总商会致函企图压制抵货运动的美国领事："不独贵国不能过问，即鄙国政府亦断不能强令购买，盖买与不买，人人自有权也。"② 淮安绅商亦明确表明，"彼工党禁华工而政府不能问，我民不用美货，而谓我政府能阻乎？"③ 这充分表现为抵制美货为国民固有权利。在上海商务总会"以舆论不服，众商相戒不用美货，暗相抵制。美念通商利益，必能就我范围。务必乞坚持，大局幸甚！"④ 的号召下，以广东和淮安商界为主的各地绅商纷纷投入了这场争国体而挽利权的民间经济外交活动中。这些活动促使国家、民族、主权等外交观念开始破土发芽。

此时虽然还没明确提出"民间经济外交"的观念，但商人组织以经济行为为载体，开始为国家主权、民族利益和国民权利而斗争，标志着中国的民间经济外交意识已经开始萌发。

二　初步发展阶段

由于中国商人组织对外交往活动的增加，民间经济外交观念也从最初的萌芽阶段逐步得到发展，这种发展是在与外国商会的交流和影响下逐步兴起的。其发展历史要追溯到外国商会对华的商务考察方面来。1895—1897 年的法国里昂商会代表团和 1896—1897 年间的英国布莱克本商会代表团访华，他们对所到之处的资源、商业贸易、交通以及税制等做了详细的考察，通过这些民间经济活动对本国的经济扩张提供有利的参考。当时由于中国商会并未成立，虽然对中国商人的外交意识没有产生什么影响，但中国商人开始了与外国商会的初步交往。后来，发生于 1910 年的日本

---

① 虞和平：《商会与中国早期现代化》，上海人民出版社 1993 年版，第 102 页。
② 苏绍炳编：《山钟集》，1906 年油印本，第 501 页。
③ 《淮安士商烈成氏等上曾观察函》，《新闻报》1905 年 7 月 18 日。
④ 苏绍炳编：《山钟集》，1906 年油印本，第 11 页。

和美国的实业团主动向中国的商会提出访华要求，并经中国商会的邀请来华访问。通过这次的直接接触，在日、美两国商会的影响下，中国商会开始了解国外世界，这些对于日后开展进一步的经济合作和交流具有开创性的作用。通过与他们的交涉，中国商会也逐步产生了走出国门、走向世界进行对外交往的念头。这两次外国实业团访华，可以说是"成为中国商会与日本、美国商会的正式外交活动"。①

在接待日本代表团时，中国工商界虽然抱有抵触情绪，但商会中的一些进步人士已经以外交的眼光来对待此事，认为中日两国民间团体的交往活动，将有利于提高中国工商界今后的国际参与度。因此，南洋劝业会坐办上海大商人陈兰薰在欢迎日团时认为："尝谓国于今日之世界，不能孤立而无所与。"② 对于美团的访华，则被认为"实为中美实业家联合之起点"，"中美邦交从此亦愈形坚固"。③ 从上述论述可知，此时的商会已经开始意识到通过民间经济外交的形式，可以改善自身与世界商业联系中所处的不利局面，通过商业上的互惠互利，不但能够增强相互间的友谊、联络感情、扩大商机，而且可以增进国与国之间的联系。

在上述民间经济外交意识的激发下，中国商会开始着手组织实业团进行回访。组织赴日实业团访问时，上海总商会就访问的目的做了明确阐述，认为："虽纯属国民之外交，然实足为邦交之补足"，且"为商民联合外交之发轫"。④ 组织访问美国时，指出"此等事务为商业外交上不可少之事"，"为中国商人与外国商人之一种事业"。⑤ 上述言论表明，中国商人组织的外交观念有了进一步的发展。正如虞和平评价的那样，商人"已经清楚认识到民间经济外交，是发展中国工商业，提高华商国际地位的重要一环"。⑥

面对中国商人组织民间经济外交意识得以发展的情况，日本实业团回国后于1911年3月初，由日本农商务大臣向中国实业界正式发出赴日参观函，"邀请北京、天津、汉口、南京、苏、沪、杭、粤八处实业家来东

---

① 虞和平：《商会与中国早期现代化》，上海人民出版社1993年版，第124页。
② 《劝业会事务所欢迎日本观光团坐办陈观察演说词》，《申报》1910年6月19日。
③ 《航业发展之新纪元》，《时报》1911年5月8日。
④ 《上海商会禀农工商部文》，《申报》1911年4月29日。
⑤ 《中华全国商会联合会报》第1年第9号，1914年6月，第153页。
⑥ 虞和平：《商会与中国早期现代化》，上海人民出版社1993年版，第137页。

游历。"① 接到邀请后，上海等商会决定于 1911 年 10 月组团对日本进行回访，并于 10 月 18 日组成了 60 余名回访日本的实业团团员，其中上海商务总会议董沈仲礼为团长，京师商务总会总理赵延农为副团长，团员中包括上海、镇江、烟台、湖南、汉口、苏州、沙市、天津、庐山、广州、营口、保定、奉天、桂林等商会和其他农工商团体、商号的代表。② 但最后因爆发辛亥革命，中国时局的变动而没有成行。虽然在辛亥革命之后，日方也曾多次邀请实业界人士赴日访问，但由于实业界人士对日本侵略中国的行径深感厌恶，而回绝其回访的邀请。在 1910 年美国实业团访华时隔五年之后，中国实业团于 1915 年开始了近代第一次以实业界人士为主、有组织地走出国门的民间经济外交活动。此次回访是在美方的多次邀请和积极沟通下成行的。美方多次邀请，使中国商业界感到商业是外交上不可少之事，"不得不亟行组织此赴美考察实业团，以增进国际上之睦谊"；"彼已筹备在先，此举实不容稍缓"，"将来交接以后定能发生效力"。③ 这说明中国商人已经意识到了要走出国门，积极主动地通过商人组织这种民间的经济交往活动进行平等的民间经济外交，这种意识形成对于开展国际贸易、振兴商务具有重要意义。北洋政府也希望中国实业团访美，"于考察实业之中，兼寓报聘美团之意，树海外贸易先声，为国内赛会前导，联友邦之情谊，促商业之进行"；"虽系国家交际上应有之酬酢，亦国民外交上难得之遭逢"。④ 表明政府欲通过此种外交形式来促进中美关系，发展两国商务的愿望。还决定访美实业团团员每人由农商部补助 2000 元。⑤ 中国实业团于 1915 年 4 月 9 日从上海启程，历时 4 个多月，访问了 26 个美国城市，首次较为详尽地了解了美国州市的一些情况。

　　在外国商会的影响下，以 1910 年的日本和美国实业团访华为契机，中国商会开始了对外交往活动，并开始逐步以发展中国实业，提高中国国际地位为目标地跨出国门，走向世界。中国商会对美国的回访活动，应该说是最早在实业团互访中产生的"民间经济外交"观念。

---

① 《上海商会禀农工商部文》，《申报》1911 年 4 月 29 日。

② 参见白石重太郎《赴清实业团誌》，东京商业会议所内赴清实业团志编纂委员会大正三年，第 236—242 页；《赴日实业团大会》，《时报》1911 年 10 月 11 日。

③ 《中华全国商会联合会会报》第 1 年第 9 号，1914 年 6 月，第 152—153 页。

④ 农商部编：《中华游美实业团报告》，商务印书馆 1916 年版，第 1 页。

⑤ 《游美实业团简章》，《中国实业杂志》第 6 年第 4 期，1915 年 4 月 1 日。

从民间经济外交观念发展的特点来看有两点。首先，由被动逐渐走向主动的特点。中国商人组织跨出国门走向世界的外交意识和观念，不是自身主动寻求的结果，而是在外国商会外交活动的带动和启发下才开始的。外国商会对华的商务考察活动，给中国商界了解外国商界提供了机会；接待外国访华团为中国商界走出国门创造了条件。把握机会，利用条件，组织回访活动则是中国商人组织为提高国际地位做出的自我选择。其次，是政府外交强有力的后援力量的特点。例如，在抵制"二十一条"活动中，商人组织上书北京政府，宣布对于二十一条"举国商民誓不承认"。[①] 并于2月底发起了抵制日货运动，于7月份基本结束，持续长达5个月之久。为配合抵货运动，上海总商会还组成了"劝用国货会"。[②] 旅沪商人马佐晨提议开展储金救国运动，虞洽卿被推举为临时正干事，筹办储金救国活动，随后此活动在全国各地蓬勃展开。从储金数量来看，至6月底，仅上海一地就收储银圆约70万元，银两近4000两。[③] 可见，在维系国家主权、民族利益之时，商人组织抛弃原来那种局限于自身经济利益得失的商民意识，纷纷拿起民间经济外交的武器行动起来，外交观念已经与保家卫国的实际行动紧密结合在一起。在这一时期，伴随着国际商务合作的需要和配合政府外交的需要，由商人组织主导的民间经济外交活动日渐增加，在这些外交活动中，初步明确了民间经济外交的观念，并作为政府外交的补充力量崭露头角。

三　强化发展阶段

1919年第一次世界大战结束后，各战胜协约国召开巴黎和会，中国工商界和其他社会各界对巴黎和会抱有很大的希望，不但从一开始就向和会及中国政府表明自己的愿望和态度，而且对于巴黎和会的进行状况予以充分关注并寄予很高的期望。但终因巴黎和会被英、美、法、意、日五大国所操纵，中国代表没有争取到任何的权利，同时"二十一条"问题也被列强以不在和会讨论范围之内为由加以拒绝。列强对中国的不平等待遇，使中国的权利受到侵害，再次暴露了中国政府外交的局限性。为争取中国应

---

① 黄纪莲：《中日"二十一条"交涉史料全编》（1915—1923），安徽大学出版社2001年版，第631页。

② 汤志钧：《近代上海大事记》，上海辞书出版社1989年版，第796页。

③ 夏东元：《二十世纪上海大博览》，文汇出版社1995年版，第186页。

有的权利，商人组织的民间经济外交观念得到了空前的激发。在自主开展外交斗争使命感的牵引之下，更为主动地站到了中国外交舞台上，并占据了重要的角色。自五四运动后，商人的商务活动中，对外交问题的讨论日趋频繁，对外交问题的重视程度日趋增强。作为商人组织的领袖组织——中华全国商会联合会，在全国代表大会中多次把外交问题作为主要议题之一，做了广泛探讨和深入交流，把外交问题同国运、民生紧密相连，积极主动地付诸实际行动，推动、援助并监督政府外交。此举彰显着民间经济外交观念进入了强化发展阶段。

巴黎和会上，中国的合理要求虽然被拒绝，但中国国民运用民间外交手段自主开展的外交斗争，极有力地支持了政府外交，迫使中国政府拒绝在和约上签字，民间外交作为一种不可忽视的力量，逐渐由被动发展走向了主动发展的道路。与高涨的民间外交意识相比较，弱势的政府外交并没有发生改变，再加上没有给中国更多话语权的国际环境依旧如故。国内外环境对中国外交的压抑，更加激发了商人组织主动参与外交的积极性。基于主动参与外交的价值认同，上海成立了"中华民国全国各界联合会"，讨论外交方针的转变方向，认为应"变其秘密主义为公开主义，去其媚外手段为卫国手段，改其专制思想为民意思想"，这表达了国民希望自下而上地去推动外交目的的改变，希望民间外交手段更自主地参与国家外交，为外交斗争提供更有力的帮助。对于政府违背民意的外交举措表示指责，呼吁所有国民有责任参与国家外交，为争取合理的国际要求，共谋救国之策，陈述了民间外交的迫切性和必要性，指出国民必须"急起直追，本主权在民之根本法，组织全国真正之民意机关，对外声明对内自决"[1]。民间外交观念有了继续强化的趋向。

华盛顿会议（亦称太平洋会议）前，商人组织就意识到这是一次收回国家主权的好机会，表现出的民间经济外交观念非常明显，外交手段更为积极、主动。外交手段的变化有三：一是从局部呼吁号召转至全面通告实施，一方面激发民众支持政府强硬外交的爱国热忱；另一方面主动出击，保持了外交的主动权。二是从支援官派代表据理力争到自主选派国民赴美代表，一方面作为政府外交强有力的后盾，另一方面监督政府外交的独立性和自主性。三是从经济层面提升到法律层面，一方面主张民族的独立自

---

① 《全国各界联合会缘起》，《民国日报》1919 年 10 月 19 日。

主，反对侵略；另一方面还主张以国际平等原则为基础，实现平等互利。伴随着民间经济外交观念的强化深入发展，中国商人组织面对复杂的国际问题，已经能够理性化的运用不同的外交手段，处理事关国家主权、人民命运的外交大事件。

1921 年 7 月，美国发起召开华盛顿会议后，日本为了抑制中国在山东交涉中掌握主动权，四次照会北洋政府，要求直接交涉山东。为支援政府外交，天津商会多次召开各会行董事会，分析了甲午战争后中国遭受的国际交涉失败原因，认为"固由于少数外交家之误国，然国民之漠不关心，实失败之最大原因也"。[①] 议决"电请中央拒绝直接交涉，并电各省各团体一致主张"。[②] 联合天津 26 团体联名电请北京政府后，天津商会还分电中央及各省商会、县商会正式发布通告，号召国民以国家为念，应为外交后盾，指出"山东为我国之国土、国权、文化传播之根源，应共负保守义务，否认直接交涉，必须由国际交还，以维世界公理，而保土、国权"。[③] 上海、山东等全国各地各团体也随之多次集会，数发通电，呈现了全国国民一致强烈反对直接交涉的景象。面对全国如此高涨的反对声浪，北京政府外交部拒绝了日本的直接交涉要求。民间经济外交作为政府外交的有力后盾，形成了一致对敌的爱国热情，成功地回击了日本的无礼要求，为政府将来在国际交涉中保留有效解决山东问题提供了机会，强化了外交主动权。

为督促北京政府做好参加华盛顿会议的准备，以商人组织为首的各界组织成立了多个后援会等组织，对参加华会等问题进行了深入的思考、讨论、研究，希望政府公开外交，参考和接受民间关于华会的意见。由于巴黎和会讨论山东问题时，日本在美国花费巨资从事宣传所谓中国人"罪恶"的活动，在国际舆论上占得先机。[④] 基于对巴黎和会的教训，各后援会认为应选派国民代表参会，一方面"专使耳目，容或未周，国民代表，即可辅助之，又可代表国民监督其一切行动"。[⑤] 另一方面，在舆论上使各

---

① 天津市档案馆、天津社会科学院历史研究所、天津市工商业联合会编：《天津商会档案汇编》（1912—1928）第 4 册，天津人民出版社 1992 年版，第 4813 页。

② 《津各界对鲁案之表示》，《申报》1921 年 9 月 13 日。

③ 天津市档案馆、天津社会科学院历史研究所、天津市工商业联合会编：《天津商会档案汇编》（1912—1928）第 4 册，天津人民出版社 1992 年版，第 4814 页。

④ 罗家伦：《华盛顿会议与中国之命运》，《东方杂志》，第 18 卷第 15 号。

⑤ 《天津各团体与太平洋会·选定张彭春为国民代表》，《申报》1921 年 9 月 7 日。

国得知"我国民意之所在"①。各民间团体多次开会讨论赴美代表人选问题，经层层筛选，天津商界等团体公推张仲述为太平洋会议之国民代表。②为保证国民代表的纯民间性，对国民代表的旅费和在美的活动费用，天津商会担当了募捐重任，各界踊跃响应，其中商会、商民等的捐款额占绝大部分。以上海总商会为主组成的太平洋会议协会，议决推举蒋梦麟、余日章二人为赴美国民代表。③此举被誉为"以宣达真正之民意，开国民外交之先声"。④各界团体明确表示蒋、余二人不受政府任命，"纯粹以国民代表资格"赴美参会。⑤二人赴美的相关费用，不受政府公款补助。费用不仅得到各团体支援之外，还募集了国外资金的支持，其中日本大阪中华商会筹集了"日金二千六百六十二元，充余、蒋两代表经费"。⑥除此之外，基于宣传中国国民主张，直接影响舆论，协助和监督政府代表，达到废除不平等条约的捍卫国家主权的目的，全国银行公会联合会、山东外交协会、山西商界、华侨界包括留学生界均自发地派出了赴美参会的国民代表，由此可见，民间经济外交不仅在国内影响力巨大，甚至辐射至国外。

赴美国民代表不负国民众望，积极拜访交往美国社会名流，反对不利的国际舆论；及时向国内传递会议信息，号召民众，适时举行国民示威运动；联合国内外有识之士一致行动，群起抗争，推动并监督北京政府代表坚决对日进行外交斗争。上述民间经济外交活动直接给政府外交以巨大的震慑力。因此，外交部指示华会代表"将鲁案提会及四国会议形式详告二君，乃由二君电京、沪解释"，要求代表团"与余、蒋二君多为接洽"。⑦

为了给政府外交提供外交斗争依据，商人组织还发挥群策群力精神，多次组织全国规模的讨论会，就参加华盛顿会议的提案展开了专门的交流。提出了"关于太平洋会议之提案""关于整理内政之提案""请废除二十一条约，交还青岛意见书"的多套议案。从这些议案的出发点、着眼点、切入点以及目标，不难发现近代民间经济外交理性的成长轨迹。主张

---

① 《留日学生对太平洋会意见》，《申报》1921 年 8 月 26 日。

② 《津各界对鲁案之表示》，《申报》1921 年 9 月 13 日。

③ 《太平洋会议协会之议决案》，《申报》1921 年 9 月 18 日。

④ 《关于太会国民代表汇报》，《申报》1921 年 10 月 14 日。

⑤ 《太平洋会议之沪闻》，上海《大公报》1921 年 10 月 10 日。

⑥ 《日本华侨慨助国民代表经费》，《申报》1921 年 12 月 13 日。

⑦ 中国社会科学院近代史研究所《近代史资料》编辑室主编，天津市历史博物馆编辑：《秘笈录存》，中国社会科学出版社 1984 年版，第 414—415 页。

"根据国际平等原则，凡各种不平等之条约，有妨碍中国之安全，或东方之和平，未经我国国会同意者，均否认之；凡国际间之缔约和协定，于中国有关系而未经中国同意者，亦否认之"。"各国不得借特殊地位或某种关系，以冀获得中国任何一部分之势力范围及特种权利。依据前两条，应取消二十一条之要求，及所强取之满蒙山东等一切权利，并促其履行无条件交还青岛之宣言"。"我国民为谋国际间之福利，主张开放门户，予各国以机会均等，其开放程度，应按内政之进步，督促当局推行，并希望各友邦修改条约以辅助之"。① 商联会还于次日召开的会议上，不仅明确表明了作为民间外交的主体，参与国家外交斗争的态度，还遵循法律原则阐明了收回主权以及处理国际外交问题的指导思想。认为"太平洋之厉害即东方之厉害，亦即我国之厉害。既属共同厉害之问题，即负共同解决之责任"。指出废除"二十一条"的四大理由是："（1）查国际缔结条约，必须经双方合意，方为适法，日本对我国提出之二十一条约，以哀的美敦书强迫承认，显系违反公法，此种条约当然不能存在。（2）查外交事件，例由公使提交外交部，此二十一条约，当日该国公使竟呈我国大总统当面声明严守秘密，并强迫其私下承认，未经国会通过，依法亦不得谓为成立。（3）查欧战议和之处，美总统威尔逊咨国会文件列举各条，其中有排除经济障碍之主张，日本对我之二十一条约，不第有障碍于我国经济，且足致我国于死地，此种条约显背和约宗旨。（4）山东青岛完全为我国领土，前经缔约租于德国，德国失败理应仍归我国，日本对德宣战之时，亦曾有交还中国之声明，后竟占据不退，实为自背宣言，有失国际信用。"② 对于商人组织运用法律手段参与外交的这种斗争方式，虞和平认为"不仅表明他们国际外交斗争水平的提高，也是对列强屡屡攻击中国野蛮，标榜他们自己讲究法律的有力反击"。③

　　如上所述，各商人组织无论是在反对中日直接交涉山东，还是参与选派赴美国民代表活动，抑或是依据国际规则筹划华盛顿会议议案方面，运用不同的民间经济外交手段，推动了中国民间经济外交运动的发展。为打击日本帝国主义的侵略行径，努力争取华盛顿会议取得一定外交成果，商

---

① 《商教联席会议第一次开会纪》，《时报》1921 年 10 月 13 日。

② 《全国商会联席会议开会纪》，《时报》1921 年 10 月 14 日。

③ 虞和平：《商会与中国早期现代化》，上海人民出版社 1993 年版，第 358 页。

人组织积极发表对内对外言论,竭力促进国内团结和爱国热忱,设法影响国际舆论的认可,对政府外交起到了重要的推动作用。所以说,从近代民间经济外交观念的发展道路和形成模式来看,特别是自五四运动以来,民间经济外交观念由被动出现走向主动担当,由依附政府转向自主参与,由间接的外交后援转向直接的外交斗争,外交已不再是政府专司之事,商人组织已把外交作为自身必须关注的大事来看待,这充分表现了民间经济外交观念已经进入了一个强化发展的阶段。

第三节 民间经济外交的概念

在中国近代外交史上,20世纪20年代是一个不得不提到的重要时期。就国际背景而言,第一次世界大战后,美国提出了外交公开、民族自决的"十四点"和平纲领,西方各国也在要求外交民主化。这为包括中国在内的一些殖民地、半殖民地国家争取自主外交提供了良好的外部环境。就中国国内背景而言,清末就已萌芽的"人民主权"思想指出外交不是宫廷、少数官僚所专有,"外交本体实在国民",解决外交问题要以"民气"为后盾。① "人民主权"思想经过中华民国的建立,新文化运动的传播得到蓬勃发展,特别是促使中国代表拒签巴黎和约的五四运动,使国民认识到了民众参与外交的影响力和积极作用。尤其刺激了商人的国家主权意识、争取民族独立观念的强化。商人组织以其所掌握的经济命脉,运用外交手段来影响政府决策的力量也愈发受到关注。

对于"外交"这一定义的含义,各国学者做了众多的研究。通常是指国家或政府间行为。曾长期担任英国外交官的学者欧内斯特·萨道义认为:"外交是运用智力和机智处理各独立国家的政府之间的官方关系,有时也推广到独立国家和附庸国之间的关系。"② 中国学者鲁毅认为通俗易懂的外交定义是:"任何以主权国家为主体,通过和平方式,对国家间关系和国际事务的处理。"③ 美国《韦伯斯特英语词典》认为:"外交是由国家首脑直接或通过委派的代表处理国家间关系,驾驭国际谈判的艺术,从事

---

① 《论民气之关系于外交》,《外交报》第5卷第30期,1905年12月,第2—3页。
② [英]戈尔·布恩主编:《萨道义外交实践指南》,上海译文出版社1984年版,第3页。
③ 鲁毅等:《外交学概论》,世界知识出版社1997年版,第5页。

这种谈判的技巧。"① 苏联《外交词典》指出外交是"国家元首、政府首脑和专门的外交机关首长为实现统治阶级利益决定的国家对外政策目标和任务，以及为保护国家在国外的权利和利益，通过谈判、文书来往和其他和平手段而进行的官方活动"②。《中国大百科全书》指出外交是"国家以和平手段对外行使主权的活动。通常指国家元首、政府首脑、外交部长和外交机关代表国家进行的对外交往活动"③。上述观点虽各有异同，但共同之处是把外交主体指定为国家，认为外交是国家与国家之间的正式交往。主要是停留于传统外交之上，多注目于政府外交这种官方外交。由于时代的变迁，观念的发展，国际环境的变化，外交的内容愈发丰富，其外延也距我们越来越近，和我们普通国民的关联度也越来越高，让我们不得不重新审视外交的问题。其实，这种变化并不是现代社会才具备的，早在近代就已经发生并需要引起我们重视和研究的。因此，对于在具体的外交活动中，尤其是在涉及民族利益和民众的生命财产安全方面，民众通过舆论、运动、访问、交流等方式，已经是广泛地参与到外交活动中去了。因此，将其完全隔离于外交行为主体之外，不能不说是一种缺憾。

其实，早在 19 世纪末，西方国家的知识精英就呼吁人们以舆论监督外交或通过国会参与外交。早在 1898 年，日本学者有贺长雄就认为，日本正由官方外交转向国民外交时代，认为"国民外交的原动力以国民精神为根源，并非特定的多数政论的外交"。④ 特别是第一次世界大战后，这种呼吁上升至高潮。其中"外交的民主监督""民主外交""外交政策的公共监督"等观念开始流行，民众也开始频繁地参与外交。也就是说，一国的民众对于外交的意见已经成为政府制定、实施对外政策时要考虑的因素之一了。

在中国，甲午战争后，由于西方民权思想对中国的影响，人们开始对日益深重的民族危机进行反思。国民参与外交的要求日益迫切，认为国家的外交应该以人民为主体，多使用"国民外交"一词来表达参与外交的愿望，亦被称为"民间外交"。国民外交的必要性首先是由知识界提出的，认为"以国民精神为原动力，以国家权利为目的物，列国外交大势乃如

---

① 李寿源：《国际关系与中国外交》，北京广播学院出版社 1999 年版，第 8 页。
② 周启明编：《国外外交学》，公安大学出版社 1990 年版，第 47 页。
③ 《中国大百科全书（政治卷）》，中国大百科全书出版社 1992 年版，第 366 页。
④ ［日］有贺长雄：《外交秘密論》，《外交時報》，第 2 号，明治 31 年 3 月，第 36—37 页。

是，列国外交方针乃如是"。① 对于民间外交的目的，《世界外交大辞典》指出："各国民间人士或民间机构之间有利于各自国家实现其对外政策目标的、具有非官方性质的国际交往。"② 早期对国民外交的定义主要有以下几种观点。《民心周报》于1920年指出："以今日世界德谟克拉西 democracy 之潮流，各国外交政策莫不以人民公意为基础，所谓国民外交是也。"③ 1928年中国学者陈耀东对国民外交的类型、实施目的和采用的手段做了具体论述，指出国民外交具有柔性和刚性两种类型。柔性的国民外交目的是为了"使两国国民间的感情日趋融洽"。采用的手段"或是联络感情，或是交换意见"。刚性的国民外交目的则是"积极地辅佐政府外抗强权，以求中华民国之独立与自由"。采取的手段可以分为国际宣传、示威运动、对敌经济绝交、对敌不合作、武装民众实行作战等。④ 1937年的《外交大辞典》认为："以国民舆论或权能，监督并督促外交当局，使外交方针与国民意志一致，是谓之国民外交。"⑤

"经济外交"的内涵也比较丰富。与外交的相关度来看，或是指发生在外交活动中与经济有关的内容，或是指把经济问题作为实施外交活动的对象，或者是指把经济问题作为执行手段的外交活动。从传统角度来看，经济外交与民间外交一样也不是正式的外交，更不是常规的或正式的对外交涉渠道。外交属于政治，是一个国家政治的对外延伸。它一般由政府出面制定政策，由民意代表机关如国会、议会或人民代表大会审议并确认。一般来说，在人们的理解中，经济外交就是关于国家间经济关系、经济问题交涉的外交活动。⑥ 也有人将其定义为"政府和民间进行的关于经济问题的谈判和履行契约的过程"。⑦

对于"民间经济外交"的概念，日本学者木村昌仁认为通常情况下，民间经济外交是指"通过各种经济团体对实业团（经济使节团）的派遣和接待，外国政界人士、实业家的接待，企业研修生的相互交换，国际经济

① 《中国外交之前途》，《政法学报》第3期，1909年9月13日。
② 钱其琛主编：《世界外交大辞典》，世界知识出版社2005年版，第1463页。
③ 《国际联盟与国民》，《民心周报》第1卷第11期，1920年2月14日。
④ 陈耀东：《国民外交常识》，新月书店1928年版，第244—245、259—264页。
⑤ 外交学会：《外交大辞典》，中华书局1937年版，第733页。
⑥ 参见李恩民《中日民间经济外交（1945—1972）》，人民出版社1997年版，第6—7页。
⑦ "Introdaction", China-Jin Lee, *China and Japan: New Economic Diplomacy*, Hoover Institution Press, 1984.

会议的召开等方式，与外国展开的经济交流活动"。对于近代特定时期的民间经济外交的概念则不予以严密的定义，认为主要是"商业会议所等民间的经济团体，以贸易、投资等方面的经济问题为对象，进行的各种形式的亲善外交活动"。① 中国学者李恩民认为"是民间经济界人士、民间经济团体或非正式交涉者之间所进行的正式或非正式的国际经济交流活动"。是相对于正式外交与政治外交、军事外交等而言的。②

关于民间经济外交的概念，需要厘清"行为主体""参与目的""活动方式""预期目标"和"政府外交关系"这几方面的内容。笔者认为"民间经济外交"是指民间的商人组织利用其掌握的经济命脉，为捍卫国家主权和自身权利，通过正式或非正式的对内对外交涉和交流，来影响本国政府或他国政府的决策以及国际关系，是相对于政府外交而言的非常广泛的外交活动领域中的一部分。需要强调的是，民间经济外交的实施主体是具有非官方身份的商人组织，不是单个的企业的外事行为或商人个人的外事活动。民间经济外交的活动方式是多种多样的，既包括独立的以及与政府合作的外交活动和对外交流交涉，还包括直接的外交活动和间接的外交后援活动。对内的活动方式主要是组织一定规模的舆论运动和民众运动，利用舆论宣传活动，激发本国公众舆论支持，影响本国政府的外交立场和对外交涉力度；同时也力求争取得到外交对象国公众舆论的理解，争取达到外国政府修正对外政策的目的。对外的活动方式主要是通过出国访问、参会或者接待来访活动，开展对外交涉和交流活动。活动方式或是与一些对政府决策有影响力的人物建立某种私人关系，再运用这些关系来间接影响外国政府的对外政策；或是与外国政府官员或政府机构直接接触，以影响外国政府的对外政策。

---

① ［日］木村昌仁：《日米民間経済外交（1905—1911）》，庆应通信出版平成元年，第31页。

② 李恩民：《中日民间经济外交（1945—1972）》，人民出版社1997年版，第8页。

第二章 清末民初中日民间经济外交之始端
——1908 年抵制日货运动

从 20 世纪至辛亥革命爆发的十数年时间内，一方面，中国没有一个强有力的中央政府，且没有足够的力量限制列强对华经济、政治侵略的步步加深；另一方面，日本的在华政治利益伴随其在华的经济投资的增加而日益扩大。在这种内外社会动荡变乱的情况下，中国的民族危机也日益严重，不少有识之士提出了众多的救国方案。由于政府不能够有效地保护人民，人民开始自己探寻同外国列强打交道的方式。因"二辰丸事件"而发生的 1908 年的抵制日货运动，正反映出了新式商人组织对于民间经济外交新理念的作用。

第一节 商人组织主导下的抵制日货运动

光绪三十四年正月初四日（1908 年 2 月 5 日）装运军械的日轮二辰丸，在澳门附近的九洲洋海面卸货，被中国海军巡船抓获，将船械扣留，并将日本国旗卸下。对此事，时任两广总督的张人骏电外务部称："日商船第二辰丸装有枪二千余只、码四万，初四日巳刻到九洲洋中国海面卸货。经商会拱北关员见证，上船查验，并无中国军火护照。该船主无可置辩，已将船械暂扣，请示办理前来。查洋商私载军火及一切违禁货物，既经拿获，按约应将船货一并带回黄埔，以凭照章程充公按办。谨先电闻，并请照知日使。"[1] 日本政府不仅对中国扣留二辰丸提出了抗议，还提出释

---

① 王芸生编著：《六十年来中国与日本》第五卷，生活·读书·新知三联书店 1980 年版，第 146 页。

放该船、严惩官员等无理要求，而且为二辰丸私运军火进行狡辩。而中国政府认为对二辰丸的举动并没有采取不合理的行为，中日之间的交涉陷入困难。后经日本政府的再三威逼，清政府接受了日方提出的条件。这一举动引起了中国绅民的群情激愤，为抗议日本政府的无理要求，有人提出罢市，有人提出进行抵制日货之法。随后，"工业公会和商人宣布联合抵制日货，一些商人当众焚毁其库存的日货"，"广州、香港两地的日货无法如期装卸"。① 在广州的粤商自治会的组织领导下，爆发了中国的第一次抵制日货运动。

　　二月十三日（3月15日），粤商自治会开会集议"二辰丸事件"，对二辰丸缉获情形做了详细讨论，认为扣捕二辰丸之处纬经度确为我国海面，即中国内河，并非公海，向来洋船在该处落货须经拱北关允许，所以扣船并非是不合理的。而日本用强权恫吓清政府迫使粤督放船是属于"违公法弃商约"的行为。但同日却迎来了中国政府接受了日本无理要求的消息，为此，3月18日，粤商自治会召开大会，派代表到督署要求力争。集结千余人的大会"内多易剪辫者，手持大旗三面，大书挽回国权等字样，并在督署演说，愈聚愈众，道途为塞"。② 为支持会上"与日绝交易"的主张，一些商人马上回店把日货运到会场焚烧，自愿掀起了抵制日货运动。此后，梧州商会、上海及各地也发来通电，表示支持粤商自治会。由此，中国第一次抵制日货运动在以广州为中心的沿海地区掀起。

　　各洋货店为支持抵制日货运动，多书有"日货欠奉，买日货者勿进"等字样。各街巷也多付诸行动，洋布行老板以前每日商量销售日本货物，从自治会集议后就终止了交易，其先既定的货物也致电不装载。各日本庄也大多暂停办货。其中，广州的抵制日货最为激烈，上海的排货运动也很激烈。除此之外，澳洲华侨、梧州商会等也参与了抵制日货运动。3月21日，梧州致电粤商自治会表示："辰丸案结，咸动公愤，文明对待，极表同情，办法候覆。"③

　　在商人组织的号召之下而掀起的这场抵制日货运动，引起了清政府的恐慌和日本政府的强烈反对。3月20日，日本公使根据上海日领事的来

---

① 《抵制日货之历史及其经济影响》，《东方杂志》1929年第26卷第3期，第53页。
② 王芸生编著：《六十年来中国与日本》第五卷，生活·读书·新知三联书店1980年版，第194页。
③ 同上书，第157页。

电，请求压制上海的抵制日货运动。在日本公使的压制之下，外务部于 3 月 21 日电南洋大臣端方，转告上海道台要禁止商民的抵制日货运动，不但称二辰丸所运军械领有日葡准单，并未实行起卸，粤水师将船捕拿，撤换国旗，办理未免太过于急促。还称上海、广东等地商人不知底细，而登报广告，以图抵制日货。希望将此案原委加以说明，商人明白事理自然不会生事，给人以借口，如果有借此滋事的应严厉禁止。电文中对载有广东自治会因为"二辰丸事件"为"决议抵制日货，联络各处，劝诱各众"一事，由外务部告知上海道台弹压。①

抵制日货运动不仅在广州、上海等地进行得风风火火，而且也蔓延至广西等地。为消灭抵制日货运动风潮，日本公使林权助于 4 月 2 日致函外务部，要求外务部电告广西巡抚禁止商民抵制日货。其中，还认为广东自治会抵制日货运动，日益加剧，应令粤省严加弹压，以防意外。对于梧州及南宁发生的抵制日货的举动，侮蔑为是自治会到各地劝诱的缘故，所以应由外务部电致广西巡抚、粤省等严加防范，以顾全中日两国的友谊。因此，外务部电告两广总督张人骏，要其查禁解散抵制日货的活动。张人骏对于外务部来电答复道：对于抵制日货运动已经按要求禁止，但是对于提倡国货，认为却没有理由对其禁止，加之南洋华侨及中国香港、日本各地也有抵制日货的行动。因此，认为一面抵制日货，一面提倡国货是很正确的方法，应当重视而不是压制。外务部再次致函粤督张人骏称：扣留二辰丸一案，经办理已完结。而商会陈基建等人却借故嚣张，"恣意狂吠，形同化外"，并且还于 17 日起，沿街遍贴不买日货的字条，扬言罢市，以要挟官方，极度地贬低抵制日货运动。还称：由于粤省的匪徒多，恐怕有人借此煽动民心，如任其妄为，对国际交涉和地方治安都会不利。因此希望能够严查究办，并晓谕商民等人，立即解散，不要受到煽惑，"以靖人心，而弭隐患"。②

由于商人组织不畏列强及清政府的压制，继续抵货运动，日本公使不得不多次致电外务部，请求取缔抵制日货运动。4 月 23 日，日本公使林权助致函外务部：近日接到广州领事的来电，两粤人民仍有抵制日货的举

---

① 《三志辰丸案结后之状况》，《申报》光绪三十四年三月初一。
② 王芸生编著：《六十年来中国与日本》第五卷，生活·读书·新知三联书店 1980 年版，第 160 页。

动，请"再电咨粤省严禁以邦交"。① 进入 5 月，面对声势浩大的抵制日货运动，日代使阿部守太郎再次致电外务部，请求取缔抵制日货运动。电文中称：广东地带排斥日货的举动，至今仍然未熄，该省官宪毫无尽力镇压之状，此帝国政府感到最为遗憾的事情。根据可靠的报告，这次举动是广东自治会员陈惠普、罗少翔、李戒欺等主谋的，而署水师李提督及洋务局会办温道台，也有从中煽动与香港等处互通气脉的嫌疑。张总督虽然奉中国政府之严饬，"只于表面施姑息之手段，毫不讲求镇压有效之策"。为达到让清政府出面压制此次抵制日货运动的目的，阿部守太郎还煽风点火道，此次举动的主谋，是康有为一派的人在广东竭力煽动。它的目的已是显而易见，即欲乘广东有误解二辰丸事件非常愤激的时候，煽动人心，以扶植自身的势力。对于对此次运动抱有支持想法的中国地方官员，中伤其不仅不遵照中国政府的严饬，还有暗中帮助的趋势。因此，对于中国政府的袖手旁观，不采取适当的措置，表示日本政府"实所不解"。所以，"本使承本国政府之训令，就前面所列的事实，请中国政府注意，务必采取速迅确实有效的手段，以顾全两国的邻交"。②

　　在商人组织的号召下，此次抵制日货运动虽然持续时日不多，但使日本的输华商品几乎减少了 30%，日本输华货值较 1907 年减少了 2500 万日元。③ 最突出的是日纱的减少由 1907 年的 5700 万海关两降至 1908 年的 4500 万海关两，减少了 20% 以上。④ 最终在中日官府的双重压制之下，抵制日货运动虽以失败告终，但是它却反映了中国社会格局的一些显著变化。即在 20 世纪初，中国出现了具有近代意义的民众民族主义，特别是在这种反对不平等或反对外国侵略的民族主义的兴起之下，商人组织积极地以抵制日货这一民间经济外交的手段，来反抗日本对中国的压迫。从 1908 年的第一次抵制日货运动可以看出，这一时期运动的组织形式、动员力量、宣传方式、商会组织的作用、与媒体的关系、运动主体以及运动的目的等，都体现了其具有了民间经济外交的"近代性"。

---

　① 《十四志辰丸案结后之状况》，《申报》光绪三十四年三月二十三日。
　② 王芸生编著：《六十年来中国与日本》第五卷，生活·读书·新知三联书店 1980 年版，第 161 页。
　③ 参见蔡正雅、陈善林等编《中日贸易统计》，中华书局 1933 年版，第 56—57 页。
　④ 参见张仲礼《辛亥革命前后中国人民的抵货运动》，《社会科学》1981 年第 5 期，第 145 页。

第二节 商人组织的作用

粤商自治会是在 20 世纪初随着中国社会的变化而出现的新式商人组织。从本文第一章"清末民初民间经济外交意识产生的背景""民间经济外交意识的发展阶段"部分可知，当时在上海、广州等大城市开始形成了一些商会和同业公会，在这种背景下，广东商人为了将商界力量联合起来，有所依赖，并借组织力量来逐步实现拓财、扩商，进而参与新政的愿望，于 1907 年成立了粤商自治会。作为 1908 年抵制日货运动的主导力量的粤商自治会扮演着极其重要的角色。从它追求的目的来看，有着如下变化：首先是为了"联禀挽救国权"①，但随着形势的变化，后期他们又提出了"速开国会""振兴商务"这样更进步的要求②，即从民间经济外交的角度来看，已经具有了民间外交与经济外交的双重意义。虽然最终遭受失败，但是与 1905 年的反美抵货运动相比较来看，其目的却有着更为进步的一面，因此其结果也不是 1905 年反美抵货运动那样无疾而终。究其原因，则在于商人组织所发挥的民间经济外交的作用，将国家兴亡与自身发展联系在一起的同时，也在探寻资产阶级的更高发展，发挥了主体组织的主导作用。

虽然商人组织具有上述主体组织的作用，但是作为清末民间经济外交之始端而得以呈现的特点，还脱离不了它本身所存在的缺点。也就是说，商人组织虽然是具有民族主义和使命感的自治自立而又团结的组织团体，但是它有一个最大的缺陷，就是还未能完全从国家权力中独立出来。如粤商自治会就在抵制日货期间散发不暴动传单，他们的抵抗之法是"各尽个人文明自由对待，如有见利忘义甘犯不韪者，我同胞定当互相劝诫，随时激励其国耻之心"。③ 正因商人在某些方面对国家政权存在着一定的依赖性，所以对于政府仍抱有能得到其支持与保护的心理，以便于确保自己的社团"法人"地位。由于上述缺陷，导致的结果就是虽然能够拿起民间经济外交这一利器，但当与政府发生对抗时，却又不敢与政府完全决裂，于

---

① 《论地方自治团体之性质及权限》，《申报》光绪三十四年二月二十五日。
② 《五志辰丸案结后之状况》，《申报》光绪三十四年三月初四日。
③ 《三志辰丸案结后之状况》，《申报》光绪三十四年三月初一日。

是提倡"先由两粤联名，后联二十二行省要求政府速开民选议院"。① 即他们希望通过参与国家政治，取得一席之地这样的权力，来保证其合法地位，并进而为其本身利益谋取更大的权力。对于这一时期的新兴商人之所以能在很短的时间里发展壮大，并在社会生活中的各个领域中占有重要地位，有研究认为那是由于他们利用清政府的劝商政策和清末新政的有利时机，从而取得政府的一定支持。商人成立的新社团也因而具有合法的社会地位。②

由于上述商人组织自身存在的不可避免的缺陷性，导致他们无力与统治者公开对抗，从自治会多次劝令不许民众暴动这一举动来看，可以说明一方面他们无力与统治阶级对抗，另一方面也没有对抗的政治、经济力量，因而他们无法领导第一次抵制日货运动的最后胜利。但是，从民间经济外交的意义来看，也显示了它作为发起者、领导者的作用，如果当时没有商人组织进行的广泛宣传、号召以及联络的话，不可能在短时间内达到高潮，因为抵制日货运动到后来已经转化为不是纯商人的活动了，运动的主体已推广到普通民众了，各个方面、各个层次的个人、团体都不同程度地参加到这场运动中来。

1908 年由"二辰丸事件"而引发的抵抗日货运动，虽然没有发展成为全国性的运动，但它却是 1905 年反美爱国运动的继续，推动了中华民族新的觉醒。这次事件再次显示了以新兴的民族资产阶级为主体的中国广大民众的力量，由此说明此时的中国人已具有了一种国民意识，同时这种国民意识又是近代国家观念在抵制日货运动中具体体现出来的。即国民充分认识到"国家兴亡、匹夫有责"，把抵制日货运动看作一场维护国家主权和利益的活动。"二辰丸事件"发生以后，粤商自治会就集议"二辰丸事件"，进行抵制日货运动。并且在"二辰丸事件"发生后，又刊登"二辰丸事件"的实情及自治会的抗争情况，扩大了活动的声势，使广大民众能够了解具体的情况，增加对政府的舆论压力。商人组织所主导的这次清末首次的抵制日货运动，已经表现为中日民间经济外交的始端的作用。

从此次运动中近代商人的组织作用来看，极大地宣传了近代民主思想，启发了民众的"国民意识"，是一次新创举。从参与地域来看，不但

---

① 《三志辰丸案结后之状况》，《申报》光绪三十四年三月初一日。
② 参见朱英《清末新兴商人及民间社团》，《二十一世纪》1990 年第 3 期。

以广州为中心，还扩大到了香港、澳门、广西、梧州等地。抵制日货运动是由商人领导的，而且商人积极地参与进来，倡导抵制日货，"相戒不订日货"，劝诫广大民众不用日货。1908 年 3 月 31 日，《申报》就刊登了粤商抵制日货的办法。再从抵制日货运动的参与者来看，还涉及方方面面的更为广泛的层面，包括妇女在内的普通市民也都参与进来了。1908 年 4 月 8 日广州女界就开国耻会，并有"某女士创设女工学习会以兴工业"。4 月 12 日，女界又开国耻大会，到会者不下万人。会上言："女界家庭内概以用本国货物为宜，至家常食品一切海味无资养料，有碍卫生，切宜戒食众赞成。"① 由此可见，中国近代"国民意识"的增强，即这一时期的民众对国民责任、国家主权以及国民与政府关系，也有了更新的认识。

　　另，1908 年 3 月 27 日，《申报》记载二辰丸释放后的详情，许多人将日货投入火中焚烧，并进行演说"文明抵制办法"。到会者上十万人，皆"愤激不可名状"，但是也没有暴动的行为，所以"不可谓非国民程度日进"。② 从上述抵制日货的手段来看，虽然表现出了资产阶级无力反抗统治阶级的一面，但同时也体现了这时的国民在追求权利、责任、自由、平等、独立精神方面是具有文明意识指引的，并且是具有国家观念的人民。可以说，1908 年的抵制日货运动是具有近代意义的民众运动，体现了一种民众民族主义，充分体现了民间经济外交应具备的国民参政意识和主权意识。例如，在抵制日货运动时期，梧州商会在致广东的函电中就表示支持广东的排货运动，称"梧州国民义务所为"。③

　　综上所述，第一次抵制日货运动在广州粤商自治会的领导下虽然归于失败，但是运动期间中国民众表现出了一定的"近代性"，即国民在进行民间经济外交过程中的国家观念和国民意识的萌芽形成。随着中国民众的觉醒和力量增长，也说明了商人组织的政治化。此次运动充分体现了国民参政意识及国家观念增强，这既是此次运动的深刻意义所在，又是中日民间经济外交的始端，同时也预示了商人组织在民间经济外交方面将担负的责任。

---

　　① 《九志辰丸案结后之状况》，《申报》光绪三十四年三月十二日。
　　② 《纪辰丸案释放后详情》，《申报》光绪三十四年二月二十五日。
　　③ 《三志辰丸案结后之状况》，《申报》光绪三十四年三月初一日。

第三章 跨出国门的中日民间经济外交

——中日实业代表团的互访

本章对 1910 年日本实业团的访华以及 1926 年中国实业家代表团的回访,从民间经济外交的角度来加以整理,并探讨其意义。

第一节 1910 年日本实业团访华概况

对于 1910 年日本实业团访华一事,其实还不得不涉及美国实业团访华这一问题。因为日本实业团访华这一举动不仅与美国太平洋沿岸实业团的访华有关,而且也与当时以日本政府及奉行海外经济扩张的日本实业界有关。首先,对日中民间经济外交与美国的关系这一问题做一探讨。

一 访华的背景:中日民间经济外交与美国

其实,1910 年日本实业团访华的背景应追溯到 1908 年因 "二辰丸事件" 而爆发的中国南方地区抵制日货运动,在中国民众高涨的反日情绪面前,日本财界内部的意见也是有差异的,有主张采取强硬态度的;而商业巨头涩泽荣一则认为:"实业的发达取决于国与国之间在生意上互通信息。还要清除彼此的各种障碍,同时要致力于相互往来,而且这种往来不应仅仅限于个人之间,还需要组织一种团体,以求疏通思想,或者合作某种事业,这是 20 世纪的时代要求。"① 基于此思想,日本实业界就探求能够与中国实业界加深联系的方法和方式,决定先访问中国再访问美国。② 但由

---

① [日]《東京商業會議所日報》第 3 卷第 7 号,1910 年 7 月 19 日。
② 参见 [日] 木村昌仁《日米民間経済外交 (1905—1911)》,庆应通信出版平成元年版,第 175 页。

于同中国的联络不顺，遂改变原定计划，决定先访问美国再访问中国，并得知美国将于 1910 年访问中国的计划。

那么，对于 1910 年美国太平洋沿岸实业团的访华，日本实业界有着怎样的想法呢？

首先，对于同样把中国视为海外经济扩张市场的日本实业界来讲，这是一次试探美国实业界进军中国的绝好机会。因为日本实业界自 1899 年实行门户开放之后，充分认识到美国对中国在经济上的关注。中美贸易 1899—1908 年的 10 年约增加了 2 倍，继英国、日本成为中国的第三大贸易对象国。[①] 在棉制品、木材以及铁路材料对华输出方面，日美两国是竞争对手。尤其在满洲，竞争的结果是日本取得胜利，将美国产品驱逐而出。但是并没有让日本掉以轻心的是美国太平洋沿岸的木材和铁路材料，尤其是美国西北部的落基山脉的木材，对于日本的木材输出已经构成了极大的威胁。

尽管如此，日本的实业界对美国对华的经济渗透也并没有认为是对己构成了不可逾越的障碍，有的实业家反而认为这在中国市场的开发方面是有利于推动日美中三国经济关系发展的。并且伴随着 1908—1909 年日美两国实业家的互访，缔结了日美协商，使得日美关系一时取得了平稳的发展。但是伴随着塔夫脱总统上台而开展的美元外交，日本实业界加重了对美国的警戒心，特别是日本实业家访美回归后不久，美国就公布了满洲中立案，这对日本实业界来讲是一个很大的打击。进入 1910 年，随着美元外交的活跃化，日本实业界以及外务省对美国的举动尤为注意。而在这样的情况之下，中美关系史上最初的美国大型实业团的访华，就不得不引起日本的强烈关注。

对于美国太平洋沿岸实业团的访华成员，引起日本方面关注的是罗伯特·大来这一人物。因为罗伯特·大来不仅是这次实业团访华的策划者，而且他还与中国保持着广泛的商业渠道；不仅用自家公司的船舶向长江流域运输木材，还在 1910 年 3 月与汉冶萍公司签订了铣铁的采购合同，他是一个使日本政府都大为震惊的官商两通式的人物。[②] 虽然最终因为日本

① 参见［日］《清国の贸易及我国の位地》，《横商月报》1909 年 12 月，第 8—13 页。
② 详情请参见［日］日本外务省《外交文书》第 43 卷第 2 册，日本国际联合协会 1962 年版，第 9—29 页。

横滨正金银行对汉冶萍公司借款的成立，使得日本方面有了向好的方向发展的转机，但是稍有不慎，就会发生将日本外务省、大藏省以及农商务省卷入其中的日美中三国大事件。因此，对于大来访华的行动，不仅是日本的实业界，包括日本外务省以及农商务省都予以充分的关注。

其次，中国各界对此将会有何反应。此次美国实业团访华成员均来自太平洋沿岸，且与 1908 年访日实业团的规模相似，对此中国会做出何种反应，这是日本实业界颇为感兴趣的。更为重要的是搞明白中国对美国有何所求，则能够看出中日关系发展的方向，从此意义上来讲，更应引起注意的是中国华南地区。因为自 20 世纪初，福建省以南的地区就相继发生了抵制美货、日货的运动。抵制日货运动给日本实业界带来了很大的打击，当时的日本经济一方面来自日俄战争后的不景气，另一方面加上 1907年美国金融危机带来的影响，结果就是对华输出与对美输出一起掌握着挽救日本经济摆脱不景气的关键所在。

再次，这是探查"美中同盟"可能性的线索。对于日本实业界来讲，美中两国同是日本经济发展中不可缺少的市场。因此，日本对于美国对中国经济的极端政治介入尽管表示反对，但是更为可怕的则是被美中两大市场所排斥。那么，从此意义上来看，对于日本实业界而言，美中关系的同盟色彩越强，就意味着日本商品将越有可能被踢出中国市场。

最后，欧洲列强，尤其要注意英国的反应。长江以南的中国大陆是人口众多且工商业最为发达的巨大市场，因此也就与欧洲列强的利权有着复杂的瓜葛。在此区域，美国实业界将如何实行经济渗透，对于日本来讲，构成威胁的反面参考点较多。也就是说，以英国为首的欧洲列强对于首次大规模的美国实业团访华将会有何反应，是日本方面希望了解到的情报。日英同盟的结果是英国对日本向朝鲜、满洲的经济渗透予以默认，但是对于集中在长江以南地区的本国利益却是敏感的，那么此次英国对美国实业团的反应，实际上也将形成日本进入此领域的一个参考。

由于以上原因导致日本实业界认为，美国实业界的访华，不能将其仅仅看作是一项单纯的亲善活动。

二　日本实业团的访华经纬及内容

对于上述美国太平洋沿岸实业团的访华活动，日本实业界如何进行应对，总体来讲主要有两方面：第一，派遣实业团访华；第二，彻底地进行情报收集工作。

　　为实现上述目的，就要在美国访华之前派出实业团访华，以推进中日两国实业界的相互提携。日俄战争结束后，日本财界在中国扩张面临两个严峻的困难。一是日本与西方列强围绕中国市场上的争夺日益尖锐化；二是中国各地如火如荼的反日高潮。在这种形势下，积极展开对美和对华的民间经济外交，以摆脱财界所面临的困境，这是日本实业界的一个较为一致的认识。尤其是在日本的实业界中认为"对华问题是出于怨恨而生的敌意"的意见占据首位。① 因此，担忧于日本人对中国人的傲慢而引发不良影响的商业会议所首脑，认为派遣东京、大阪、名古屋、京都、横滨以及神户六大商业会议所首脑访华，通过与中国各地实业家的交流，将会促进日中关系的改善。起初，预定1909年4月访华，但由于光绪皇帝的大葬而延期。后来由于同年9—11月美国太平洋沿岸联合商业会议所的邀请，日本六大都市商业会议所相关实业家访美的缘故，才将访华日期推迟至1910年。

　　对于日本实业家访华必须在美国实业家访华之前进行一事，担任日本实业家访华团团长的近藤廉平就其原委作了如下叙述：自美国塔夫脱总统上任后，积极推行对华贸易，同时中国人也尽力提倡中美同盟，以中伤日俄外交，并且由于华南实业团的访美，以及此次美国实业团的访华，事实上已经构成了实业同盟。基于此，涩泽荣一、中野武营向日政府建议，尽量早日派日本实业家访华，以奠定日中同盟的基础。② 关于此点尽管涩泽荣一没有留下文稿记录，但是大阪商业会议所会头的土居通夫对于承认美国实业家访华的影响是做了如下言论的："中国实业家邀请美国实业家，并于今年8月从美国出发一事已经判明。而对于与中国一衣带水的日本，则应该在美国人来访前抢先访华……以日本邮船公司的近藤社长为首的十四名实业家组团为中国观光实业团，进行访华。"③ 因此，访华实业团在近藤廉平团长的带领下，于1910年5月5日出发，经由朝鲜到达中国，并对中国的主要城市做了访问，出席了南京劝业博览会。日本实业团的成员如表3-1所示，参观概要与美国实业家访华概要如表3-2所示。

----

① ［日］中野武营：《对米及对清所感》，《東商月报》1910年12月，第1页。
② ［日］《都新聞》1910年5月5日。
③ ［日］《貿易通報》1910年8月，第31页。

表 3-1 日本赴华观光实业团成员一览

姓名	所属	职务
近藤廉平	日本邮船	社长、团长
土居通夫	大阪商业会议所	会头
大桥新太郎	东京商业会议所	副会头
大谷嘉兵卫	横滨商业会议所	会头
松方幸次郎	川崎造船所	社长
龙川辨三	神户商业会议所	会头
铃木摁兵卫	名古屋商业会议所	副会头
永井久一郎	横滨商业会议所	特别议员
福井菊三郎	三井物产会社	理事
白岩龙平	日清汽船会社	取缔役
岛津源藏	京都商业会议所	议员
白石重太郎	东京商业会议所	书记长
西乡午次郎	日本邮船会社	团长随员
川村景敏	日本邮船会社	团长随员

资料来源：［日］白石重太郎：《赴清实業团誌》，东京商业会议所内赴清实业团志编纂委员会，大正三年版。

表 3-2 日美赴华实业团概要

	日本访华实业团	美国赴华实业团
日期	1910 年 5 月 5 日—6 月 20 日	1910 年 9 月 16 日—10 月 20 日
接待者	上海及各城市商会	上海及各城市商会
实业团成员	近藤廉平（日本邮船社长、团长） ○土居通夫（大阪商业会议所会头） 大桥新太郎（东京商业会议所副会头） ○大谷嘉兵卫（横滨商业会议所会头） 松方幸次郎（川崎造船所社长） 龙川辨三（神户商业会议所会头） 铃木摁兵卫（名古屋商业会议所副会头） 永井久一郎（横滨商业会议所特别议员） 福井菊三郎（三井物产会社理事） 白岩龙平（日清汽船会社取缔役） 岛津源藏（京都商业会议所议员） 白石重太郎（东京商业会议所书记长） 西乡午次郎（日本邮船会社团长随员） 川村景敏（日本邮船会社团长随员） 共 14 名	维利施·普夫（太平洋沿岸联合商会会长、洛杉矶商会前会长、团长） 威廉·屈斯度（旧金山商会会长） ◎罗伯特·大来（旧金山商会副会长、罗伯特·大来汽船社长） ◎的弼·布连（西雅图商会代表、律师） 佐治·板南（圣迭戈商会会长） 另外还有其他实业家及夫人 共 47 名

	日本访华实业团	美国赴华实业团
访问地	釜山→京城→平壤→安东→奉天→大连→旅顺→营口→天津→北京→汉口→南京→镇江→上海→苏州→杭州	上海→杭州→苏州→镇江→汉口→北京→天津→芝罘→福州→厦门→广东→香港

资料来源：〔日〕白石重太郎：《赴清实业团志》，东京商业会议所内赴清实业团志编纂委员会大正三年版；〔日〕《米国实业团南清各地巡历一件》，明治四十二年，外务省外交史料馆藏，资料号：外务省记录 B-3-2-1-27。

注：○表示1909年访美实业团参加者；◎表示1908年访日实业团参加者。

对于日本实业家组团访问这一计划，日本外务省和农商务省给予了全面的支持。由于顾虑如果日本政府直接公开支援实业界的民间经济外交的话，会给对华关系带来负面影响。也就是说，赴华实业团作为日本官民一体的经济渗透的象征的话，会引来刺激中国之忧。因此，为不引起中国方面的误会，小村外相给在华的各派遣机构发出了如下的训电："本团以参观南京博览会为始端，以参观中国为目的，此举仅为相关有识团体组织所为，而非出自政府的意愿，尤其是表面上不要显示其与政府有任何关系。"[1] 并在此基础上，表达了如下真实的目的："促使日华两国实业家更加接近，增加其感情融合度的同时，达成中国实业家于今秋或明春来日访问。"[2] 另一方面，赴华实业团并不希望被认为是在意识到美国太平洋实业团访华，才派遣实业团访问的。对于此点，上海的有吉总领事也作了如下强调："关注到美国方面的访华才突然决定来访的举动，不但会引起异样的感觉，而且还会加深其恐惧。"[3] 并对上海商业会议所提出的，请中国实业家发出邀请日本实业家赴华访问的情况予以赞同。

如此，尽管表面上否定了与美国太平洋沿岸实业团的关系，而实际上却在对访问中国的城市、接待方式等方面，与美国存在着强烈的对抗意识。首先，从访问城市这一方面来看，为与美国太平洋沿岸实业团的访问形成对抗，厦门、广东、香港等南方各地的领事们认为日本实业团也应该

[1]　〔日〕日本外务省编：《外交文书》第43卷第2册，日本国际联合协会1962年版，第386页。

[2]　同上。

[3]　同上书，第389页。

对这些地方进行访问。实业团原先预计的访问地是经南京、苏州最后在上海解散，而对美国太平洋沿岸实业团访问日数较多的南方各城市却没在计划中出现。因此，南方各地的领事们认为，与上海、汉口能相肩并提的是中国的贸易中心地广东；另外，进入南方的门户是香港，但是上述地区却没有列入访问计划中去，这显然是不合理的。正如香港的船津领事代理致电小村外相所言那样，香港不但是中国对外贸易所依赖的一大通商港口，将来粤汉铁路完成时，还是与广东、上海、汉口相连的大市场，对于日华经济的发展有着至关重要的地位。而且，"近来由于我国官民的努力，当地的对日感情也渐次转变，值此有访问价值的转变时机，我实业团却将其置于应访问区域之外，不能不说遗憾至极"。① 虽然有了上述强烈的要求，但是实业团并没有延长访问日程对香港进行正式访问，而只是由一部分团员对香港进行了非正式的访问。这是因为虽然南方的抵制日货运动被遏制了，但是顾虑到如果实行大规模的访问的话，可能会刺激普通民众。但是，计划将其航路扩张到南方诸城市的日本邮船社长近藤廉平却不错过此机会，访问了广东、厦门，并在访问期间与当地的实业家有了接触。

其次，从接待方面来讲，仅从领事报告来看，对于美国太平洋沿岸实业团的访华最为关注的是上海的有吉总领事，这或许是因为罗伯特·大来最活跃的舞台就是上海的缘故。有吉总领事称："17 日由本官主持的晚餐会，将邀请中国官绅、商务总会会员、其他有名望的绅商以及中国新闻记者等上百余名，包括日本人来宾，合计将是一百五十名以上的盛大宴会。"② 其宴会费用由外务省提供了 1500 日元的资金援助。

在外务省的支持之下，日本访华实业团先后访问了朝鲜、中国满洲以及各大城市，得到了中国官商两界的欢迎。其不仅实现了最初的目的——打开了日中两国实业界相互交流的大门，而且还促成了中国实业家访日的计划。关于两国实业界间的交流，所到访问城市的领事均有详细报告至外务省。根据这些报告可以看出，日本访华团所到之处受到了各地盛大的欢迎，并和当地官绅及实业界人士有了较为广泛的交流。天津的小幡总领事对欢迎的盛况做了如下报告："居留地官民和中国官民的关系有了更进一

---

① ［日］日本外务省编：《外交文书》第 43 卷第 2 册，日本国际联合协会 1962 年版，第 395 页。

② 同上书，第 414 页。

步的发展，相信会为今后的商贸关系及其他交涉带来方便。并且因数次采用官民同席的方式，创造了中国官商间汇聚一席的机会，消除了两者在社会地位上的差异之别。"① 南京的井原领事称："实业团到来后，不仅当地官民，就连各省的实业家代表们也都非常热心地欢迎实业团的来访，为日中两国实业界的交流联络起到了十二分之功效。"② 从而带来了更为活跃的日中两国实业界的交流氛围。③ 在美国太平洋沿岸实业团访华之前，日本先行一步，与中国实业界先建立了交流关系，并通过此次活动也给双方实业界带来了一定的影响，从此点来看，这是日本方面所期待的民间经济外交的一大成功。

但是从中国的媒体以及一般市民的反应来看，却是相当复杂且冷淡的。首先，从新闻的论调来看，访华实业团的消息一经公布，各大报纸上就有"怪物赴华团来了"等此类的题目刊登出来。由此可见，普通民众对此次访华实业团是抱有警戒之意的。④

此次日本访华实业团的另一目的就是收集情报。尽管日本需要知道此次美国太平洋沿岸实业团的来访动机，对于日中经济关系的发展到底是起着积极的作用还是负面的作用，但是日本实业界并没有建立能够了解中国动向的体系化的情报网络。虽然三井物产、日本邮船以及大阪商船等在中国拥有自己独立的情报网，但是，对于了解此次美国太平洋沿岸实业团和中国方面的会谈内容却是困难的。此外，虽然有天津、奉天等在华日本人商业会议所，但对于中国的情报收集活动并非充分。因此对于此次美国太平洋沿岸实业团访华的相关情报收集，主要是由领事来完成。而领事向外务省小村外相汇报的详细内容则又反馈到了涩泽荣一、中野武营、近藤廉平这些实业界首脑那里，以助于达到此次实业团访华的目的。日本政府及实业界主要围绕日本领事的报告，对下述四个方面做出了相应的判断：（1）美国太平洋沿岸实业团的访华意图；（2）中国的反应；（3）美中同盟的可能性；（4）列强的反应。

首先，确定了美国太平洋沿岸实业团的目的有二：（1）增进美中关系

---

① ［日］日本外务省编：《外交文书》第43卷第2册，日本国际联合协会1962年版，第409页。

② 同上书，第421页。

③ 同上书，第406页。

④ 同上书，第394—395页。

的友好亲善；（2）增强美中通商关系。并且了解到作为赴华访问的最后阶段，罗伯特·大来要在上海向中国实业界提出具体的提案。而提案的具体内容分为以下七点："一、设立各自投资50%的美中投资银行；二、美中双方的商品进行互相陈列；三、告知中国1915年将于旧金山召开巴拿马博览会；四、增加通商方面的互惠；五、增强商贸往来；六、各自投资50%制造一汽船，并允许中国国旗悬挂其下；七、中国商务总会事宜。"①美国太平洋沿岸实业团在访华的最后阶段提出如此含有政治意味的提案，对日本来讲是件意味深长的事情，日本认为美国此次访华希望能够以具有成效的形式实现其目的。因此，对于美国太平洋沿岸实业团的这一真正目的颇为重视。对于七项建议中的设立美中银行以及建设美中汽船的计划尤为重视，因为日本方面，以涩泽荣一为主，曾提出过设立日中银行的提案，最终却并未实现。另外，日中汽船是于1907年由日本邮船、湖南汽船、大阪商船出资810万日元成立的。②中国内航运本来一直处于被英国独占的状态，后来由于日本邮船与P&O汽船激烈的竞争，掌握了主导权。另外，大阪商船也与日本邮船一边竞争一边开展了日中航线。上述两公司为实现日中经济关系的紧密联系，拉入了湖南汽船，创立了日清汽船，以便在充实日中航线的同时，实现在中航线方面由日本来掌管主导权的目的。最终结果是于1910年日本完全赶超了英国。③如果美中银行以及美中汽船得以成立的话，将会威胁到日本在中国的经济基础。对此，日本方面深感担忧。因此，即便是美国太平洋沿岸实业团回国后，日本仍不放弃由领事来打探新公司是否成立的情报收集工作。

其次，对于美国太平洋沿岸实业团以及美国方面提出的建议，中国方面又是如何反应的这一问题，日本实业界又是如何捕捉这一信息的呢。其一，尽管中国官商两界对此抱有好感，但是由于在美国太平洋沿岸地区有排斥华人移民的情况，以及意识到英国、日本等其他列强的存在，中国政

---

① ［日］《米国实业团南清各地巡历一件》，1911年，外务省外交史料馆藏，资料号：外务省记录 B-3-2-1-27。

② 参见［日］日清汽船株式会社《日清汽船株式会社三十年史》，日清汽船株式会社1934年版，第15页。

③ 关于日本开拓中国航线并掌握主导权的经过，可参见［日］日清汽船株式会社《日清汽船株式会社三十年史》，日清汽船株式会社1934年版；［日］日本邮船株式会社《日本邮船株式会社五十年史》，日清汽船株式会社1922年版；［日］大阪商船株式会社《大阪商船株式会社五十年史》，日清汽船株式会社1931年版。

府表面上几乎没有任何政治方面的反应。但是令人注目的是，本来在对美感情恶化的广东地区，并没有出现预期的那种官商冷淡相待的局面，反而是顺利地举行了各种欢迎仪式。虽然在欢迎席上，当地实业家对美国排斥华人移民一事提出了强烈的抗议，对此美国实业家也做了回应。① 此外，中国政府还强烈意识到其他列强的看法，在北京以外的到访城市，均挥舞着美中两国的国旗，营造了统一的欢迎阵势，但是在北京却并没有悬挂美国国旗，尽量保持着平静状态。② 另一方面，媒体及普通市民的态度却是极为冷淡。无论哪个报刊也只是对欢迎形式做了报道，与日本访华实业团的报道相比较，并没有其他特别之处。③ 从上述反应来看，日本实业界认为：（1）中国南方依然残留着强烈的对美不信任感；（2）中国政府在处理与各国关系时，并没有对美国特殊对待。由此可推断"美中同盟"这一推测还是不能成立的。

最后，对日本实业界来讲最为关心的是英国以及欧洲各国的反应。关于这一点，由于能够作为判断材料的情报较少，仅从罗伯特·大来的日记来看，认为英国商人对于美国太平洋沿岸实业团的高调访华，是冷眼相看的。④

针对上述情况，日本实业界认为今后在发展日美中三国的经济关系方面，更应该加深同中国实业界的进一步交流。而作为当前的课题则是必须在中国实业家访美之前，努力邀请其先期访问日本。⑤ 此外，作为扩大日中贸易的具体对策，决定在日中两国设立商品陈列所，以提高工商业者及一般市民对两国商品的关心。⑥

综上所述，加强日中实业家的联系、邀请中国有威望的实业家访日，

---

① 参见 ［日］《米国实業団南清各地巡歴一件》，1911 年，外务省外交史料馆藏，资料号：外务省记录 B—3—2—1—27。

② Robert Dollar, *Private Diary of Robert Dollar on his Recent Visit of China*, San Francisco：Robert Company，1912，pp. 35 – 36.

③ ［日］《米国实業団南清各地巡歴一件》，1911 年，外务省外交史料馆藏，资料号：外务省记录 B—3—2—1—27。

④ Robert Dollar, *Private Diary of Robert Dollar on his Recent Visit of China*, San Francisco：Robert Company，1912，p. 98.

⑤ 参见 ［日］《日清両国实業家訪問交換一件 第一卷》，1910 年，国立公文館亚洲历史资料中心藏，资料号：No. 3—1312。

⑥ 参见 ［日］《日清両国相互商品交換陳列一件》，1910 年，国立公文館亚洲历史资料中心藏，资料号：No. 3—0492。

以及筹划日中共同合作事业是此次赴华实业观光团的三个主要目标。其中，更应引起注意的是在访华最后一站的上海，日方近藤廉平团长一行同上海商务总会总理周金箴等人讨论了设立日清实业家联络组织"同方会"的计划，并达成秘密协议。为防止泄密，在访华结束后编辑出版的访华团记录中故意把这一天的日程改为自由活动。① 这一计划是由日方向中方提议并得到日本驻上海总领事的全面协助的，也是赴华实业观光团此次访华的最重要成果，是日本实业界长期以来设想的日中实业界提携合作的最重要的一步。同时，这一计划代表了日本财界领导对开辟中国市场的基本思路。

第二节　1926 年中国实业代表团的赴日访问

1926 年 5 月 20 日至 6 月 15 日，由上海总商会率领的中国实业代表团一行 58 人，首次对日本进行了为期 20 天的大规模的赴日访问。正如组织者上海总商会所言："非特在本会历史上为空前未有，即在全国商业历史上，恐亦为空前未有之举。"② 在日本访问期间，中国实业代表团积极展开民间经济外交活动，公开抨击日本政府的侵华政策，在日本朝野与中国各界引起了震动。以下对此次的访日活动进行具体考察。

一　出访日本的缘起

中国实业代表团的首次赴日访问虽然成行于 1926 年，但究其直接的起因则源于五卅运动。1925 年的五卅运动爆发后，"对日经济绝交"成为最响亮的口号，日本货被视为仇货，中国各地掀起了抵制英日货运动，使日本的对华商品输出与原料收购受到极为沉重的打击。日本为削弱五卅运动对中日关系的影响，消除中日贸易的心理障碍，促进对华的经济输出，亟须疏通各种渠道来缓和与中国的紧张关系。后来，经过上海总商会的调停，平息了上海日纱厂的罢工风波。由日本东京、大阪、神户、名古屋、横滨、广岛及福井七地的商业会议所的 15 名代表组成的"上海地方实业

---

① 参见［日］白石重太郎《赴清实业团誌》，东京商业会议所内赴实业团志编纂委员会，大正三年版，第 177 页。

② 《欢迎华商赴日参观团纪盛》，《民国日报》1926 年 6 月 18 日。

视察团"于 1925 年 8 月 15 日抵达上海，对纺织业进行了为期 10 天的考察，考察期间还得到了上海总商会的协助。① 日本商业会议所对于上海总商会在其考察期间给予的关照，取得考察成功一事，在表示感谢的同时希望能够作一回报。②

11 月，大阪电器大博览会长男爵田健治郎致函驻沪日本总领事，将大阪电器博览会的宗旨定位于："为关于电器实业一切之事物资料，广为（征）集，以供公众之展览，又对于现代生活电器之地位，及于将来利用之暗示等，所有电器万能之真谛，使世人周知为目的，实为电器实业界之制造品或经售品，其他当地产出与电器有关系之一切原料并参考等。"并提议"如得当地有力之实业家组织观光团莅会观览，尤与彼此邦交获亲善之益，请转达劝告招致出品，并前往观览"。③ 即认为大阪博览会的开幕，正是联络双方感情、促进贸易的极好机会，故发出了"友谊"信息。

加之 1926 年神户商业会议所议员鹤谷氏赴上海之际，从上海日本人商业会议所那里得知，上海总商会有来日考察之意，回国后并将此事向神户、大阪两商业会议所做了汇报。两商业会议所认为应抓住此机会邀请上海总商会来日访问，还向各地的商业会议所发出了照会，并得到日本商业会议所联合会的同意。④

3 月底，日本商业会议所向上海总商会发出了邀请函，以"稍答去夏日本商会联合会代表留沪时备承优待赞助之雅意，一方面更可以增进两国人民敦睦亲密之感情"为由，希望中国实业界选派赴日代表参观大阪电器博览会。⑤ 为切实推进邀请上海总商会赴日访问工作的进行，4 月 14 日，日本商业会议所联合会借京都召开的近畿商业会议所联合大会之机，在东京、大阪、京都、名古屋、神户以及横滨六大会议所协议会上，就如何促进访日活动以及欢迎方法等做了具体商讨，并指示上海日本人商业会议所

---

① 参见［日］《视察团来朝由来》，1926 年，国立公文馆亚洲历史资料中心藏，资料号：Reel No. 调—0014，第 58 页。

② 同上。

③ ［日］《视察团来朝由来》，1926 年，国立公文馆亚洲历史资料中心藏，资料号：Reel No. 调—0014，第 60 页。

④ 参见［日］《视察团来朝由来》，1926 年，国立公文馆亚洲历史资料中心藏，资料号：Reel No. 调—0014，第 59 页。

⑤ 《日本商会请参观电器展览会》，《申报》1926 年 4 月 1 日；《函请参观日本电器展览会》，《申报》1926 年 4 月 2 日。

代表日本商业会议所联合会，正式向上海总商会发出欢迎上海总商会视察团来日访问的邀请。① 因此，日本商会会长田边辉雄致函总商会，转达了日本商会联合会邀请上海总商会赴日视察的来电，称"信如此良好之机会，于中日交谊之亲密，必能达从来未有之程度。一俟起行有会，当嘱敝会书记野君，陪同贵会长暨团员诸君赴日，庶游踪所经，全日任何机关，均可妥为接洽，随时介绍"。并附有日本商会联合会要求"所有团员及随员人数，所搭船只，起程日期，以及预计在日勾留日数，均请详细电达，东京游历程序，即由本会排列，务期满意，亚盼贵会书记野君伴同团员诸君来日，于主客两方，均可深资臂助也"。②

对于日方的邀请，上海总商会欣然接受，"分函本地各业团体，请派代表前往，同时又函致京、津、奉、汉四商会，请推人加入，共同组织赴日参观团"。并将各业代表准往参观者姓氏附于后，有"总商会会长虞洽卿，钱业公会秦润卿，糖业姚紫石，铁业戴耕莘，洋布顾子瑺，机器张延钟，航业谢仲笙、袁履登、谢继武、纱厂徐庆云、吴麟书，西药黄楚九，电气陆伯鸿、朱孔嘉，船厂朱子尧，纱业黄又澜，及董杏生、沈若愚、赵庆华诸君等"。③ 在上海总商会的筹备之下，中国实业家赴日参观团成员如下（表3-3、表3-4）。

表3-3　　　　　　　　1926年中国实业家赴日参观团成员名单

姓名	所属部门	职务	姓名	所属部门	职务
虞洽卿	上海总商会 上海三北轮埠公司	会长 总经理	王云甫	上海恒利银公司 上海瑞隆颜料号	董事 副总经理
谢仲笙	上海总商会 上海招商局	会董 局长	陶庭耀	上海荧昌火柴有限公司 上海正裕木行	代表 经理
董杏生	上海总商会 上海董杏记	会董 经理	曹庆华	上海食物公会 上海宝昌联号	代表 经理
顾子瑺	上海总商户 上海大丰棉布号	会董 经理	潘冬林	上海各路商界总联合会 上海振丰五金号	会董 经理

① 《视察团来朝由来》，1926年，国立公文馆亚洲历史资料中心藏，资料号：Reel No. 调—0014，第61页。

② 同上；《日商邀虞洽卿等赴日》，《申报》1926年4月17日。

③ 《总商会赴日参观电会人数》，《申报》1926年4月21日；《奉天总商会商榷赴日办法》，《申报》1926年4月22日。

续表

姓名	所属部门	职务	姓名	所属部门	职务
孙梅堂	上海总商户 上海美华利钟表行	会董 总理	薛明剑	无锡申新第三纺织厂 农商部询议实业	总管 调查员
张涵衷	上海总商户 上海恒安轮船 公司	会董 总经理	钱孙卿	无锡市 无锡荣氏私立公益 商业中学校	总董 校长
戴耕莘	上海总商会 上海利昌铁行	会董 总经理	崔松谷	江浙皖丝厂业茧公所 芜湖三北轮埠有限公司	代表 经理
乐振葆	上海总商会 上海泰昌洋货木器公司	会董 总经理	谭明卿	芜湖总商会 芜湖明远电灯公司	代表 代表
李咏棠	上海总商会 上海新记营运公司	会董 经理	麦健之	蚌埠总商会 蚌埠耀汇电灯公司	总理 代表
袁覆登	上海总商会 上海宁绍商轮公司	会员 总经理	谢鉴湖	柳江煤矿公司 上海招商局	代表 职员
郭外峰	上海总商会 上海恒安轮船公司	会员 船务主任	陈钦孙	江西安源萍乡煤矿 机械	工程师 美国麻省理工
陈伯藩	上海总商会 上海中华火柴公司	会员 总理	柯义申	汉口铁业公会 汉口唐音记钢铁号	会长 经理
楼恂如	上海总商会 钱业公会 上海中华劝工银行	会董 代表 行长	徐荣卿	汉口运输业	代表
			徐世樑	汉口运输业	代表
陈文生	上海总商会 上海亨达利钟表行	会员 经理	邱端浩	北京华北垦牧公司	代表
			应舜卿	上海通和建筑公司	代表
李铸箴	上海总商会 上海李柏记棉布号	会员 经理	李和卿	上海日本邮船会社	副买办
傅其霖	上海总商会 上海华安水火保险公司 宁波坤和草织物品工厂	会员 经理 总理	陆伯鸿	上海总商会 上海华商电气公司 和兴钢铁厂	总理 总理
唐宝昌	上海总商会 上海普益铁号	会员 经理	朱志尧	上海求新机器厂 上海大通轮船公司	董事 经理
王棣辉	上海总商会 宁波立兴织造厂	会员 总理	朱孔嘉	上海闸北水电公司 上海华商电气公司	董事 协理
康镇奎	上海总商会 上海康镇记	会员	沈若愚	上海总商会 吴淞宝明电灯公司	会员 总理

续表

姓名	所属部门	职务	姓名	所属部门	职务
姚幕莲	上海县商会 上海内地自来水公司	会董 总经理	陆访渔 朱义生	上海和兴钢铁厂 上海南洋机器总厂	主任 工程师
余日章	上海商业储蓄银行	董事	朱寿承	上海振华电气公司 上海闸北水电公司	董事 办事董事
乌崖琴	上海宁波同乡会 上海商报馆	主任 经理	丁极臣	奉天总商会	议事
陆景文	上海北市米行公会 上海长丰议米行	副会长 经理	王莜为	奉天总商会	议事
陈松源	上海振华堂洋布公所 上海丰大棉布号	代表 总理	郭东泉	赴日参观团 上海证券物品交易所	秘书长 理事
施志顺	上海振华堂洋布公所 上海施才记棉布号	代表 经理	盛冠中	赴日参观团 上海中亚贸易公司	秘书 总经理
唐荣甫	上海嘉谷堂米业公所 上海聚大米厂	会董 总理	邓峙冰 张振远	赴日参观团 上海总商会月报 赴日参观团	秘书 主任 秘书

资料来源：根据邓峙冰《赴日参观记》，上海总商会月报营业部1927年（上海图书馆藏书），第2—6页；［日］《上海総商会本邦视察团来朝顚末》1926年，国立公文馆亚洲历史资料中心藏，资料号：Reel No. 调—0014，第67—72页，笔者编辑作成。

注：另据日方资料，此次随同访日团来访的还有家属及摄像师共计7人，但并未包括在参观团名单中。①

从表3-3中可以看出，此次参观团成员网罗了中国工商各业的代表人物。其中44人为上海工商各界的代表，且约有半数位列上海总商会的会董职务，另外14人为来自北京、奉天、汉口、蚌埠、无锡、浙江、芜湖以及江西等地的商会、工商业代表。由虞洽卿担任团长，还有中华基督教青年会总干事、上海商业储蓄银行董事余日章，上海招商局局长谢中笙，上海宁邵商轮公司总经理袁覆登，证券物品交易所理事郭东泉等来自电气、航运、纺织、机器、银行等20多个行业的知名人士。②

对于代表团中的重要人物，有如下评价。余日章早年在哈佛大学研究

① ［日］《上海総商会本邦视察团来朝顚末》，1926年，国立公文馆亚洲历史资料中心藏，资料号：Reel No. 调—0014，第71页。

② 《赴日参观团今日出发》，《申报》1926年5月20日。

院攻读教育，1917 年起担任中华基督教青年会全国协会总干事，1923 年起兼任中华全国基督教协进会会长，提倡"基督救国"，平时以对日态度强硬著称，访日期间多次参加中日会谈，发表公开演说，在日本造成的影响仅次于虞洽卿。张振远以国闻社记者身份随团赴日采访，任代表团秘书，不断向国内新闻界发回代表团访日活动电稿，报道堪称及时而客观。邓峙冰是上海总商会的"笔杆子"，任总商会日报主任、代表团秘书，后来将代表团活动情况与中日双方重要讲话汇编成《赴日参观记》，使这次活动的主要材料得以保存下来。虞洽卿的女婿盛冠中为代表团三秘书之一，政治上颇为活跃，访日后即南下去广东考察革命政府的军政情况及经济形势，是对上海工商界政治动向有潜在影响力的人物。此外，乌崖琴兼任上海商报馆经理，谭明卿兼任芜湖皖江日报总理。这些人大多既从事实业又热心社会政治活动，个别新闻界人士虽不经营企业，但与工商界关系密切。他们的身份非但不影响代表团的性质，而且增加了代表团的政治应对能力，使中国民族资产阶级的政治、经济观点表述得更为充分。[1]

表 3-4　　　　　　　　1926 年中国实业家赴日参观团职员表

团长	会计	交际员	秘书长	秘书
虞洽卿	楼恂如 王云甫	郭外峰 陈良斌 袁覆登 陶庭耀 孙梅堂 谢继武 戴耕莘 李和卿 陈伯藩 邱瑞浩	郭东泉	邓峙冰 盛冠中 张振远

资料来源：根据邓峙冰《赴日参观记》，上海总商会月报营业部 1927 年（上海图书馆藏书），第 6 页；《赴日参观团之预备会》，《申报》1926 年 5 月 15 日，笔者编辑作成。

　　为顺利组团出访，上海总商会进行了紧锣密鼓的各项安排。首先拟定了参观简章，其中宣称此次访问的宗旨为"本总商会应日本全国商会联合会之邀请，参观大阪电气博览会，及其他工厂，以考察所得，振兴本国实

---

[1]　参见郭太风《迈向现代化的沉重步履》，学林出版社 2004 年版，第 120 页。

业为宗旨"。且对其他各项做了如下规定："②本团团员，以本会会员及各业代表为限。③本团于团员中公推团长一人，团董十人关于文书、会计、交际、庶务四项职务，由团董分别督同办事员处理之。④凡欲加入本团者，先于五月五号前至本会报名，十五号取齐，并领徽章。⑤服装一概穿2种常礼服，佩本国徽章。⑥每人预缴银一千元，一切开支，由会计股支付，俟回国后再行结清。⑦五月二十号晨八时，在汇山码头乘上海丸出发，二十二号抵神户，往返约共三星期时间。⑧本团除参观大阪电气博览会及各厂外，并赴东京、西京、神户等处，参观各大名厂游览名胜。"①

　　对于上海总商会的上述组织活动，日本外务省得讯后，还特电驻沪日本商务官加藤日吉，"届时陪同该团赴日，以表诚悃，而驻沪日本商会，特派书记长安原美佐雄与大阪府立商品陈列所驻沪员罔崎正男，随同招待"。②

　　5月14日，华商赴日参观团在总商会集议各项手续办法，会议期间，虞洽卿表示："在鄙人以为中日亲善，空言无补，须从事实上做去，现在尚非中日真正亲善之时，要在双方开诚布公，先除障碍。如二十一条为国人根本所反对，而痛心疾首，念念不忘，引为国耻者，即此已足以为中日亲善之障碍。故本团此行，以国民外交之手腕，唤醒日本商民，请愿该国政府，根本撤废此。外如旅顺、大连亦须早日交换，盖旅大为我国北五省之门户，而日人则以为朝鲜之平藩，其实归还之后，两国政府，不妨于相当范围内，订一妥善协约，庶彼此均有保障，不为第三国侵入也。其次中日通商，因同文同种同洲关系，往还较易，年来商业，均甚发达，不无账款纠葛，若动辄涉讼法庭，累日耗资，诸多不便，若双方能尊重商会公断，惠益非浅。以上两端，为本国应与交涉之目的。"③ 出发前一日，总商会为代表团饯行时，会董王晓籁言道："虞团长赴日争还旅大，唤醒日本国民表示同情，而为废除不平等条约之合作，诚为扫除障碍实行亲善之步骤也。"并希望"愿诸君此行之结果，得日人诚意之亲善，扫除障碍，满填真正亲善之确证而归"。④ 由此可见，总商会对此次代表团访日的目的，

---

　　① 《华商赴日参观之昨讯》，《申报》1926年5月1日；邓峙冰：《赴日参观记》，上海总商会月报营业部1927年（上海图书馆藏书），第1页。

　　② 《华商赴日参观之昨讯》，《申报》1926年5月1日。

　　③ 《赴日参观团之预备会》，《申报》1926年5月15日。

　　④ 《赴日参观团今日出发》，《申报》1926年5月20日。

已由先前的"考察所得,振兴本国实业"转变为"以国民外交之手腕",敦促日本撤废"二十一条",归还旅大,以及谋求中日间贸易合作,处理贸易纠纷之目的。而这一转变也同样体现在赴日参观团的赴日考察中,在《赴日参观记》中,首先就对日外交的现状及其不满做了陈述:"近二十年来,中国外交关系最多,而冲突最甚者莫如日本,日本之于中国其国家的国民的利害接触,较他国为多。盖历年以来,种种悬而未决之交涉问题,于乎中日战争以来,国家之葛藤,人民之恶感,不能即释,外交当局,亦不能超乎历年外交上因循苟且之陋习而决然树立根本政策,且以国内政局未平之故,有政治的欲望者,复每思藉外交上之援手,达其政权攘夺之目的,千条万绪,紊而不清,而对日外交界之黑暗更甚。"并对现行之中日亲善作如下评价:"近年彼国颇有以中日亲善相标榜者,按诸实际,亦不过一圆滑之外交辞令耳。"认为中日两国不可亲善的原因在于:"亲善云者,必先具有充分之交谊与诚意,凡人与人之交际,无论属于一方,或双方,使乏友谊及诚意,则二者之间,决不能发生亲密之友爱的关系。"因此,认为亲善应具备的条件为"两国间之亲善关系,欲使其日臻浓厚,则两国民间之热烈的友谊及诚意,固属不可少者。同时,两国民间尤宜扫除亲善之障碍,不能扫除障碍,即不能互相了解,夫既不能互相了解,则距亲善之说远矣"。[①]

对于赴日参观团上述宗旨的改变,有研究作如下评价:"平心而论,以上海总商会为代表的民族资产阶级应该更关心通过此次东游来促进中日间的贸易。据统计,1926年日本在中国对外贸易中的比重为27.1%,位列世界第一。[②] 不少中国商人以对日贸易为发家致富之道,自然乐意借东游之机与日本工商界搞好关系,将自己的生意做大。因此,当上海总商会筹组赴日参观团时,'各业领袖连日报名加入者甚为踊跃'[③],是自在情理之中的。不过,虞洽卿和上海总商会对赴日参观团能否于5月20日顺利成行,有一定的顾虑。因为在这个月当中,接连有'五四''五七''五九'及'五卅'等国耻纪念日,很容易激起人们的反日情绪,如果代表团在此敏感时期访日,难免会引起人们的怀疑和反对。因此,虞洽卿等人强

---

① 邓峙冰:《赴日参观记》,上海总商会月报营业部1927年(上海图书馆藏书),《序》第1—2页。

② 王敬虞编:《中国近代经济史》上册,人民出版社2000年版,第165页。

③ 《总商会赴日参观电会人数》,《申报》1926年4月21日。

调此次东游将敦促商民要求其政府撤废中国人民以为国耻的'二十一条'，归还旅顺、大连，既为获得舆论的同情而如期访日，实现考察、观摩日本实业的初衷，同时也有助于中国工商界摆脱中日间不平等条约的束缚，扩大对日贸易，发展本国实业，可谓一举两得。于是，中国实业代表团的赴日之旅从一开始就注定不是一次简单的民间商业交往，而具有'国民外交'的意义。"[1]

而对于日本来讲，此次邀请上海总商会为代表的中国实业界访日既有其政治目的又有其经济目的。

从政治上看，第一次世界大战结束后，日本在国际关系中处于十分孤立的境地，围绕中国问题，日美在远东的矛盾急剧上升。中国人民把反帝政治斗争和经济抵制结合起来，使日本政府和资本家忧心忡忡。由于日本实业界对华经济活动受政府鼓励和直接支持，实际上构成日本侵华政策的一个部分，因此面临中国的抵制日货斗争，日本政府串通商会组织，做出亲善姿态。朝日新闻社顾弥太在欢迎中国实业团访日的文章中，为日本近些年的对华政策粉饰："我外务当局当可代表我国民意，于去年关税会议，日本对于中国，自始至终表示好意，以谋中国之主权回复。"且表示"最近我国政府之方针，趁机每为中华民国国际地位之向上，及不平等条约之撤废，十分努力进行"。[2] 访问过程中，日本商业会议所会头泽原精一就表示中国实业家赴日访问乃是"应外务省及商业会议所联合会之招请"。[3] 大阪每日新闻社并将中日之间的这次交往视为"开国民外交之端，举两国亲善之实"。

对于经济上的原因，正如中国国闻社随团赴日记者张振远分析的那样："感于欧美各邦之抵抗，益觉能从中日亲善入手，则其生产过剩之货品有发展销路之希望，此为第一种原因。"其次，"则以去年五卅抵制、罢工，双管齐下，几受极大之打击，虞洽卿氏设法先予日厂上工，得无损失"。[4] 尤其是在日本方面"为应付关东大震灾而越来越多的入超，试图提

① 周斌：《舆论、运动与外交——20 世纪 20 年代民间外交研究》，学苑出版社 2010 年版，第 152 页。

② 邓峙冰：《赴日参观记》，上海总商会月报营业部 1927 年（上海图书馆藏书），第 167 页。

③ 同上书，第 107 页。

④ 《华商参观团在日之行动》，《申报》1926 年 6 月 6 日。

倡国货，扩大输出"。① 日本对华贸易中的主要商品日纱在整个 20 世纪 20 年代其输入值和量都大大低于前一个十年，尤其自 1922 年之后，更是在战期骤降的基础上又出现大幅度的下降，1924 年日纱输华货值仅为 10 年前的 56.95%②。1916—1920 年日对华贸易出超年均为 176296 千日元，而 1926—1930 年则降为 130571 千日元。③ 日对华贸易顺差在中国对外贸易逆差中比重减少，其重要原因是中国自身工业（尤其是所谓"进口替代"工业）的发展、壮大以及一些国际因素，如美国对华贸易在 20 世纪 20 年代后期开始急速增长。由此可见，20 年代后半期中国对日贸易在中国国际收支中的副作用呈减弱趋势。④ 以 1925 年为例，日本全年对华贸易输出额为 230509.5 万日元，输入额为 257180.4 万日元，入超 26670.9 万日元；其中，对华贸易输出额为 42480.7 万日元，输入额为 16341.4 万日元，出超 26139.3 万日元。虽然该年日本对华贸易总额只占其海外贸易总额的 12%，但出超主要来自中国，其数额竟与日本整个对外贸易的入超额相当。⑤ 从中日贸易产品的结构来看，中国从日本进口的主要制成品是棉布和食糖，对日本出口的则是豆饼、原棉、煤炭、铁、锑、钨等原料，即中国是日本重要的商品倾销市场以及原料供给地。尤其是在 20 世纪初，日本依恃"中日甲午战争""日俄战争"及"欧战"的爆发等种种有利于己的条件，使得自身的资本主义走向垄断阶段，并且出现了未曾有过的"资本过剩"现象。因此，其工业发展更加依赖于市场，尤其是亚洲市场，同时也增加了对原料的需求。⑥

　　日本外务省认为"此次中国实业家组成如此大规模的考察团来日访问，乃是中日通商史上空前之事"。而且"中日两国具有代表性的实业家

---

① ［日］今井清一：《日本近现代史》第 2 卷，杨孝成等译，商务印书馆 1992 年版，第 199 页。

② 根据蔡正雅、陈善林等编《中日贸易统计》，中华书局 1933 年版，第 193 页，笔者整理算出。

③ 参见［日］大藏省管理局编《日本人の海外活動に関する歴史的調査》，尤马书房 2001 年版，第 216 页。

④ 参见娄向哲《民初中国对日贸易论》，南开大学出版社 1994 年版，第 40—41 页。

⑤ 参见蒋文鹤《民国十四年中日本之对华贸易》《一九二五中日本之海外贸易概势》，《上海总商会月报》第 6 卷第 4 号，1925 年 4 月；转引自周斌《舆论、运动与外交——20 世纪 20 年代民间外交研究》，学苑出版社 2010 年版，第 154 页。

⑥ 参见娄向哲《民初中国对日贸易论》，南开大学出版社 1994 年版，第 50 页。

的交欢，均将直接或间接地促进两国经济关系的发展"。① 此次中国实业代表团来日访问，从日本商业会议所联合会发出的邀请之初，外务省就给予了种种支持及参与，并由矢田总领事负责与上海的日本人商业会议所联络，为支持中国实业家代表团赴日一事做出了直接及间接的支援工作。认为不但可借此机会改善中国南方的反日情绪，而且可以促进两国国交。② 因此，为扩大对华贸易，扭转贸易逆差，缓解中国的反日情绪，恢复震灾后的经济发展，日本政府以及日本商人组织达成一致，做出了邀请中国实业代表团访问日本的举动。

二　赴日访问的经过

此节通过对中国实业代表团在赴日访问的过程中为争取国家利权及呼吁日本人民加深对华理解所做出的种种努力，作一整理和总结。

（一）代表团为取消对华不平等条约谋取平等之努力

1926 年 5 月 20 日，中国实业代表团乘坐上海丸轮，从上海港起航赴日，并于 6 月 15 日返沪，行程共计 27 日，在日访问时间为 25 日。抵日后，先后参观了长崎、神户、大阪、奈良、京都、名古屋、东京、日光、横滨、广岛等地，受到日本官绅商学各界隆重热情的欢迎。日方把这个代表团视为中国最强有力的实业家团体，在政治、经济以及中日关系方面都寄予厚望，出场交涉的层次也越来越高，从大城市商会会头直至内阁首相，规格之高犹如接待国宾。实业代表团启程赴日的同日，《大阪朝日新闻》以"中华实业家来东视察"为题，做了乐观测评，认为"五月乃中华国耻纪念之月，一般国民固偶忘记内部纷争以趋重于排日形势之时，而该团今竟决心来日本视察，此诚有深长之意味也，或者形势转移，亦未可知。如吾人记忆不误，团长虞洽卿氏，在十年前，固以排日人物著称，即前记之余日章氏，亦以其青年学生间有力量，近数年来亦曾以排日著称之人物，今随时转移，来游日本，则可证明新时代之到来也"。称此次中国实业界访日之举"确为一扫从前旧嫌，为中日两国有力者不可多得之机会，以时势转移，从日本方面之努力及中华方面之觉悟，两方容易接近之

---

① ［日］《上海総商会本邦視察団来朝二関スル外務省措置》，1926 年 6 月，国立公文馆亚洲历史资料中心藏，资料号：Reel No. 调—0014，第 225 页。

② 同上书，第 226 页。

空气，果发生于中华方面之一隅，此吾人所认为可喜者也"。① 但事实情形并不如《大阪朝日新闻》推测得这么好，代表团在日访问期间，团员们除了参观实业、游览名胜之外，更多的时间则是在坚持政治原则的基础上，向日本各界宣传中国民众要求取消中日间不平等条约，以及尖锐批评日本侵华政策的态度。即"代表团访日经历了表面融洽—申明政治原则—强硬抗辩三个阶段"。②

5 月 21 日上午 11 时，代表团抵达访日第一站长崎时，数千人在码头恭候，中日国旗到处飘扬；长崎市长锦织干、商业会议所副会长高见松太郎、华商会会长陈世望，以及日华商业学校、高商学校留日学生等数百人到岸欢迎。以后每到一地，不仅日本实业界人士躬自迎送，且政界人士及社会知名人士也纷纷到场，旅车费全由日方团体与个人赠送。在下午 1 时的长崎招待宴会上，高见松太郎首先致辞，称"东亚文明，非由我等东亚人种建设不可。然而贵国与敝国国民之感情，逐年显深，藉此好机会，推诚实现两国亲善提携之事实，实属当务之急"。对于中国实业家此次访日表示："此次诸公到敝国游历，互相披露肝胆，始能交换意见，一则是关于东方文化之发达，二则是关于中日两国经济之利益。所以请诸公热心考察敝国各界实际上之现象，敝人等至所盼祈者。"对此，虞洽卿所作答辞表示："本团此行，一方面固为实业上之观摩，同时亦负有增进邦交之使命。不过从前邦交所称中日亲善，系自两国政府方面而言，本团与政治无关；则从人民方面而言，再申言之，即由两国人民相当努力，以表示亲善之诚意也。"③ 即表示此次访问欲通过两国民间经济外交方式，以达到促进两国关系的愿望。这是代表团访日后第一阶段表现出来的表面融洽的情况。

5 月 22 日下午，代表团抵达神户，午后 6 时由神户商业会议所在常盘花坛举办的欢迎晚餐会上，会长鹿岛房次郎在致辞中，将此次实业团赴日访问之举视为"实为亲善之初步"，指出"亲善之要素，在双方诚意，而亲善之责任，亦惟我两国商民负之"。随即表示"政治上之误会，如吾双

---

① 邓峙冰：《赴日参观记》，上海总商会月报营业部 1927 年（上海图书馆藏书），第 169—170 页。

② 郭太风：《迈向现代化的沉重步履》，学林出版社 2004 年版，第 122 页。

③ 邓峙冰：《赴日参观记》，上海总商会月报营业部 1927 年（上海图书馆藏书），第 20—21 页；《赴日参观团抵东后之言行》，《申报》1926 年 5 月 27 日；《华商赴日参观团之报告》，《申报》1926 年 5 月 28 日。

方商民有诚意之联络，不难合作，而为真正之亲善，将来于经济商业都有裨益"。并进而希望"彼此能组织中日商联会协议办法"。对于鹿岛的提议，虞洽卿并未给予回应，而是对于中日亲善之事做了具体答复。言道："自上海出发，是日欢送者，均系社会中坚，希望实行中日亲善，亦极诚恳，夫中日亲善，传之已久，何以尚未实现，盖有障碍在也。"并列举了中国人民在援助日本震灾事宜上的亲善举动："贵国地震，我国人士正值抵货热烈之时，一闻电讯，一致暂止抵货，急谋承灾，虽以杯水车薪，无甚裨益，而敝国人民之能忍小务大，崇尚道义，与此可证。不仅如此，竟致呈请政府以素所严禁出口之米粮，暂时开放，用意之诚，于此益显。"还以五卅惨案为例，表示了商界对日的亲善行为："去年五卅惨案劝日本纱厂工人上工，贵国纱商免得损失，有海关册可证，凡此种种，均为我人增进亲善之诚意。"由此，推出"良以中日两国在历史、地理、文化、种族上种种关系，有亲善之必要也"的同一论调。但是，对于日本舆论界将中国的抵制日货运动视为仇日的观点，进行了反驳："要知若要责人，先问自己，国际上之不平，任何国民均所不甘，虽然政治上之误会，为政府所酿成，希望政府之如何如何，不若人民自为之主也，盖政府为少数人之组织，而人民则多数人也，故撤除亲善之障碍，应视双方人民之诚意与否，合作与否。"即指出了日本政府对华的不平等政策乃是导致中日不能亲善的障碍。为进一步表达铲除两国亲善障碍、对日商的经济利益的保障之意见，指出："年来查我国贸易册之输入项下，日居首位，较任何国为巨，为日商计，又应谋除亲善障碍，实现真正之亲善，否则易致误会，结果受较巨之损失者为日商，而华商较微。"最后，还为谋求中日商贸发展的平等待遇做出了呼吁："闻贵国待遇侨胞小买卖，不甚尽善，希望贵会有所建议而图改善。至于侨商，如遇商业纠葛，须贵会公平调解，在沪日侨当亦为同样之调解。"[①] 此要求的提出实际上有其背景的存在。因为当时日本对中国的工业产品采用关税壁垒，进入日本及其控制下的朝鲜的中国商品，要课以 100% 的重税，而日本商品进入中国却只需交纳 5% 的"协定关税"，这种极不平等的贸易关系，严重阻碍了中国民族资本的发展。

① 邓峙冰：《赴日参观记》，上海总商会月报营业部 1927 年（上海图书馆藏书），第 26—27 页；《赴日参观团抵东后之言行》，《申报》1926 年 5 月 27 日；［日］《民国实业团の歓迎宴》，《朝日新闻》1926 年 5 月 23 日；《中国实业团已到日》，《顺天时报》1926 年 5 月 25 日。

因此，中华国货维持会、江浙丝绸机织联合会等 21 团体专电正告虞洽卿一行注意维护国家主权，特别提醒他们勿忘关税不平等造成的危害，提出外国货来华只纳值百抽五的轻税，而日本及其控制下的朝鲜对中国货收取百分之百的重税，敦促代表团提请日本当局迅速撤除苛税。^① 同时，旅日华侨也纷纷反映在日受到的种种歧视和屈辱，要代表团维护其基本权益。中日贸易关系的不合理，势必妨碍中国工商业的发展，并强烈刺激民族资产阶级。所以，"21 团体"的告诫引起代表团的极大震动。自 5 月 22 日之后，"亲善"气氛在中国代表团一方遂逐渐消失，进入申明政治原则的第二阶段。

5 月 24 日，中国实业代表团从神户乘电车到达日本著名的工商业中心——大阪。到大阪后，日本政府还正式下令由官厅接待并发给免费票。5 月 25 日上午，代表团参观了大阪筑港工程和电气博览会。由于团员们亲眼目睹了日本筑港工程与方式的伟大，以及电气事业的发达，更是迫切希望通过消除中日间的不平等条约，振兴中国实业。

中午大阪商业会议召开欢迎会接待代表团一行。会头稻畑胜太郎致欢迎词，首先对此次来访之事大加赞誉，认为："上海总商会会长虞洽卿先生为团长，由中华民国各地方财界有力家所组织之实业视察团，承认敝国商业会议所之招请，多位一齐来访，是为空前未有之盛事。"随后，对于中国方面在日本关东震灾时给予的帮助表示感谢："我们敝国有震灾时，正是贵国对敝国行抵制货物时，敝国震灾报告一到，贵国国民就中止抵货，而且送寄满载慰问货几千吨船，敝国国民感激不尽。这是据虞会长对敝国的友情之发露，以致如此努力，深为感谢。"同时，对于大阪商业会议所访问上海时上海总商会给予的帮助，再表谢意，称"上年大阪商业会议所代表访问上海时，蒙上海总商会盛大的欢迎而优待焉，敝人在这机会，要再道谢"。并以美国引进欧洲的资本和技术而跃居经济发达国家之列为例，大谈中日合作之利。"贵国地方广大，天物丰富，比美国更优。贵国若欲产业上发展，敝人想就是资本及技术的进口最为要紧。所以敝人想对此方面，将来两国之谅解提携，是为紧切。"而且声称："敝人不是政治家，所以政治上的事不敢说，敝人为一个实业家。对中日两国的关系，研究有好几年，应怎样方可以加亲密，怎样方可以为互惠的，而且敝人相

---

① 《本埠新州》，《申报》1926 年 5 月 22 日。

对此问题竭力前进，就是我们两国商业会议所的一大使命。"为展示其对华商业的友好，表示"我们愿意诸位看见我们提示敝国的实情，不论好歹，不论长短，都是实在的状况，请诸位视察"。还举例说明其参观他国的情形："前几年敝人参加访问欧美实业团，到某国时，他们的招宴优待，甚为恳笃，但一到参观工厂时，他们招待我们看见的工场，都是我们不要看见的，我们愿意看见的工场，他们总不肯引我们视察，就是他们想做买卖与友谊不一的意思，当时敝人颇以此为憾。"最后申明对于代表团的来访，"我们对我的弟兄，决不是这样，大阪是我们敝国高等工业的中心，并且中日贸易的根本地方，如在此地，诸位有什么工场，愿意看见，请告诉我们，可以东道引看，诸位可视大阪商业会议所为诸位视察工厂招待事务所，如有什么事，可尽量吩咐"。①

对稻畑会头的欢迎词，虞洽卿在谢词中言道："今日在座诸公纯属两国实业界，且人数相等，无殊家人兄弟，共聚一堂，可畅所欲言，交换商业上之意见，诚属吾辈之天职，夫志同道合，不仅可谋两国经济上之互惠，于两国邦交，亦多关系。"认为"双方实业家之动静，有举足轻重于国际地位之实力在也"。对于阪筑港的成绩，表示"深佩工程与方式之伟大，据闻此项工程经费达四千余万之巨，尤见大阪市民之资力，现尚规划扩充进行不辍，其毅力与成功不可限量"。对于日本今昔的情形与中国进行了比较："鄙人于三十年前，曾来日本，当时贵国境内，有租界，有领事裁判权，且关税不自由，种种情形，与敝国相同。在贵国得明治天皇及伊藤首相之努力，于十余年中取消领事裁判权，收回租界，以及关税自由等等，改革尽善。在敝国则因种种原因，至今仍如从前贵国，令人可叹，鄙人来日，为时虽暂，与贵国实业家交换意见已多，对于中日亲善之主张，询谋佥同，引为快事。"并对取消不平等条约一事，表示："鄙人之亲善主张，已见事实，而本土之此行，既无政治性质，又无党派关系，然希望为头等国民之工作。则不后于人，对于不平等条约之取（销）消，尤其努力。"对于中日亲善，中国方面所做出的不是口头亲善，而是以实际行动做一证明方面，言道："顷主席道谢敝国救济贵国地震，恕不敢当，惟当时敝国人士踊跃于急拯之运动，系出至诚，自派新铭轮船装载粮食用

---

① 邓峙冰：《赴日参观记》，上海总商会月报营业部 1927 年（上海图书馆藏书），第 31—32 页；《赴日参观团在大阪之言行》，《申报》1926 年 6 月 1 日。

品，驶日慰问，藉表心意，时因限于船叟，载物不多，正合中国古语所谓千里送鹅毛，礼轻心意重，然不欲自恕，由本总商会一经议决，续输粮食，拟请政府暂时开放米禁，电征全国各省会之同意，不三日一致复电赞同。可见吾人之言亲善，无不由衷，事实可证。"对于稻畑所言五卅之事，称："去年五卅惨案，余与矢田总领事调解工潮，颇受双方热心分子之非议，但余毫不介意，盖志在留中日亲善之余地也。因与矢田总领事互约，无论如何，不因环境变矣，矢田总领事亦以此为志，始终如一。当办法草定之初，适贵国实业团莅沪，曾与协商，承匡不逮，时本会牺牲二十八万元，及补助与纱厂连带关系之电汽车工人七万余元，共以三十五万余元之代价，专为贵国侨商解决困难，一致上工，为亲善计，果所愿也。"对于扫除亲善之障碍，直言不讳地指出："亲善之障碍，为不平等条约，故吾辈全民已坚决地一致地努力于取消不平等，即以鄙人而言，一息尚存，义无反顾，此项合理之要求，谁亦不能非议。"尤其是列举了不平等条约的无理理由："夫不平等条约之尤为无理者，莫如以下重要之五点：以此发问于任何独立国民，必决然曰否。（一）本国境内可容他国海陆军自由上岸否，则曰军权为国家之保障，不可也。（二）本国境内可容领事裁判权否，则曰司法独立为一国之神圣，更不可也。（三）本国境内可容他国租界否，则曰领土主权为国之要素，是万不可也。（四）本国内河可容他国自由行驶否，则曰航权攸关交通主权，绝不可也。（五）关税可受人束缚否，则曰关税主权绝对自由也。以上各点在鄙人亦以为是可忍，孰不可忍，因与全华国民，誓运动取消不平等条约，不问时机之如何，一本良心，矢志努力，期达目的。夫中日两国地处同洲，谊属兄弟，同此黄肤黑发，而两国文化又出一系，既属同种同文，实有共存共亡之关系。即宜由贵国有力在野分子，自动表示赞成敝国取消不平等条约，并请督促贵国政府，立予实行，俾敝国于国际上铲除障碍，实现亲善，则两国经济亦易发展。查敝国进口货物总额，贵国占十分之六，大阪出品又占多数，彼此商业既巨，出入亦大，或因国际关系而有误会，则首受较巨之损失者，为贵埠商人，故贵埠诸公所负亲善之责任，较为重大。"①

---

① 邓峙冰：《赴日参观记》，上海总商会月报营业部 1927 年（上海图书馆藏书），第 33—35 页；《赴日参观团在大阪之言行》，《申报》1926 年 6 月 1 日；《虞和德在大阪演辞》，《顺天时报》1926 年 6 月 7 日。

　　从上述内容可以清晰地看出，虞洽卿为争取取消中日间的不平等条约，号召日本人民应督促其政府铲除中日间的亲善障碍。此态度与其在长崎、神户时的"欲先观日本朝野之意向"① 相比较，已表现出正式向日本提出取消不平等条约的坚定要求了。

　　5月25日下午7时半，堺市商业会议所举行欢迎会欢迎代表团。在欢迎词中，首先对于堺市与中国的关系做了回顾道："如今日之中日亲善状态，历历犹在目前。若描写当时我堺港之实况，即可确证贵国人与本市民往昔关系极为密切，不仅同文同种也，今次对于视察团来游，披沥满腔诚意以表欢迎，而不遑踌躇者此也。况客春本市曾组织南华视察团，本市屈指之实业家，当视察贵国时，会以非常好感，幸得利便，裨益一行，其所资于彼此贸易上之增进者甚多。"并标榜其对中亲善，抨击西方的做法，为排除中国市场上与之竞争的西方，还提出共存共荣意见，具体言道："于本市之特产品等，请为稍加注意，以为将来贡献彼此通商贸易繁荣之地步。对于中日亲善，较三百年以前交欢程级，更加浓密，且进而相勖，耽小利以酿鹬蚌之争，遂造渔夫之利，东洋和平之关键，全宜注目于中日亲善问题，宜从高处着眼，互相提携，俾东洋文明之特色。基于崇高伟大的道义观念，而热烈提倡共存共荣主义，同时排斥西洋文明之缺陷的自利自爱主义。此盖负有全世界和平关键之使命，所期望无已者也。"

　　虞团长的答谢词中首先针对中日贸易的重要性做了回顾道："查最近中日贸易表，日本对中华输出额平均四亿元左右，得当对外总输出额百分之二十七，而中华对日的输出额平均亦有三亿七千万元左右，得当总输出额百分之二十六，若与中国对英美输出相比较，则英不过占输出口总额的百分之五（香港除外），美则百分之十五而已。专就贸易一项说，中国同日本便有这样的密切。"并且首次提出亲善不是口头禅的意见，认为"中日亲善云者，决不可作为口头禅，亦先由两国国民，具有充分的交谊与诚意，以为实行亲善之基础"。对于"从前所谓中日亲善，多系政府方面标的政策"，表示"今次则由我们两国人民有深切的感悟，互相提携，我们今次组织团体来游贵国，即欲实现此国民亲善之理想"。明示了此次访日

---

① 《欢迎华商赴日参观团纪盛》，《民国日报》1926年6月18日。

的目的。①

5月26日上午代表团参观了造币局兵工厂，中午出席中日协会中华总商会贸易同盟会举行的午餐会后，下午4时虞洽卿、余日章二人出席大阪每日新闻社主办的中日问题演讲会。虞洽卿做了题为《中日亲善》的讲演，首先指出中日感情恶化的原因为"二十一条"等不平等条约。称"近十余年来，中日感情日渐恶劣，其中重大原因，贵国人士知之甚详，若廿一条在中国人民，至今绝端反对，并其他条约中之不平等各点，最近数年来难发生亲善之鼓吹，迄今仍未见若何功效，其故安在"。并针对日方空谈亲善而言道："要知亲善绝非徒借鼓吹之力而能成功，贵在有诚意，能实行，为双方的、非片面的、为互让的、非独行的亲善。"指出亲善的初步即为扫除障碍："亲善之初步，当然系解释一切误会，排除一切障碍物。中日之间有何误会，有何障碍物，诸君知之乎，倘有不知之者，请从速调查研究，既知之诸君认为有解释排除之必要乎，倘认为必要，诸君决志即时力行乎。中国方面，就鄙人所知，大有此种决心；倘日本方面，无此决心，亲善二字，此后可勿容再提及之。"并列举扫除障碍后的相互提携意见："亲善岂仅解释误会，排除障碍物乎，尤须知彼知己，对内可以彼此扶持提携，对外可以一致抵御。诸君之中日兄弟之邦，处今日之国际关系间，岂可仍蹈覆辙，作无意识之越墙举动，俾他人可收渔人之利乎。"并明确表明："中国今日人民确已黄粱梦醒，国家思想，日益坚强，责任心日见发达，各种事业设施，人民建设努力进行。目前在政局方面，虽不能如我意，但对于我国之现在及将来，确有把握。贵国人民倘因兄弟邦之关系愿意助我一臂之力，俾我进步益速……倘因特别原因，贵国人民不能，或未便，予以合作，则我国人民既已决心负责前进，秉自助、天助之精神，必能达我目的。"以实例列举中日经济关系为"中国今日固有需要日本扶持之处，鄙人以为日本需要中国之处尤多"。因为："贵国之最大商场，在中国，亦在他国乎？贵国制造，亦能畅销于欧美各国乎？贵国所需各种原料最多部分，由何方面得来，非从中国乎？诸君果愿将贵国之原料，最大来源，并最大商场，让与他人乎？贸易发达之最重要素为好感，诸君承认乎？倘日本失去此来源及商场，贵国前途将何如？"最后强调说："鄙人所最注重者，实为东亚和平与幸福。简言之，中日两国不睦，犹如人

---

① 邓峙冰：《赴日参观记》，上海总商会月报营业部1927年（上海图书馆藏书），第36—38页。

身内部不调，百病易于侵入。东亚或将为世界第二次世界大战之战场，中日两国人民元气耗消，非数十百年不易恢复……倘中日两国人民能实行亲善，非但不身受惨剧之痛苦，与夫恶果，且能携手经营一切有利于两国之种种事业，更能维护东亚和平。"①

虞洽卿的上述言论不但表明了中国人自立自强的决心，还从中日相互经济利益出发，呼吁日本改善两国关系，真正进行亲善。

继虞洽卿之后，余日章做了题为"今日之中日两国国民"的演讲。首先表明了代表团的地位为："此次同人组织，非仅限于上海总商会，几乎可以代表中国全国商业联合会……虽说是中华全国民的代表，不为言过。"随后表明了代表团访日的三个目的，其一是"为参观电气博览会，是敝团目的之一"。其二是"敝团团员大多数，皆居中华实业界之从事者地位，或个人为贸易及其他实业上之事，有与日本接洽的必要。今日贵国实业异常发达，今特来考察其发达原因实况，供我国参考"。其三是"增进贵国民与我国民之真正友谊及完成两国亲善之实起见"。②

在此基础上，还对于"二十一条"的问题做了慷慨陈词的讲演，称"一部分人对于敝国之大举来游，种种之观测，以为我等的目的为取消最厌恶之廿一条而来……我等目的决非为运动取消廿一条，而廿一条之撤废，有不能成立我等的目的在焉。盖廿一条，我等既未承认，亦不忍任其存在，若依鄙人所想而言，则廿一条之要求，与其有害于中华国民，不如说是有害于日本人，进而言之，撤去廿一条之要求，如其说是有利于中华国民，不如说是有利于日本国民"。③

对于中日亲善的问题，"我等对于此种问题，或作论说，或公开讲演，已尽力为之，不幸过去十年间，尚无效果。我等此次为研究此问题而来，即欲与诸君协议，研究其解决方法，应如何解决，方能实现中日亲善，是我等的目的"。并对中日亲善做了提案，认为"中日亲善四字论，非实行不可，若仅书之语之，不努力在实行上着手，好比空中楼阁，无裨益于国交，现在非实行之时期乎"。提案的内容包括："第一，希望贵国实业界铮铮诸子组织一小团体，光临敝国，实地调查，研究其问题之所在，彼往我

---

① 邓峙冰：《赴日参观记》，上海总商会月报营业部 1927 年（上海图书馆藏书），第 114—115 页；《虞团长在大每社之演说词》，《申报》1926 年 6 月 1 日。
② 邓峙冰：《赴日参观记》，上海总商会月报营业部 1927 年（上海图书馆藏书），第 116 页。
③ 同上。

来，遂能互相了解，互相依赖，徐达真正亲善之域。第二，较第一提案尤为重要，即现在两国青年，为两国新时代之继承者，务必予以机会，使之相交相知相解。"最后就两国亲善的必要性及可能性做了倡导性发言，认为："两国或有唱（倡）导无视亲善的必要者，当然相憎相忌，如考虑其危险结果，则此问题，自然解决。中日是否有亲善必要，熟虑者想大有人在，彼等的结论，以为为东亚计，为世界计。两国互相协力，方足以维持世界和平，增进人类幸福。但仅有此结论而不实行，鄙人有不胜遗憾之感，时乎时乎，正结果落实之秋，我等当注全力以实行之。若繁荣，鄙人以为其他皆可忘记，惟希望不要忘记鄙人所引之譬语。彼等要求雨水我等要求日光，互相交与，其要求我等今既带雨水来。望诸君实行将日光给与我等。如实中日亲善之种子，可发芽，可成长，必能结果，此鄙所确信者，想诸君亦希望有此吉日。"即在余日章看来，只有加强两国人民之间的相互了解，才能有效地促进中日亲善。①

作为日本全国性舆论媒体《大阪朝日新闻》曾在代表团赴日访问当日，刊登了对代表团于改善中日关系方面充满期待的文章，认为代表团此次访日不仅象征"两国的友谊因相互的亲善而复活"，且"开国民外交之端，举两国亲善之实"。②然而，日方没有想到虞、余二人的演讲不但没有达到其邀请代表团访日的预期目的，反而恶化了"亲善"，于是，大阪朝日新闻社于27日召开恳谈会，与代表团就中日亲善的问题进行了意见交换。恳谈会上，双方代表摆明观点，强硬争论，进入了访日活动中强硬抗辩的第三阶段。

参加此次恳谈会的中方代表有虞洽卿、余日章、郭东泉、郭外峰四人。日方代表有大阪商业会议所会头稻畑胜太郎，钟纺社长、实业同志会长武藤山治，大阪商业会议所书记长高柳松一郎，法学博士今井嘉幸，贵族院议员森平兵卫，贸易同盟长二川仁三郎，大阪朝日新闻社专务下村宏等各界名流30人。③

①　邓岘冰：《赴日参观记》，上海总商会月报营业部1927年（上海图书馆藏书），第115—118页。

②　［日］《支那实业家の日本观察》，大阪《朝日新闻》1926年5月20日；袁访赉：《余日章传》，青年协会书局1948年版，第111—112页。

③　参见［日］《上海总商会本邦视察团来朝颠末》1926年，国立公文馆亚洲历史资料中心藏，资料号：Reel No. 调—0014，第147—150页；邓岘冰《赴日参观记》，上海总商会月报营业部1927年（上海图书馆藏书），第119—120页。

恳谈会的准备会上，就四项内容做了规定："一、议事范围听中华方面提出之议题为议题，如有别项问题可自由提议。二、发言随各人之自由，但由议题决定之后，为发表日本方面的一般意见，须豫（预）定第一之发言者何如。三、各人发言须申明非代表全体。四、讨论内容不能在新闻上发表。"接下来的恳谈会上，首先由会议长高原操氏发言："关于中日经济的提携，中日亲善及应如何解决两国间从来的误解诸问题，如各位能自由发表自己所保定之意见。"虞洽卿做了如下答复："我等访问贵国一希望视察实业状况，并藉此机会，可与中国实业界巨子接近，应如何促进两国之经济关系，及应如何扫除两国误解，烦请大家指教。"即双方做了议题方面的统一。①

首先，虞洽卿就"二十一条"的问题做了发言。表示"我国国民受二十一条之刺激，深而且巨，极思解决廿一条问题"。虽然"解决此种问题固为政府与政府之间条约，由两国政府间解决之"，但"此种问题，与中华国民有绝大的关系，可否由两国国民间研究一种变体的解决方法，取消二十一条中残存之条文"。并表示"当鄙人由上海出发之时，无意提出二十一条问题，来与贵国实业界巨子交换意见，至神户后，间与中国有志者论及此种问题，鄙人认为有互相交换意见的可能性。二三日前遂决定提出此种问题，共同研究"。虞洽卿认为："二十一条"中最重要者尚有四项。"（一）关于汉冶萍的问题。（二）关于南满的问题。（三）旅顺。（四）大连。一二两条因关系重大，尤以旅顺大连返还期日已到，此我国民所切望于中国急宜返还者。至于不平等条约据鄙人考察，可概括为四。一、在中华之外国租界。二、沿岸贸易特权。三、领事裁判权。四、外国军队之任意上陆权。"由此，在此交换意见席上，提出两个议题："（一）取消中华与日本间所含二十一条之不平等条约，从新缔结互惠的通商条约，以示范于列国。（二）为增进中日两国亲善起见，尽力于经济的提携，共同协力抵制欧美货物。"日方的谷口方藏氏对于我国提出的议案表示希望改正，"谓实业家之立场宜从一般不平等条约的二十一条问题截然分开，因刺激日本人之感情，可否对于中日问题以别题论之。总之对于不平等条约的废止与以同情之考虑何如。当时列席之日本人方面，以谷口氏所提议不为必

① 邓峙冰：《赴日参观记》，第 121 页。

要，谷口氏遂撤回之"。①

接下来，余日章做了发言。表示"虞团长之第一提案是政治问题，第二项是直接关系于实业问题。总之政治问题或各方面有发生障碍之虞，不言及此，故属万幸"。对于中国商人地位与日本商人地位做了比较，认为"元来所谓士农工商，在我国商人阶级居下位，以示轻蔑之意。因政府不认定商人实力，为我国内乱之一原因，希望贵国不再蹈中华蔑视商人覆辙，鄙人确信日本商人诸君能参加政治问题"。在此基础上，还表达了中国国民对于取消不平等条约的热情，称："五年前鄙人代表商会联合会出席于华盛顿会议，当时会对日本委员谓为中日亲善计，宜取消廿一条，如能提议取消，是两国共存共荣的关键。不意至今尚未实现，鄙人引为遗憾。然中华今日收回国权热度达于极点，不仅二十一条，对于各国之一切不平等条约，都有废止觉悟。假三五年时日，必期贯彻此种主张，此乃中华国民之进步，望贵国注意之。"并强调道："日本可否审查一般中华国民思想，首先废止一切不平等条约以示好感于中华国民。在国际上中华与美国之关系，至亲且密，若提议于美国，可望援助取消一切不平等条约。不过与其提议于美国，不如首先与兄弟之邦之贵国之协议，中华以为英法国有觉悟，而日本首先能容纳中华希望，故不开国际会议。"最后，提出建议："想中日两国间直接解决种种障碍，能否废止一切不平等条约，缔结互惠条约，鄙人非外交家，亦非政治家，且无与日本政府直接交涉之意。今幸与贵国实业家有接洽机会，聊表微忱，素仰诸君力图中日亲善，对于各种障碍，必有最完善解决方法。"对此，众议院议员马场义兴发言道："今日两国之关系，为中日提携计，日本对于撤去一切不平等条约，应效微劳，如虞团长所说之取消二十一条，缔结新条约，我等深表同感。"但是对于实际欲取消时却表示："我等要研究者，二十一条与日本存立上有无关系，而日本一般舆论，以为日本取消此种条约，日本将濒于灭亡之境。诸君或已理解此种事实，或未详加考察。总之，日本人中确有此见解。其中情形，非短时间所能说明，请诸君研究之。"尤其是认为："不可不考虑两国各自之存立，对于两国提携之根本原则，颇失之暧昧，由各自

---

①　邓峙冰：《赴日参观记》，上海总商会月报营业部 1927 年（上海图书馆藏书），第 121—122 页；［日］《上海总商会本邦视察团来朝颠末》，1926 年 6 月，国立公文馆亚洲历史资料中心藏，资料号：Reel No. 调—0014，第 151—154 页。

存立上发生之利害冲突，何者日本认为绝对为必要，何者中华认为绝对的必要，须细心考虑，本互让精神，不宜顾及枝叶问题，故中日两国对于绝对的利害问题，有研究的必要。有此研究，自然发生解决方法。"即以"二十一条"关系日本存亡为由，拒绝中方要求取消不平等条约的要求。①

大阪商业会议所书记长高柳松一郎对于中国人民要求收回旅大，而日本人将来或现在反对返还旅大于中国的原因，狡猾地回应道："因日清战后，日本已将旅大退还中国，不意中华再将旅大让与俄国。日本人以最大牺牲，遂能由俄国人手中收回旅大，有此种历史，若无确实保障，日本断然反对退还旅大，保障如何？即中国组织坚固中央政府有保全领土能力是也。"而大阪朝日新闻社专务下村宏称："中华国民之希望废止不平等条约，明治初年日本亦有此经验。但经长期的全国上下之努力，方达到目的。如中华国民不改造内政，增进国际信用，欲一时解除一切不平等条约，是一种梦想。同时有过去经验之日本，对中国现状极表同情，至于撤废治外法权及废止一切不平等条约，即时固难实现，日本因表同情于中国，鄙人确信将来或首先努力赞成之，并使之实现。"对于取消"二十一条"却更是无理地言道："廿一条问题，日本在满蒙获得种种特权，非如俄国之夺取黑龙江沿海州，美国之占领香港，不废一矢可比。满蒙为日人血肉之结晶体，征诸已往历史，人能言之，今以日本人之血所购之权利，成为两国的问题，对于他国所取之莫大权利置之不问，人孰无知，谁不反对，希望诸君谅解此点。中华、日本为极东两大独立民族，此后宜互相提携，不可不抵抗他国之侵害。"随后，法学博士今井嘉幸提出："无条件撤废廿一条，非中日相互的利益。廿一条以外之不平等条约，大部分为英人所有，欲除去此种条约，非驱逐英人势力不可。"即转换取消"二十一条"问题的指向，并假意应允："若仅日人首先撤废不平等条约，他国不追随之，亦无何等效力。日本正有考察时机之必要，即到一定时机，劝诱列国共同解决之。"并无耻言道："撤去廿一条不可不考虑俄国的危险，若不除去俄国胁迫，即受赤化主义的危险，鄙人以为排斥俄国，非中华统一不可，故国内统一为返还必要的条件。"最后钟纺社长、实业同志会长武藤

---

① 邓崎冰：《赴日参观记》，上海总商会月报营业部1927年（上海图书馆藏书），第123—124页；［日］《上海总商会本邦视察团来朝颠末》，1926年6月，国立公文馆亚洲历史资料中心藏，资料号：Reel No. 调—0014，第154—156页。

山治也对中方提出的取消不平等条约做了无理拒绝，称："对于中华方面所说之不平等条约，深表赞同。但由排外思想希望废止不平等条约，是一大错误。中华即令能撤去不平等条约，如不开放门户，亦无意义。虽在日本，鄙人以为日本未恢复关税自主权，比较有利，因提高关税壁垒于经济方面发生多大误谬，仅得自主权之名誉，丧失经济上的实质的利益，鄙人对于中华撤去不平等条约，即令胚胎于排外思想，固不能有何等嫌恶，但不可不指示谬误之点。"最后，高原综合以上日方观点，作如下总结："中日提携之根本观念，双方一致，日本甚希望中华早日废止一切束缚，但须具备必要的条件。亦望中华努力图之，日本势力所能及，断不吝援助也。至于廿一条问题，中华方面以为废弃之后，可缔结互惠条约，可举两国提携之实。鄙人以为新条约内容，若能圆满具体地解决，则二十一条之废止，不成问题。故今后对于此种先决问题，希望两国民间互相来往接洽。"① 即日方对中方提出的合理要求，以上述种种无理理由予以拒绝，尤其是对日本政府的对华侵略政策做了种种美化。由此可见，代表团希望其督促日本政府取消不平等条约的愿望是不现实的。

对于此次的恳谈会，有评论道："这场辩论生动地证明了中日两国实业界在国民外交问题上的立场和出发点截然相反，前者反对本国政府对日妥协，后者从实利出发与政府侵华政策结成一体。这样的'国民外交'，其实是中国资产阶级爱国团体与日本侵华政府及其帮凶的较量，是爱国主义与侵略国策的较量。"②

日方为了缓和感情，以求扩大经济利益的好处，其后的访问日程中，还坚持请代表团游览岛国风光，参观各工厂企业，处处给予特别优待。5月28日，代表团抵达日本著名的文化古都——京都。日方殷勤接待，代表团除先后参观了日本制布株式会社、宇治川电气发电所、河合染工厂等企业外，还游览了本愿寺、西本愿寺、京都皇宫、二条离宫等名胜古迹。

5月28日午后6时，京都市役所在京都旅馆举行欢迎宴会，席上京都市长安田耕之助致欢迎词，对于"今春得上海总商会之援助，允于上海将本市制产品开一样本展览会以来，幸博各方面之赞美，渐次本市制品为贵

---

① 邓峙冰：《赴日参观记》，上海总商会月报营业部1927年（上海图书馆藏书），第124—127页；《上海总商会本邦视察团来朝颠末》，1926年6月，国立公文馆亚洲历史资料中心藏，资料号：Reel No. 调—0014，第156—161页。

② 郭太风：《迈向现代化的沉重步履》，学林出版社2004年版，第127—128页。

国所需要"一事，表示感谢。以前"因种种事情之阻碍，直接通商，尚谈不到，幸今次诸君来京都之机会，深望诸君充分视察，俾将来两国通商，倍增隆盛，此则吾人所热烈期望者也"。并强调两国经济提携之好处，称："中华民国为东洋大国，其天产资源之富，包藏无尽，幸加以我国人工之精巧，两国国民共相协力，确有共存共荣之诚心，求贩路于世界。欲图产业之振兴，商运之隆昌，绝非困难之事。"并为与西方列强争夺中国市场，强调同文同种区别于西洋之说，表示："以同色人种峙立于极东之中华民国与我国既如前述，处欧洲战现在之世界，各国间无论其政策上，其经济上，颇露出人种上之争斗。中日有古昔亲交之历史，而从东洋和平上观之，及邻保相扶上观之，谓为完全唇齿辅车之关系，似无不可中日两国亲善之实现，信为两国国民所应努力之绝大使命也。"①

虞团长答谢词中首先就中日两国自古以来的相互影响关系做了如下表示："贵国自明治维新以后，国法学制，日益革新，复由贵国输入敝国，因是中华民国之肇建，其得益之处，亦正不鲜，两国文明，互相灌注。就历史上言之，彼此关系，犹兄弟也，贵国衣服宫室，多沿敝国古风，固不仅京都为然，不过京都遗迹，与敝国古风特为近似耳。"并就经济上的相互关系，言道："敝国依赖贵国而衣，相需相剂，而不可相无，就经济上而言之，彼此关系，犹夫妇也。"最后重申两国关系的重要性，认为："中日两国，无论就地理、历史、经济各方面而言，均有一种自然之结合，如所谓兄弟夫妇者，今日共聚一堂，不为隔阂之言辞，恍有家庭之愉乐。"这是自神户以来，第一次没有谈及取消邦交及不平等条约的答谢词。②

5月30日，京都商业会议所在京都召开了日华恳谈会。中方的代表仍为虞洽卿、余日章、郭东泉及郭外峰四人。日方除了滨冈会头、稻垣副会头、大泽副会头外，还有末广法学博士以及三位特别议员。席间，虞洽卿就造成两国感情相恶的原因做了分析，认为是"因政府间的原因所造成的"，并且还对"两国的贸易造成了损失，带来了障碍"。虽然"两国政府进行了交涉，但并未取得任何成效。因此，两国实业家应为促进相互的通商贸易关系而进行彻底的意见交换"。对于政治方面的问题，"最为影响中国国民的当为二十一条，如废止二十一条，将消除两国民间的恶感"。

---

① 邓峙冰：《赴日参观记》，上海总商会月报营业部1927年（上海图书馆藏书），第47页。
② 同上书，第49页。

至此，日方一直奉行的所谓"亲善"态度，再度露出了其真实用意。日方代表末广指出："二十一条的大多内容均已解决，剩下的仅为满铁问题、汉冶萍问题及旅大租借问题。"① 而对于中国急于解决的旅大问题，表示："如在中国没有建立起稳固有力的中央政府之前，日本将旅大归还的话，则面临再被外国夺走的危险。俄国自1917年的十月革命以来，在世界范围内推行'赤化'运动，最近以俄国为中心的新式帝国主义更是被广为推进，其目的是欲将中国的一部分领土与外蒙古合并，并以此为基础将魔手延伸至满洲和朝鲜。值此几近日俄战争状态之际，归还旅大是陷日本于独立生存的危险境地。所以，有鉴于中国的现状，日本绝对有必要维持旅大继续租借的状态。"②

对此有评论认为："末广氏的解释代表了日本相当一部分人士支持其政府继续强占旅大，以抵制苏俄共产主义运动的观点。它口口声声反对苏俄帝国主义，却不惜牺牲中华民族的利益以谋求日本所谓的'独立生存'，其实，它才是真正的帝国主义。"③ 对此，虞洽卿反驳道："对此问题，中国正致力于防止来自于俄国的赤化，尤其是伴随着国民自觉意识的日益进步，旅大问题已成为阻碍两国国交的严重问题，因此希望双方不断地进行问题解决办法的研究，以便于早日解决。"④

（二）为谋求平等之再接再厉

5月31日，名古屋商业会议所举行欢迎会，为了取得谅解，促成贸易洽谈，日本实业界改变了前往态度，采取表面迎合中方观点的态度，以达成其民间经济外交之目的。

上原野会头致欢迎词时言道："凡排日问题，及排货问题之起，每基因于两国意志之欠疏通，此诚可慨欢不置者，由来立国于国际竞争之场，宜随个别时代以应付之，故政治国策酿几多之变化，所不能免。各自其国家之立场言之，政府对政府之外交的交涉，每有多少之扞格龃龉，不得不为自然之势。"为表示日本政府的政策不为日本民意所体现，称："然其政

---

① 《上海总商会本邦视察团来朝颠末》，1926年6月，国立公文馆亚洲历史资料中心藏，资料号：Reel No. 调—0014，第163—164页。

② 同上书，第165—166页。

③ 周斌：《舆论、运动与外交——20世纪20年代民间外交研究》，学苑出版社2010年版，第160页。

④ 《上海总商会本邦视察团来朝颠末》，1926年6月，国立公文馆亚洲历史资料中心藏，资料号：Reel No. 调—0014，第166—167页。

策必不可云国民真意之表现，如释氏所谓摄受折伏两门之两立是也，故不得谓现于外部之外交政策，与潜在国民胸底之真意为一致，因是我国之对华外交自为诸君所不满足。"上原野作为代表团访日期间首次由日方表示出对政府政策不满的人，其称："吾人对于我国政府之对华政策深感遗憾不少，除各自爱其国家之理由以外，其关系颇觉矛盾，此亦为时势所迫不获已也。"并号召不为政府外交所左右，"两国国民常互相了解其真意，洞悉其利害损失，即看出相互相提携之一点，始可得两国真实亲善之表现，若国民互能理解国情，则外交上之一迂余曲折，以大海之小波视之可也"。为进一步提升亲近感，还将中日区别于欧美，言道："吾人对于欧美人无隔意者，为学彼而亲彼起见，然彼等对于吾东洋人，每为人种的差别待遇，确有东西不能相混合之势，此则我中日两国民应深自省觉者也。"为实现所谓的中日"经济提携"，提出："我日本之对于西洋物质文明，较贵国或有一日之长，欲期生产工业之发展，则原料物质，尚感不足。我日本不可不待供给对于贵国，同时贵国以其丰富之物质、应用科学，努力以图经济上之发展，又可利用我日本。此吾人所最欣喜者也，其用意在中日两国相依相辅，以增大其经济力。由对方国民相互携手，由东洋之平和，甚至扩成世界平和，能收莫大之效果，可勿疑也。"但是他却不忘记排斥欧美，称："但有此等现象，欧美人果欢迎乎，抑嫉视乎，吾人应加警戒也。"并以赤化论来警示中国，表示日本与竞争对手欧美的不同，以防欧美与之争夺中国，煽动道："太平洋舰队，何以有莫大经费之国乎，为新加坡设军港，何以有忍掷巨金之国乎，且有宣传赤化，将根底颠覆于思想上有光辉于历史之国家乎，吾人由四国之事情，即国际闻之大势观之，则中日两国国民之中心为理解之亲善，诚今日当务之急。"最后，对于经济提携能否消除政治问题，寄予希望，但无任何实质性的表示，仅言道："经济之密接关系，两国果能相辅相成扶乎，现在政治问题，如最有议论之国际间的问题，能如坚冰之遇阳春，自易融解而焕然冰释也，以此意旨，吾人对于诸君来东诚心表欢迎者此也。"①

　　对此，中国代表团并不为其巧辩所迷惑，虞洽卿在答谢词中首先对于亲善表示欢迎道："中日两国无论就地理历史经济各方面而言，均有一种

---

① 邓崎冰:《赴日参观记》，上海总商会月报营业部1927年（上海图书馆藏书），第52—54页。

天然之结合，自有提倡亲善之必要。"但认为亲善的步骤："先宜排除障害，方能实现亲善，鄙人此次来游贵国，已屡次言之，所接谈之贵国人士，似未有不赞成之者，然此为吾辈商业中人所见相同之一证。"并直接指责日本的侵略行径道："曾闻贵国参谋本部，计划每逢十年作一战争，一八九四年以一最短期之中日战争，犹最丰之报酬，一九零四年日俄之役，所得利益，亦非轻小。最后以一九一四年之大战争，复加入联军以拒德国，而贵国以出力最微，费财至少，竟染指于一领土大如未战前之罗马尼亚，人口众如法国之山东。大概近三十年间，贵国每于一次战争结束，即获得最厚报酬，无怪乎当时野心政治家及武力派与吾辈所见之不同也。"在严正指出日本侵华国策给中国带来的严重后果，势必影响两国民间正常关系的基础上，告诫日本侵略不会为其带来长远利益。"欧战以前武力风云，弥漫世界，今以其最后之结果证之。野心之德国何以尽丧其资本与利益，及其他难于计算之物。法国虽以战胜称，而国内财政，至今困难，实亦毫无所得。则野心政治家及武力派主张，不能贯彻，已可概见，设令今日某国尚不觉悟，果欲对我国实行其侵略政策，即令我国政府无积极抵抗力，而我国人民有消极抵抗方法，此排货问题所由来也，其时身受其损害者，厥惟吾辈实业界中人。"最后提出："通商原系两利之道，利用甲国之所长，以补乙国之所短，互助之意，即寓其中。凡天下事为互助而获之利益，常比因竞争而获之利益，更为丰厚，倘不明互助之意，势必掺杂政治臭味，酿成经济侵略及经济抵抗，其结果两败俱伤，吾人今日于此点最宜觉悟。"并提出建议："贵国今日有力之实业家，似比从前野心政治家及武力派，较有先见之明者也。然则中日互助宜以何为先乎，经同人再四研究之结果，似宜由日本今日有力之实业家，自动地敦促贵国政府，取消在华不平等条约，以为欧美各国倡。因我中国地大物博，为 20 世纪世界商业战争之场，且日本从前亦深感不平等条约之痛苦，今果能持以恕道，推己及人，实行互助，俾经济侵略政策，再见于今日峙立于东亚之中日两国间，不但确立东亚之和平，且可保障世界之和平。"①

6月2日，代表团抵达东京车站，受到日本政界元老、政府高级官员和社会名流一千余人热烈欢迎。6月2日午后6时，东京商业会议所在红

① 邓峙冰：《赴日参观记》，上海总商会月报营业部1927年（上海图书馆藏书），第54—56页。

叶馆举行晚餐会招待代表团一行。东京商业会议所副会头稻茂登三郎致欢迎词。首先从地理位置、历史关系等方面重提亲善的老调，言道："贵国与我国在种种关系上，在自然不得不互相密接协力，紧紧握手之位置，可不待言。自贸易关系视之，贵国实为我国最重要之顾客，而我亦同为贵国最重要之顾客。其他自地理关系交通关系，或自古往来之历史关系上视之，中日两国实有不得不互相亲善，互为提携之关系。"接下来，提出以经济利益的亲善为主的主张："至于中日两国之亲善，迥非单纯之亲善，非基于共存共荣之亲善不可，非以经济上厉害共通之连锁相结。"并将与实业团的接触视为经济提携的良机，称："欲实现如斯密接不离之亲善提携，则两国民必深相交相知相了解为最必要之事，尤其与有力者如贵团各位，促膝开怀，欢谈畅叙，为可酿成两国民间进于完全理解益相密接亲善提携之机运。"①

虞团长由东京无线放送局向东京市民发表演说。对于此次来访受到日本各界的欢迎表示感谢，并对日本发达之快表示羡慕。"敝人三十三年前，曾到过贵国，以今日之日本，与该时之日本相比较，无论从政治、教育、商务、实业任何方面看来，都有霄壤之别。敝团中，纵有于一二年内，曾来贵国者，亦莫不惊叹各种事业进步之速，大有一日千里之势，按诸以往及现在，推测贵国之前途，令人羡慕不置。"以亲身实例，列举中日关系之深。"京都市长于欢迎词中，特别提及贵国文化之中心，系完全根据我国孔孟之道，又参观京都离宫外面之构造，内部之陈设，与前清之皇宫颇有相同之处。到名古屋，又赴舞乐会，观其舞式，听其音乐，于不知不觉间，敝团同人，几尽变成唐朝时代之人，中日两国关系之深，原来如此。"紧接着，话锋一转，言道："近十数年来，因种种误会，中日两弟兄国，竟演出阋墙之恶剧，感情既伤，损失亦大。所幸者，最近两国人民，有鉴于世界大势，及其对吾两国之关系，似有相当觉悟，既不愿渔人得利，惟有鹬蚌息争，日本全国人民，以为然乎？"最后号召中日两国人民当为和平做出贡献，称："敝团同人此次来东，所佩戴之徽章上刻有中日两国国旗，并有握手之行礼式，即表示敝团同人此次来贵国之愿望，中日两国国

①　邓峤冰：《赴日参观记》，上海总商会月报营业部 1927 年（上海图书馆藏书），第 62—63 页；《东报对参观团之论调》，《新闻报》1926 年 6 月 3 日；［日］《上海总商会本邦视察团来朝颠末》，1926 年 6 月，国立公文馆亚洲历史资料中心藏，资料号：Reel No. 调—0014，第 139—141 页。

民宜及早猛省，秉彼此弟兄国之精神，抱共存共荣之决心，于五色国旗及旭日旗相义之下，携手同心，实力进行中日两国之亲善，中日人民幸甚，东亚和平幸甚。"① 虞洽卿在演说中并没有提及不平等条约的问题，只是把增进两国人民友谊的愿望传达给了日本民众。东京的各大媒体纷纷发表社论，称此次代表团的来访"增加两国国民之亲善关系之特别机会"，"于两国邦交关系上划一新纪元，与东方之将来以一线之新曙光"等。②

6月3日午后2时30分，东京府市及商业会议所联合在帝国旅馆举办茶会，欢迎代表团一行。日方来宾中不仅有实业界权威涩泽荣一以及各界名流，还有政府首脑商工大臣片冈直温、前内阁总理清浦奎吾等近400人。仪式非常隆重，以国宾规格相待。

首先由东京府知事平塚广义致欢迎词，对于双方的往来冠以亲善之名，大谈双方往来之益。"盖为促进相互之亲善，及经济上之密切关系，宜使两国民间互相理解，互相接近，吾人希望此后务使多有机会双方往来，于谈笑间，各披胸襟，以解释各种误会。去年我国商业会议所当局之到上海，与今回欢迎民国实业团诸君，不外此意，从此互相联结，两国亲善，愈见坚固，不胜欣喜。"平塚广义虽然主张中日两国非提携协调不可之意见，但对于中方所说之障碍，却无任何具体解决办法上的提示，仅言道："然而具体的方策，虽有种种根本上应有相互完全了解之趋势，敝人确信如两国民间至毫无误解，衷心依赖时，无论如何障碍可以容易除去，以达到真心亲善协调之地步。"③

接下来中日商工大臣片冈直温致演说词，主张"过去历史，历然可改"，并对中日两国在通商贸易上的关系做了阐述："中华之外国贸易，近益发达，输出输入，增加无已，可见中华经济发展力之伟大，其前途未可限量也。我日本在中华之外国贸易上，极有重要关系，不仅中华市场需要物品额日增加，即在我国市场需要中华之物品额亦逐年递高，中华及日本之贸易额，非他国所能比敝，由此可见中日两国之经济关系之密切。"并列举中日贸易的重要性："今中华地广物博，经济的实力，逐渐发扬，日

---

① 邓峙冰：《赴日参观记》，上海总商会月报营业部1927年（上海图书馆藏书），第64—65页。

② 《华商团在东酬酢》，《时事新报》1926年6月5日；《东报对参观团之论调》，《新闻报》1926年6月3日。

③ 邓峙冰：《赴日参观记》，上海总商会月报营业部1927年（上海图书馆藏书），第66页。

本依物质文明之进步，于产业贸易，亦发达无已，且为巩固平和的经济基础，增进富力，东洋二大国有一致之趋势，此所以采长补短，树立两国平和，谋两国之福祉也。"由此提出两国需在经济关系上加以提携，表示："思中日两国之急务，须注全力于经济的发达，促进各自之富力，今中日两国民诚心诚意，请求经济的提携，即为达此目的之一捷径，无论个人或国家，若欲期望相互的繁荣、互信二字，是第一要义，猜忌不信四字为经济交通之障碍物，而中日两国虽属善邻，在经济关系上，愈感互信之必要。"①

　　针对上述空谈亲善，而无采取具体措施的日方言论，虞洽卿在答谢词中首先声明二事。"甲、敝人置身实业界，未谙外交辞令，只能在事实上立言不善矫饰，顷闻知事高论，实获我心，尚须答复几句。乙、敝人素无政治关系，纯以中华国民资格，与贵国人民交换意见。"随即表示："中日亲善之说久矣。如何两国近尚在观望徘徊未解决，则因两国国民尚无直接关系故也。"并在此基础上，再次直接提出亲善应取消不平等条约的目的："敝人视察敝国人民意思，对于贵国人民意思并无恶意，只因政治上有种种误会，乃发现一种不平态度，此次敝团同人来东，希望将两国间所缔结不平等条约及其他障碍物，足为两国亲善之障碍者，一律扫除，则国交当日益亲密。"为此，还列实例以表示中国人民对日本友好之意。"例如先年东京横滨大震灾，敝国人民一致请求政府，暂时无限制以开放米禁，虽输物不多，而诚意可见。又去年上海五卅案件，因中日为兄弟之邦，全国民意，对于日本工厂案，认为家事，就地解决。而英国案则移京办理，迄今尚未解决。谅为诸君所洞悉，敝人可担保敝国人民至今已明白两国关系之深，实有共存共荣之概。"最后，重申坚定抱定宗旨，努力进行之意。②

　　6月4日午后3时30分，在外务省官邸，日本外务大臣为代表团举行招待会。日本内阁总理大臣若规礼次郎及商工、大藏、农林、铁道等各省长官，东京府知事、市长及其他役员100余人到场欢迎。中国方面，北京政府驻日公使汪荣宝等也出席助兴。从欢迎阵容上也可看出日本政府对代

---

① 邓峙冰：《赴日参观记》，上海总商会月报营业部1927年（上海图书馆藏书），第67页。
② 同上书，第68—69页。

表团的重视程度。[①]

首先由总理大臣若规礼次郎发表欢迎词，与日本实业界想法相同，他将经济提携视为亲善最为重要要素。言道："中日亲善有种种要素，其重要者莫过于对经济提携。近来两国民间对于中日共存共荣之旨，渐有彻底的觉悟，因而经济提携之机遇，亦因之日昂，当此之时，中华最有实力之实业团体，得与我国实业家，披诚相见，为两国交往上所同声庆幸者也。"并号召："为中日两国前途及东亚前途计，不得不切望两国之关系，日臻亲密，完成共存共荣之本旨。"随后，外务大臣男爵币原重喜郎致欢迎词，表示："中日两国各为保全大局利益及促进两国发达计，两国之亲善协调，最关紧要，是根本方针的问题。"这不但是其本人的意见，亦是日本朝野各政党一致的意见。同样，以中国没有统一为由，主张经济上的提携。具体如下所述："原来在中华政界一党一派之浮沉与废，非我等日本人所能干预之，我等不得不思超越国内之政争问题，以谋为国交之基础，是先宜是两国经济关系，日臻亲密，迨经济关系密切，两国国民得受同等利益，其效果乃为普通的也。"[②] 从上述讲话中可以看出，日本政府对制约中日亲善的不平等条约是避而不谈的。

中华民国驻日公使汪荣宝也发表了演说。对于障碍之扫除以双关语而出，称："所谓障碍物，系人为的，凡人为之障碍物，可以人力取消之。"并强调了反映国民公意趋势的国民外交对改善国交的重要性。"世界外交政策，各国几如出一辙，每根据于某某当局一二人之私见定之，最近时变势迁，由数人私意制定之外交，今一变为国民公意之外交，而外交政策由国民公意之趋向而定方针，此则今日外交进步之现象也。今次两国人民纯采一种国民外交方式，互相交灌，以图中日国交之改善，鄙人对于此事，极表赞同。"对于官方上述言论，虞洽卿作如下答谢词，表示"敝团同人以为中日亲善，决不可作为口头禅"，并明示其理由为"因为国民与国民的交际，设使毫无诚意及友谊，则二者之间，隔阂更多，亲善障碍，即更

---

① 参见《虞洽卿在日之国民外交运动》，《新闻报》1926年6月9日；［日］《上海总商会本邦视察团来朝颠末》，1926年6月，国立公文馆亚洲历史资料中心藏，资料号：Reel No. 调—0014，第96—98页。

② 邓峙冰：《赴日参观记》，上海总商会月报营业部1927年（上海图书馆藏书），第70—71页；《华商参观团在日之行动》，《申报》1926年6月6日；［日］《上海总商会本邦视察团来朝颠末》1926年6月，国立公文馆亚洲历史资料中心藏，资料号：Reel No. 调—0014，第132—134页。

加一层。两国国民果能了解东亚在世界大势中之地位及两国互助之必要，有彻底觉悟，与一致意见，然后再加以热烈的诚意，为友谊的恳谈"。并对"如何划除以往之亲善障碍，如何计划现在之亲善实行"做了追问，即表现出其强调亲善不可为口头禅的理念。①

6月5日上午，日华实业协会及日华恳话会在涩泽子爵邸联合举办宴会，日方各政要及商界有力实业家共82人出席。首先由日华实业协会会长涩泽荣一子爵致欢迎词。"现在国际经济竞争激烈，各国工商业进步亦快，各国拥有巨大富源，而敝国工业颇有一日之长。若能相互提携，则东亚富源，尽量发展，绝不至于外人横夺，惟经济提携之法，不可含有竞争性质，例如欧洲大战，即经济竞争之起因，其结果乃至两败俱伤。诸君所深知者，然欲避免竞争，宜注重商业道德，所谓商业道德如何，即孔子谨守之恕道是也，双方果能谨守恕道，不至互相侵犯，则亲善之道。思过半矣，鄙人表示欢迎之忱，隐寓警惕之意。"②

驻日公使汪荣宝附和其论调道："中日亲善，与其谓宜从经济提携入手，毋宁谓宜从道德切磋入手，道德涵养有素，不但国交巩固，而经济提携，自益增进也。"③虞洽卿则郑重声明："敝国此次来贵国观光，系完全国民运动，毫无政府关系。"对于宣扬了几十年而并未见行动的"中日亲善"论调，表示："'中日亲善'四字，十数年来，已熟闻之矣。抵贵国后，每日此四字，几不离口，此固善矣。敝团同人以为中日亲善，固须鼓吹唤醒两国人民，使知亲善之重要，然徒注重鼓吹，而不于鼓吹之外，加以实力，俾能及早实现，有济于事乎，恐非惟无济于事，且系建筑'亲善'于沙土之上，风吹雨沥，坍塌之祸，不待智者而后知之。"对于日方的在商言商论，反驳道："在贵国一部分人士之意见，以为在商言商，只须讨论如何增进中日两国之贸易，不必涉及政治，敝国人民原来亦有此项主张，然徒历年经验所得，大有可考虑之处，特举出二要点如下，作为讨论之资料。"其一是"贸易与政治二者不能分离，因政治而发生之恶感，影响贸易，今欲去贸易上之影响，俾贸易能发展而不先设法改变政治上之方针及办法，将所有障碍物除去，减少恶感，并商定一切应有之合作事业增进好感"。其二

---

① 邓峙冰：《赴日参观记》，上海总商会月报营业部1927年（上海图书馆藏书），第71—73页。

② 同上书，第80页。

③ 同上书，第81页。

是"贵国舆论，颇有以敝国内乱不已为忧，且忠告敝国人民须及早组织一强有力之政府统一全国进行一切建设事业"，但是"要知敝国政治上有两种困难。（一）即不平等条约之束缚，如领事裁判权、租界、关税协定、陆海军自由上陆等将敝国束缚，毫无动弹余地，固不待言，且足为国内军阀战争之背影。贵国四十年前，亦曾饱受此种痛苦，贵国人民对敝国之取消不平等条约运动，非惟有充分之同情，且推己及人，或有囊助此运动早日成功之义举。我国人民竭诚欢迎，无论如何我国人民对诸不平等条约，早已决心取消，不达目的不止，凡首先助我成功者，我必亲之善之。（二）即我国人民千百年来深中在商言商四字之毒，完全放弃其在政治上之义务，以致今日军阀横行秩序扰乱……然今日最可幸者，即敝国人民确已黄粱梦醒，国家思想，澎湃全国，无论何界人民，皆承认'天下兴亡，匹夫有责'，我国舆论，今日影响国内之政治，国际间之问题，其力虽小，其效果颇可观"。并当着汪荣宝的面奉劝日方："要知中国政府系完全过渡的，不能代表人民。贵国如欲明了敝国实情，宜就人民方面注意考察。"①

　　涩泽荣一对此表示："虞团长的言论甚长，且含义甚多，似已超出经济范围而谈政治，不知实业家只能涉及经济范围之讨论，关于重大之政治问题，绝非今日短促时间所能答复，迟日约期再谈何如？"② 即中国代表团重申了中日关系恶化是由于日本对华政治方针及措施造成的，中国人民不再放弃政治上的义务，不问政治。但是，随后举行的三次恳谈会表明，日方并没有将虞的这番话放在心上。

　　6月5日上午，在明治大学举行第二次恳谈会，日方由大学教授和博士为主，中方由中国实业代表团推出的虞洽卿、余日章、郭东泉、郭外峰等12人为主，进行了交谈。中方代表认为："我中国人对于日本之感情而言，若谓表示好感，乃为欺人之言。事实上均有一种恶感，且抱有一种至深之恶感。此种类恶感，若不设法除去，欲求中日两国之亲善，犹之缘木求鱼，而不可得也。除去此种恶感之道为何？予敢大胆代表我国四万万之国民全体意思而言，即为取消中日两国间之一切不平等条约是也。日本若能取消对于中国之一切不平等条约，中国国民对于日本之恶感，可以立时

---

　　① 邓崎冰：《赴日参观记》，上海总商会月报营业部1927年（上海图书馆藏书），第82—85页；虞洽卿：《对于中日亲善之意见》，《上海总商会》第6卷第6号，1926年6月。

　　② 邓崎冰：《赴日参观记》，上海总商会月报营业部1927年（上海图书馆藏书），第86页。

消减。"① 对此，大审院院长兼明治大学校长横田博士认为："鄙人今以大审院院长之资格发言，觉实业与法权有密切关系。如贵国人民要求列国取消领事裁判权，吾人亦可助一臂之力，因明治大学与贵国法学上很有关系。"② 小林丑三郎博士也接受了中方的观点，提议："中日法学界与实业界组织一取消不平等条约之调查机关，共同研究。"③ 虞洽卿非常高兴，"将其小照摄取回国"以留念。④ 这反映了日本学术界中民主友好人士对中国废除不平等条约的支持。但是，小林博士的这种建议并没有得到广泛的支持，遭到了日本实业界的冷遇。

6月6日的第三次恳谈会是由日本商界巨头主办的。中方代表有虞洽卿、余日章、谢中笙、袁覆登等11人，日方代表有日华实业协会会长涩泽荣一、副会长玉谦次，三井物产会社安川雄之助等实业界巨头12人。恳谈会上，中方再次提出"欲求两国亲善，实行经济提携，非将国际上之障碍设法解除不可"。但是日方代表却以三种借口敷衍拒绝中方的要求。或以日本经多年努力才取得不平等条约的改善为例，表示中国为实现撤废不平等条约，首先应确立中央政府，建设财政经济；或以国际关系复杂，非日本单方面就能取消不平等条约为由；或以不平等条约为政府间的事情，两国实业家应先进行经济上的提携为好。⑤

6月8日，双方又进行了第四次恳谈会。最后，日方提出一方案："欲谋中日经济问题之密接，宜网罗两国之代表的实业家新设一亲恳亲机关。其宗旨在调停实际商事交易涉及利害问题之纷争，各举出同额之仲裁委员，以图中日两国之共同繁荣。"⑥ 虞洽卿团长"认此项提案，未敢擅决。

---

① 邓峙冰：《赴日参观记》，上海总商会月报营业部1927年（上海图书馆藏书），第132页。

② 同上书，第130页。

③ ［日］《上海总商会本邦视察团来朝颠末》，1926年6月，国立公文馆亚洲历史资料中心藏，资料号：Reel No. 调—0014，第183页；邓峙冰：《赴日参观记》，上海总商会月报营业部1927年（上海图书馆藏书），第133页。

④ 参见《欢迎赴日参观团回国宴会记》，《申报》1926年6月18日；《欢迎华商赴日参观团纪盛》，《申报》1926年6月18日。

⑤ 邓峙冰：《赴日参观记》，上海总商会月报营业部1927年（上海图书馆藏书），第135—137页；《中日经济提携之实现》，《申报》1926年6月10日；［日］《上海总商会本邦视察团来朝颠末》，1926年6月，国立公文馆亚洲历史资料中心藏，资料号：Reel No. 调—0014，第176—178页。

⑥ 邓峙冰：《赴日参观记》，上海总商会月报营业部1927年（上海图书馆藏书），第141页；《上海总商会本邦视察团来朝颠末》，1926年6月，国立公文馆亚洲历史资料中心藏，资料号：Reel No. 调—0014，第179页；《親善団体を組織》，《大阪朝日新聞》1926年6月9日。

拟携归敝国报告大众，俟得同意，再行定夺云"。① 此提案虽未提及取消中日间不平等条约，但在讨论研究有碍两国贸易发展的政治事项方面，迈出了新的一步，并为中方将来再提不平等条约问题留下了余地。

6月7日下午，虞洽卿、余日章、郭东泉及驻日中华基督教青年会总干事马伯援4人还受在日华侨的委托，与日本外务省亚细亚局长木村锐市就改善华工入境及居住营业问题进行了一番商谈。因为日本政府自关东大地震之后，经济受到重创，为维持本国劳动者的生计问题，在华工入境问题上做了种种苛刻的限制。如规定赴日者须有百元之现金以及在日商店的担保，且迫令在日居留的厨师、理发师、裁缝师自认为华工，均以一年为限，如果超出一年，继续留住与否，须得警察厅许可，否则，即勒令回国。"甚至居东京者，不准转业横滨，而住横滨者，又不准转业东京，无故限制侨民来往居住及营业之自由。"因此，大批赴日中国工人、小商人等"有因之失业者，有因之失其财产者，甚有因此陷于绝境而自杀者"。② 虽然北京政府为此事同日本政府进行了交涉，但是并无多大收效。因此，在日华侨将解决此事的希望寄托于代表团身上。代表团抵达东京的当日，驻日华侨联合会就要求代表团，为改善华侨待遇、保障华侨往来营业的自由，希望代表团同日本政府进行交涉。③ 虞洽卿在与木村锐市的交涉中提出，日本应放宽对已经在日居住营业的华侨之家属投靠的入境限制；对符合日本法令入境的华工给予与日本人同样的保护，并允许在不同的府县流动；为了避免不必要的纠纷，可由中国设立一民间机关，对赴日者出示身份证明，并协助处理因不正当入境或被取消居住营业资格者的遣返工作。木村锐市则以中国假借家属投靠的不正当入境者众多，以及日本各地方的事情迥异为理由，拒绝放宽对华工的入境限制及在日华侨的往来、营业自由，仅表示关于设立民间机关的建议如有具体方法，可予相当考虑。

6月10日，代表团离开东京，转经广岛、下关、八幡、长崎回国。途中，不时向日本各界宣传中国要求取消不平等条约的主张，表达增进两国

① 邓峙冰：《赴日参观记》，上海总商会月报营业部1927年（上海图书馆藏书），第141页；《上海总商会本邦视察团来朝颠末》，1926年6月，国立公文馆亚洲历史资料中心藏，资料号：Reel No. 调—0014，第180页；《欢迎华商赴日参观团纪盛》，《申报》1926年6月18日。

② 上海市工商业联合会编：《上海总商会议事录》第5册，上海古籍出版社2006年版，第2358页；《华商参观团在日之行动》，《申报》1926年6月6日。

③ 参见［日］《上海总商会本邦视察团来朝颠末》，1926年6月，国立公文馆亚洲历史资料中心藏，资料号：Reel No. 调—0014，第193—197页。

人民友谊的真诚愿望。① 15 日，代表团抵达上海汇山码头，结束了为期二十余天的赴日访问。②

三　出访日本的意义

从上述中国实业代表团赴日访问的全过程来看，可以说就商业考察的意义而言，此次出访日本是比较成功的。正如虞洽卿于 6 月 15 日接受国闻社记者采访时表示的那样："参观大阪电气博览会，则日本电气事业之发达可见一斑，陈设各品，多半在日本制造。其余经过各地，参观棉、铁、磁、纸、啤酒、水泥各业制造厂，规模宏大，物品精良，令人赞叹不已。"③ 6 月 17 日，谢中笙出席招商局的欢迎宴会，称："对此次赴日后考察所得之日本造船厂和航海业，颇多详述。"④ 上述意见表明，代表团在日本考察了众多工厂、公司，开阔了眼界，基本上达到了参观学习日本实业的目的。

从民间经济外交在促使日本政府改变对华政策方面来看，代表团对于在舆论上唤醒日本商民，请愿该国政府撤废"二十一条"以及交换旅顺、大连方面的目的并没有实现。虽然代表团访日期间多次为谋求两国关系的平等，以及真正意义上的亲善做出了种种努力。但是，日本实业界以及政界均以各种理由拒绝撤废不平等条约，力图绕开政治问题，为其经济侵略打基础，只谈经济提携。日本实业界最后虽稍有让步，也仅仅是同意与中国实业界协商成立联合的经济团体。

从日本政府对此次代表团访日所采取的措施来看，与日本实业界一样，强调其不会轻易放弃在华的特权和利益，不会取消不平等条约，实现真正意义上的亲善的。并在此方面，对日本实业界做了"指导"。正如 6 月 17 日虞洽卿在上海各界举行的欢迎宴会上所谈"惟政府当局及资本家之迷梦未醒，尚抱侵略主义，以致中日邦交未能尽善"。例如，当外务省得知代表团欲与日本实业界交换有关取消"二十一条"等不平等条约问题的意见后，还特意提醒实业界："二十一条"的大部分内容已得到解决，而剩下的南满铁路、旅大租借问题则是日本以付出了重大牺牲的日俄战争

---

① 参见《赴日参观团报告》，《新闻报》1926 年 6 月 16 日。
② 参见《昨日欢迎赴日参观团回国详情》，《申报》1926 年 6 月 16 日。
③ 《赴日参观团昨日回沪》，《时事新报》1926 年 6 月 16 日。
④ 《招商局员款宴谢中笙》，《新闻报》1926 年 6 月 18 日。

的唯一成果，因此没有放弃的余地。强调实业界应绕开与代表团谈及"二十一条"的解决问题，应积极与代表团商谈改善两国合办企业，促进经济提携的具体的经济问题。① 即表现了日本政府一面空谈中日亲善，表面上给予代表团国宾级的待遇，以达到其经济提携的目的；另一方面又坚决推行不平等的对华政策。例如，加紧在东北增兵筑桥以及勒索南浔铁路的管理权等。

从日本的舆论媒体界来看，也均站在日本侵华政策的一边，对代表团的要求视为不可实现的条件。例如，当余日章发表"二十一条"始终没有得到中国国民的承认这一说法时，《大阪每日新闻》则辩解《民四条约》为正式签订的国际条约，称："不能因所谓自始即未经国民承认之不成理由的理由，而即废弃之。""若中国国民真实希望不平等条约之改修或废除，必先在其自国方面，有表示尊重国际条约之事实。"② 另一媒体《大阪朝日新闻》则对此表示："使彼此谅解益形具体化，而除去从来一切之障碍，但与此有连带发生之一问题，即为中国人民宜如何对日本重大之利害，与以精密之计议，以图缓和从来对日本之主张。"由此可见，代表团希望日本民众以及舆论界督促政府取消不平等条约一事，是不现实的。

访日期间，代表团曾要求日本政府改善中国小商人待遇，切勿随意阻止华商入境或驱逐回国，放宽华工在日的各种限制。日本外务省亚细亚局长木村锐市也曾表示，中方如设立民间机关处理华侨入境问题的具体办法的话，可予以相当的考虑。回国后，上海总商会就邀请各地旅沪同乡会商议，设立各团体联合的机关"维护赴日华侨各省联合会"，决定凡有关各同乡会均可加入。将来赴日者可经同乡会转请上海总商会发给证书，免受日方取缔，并可望得到该联合会有限的保护。③ 但是，该机关的成立以及建议却没有得到日本政府的回应，众多的在日华侨和华工仍因不堪日本政府的苛刻政策而被迫回国。④ 虽然在日期间日本方面对代表团殷勤接待，大谈特谈亲善，但对于日本虐待华侨之事，代表团成员表示："即可证日

---

① 参见 [日]《上海総商会本邦視察団来朝二関スル外務省措置》，1926 年 6 月，国立公文馆亚洲历史资料中心藏，资料号：Reel No. 调—0014，第 230—234 页。

② 《日报答华商团之中日亲善论》，《时事新报》1926 年 6 月 6 日。

③ 参见《讨论维护赴日华侨方法》，《申报》1926 年 6 月 25 日。

④ 参见《留日华工纷纷归国》，《新闻报》1926 年 6 月 26 日。

人对我华人毫无诚意，口是心非之一斑。"① 但是，在当时北洋政府无力保护华侨利益的情况下，实业代表团通过上海总商会成立的这个联合会，表明中国的商人组织运用民间经济外交的手段，在维护海外华侨的合法权益方面有着强烈的民族责任感。

中国实业代表团回国后，国内舆论对此次之行褒贬各异。其中一部分爱国团体有如下严词指责。例如，上海对日外交市民大会、上海学生联合会致函虞洽卿，质疑代表团访日的成效："诘问中日间是否有真正亲善之可能。"上海对日外交市民大会还质问，既然代表团承认日方招待的盛情无以复加，如何解释日军反而加紧进驻奉天？对此，虞洽卿答道："国交与个人友谊理本一贯，人果未能以平等待我，在我自无实行亲善之可言。德在东时口讲指画，无非从取消中日历来不平等条约立论，冀以唤醒彼邦民众。"上海学联不久复公开信表示："关于亲善之意义与亲善之先决条件，均剖之至为详尽。聆教之下，足证先生对中日邦交之有素而据爱国热忱，以及希望日人放弃其对我种种不正当举动，共同携手，以谋解放之苦心，实为敝会钦佩不已者。"② 上海《民国日报》称："此次参观团在日之行动，其空洞之代名词，则为亲善；而较切实之代名词，则为经济提携。"而经济提携如不建立在双方平等的基础上，则是"经济侵略"。对于日本代表于关税会议上"无殊于欧美列邦"的态度来看，对于"日本诚意以经济提携相待，吾勿敢信"。③

虞洽卿认为："此行仅足谓为国民外交之第一步，初不敢奢望不平等条约立可取消，但不失为取消不平等条约下一种子。"④ 对此，陈布雷也试图对代表团的访日影响做一客观评价，并撰文评价道："今次参观团出发之前后，一般人有以取消二十一条属望之者，诚哉未免太夸；其有以弃仇修好种种恶意的推测诋毁而怀疑之者，则未免近诬。试观参观团诸氏在日之言论，吾人固未见其有一言论超越国民的地位而发言，而日人之所以答我者，虽于宾礼重叠、谦词盈幅之下，亦未忘其日本国家之本位。故参观团诸氏今回在日，能使日人知我商界之关怀国事，力争国家主权与独立，不亚于日人，即此已足与日人以一种新印象。异日东亚国际关系之改善，

---

① 《中日亲善之障碍》，《时事新报》1926 年 6 月 19 日。
② 《本埠新闻》，《申报》1926 年 7 月 2 日。
③ 《经济提携与经济侵略》，《民国日报》1926 年 6 月 17 日。
④ 《虞洽卿为对日言论复学生会书》，《申报》1926 年 6 月 18 日。

或由此行播一粒小小之种子，正未可知。"① 从上述评价可知，陈布雷认为代表团此行，在向日本彰显商人组织要求国家主权与独立方面，具有一定的意义。

作为民间组织的赴日代表团，在争取国家利权、废除不平等条约方面做出了应有的努力，这一点是值得肯定的。因为取消"二十一条"、归还旅大问题，对于北洋政府来说，也都是无法做到的。从要求摆脱不平等条约的束缚，为发展经济、振兴民族产业而反对帝国主义这一侧面来看，代表团利用民间经济外交的手段，与日方的侵华言论以及旨在经济侵略的亲善空论，做了一定程度的斗争努力，从而促进了日本人民对中国人民的了解。其为维护国家权力的民间经济外交意识应予以肯定。

作为此次代表团赴日的民间经济对手——日本政商两界，国内舆论界基本上是持有相同意见的，即对其只谈经济提携的"中日亲善"论，绕开核心的不平等条约撤废问题持否定态度。日本政府及实业界在代表团回国后，曾就其所提倡的经济提携论做出过努力。例如，涩泽荣一为设立中日联合经济团体一事，向外务大臣币原重喜郎作如下请示："拟于中日关系委员会之名称下设一机关，以谋关系两国贸易商业之发展，及解决争执问题，以尽所谓民间外交之责任。"② 随后还有"拟先在上海、广东、汉口、九江、宜昌、长沙等处设置中日实业组织，包含全中国经济团体"。③ 但中国人民对此并不持热情态度。如同《新闻报》所讲的那样，"日人欲举经济提携之实者，宜放弃其传统的对华经济政策，督促当局废除一切不平等条约，以消弭将来破坏经济提携之祸根"，如若不然，即便是组织中日联合的经济团体，也是无济于事的。④

① 畏垒（陈布雷）：《赴日参观团回国》，上海《商报》1926 年 6 月 17 日。
② 《筹组中日亲善机关之先声》，《新闻报》1926 年 6 月 25 日。
③ 《将有中日实业组合出现》，《申报》1926 年 12 月 4 日。
④ 《为提倡中日经济提携者进一解》，《新闻报》1926 年 6 月 11 日。

第四章　华盛顿会议前及会议期间中国商人组织的民间经济外交活动

五四运动的爆发，使民间经济外交的活动得以强化。自此，中日两国的民间经济外交活动日益显著，在巴黎和会后，华盛顿会议前、华盛顿会议期间及其后，都有了进一步的发展。在巴黎和会上中国代表团拒签合约，虽然使日本企图合法占领山东的梦想破灭，但日本却并未就此罢休，继续展开外交攻势，企图达到占领山东的目的。从1920年1月到6月，日本三次向中国提出直接交涉山东问题，但均遭到北洋政府的拒绝。可以说，北洋政府对日的强硬态度与当时国内所展开的民间外交是密不可分的。其中，为反对北洋政府与日本直接交涉山东，以及在即将召开的华盛顿会议上争取平等的国际政治、经济秩序方面，各地区的商人组织以抵制日货和争取选派参加华盛顿会议的国民代表为运动手段，展开了对政府外交予以强有力支持的民间经济外交活动。

综上分析，商人组织的这种参与国家外交斗争的使命感和紧迫感，以及通过解决国际关系中的中国外交问题的思想意识，实现全面收回国家主权的要求，达到对经济利益的诉求的外交意识，可以说是此后民间经济外交的基本指导思想和追求目标。

第一节　华盛顿会议前的民间经济外交活动及其主张

本节主要通过反对直接交涉山东、选派赴美国民代表，以及为华盛顿会议积极提案方面进行历史考察，以搞清楚商人组织的民间经济外交活动及其主张。

一　反对直接交涉山东

为解决山东问题，天津商会直属的几大同业公会如洋广货同业公会、绸缎布匹棉纱同业公会均在上年末或表示"暂为停止"与日商的交易活动，或表示与日商"断绝关系"。① 另，海货、火柴杂货等商，也均先后发表自决办法。② 五金同业公会还致日本五金商行函，表示因为"贵国政府持军国主义对待敝国"，"令敝国人民忍无可忍，以致激动敝国人民外交之脑"，因此，同业公会业经议决"凡我同业之各号旧存之日货，尽其所有造具清册卖出，永不再买，已定之货，交涉日商契约，不为解除交易，暂为停止，一俟山东、福州交涉解决结果美满，再为继续交易。尚在外交未解决以前如有私买私定，一经查出按敝会所议定之条例，切实处罚并宣布除籍"。且对各违反议决案者，制定了具体的处罚条例。③ 此次天津商界因抵制日货均有极大牺牲，"约数千万之巨"，各界对津商的爱国之举，大加赞誉，天津学生联合会对此举赞道"既为天津商界放一异彩，并为全国首先提倡自决办法，且近日对于进行手续上，均携手共同进行，并不退缩"。所以，拟定期开一个欢迎商界会，以"表钦佩之意"。④ 在商学两界的推动下，为达到解决山东问题的外交目的而加入抵货运动的商界团体越来越多，"洋镜玻璃与瓷器各商亦正在筹划办法，日内即有相当表示"。⑤

在商界民间经济外交思想的推动下，为达成群策群力、一致进行的目的，还准备继续扩大抵货规模。各同业公会于 1 月 14 日召开成立天津各商同业公会联合会，到会商号 120 余号，代表及来宾 400 余人，并公推赵春亭为临时主席，报告开会宗旨为"商人本良心之爱国，发彻底之觉悟而联合团结，实行抵制日货，以表商家之爱国热忱，促日人之猛省，作政府之后盾，为全国商界之提倡"。⑥

当抵制日货运动还在进行时，日本要求与中国直接交涉山东的消息传到了天津，使得天津民众群表气愤，一致奋起反对直接交涉。首先是学界

---

① 参见《洋广货商拒货之办法》，《益世报》1919 年 12 月 19 日；《商民对于拒货之自决办法》，《益世报》1919 年 12 月 30 日。

② 参见《各商将组同业联合会》，《益世报》1920 年 1 月 5 日。

③ 《五金同业会自觉拒货》，《益世报》1919 年 12 月 31 日。

④ 《学生拟开庆贺商界会》，《益世报》1920 年 1 月 5 日。

⑤ 《各商将组同业联合会》，《益世报》1920 年 1 月 5 日。

⑥ 《空前未有之各商联合会》，《益世报》1920 年 1 月 15 日。

发起了反对直接交涉山东的集会游行活动。1月29日，数千天津学生针对中日交涉山东问题赴省长公署请愿，提出"北京政府对于山东问题，不准与日本直接交涉"；并请"王正廷专使帮同陆专使办理拒绝山东问题直接交涉"；提议"顾维钧将中日两国一切不平等条约提交国联"。① 但学生的爱国举动却惨遭政府的镇压，它们不仅拘捕学生代表，还造成重伤50余名，轻伤人数达800余名的流血冲突。对于政府镇压学生的爱国运动，商界人士纷纷表示不平，严厉斥责政府的残暴行为。2月4日，各界联合会召开会议，讨论对内对外的各种办法。② 为防止商界人士实施罢市，天津警察厅于2月8日秘密拘捕了商会会董杨晓林，以此来震慑天津商界。③ 此举更激起"商家全体多抱不平"的愤怒，并经多数重要分子审议，"联名请愿"，"限期释放"，并积极行动起来。"商民三千余人拟用公民名义向中央请愿"，要求："中央不与日本直接交涉，催办福州案件，并须以平和手段对待京津学生。"④ 至7月中旬天津地方审判厅才释放所拘捕的各界代表。⑤ 全国各地大规模的反日运动交汇在一起，迫使北洋政府不得不对日采取强硬的态度。1921年12月18日，在"国联"大会上，中国代表再次重申："中国保留提出山东问题的权利。"⑥ 由此，日本三次逼迫中国直接交涉山东的阴谋被挫败。

因第一次世界大战使列强在远东的争夺格局发生了变化，远东势力划分不均以及在华利益的分配矛盾也日益凸显，为此，1921年7月由美国发起召开华盛顿会议（亦称太平洋会议），为限制日本在远东势力的扩张，除了以限制海军军备为主旨外，还主张同时讨论太平洋及远东问题。由于山东问题成为"悬案"，日本唯恐中国在山东交涉中掌握主动权。9月7日，为要求直接交涉山东，日本政府发表《山东善后处置大纲》9条，第四次照会北洋政府。

为支援政府外交，天津商会于9日召开包括其他社会团体在内的会

---

① 天津市地方志编修委员会办公室、天津图书馆编：《〈益世报〉天津资料点校汇编（一）》，天津社会科学出版社1999年版，第174页。（以下简称《〈益世报〉天津资料点校汇编（一）》）

② 参见《〈益世报〉天津资料点校汇编（一）》，第176页。

③ 参见《京津学潮之余响》，《益世报》1920年2月11日。

④ 《〈益世报〉天津资料点校汇编（一）》，第178页。

⑤ 同上书，第186页。

⑥ 栋近美雪：《山东问题与恢复主权外交》，《东方论坛》1998年第1期。

议，议决"电请中央拒绝直接交涉，并电各省各团体一致主张"。致电政府"山东问题，关系我国存亡"，"今日直接交涉果成事实，则日后予取予求，任其裁制，对于各友邦且无置喙之余地，作茧自缚，愚不可及"。因此，公民等集合二十余团体，共同讨论，认为"山东问题应彻底地拒绝直接交涉，冀存外交上一线之生机"。[①] 并就汇集关于太平洋会议意见致函各会行董事，对甲午战争后中国在国际上遭受到的国际交涉的失败原因做了分析，认为"固由于少数外交家之误国，然国民之漠不关心，实失败之最大原因也"。因此，对于即将召开的华盛顿会议满怀希望，视为是"以洗数十年之不平，求诸公论"的机会。号召"凡我国民应有意见以供代表之采择，严加督促，为其后盾"。[②] 此外，为讨论反对直接交涉山东问题，还于9月13日专门召开商会会董茶话会，会议上有人提议："驻京日使提出鲁案直接交涉，举国哗然，本会亦应有一表示。"经过讨论同意"通电全国一致力争"。[③] 天津商会反对直接交涉的态度，反映了全国人民的一致要求，而其所采取的民间团体参与外交的方式还为北洋政府对日实行强硬外交起到支援的作用。

为进一步激发民众反对直接交涉的爱国热忱，天津26团体首先联名电请北京政府，要求"彻底地拒绝直接交涉"。随后，天津商会分电中央及各省商会、县商会正式发布通告："太平洋将开国际会议，日人恐此悬案未决，违反公理之青岛问题重新提交世界公论，又请我政府仍主持直接交涉，避此公判，此种鬼蜮行为国人应永矢弗谖，誓难承认。山东为我国之国土、国权、文化传播之根源，应共负保守义务，否认直接交涉，必须由国际交还，以维世界公理，而保国土、国权。"并且号召津埠商民"凡我商民，应以国家为念，倘不能交还青岛，我商民人等应为外交后盾，幸勿观望"。[④] 上海各团体也多次集会，数发通电，强烈反对鲁案直接交涉。10月2日，沪上各界联合会29团体甚至于联名通电，劝小幡撤回《山东善后处置案大纲》。[⑤] 9月28日，山东学生会联合省议会、总商会、警察

---

① 《津各界对鲁案之表示》，《申报》1921年9月13日。
② 天津市档案馆、天津社会科学院历史研究所、天津市工商业联合会编：《天津商会档案汇编（1912—1928）》第4册，天津人民出版社1992年版，第4813页。（以下简称《汇编（1912—1928）》第4册）
③ 《商会会董茶话会》，天津《大公报》1921年9月15日。
④ 《汇编（1912—1928）》第4册，第4814页。
⑤ 参见《国内来电》，《晨报》1921年10月4日。

联合会、外交协会等数十个团体，开联合大会，号呼奔走，反对直接交涉，"大有宁甘玉碎，不作瓦全，不达目的，誓不罢休之概"。随着民众反对声浪日渐高涨，不久即出现举国一致拒绝直接交涉的局面。

面对如此情况，北京政府外交部于1921年10月5日答复日本驻北京公使鲁案节略，对日方所提第三项直接交涉之山东问题处置大纲逐条驳斥，拒绝鲁案直接交涉，并声明我国政府将保留将来遇有适当机会解决山东问题，日本直接交涉的尝试失败。

从号召拒绝直接交涉，以保持外交主动权，到正式提出把山东问题提交国际会议进行"公论"的上述主张来看，天津商会作为民间经济外交的主体，面对复杂的国际问题，对于外交事件的处理，已具备理性化的处理能力。在商界的民间经济外交努力下，以及全国民众的反对声中，北洋政府不得不顺应时代的潮流，最终决定将山东问题提交华盛顿会议进行讨论。

二　救国赎路运动的发起

由于日方在巴黎和会时即已表示将把胶澳主权交还中国，所以交涉中双方斗争的焦点集中于胶济铁路的归属问题上。

胶济铁路是19世纪末在山东境内修筑的一条铁路。1899年6月14日，德国胶济铁路公司向德国政府注册，资本为5400万马克。同年9月23日，由青岛动工向西修筑。到1904年6月1日，铁路全线贯通。[①] 此路总长虽仅"三百九十余公里"[②]，却是山东境内的主要铁路干线，有着极其重要的战略意义和经济价值。正如中国代表团意识到的那样，"日本的政治与领土兴趣对中国的完整造成明显的威胁，其经济开发同样是危险的。对于中国主权的侵犯，这种手段的作用虽然缓慢一些，却更为有效"。[③] 如果日本控制了胶济铁路，则沿路的矿山等"附属"企业，也将完全落入日本手中，而山东主权交还中国也就成了一句空话。因此胶济铁路的所有权为双方所必争。

---

① 参见吴相湘、刘绍唐主编《民国史料丛刊》第17种，传记文学出版社1971年版，第1页。

② 沈云龙主编：《近代中国史料丛刊》三编第五十一辑502，文海出版社1989年版，第91页。

③ 顾维钧：《顾维钧回忆录》第1分册，中华书局1983年版，第227页。

在中日关于山东问题的交涉中，胶济铁路的收回方式成为争论的关键，双方就此发生了严重的分歧。日方代表从一开始就坚持胶济铁路由"中日合办"，中国代表不答应，根据政府训令，表示愿"酌予日本相当利益"，"完全收回"自办，并强硬表示，如日本坚持这种态度，就停止讨论。由于各持己见、互不相让，双方在12月13日的谈判中几至决裂。列席会议的英、美代表也对日本的态度表示反感。次日，日方代表表示政府训令是合办，但为解除僵局，可暂先讨论中国赎路自办的办法。日本改提赎路办法3条，赎路之款须3000万日元，要求中方必须向日本借贷，期限为45年。具体提出："仿照中国近来铁路借款条件，于山东问题议定后六个月内，与日资本家订借款合同。"中国代表坚决反对日方此一通过长期控制胶济铁路，继续保持在山东经济权益的企图，主张"由中国即行集资赎回"。① 日方代表则以"中国欠日本债务甚多"为借口，指责我国拒借日款显有摈斥日本利益之意。当国民代表在获知日本试图以现款赎回胶济铁路向中国施压的消息后，立即电询上海银行公会现款赎路是否可行。在得到肯定答复"上海银行公会已允备款赎回该路"后，迅速通知了中国代表团。② 同时致电国内，报告交涉情况，并号召"国人亟宜募集大宗款项，以备立即收回"。③ 正因如此，中国政府代表据此有力地驳复了日本借款赎路的无理要求，余日章事后也认为"此电之功效最为伟大"。④

实际上，对于中日就胶济铁路的交涉，国人开始持坚决拒绝赎路的意见，主张日本应将山东一切权利无偿交还中国，否则就等于是承认了日本"无理占有"的合法性。但当谈判确定赎路后，则期盼赎路款项能在短期内一次付清，以免再起纠纷，而且最好在华盛顿会议结束前就将款项偿清，因为"四万万同胞能有三千万人各出一圆，即可将路赎回"⑤。此时，国内民众爱国热情高涨，各地也已形成了"以筹款赎路为号召的爱国运动"。⑥

---

① 中国社会科学院近代史研究所《近代史资料》编辑室主编、天津市历史博物馆编辑：《秘笈录存》，中国社会科学出版社1984年版，第479页。

② 《胶济铁路收回办法大致决定》，《晨报》1921年12月20日。

③ 《余蒋电中之日本对胶济态度》，《申报》1921年12月21日。

④ 《余日章昨日之言论》，《晨报》1922年2月6日。

⑤ 《我国民表示爱国精神之好机会》，《申报》1922年1月21日。

⑥ 来新夏编：《北洋军阀史》下册，南开大学出版社2002年版，第675页。

（一）救国赎路运动在上海的开展

12 月 19 日，上海各路商界联合会联席会议率先做出决议，"赞同筹款赎回胶济路之主张"。① 山东省议会亦议决 "由鲁省各界担负发起，通电全国，共同筹款，偿还日本债务，以免日人有所借口"，继续占据路权。② 上海总商会与上海银行公会及所属各银行在总商会举行联席会议，讨论筹赎胶济铁路事宜，认为筹款赎路是迫不得已的事情，是当时收回胶济铁路唯一可行的办法，路必争回，筹款就势在必行。至于是否招股募债，断非联席会议可以决定。但如果是债权，则要保证民众本息；如果是组织民有公司，则必须坚持铁路民有，总之，必须确保筹款赎路中的出资者应与路权收回后的利益匹配，事情才能顺利完成。鉴于不论招股募债，均须有预算，应有主任之人征集材料，筹备办法，故会议决定设立筹备会以筹募所需款项。③ 全国商会联合会与银行公会及公团也很快议定，集资以 "商、学、工、农及银行界，同时进行。商界由全国商会联合会发起，全国商会各自量力负担。学界由全国教育联合会发起。工界之成立工会者由工会担任，未成立者，由商会代为召集，农界亦如之。银行界由上海银行公会通电全国银行" 发起。④ 12 月 26 日，上海商界银行界筹款的具体办法已公诸报纸，谓两界经多次集议，已拟订集资详章 24 条，要点是向全国各省派出集资队，按每 5 元一股募集，凡集资者均为胶济路股东，赎回后，该路永远属于民有。⑤ 赴华盛顿会议的国民外交代表之一余日章归国后即被推举为上海集款主任，赴各地演说鼓动集资。⑥

关于现款筹路这一现实问题，全国各地包括各省长官以及民间组织的来电中都主张立即偿还，纷纷保证 "所需款数可立即凑齐"，并通知代表团，"估计募捐款额已超过四千万元"。对于 "能否轻易而迅速筹集此项资

① 《各路商界联合会联席会议记》，《申报》1921 年 12 月 20 日。

② 《鲁人对收回胶济之筹备》，《晨报》1921 年 12 月 20 日。

③ 参见《上海市银行商业同业公会关于赎回胶济铁路问题、国务院、交通部、外交部关于表明对该问题态度及报告参加华盛顿会议与日本交涉经过的来电以及上海市银行商业同业公会与总商会、江苏省教育会联合组织上海筹赎胶济铁路委员会吸收赎路储金及结束经过等有关文书》，1922 年 1 月—1925 年 3 月，上海市银行商业同业公会档案 S173—1—57，上海市档案馆藏。转引自许冠亭《上海总商会在华盛顿会议前后收复国权的主张和活动》，《史林》2009 年 3 月，第 134 页。

④ 《国民对于赎回胶济路之预备》，《晨报》1921 年 12 月 22 日。

⑤ 参见《筹款赎回胶济铁路之进行》，《申报》1921 年 12 月 26 日。

⑥ 参见《关于筹款赎路之电音》，《申报》1922 年 2 月 15 日。

金"，中国代表团"随即秘密给上海银行公会和中国各商会的主席打电报，询问那些承诺的捐款是否可靠，能否筹集到现金"。得到的答复令代表团大失所望，因为来电指出"募集到的尚不足五十万美元"，"有指望得到的总数不会超过两三百万元"。此外，他们还认为，"这些诺言，都有政治色彩，向许诺者收集捐款就极其困难了"。而且从中国的经济与金融情况看，即使所需的款项能筹到，"交出两千五百万元这样一笔巨额外汇，对中国货币市场的影响会造成上海金融界的严重危机"。① 可见当时上海总商会在筹款赎路方面的主张，虽然与政府以及其他团体有不同意见，但能够冷静地加以思考，配合了政府外交，显示了民间经济外交的力量。

1922 年 1 月 14 日，交通部向全国发出"寒"电，认为"最善之法，仍以筹集国内款项，赎回自办"，宣布"该路为民业，由人民筹款赎回，即由人民自行管理"，赎路方法为"二千七百万元悉行募集商股，如有不足，或另募内债，或添招商股，悉由银行公会等办理，政府可不经手，其股票最低额可为五元、十元，以期普及，并以本国人民购买为限，不得转售或抵押于外人，以为该路永为国民所有之确证"，且"现距华府闭会，只有旬日，非有实力，不能为三代表后盾"。另，"三代表来电，似付款可迟至数月以后，惟定计须在目前，现在时机万急，务盼赶速筹示"。② "寒"电发出后，得到了全国各地的响应，就连一些军阀也表示愿慷慨解囊。如冯玉祥宣称陕西省"愿担任二百万元"；李厚基也愿意福建省"认购一百万元并拟向华侨劝募"。③

以马路商联会为中心的上海中小商人组织也积极投入到这场救国赎路运动中，以支持政府收回胶济铁路。1922 年 1 月 30 日，浙江路上的商总联会在收到全国商会联合会从北京发出的"救国赎路集金会"简章后，迅速"交由议事会共同研究，期于迅速集事"④，2 月 4 日公开表示沪埠"拟集民股为赎路基金"，并推举出席华盛顿会议的国民代表余日章为集股主任。⑤ 余日章还在沪北六路商联会召开的交谊大会上发表演说，主张"该

---

①　顾维钧：《顾维钧回忆录》第 1 分册，中华书局 1983 年版，第 228—229 页。

②　《汇编（1912—1928）》第 4 册，第 4835 —4836 页。

③　中国第二历史档案馆编：《中华民国史档案资料汇编》第三辑民众运动，江苏古籍出版社 1991 年版，第 707、713 页。

④　《商界之集金赎路热》，《申报》1922 年 1 月 31 日。

⑤　《商联会筹款赎路之要电》，《申报》1922 年 2 月 4 日。

路非由金钱赎回不可",并希望国人"幸勿再事空谈"。①

（二）救国赎路运动在天津的开展

以天津商会为首的各团体坚持筹款赎路，非常积极地投身到了赎回胶济铁路的筹款大潮中。1922 年 1 月初，国民代表张仲述致电天津商会，"鲁案在京秘密交涉，昨政府电代表屈允借日款，事急速诛国贼救亡"。1 月 7 日，天津商会召集各团体开会，决定通电全国呼吁"速筹救亡办法，克日实行，时机迫促，共起力争"。② 1 月 8 日，以天津商会为首的 43 团体致电外交部，"亟请院部声明绝对不在京直交涉，并不借日款，以平众愤"，严厉声明"敝团等绝对不承认借日款"，并请"转三使"。对于筹路办法，认为"全国分担应不至难"。③ 同日，为抗议政府，天津商会等 70余团体，9 万余人举行大游行。在国民的抗议声中，梁士诒被迫于 1 月 7日发出"微""虞"两电，否认借日款赎路行为，宣称："我均主筹款赎回自办。"④ 天津商会等 50 团体于 1 月 9 日开会，电请大总统，"否认梁氏之徽虞两电，并反对曹陆任职"。通电公开指责梁电，称其"上蒙元首，下欺国民，昭然若揭"，"应请照会取消，以平众愤"，对于"梁是否有嘱代表允借日款电文，亦须明白"一事，要求梁再度公开态度，"宣布以释群疑"。⑤ 外交部从天津商会要求公开赎路意见的态度上，觉察出民意的力量，遂于 11 日专门通知天津商会等团体，表明"现在政府仍电知代表坚持筹款赎路自办，原议毫无变更"的明确立场。⑥

在民间经济外交的支援下，中国代表团尊重民意，坚持筹款赎路意见，中日渐达成一致。日方初步同意中国用日金 3000 万元（约合国币2700 万元）将胶济铁路赎回。天津商会对外交部发出的决定赎回胶济铁路的"寒"电后，称："胶济路招股筹还归为国民自办，法良意美，敝会深表赞成"，除"召集各商筹议即为设法集金办理"外，还"请转肯外交

① 《纪沪北六路商联会之交谊大会》，《申报》1922 年 1 月 31 日。

② 《四十六团体开会记》，天津《大公报》1922 年 1 月 9 日。

③ 《鲁案运动之昨信》，天津《大公报》1922 年 1 月 9 日；《公电》《申报》1922 年 1 月 10日。

④ 凤冈及门弟子编：《三水梁燕孙先生年谱》下，1946 年铅印本，第 183 页。

⑤ 《鲁案运动之别讯》，天津《大公报》1922 年 1 月 11 日；《津人反对梁内阁电》，《申报》1922 年 1 月 13 日。

⑥ 《院部答复团体电》，天津《大公报》1922 年 1 月 12 日。

部，将此赎路办法致电专使，坚持以现款即行赎路"。①

经过上述民间团体经济外交的努力，确认筹款赎路方针后，天津商会为筹集资金以赎路，于1月19日通知商会会董，"现拟联合各界，成立赎路集金会"，且定于20日开筹备会，讨论集金办法，并声称"事关救国要图，幸勿不到为盼"。②1月20日，商会各会董及津埠各界名流人士为"收回胶济路问题"，群集商会以便于"磋商集资收回办法"。认为"全国一心，集资收路，自非难办"，号召同胞"解囊投资，共收此路，救国赡家"，并附有同意上述意见的商界人士及津埠名流共计373名。③同日，天津商会致电各省议会、各省教育会、各省商会称，"专使为我国代表"，对救国赎路一事，"既有所议，我同胞当为后盾"，且"交通部寒电，亦以集资赎路归我民办，有所表示"，因此呼吁"群起相救，实力准备，倡发集金，凑赎胶济路权，收归民办"，表示要"成立救国赎路集金会直隶事务所"之意。随即于次日，天津商会又致函会董及地方要人，表示要于1月26日在商会成立"救国赎路集金会"。④1月26日，在天津商会的积极倡导以及社会各界的响应下，以商会会董为主体，并辅以一些社会名流人士作为组成成员，由全国商界成立的第一家集金会——"中华国民收路自办集金会直隶事务所"正式诞生。基金会的简章中明确规定其宗旨为："联合国民共同集资收回胶济铁路。"限定集金只由"本国人存储，不收外资"，并制定集金方式为"由输款者径送各该地事务所指定银行照收"，如无指定银行，可由商会代收，汇总后交指定银行储存，并"按厘给息"。集金会指定的代收集金银行分别为中国银行、交通银行、直隶省银行、盐业银行、金城银行、大生银行、保商银行、山东工商银行、中孚银行、中国实业银行，共计10家。规定"将来胶济铁路收回，集金者概皆享有股东权利，各按集金之数发给股票"，而如果将来"收路或有他项专款，不用人民集金时，应将此项集金连同利息如数发还，不作别用"。集金会还推举了干事长、副干事长、常川干事，多数为商会人员。⑤

实际上，集金会名称从初拟的"救国赎路集金会"改为"中华国民收

---

① 《汇编（1912—1928）》第4册，第4836—4837页。
② 同上书，第4837页。
③ 同上书，第4837—4839页。
④ 同上书，第4842页；《鲁案运动之昨信》，天津《大公报》1922年1月23日。
⑤ 同上书，第4843—4845页。

路自办集金会直隶事务所"是有原因的，"一因此路系日本强行承继德国遗产，非与吾国直接关系，亦非有押款情事，不能用赎字。再德国为我国之战败国，其以前侵占我国领土主权各约当然消灭"。[①] 虽然仅仅是一字之改，但其内在含义明显不同，也反映出天津商会在进行民间经济外交的过程中，伴随着对外交涉以及对外斗争思想的提高，对外意识也益显进步。在集金会成立之前，津埠旅居鲁人因直接受切肤之痛，已于 1 月 22 日在法租界泰安里开"中华国民赎路会"发起人成立会。对于中华国民收路自办集金会直隶事务所齐办的意见，"极端赞成"，因此两会合并，同为救国而联合行动。[②]

在天津集金会成立的救国热浪推动下，全国逐渐形成了筹款赎路的浪潮。全国商联会总事务所"联合京师总商会、京师农会等团体组织救国赎路集款会"，想在太平洋会闭幕前筹足"集款三千万元一次赎回胶济铁路"。[③]

各地纷纷响应号召，组织成立赎路机构，截至 4 月初，已经出现了国民赎路会（北京）、学界集股赎路会（北京）、山东赎路总事务所（济南）、浙江赎路集金会（杭州）、国民收路自办集金会（天津）、福州商界赎路集金会（福州）、救国筹备赎路会（开封）等多个赎路机构。[④]

历经两个多月的中日"边缘"性会谈，通过 30 多轮的艰难谈判，终于 1922 年 2 月 4 日正式签署了《解决山东悬案条约》。条约规定：日本应将胶济铁路移交中国，中国按胶济铁路的"现值实价"偿还日本，给价除折旧外，照德人原价 5340.6141 万金马克加改修费用。[⑤]

天津商会闻讯后，即向交通部表示"谅此区区金额，各省分筹不难立集"。[⑥] 为确保胶济铁路不被收回国有而属民办，从而一方面调动民众力量，一方面调动工商界资产阶级人士赎路热情，兼任全国商联会会长的天津商会会长卞荫昌以商联会名义呈请大总统、国务院、交通部颁布明令："一、定胶济铁路永远为民业铁路，政府无论何时决不收归国有；二、商民所集赎路款项，专为赎回胶济铁路之用，无论何时，丝毫不得挪作别

---

① 《汇编（1912—1928）》第 4 册，第 4846 页。
② 同上书，第 4845—4846 页。
③ 同上书，第 4848—4849 页。
④ 参见《国内筹金赎路机关之调查》，《申报》1922 年 4 月 5 日。
⑤ 参见王铁崖《中外旧约章汇编》第 3 册，生活·读书·新知三联书店 1962 年版，第 209—210 页。
⑥ 《汇编（1912—1928）》第 4 册，第 4849 页。

用；三、商民所集资金，概依交部寒电作为商顾，将来应得权利，按照公司条例受法律之保障，庶几昭著信用，国民两有裨益。否则，鉴于川粤汉、沪杭甬、同蒲各路之往事，初由商民集资创办或争回者，终则为政府无偿收回，在政府固获现成之实益，而商民则受损失之苦痛，万一鲁路设仍前辙，势将使爱国者寒心。"① 由此，商会主导的救国赎路运动取得了初步的进展。

三　选派赴美国民代表

国人在反对中日直接交涉山东问题的同时，对即将召开的华盛顿会议尤为关注，认为"其对于我国之关系，较之巴黎和会，尤为重要而且急切"②，对其"不可不有详细精密之研究"，犹如"譬之医生治病，必先详悉病状；又譬之律师办案，必先详悉案情"。③ 因此，各地纷纷组织团体，发表自己对即将召开的华盛顿会议的看法，要求政府公开外交，接受民间关于太平洋问题的意见，并督促北京政府做好会议的准备工作。例如，早在 7 月 21 日，北京总商会、教育会、学生联合会等团体就召开了联席会议，成立了太平洋问题研究委员会，还有太平洋问题讨论会、华盛顿会议中国后援会、太平洋会议外交后援会或后援同志会等组织；连远在华盛顿的中国留学生也组织了留美学生华盛顿会议后援会，对参加华会等问题进行了深入的思考、讨论并付诸行动。

上述各组织在讨论华会筹备工作的时候，有感于政府外交代表不能够充分代表民意，提出了选派国民代表赴美的想法。因为选派国民代表与会，不但"足壮声援，且使外人知我南北国民，本来一致"④，然后，通过赴会国民代表的"协力鼓吹，积极表示"，在舆论上使各国得知"我国民意之所在"⑤。当然，对于选派国民代表的最主要目的则是"专使耳目，容或未周，国民代表，即可辅助之，又可代表国民监督其一切行动"。⑥ 即发挥国民代表"监助专使"⑦ 的作用。实际上，上述想法也是基于对巴黎和

①　《汇编（1912—1928）》第 4 册，第 4852 页。

②　《组织太平洋会后援会之商榷》，《申报》1921 年 7 月 24 日。

③　《太平洋会议之参考资料序（八）》，《申报》1921 年 10 月 24 日。

④　《公电·北京太平洋问题讨论会电》，《申报》1921 年 8 月 16 日。

⑤　《留日学生对太平洋会意见》，《申报》1921 年 8 月 26 日。

⑥　《天津各团体与太平洋会·选定张彭春为国民代表》，《申报》1921 年 9 月 7 日。

⑦　《公电·北京太平洋问题讨论会电》，《申报》1921 年 8 月 16 日。

会的经验教训所得，因为巴黎和会时期，日本在美曾花费巨资从事宣传活动，因而"尽占舆论先机"①，而比利时诸国的国民代表，也亲赴华会，并"发生重大之影响"，就连朝鲜"亦有代表请愿"，唯独"中国国民方面并一人而无之"。② 所以，认为选派赴美代表"较诸远道之传达，事后之补救，效益弘多"。③ 其中，浙江省宪会通电各省，提议"由各省各派代表三人至五人，于九月十日以前集合上海，组织代表会议，每省一权，选派太平洋会议国民外交代表"，并"商榷国内一切事宜"，还准备"拟请上海总商会为筹备机关"。④ 湖南长沙各团体认为"此举诚为救国要素"，"深表赞同"。⑤ 北京太平洋问题讨论会、太平洋协会等团体也表示，主张各团体选出代表"分途赴美参与其事，以资联络而状声援"，将民间外交手段"作外交当局之后盾"，并"以示真正民意之所存"。⑥ 与上述团体相比较，以天津商会为代表的工商界则更早地积极参与了筹备华会的各项具体工作。

在选派赴美国民代表方面，天津商会于 1921 年 8 月 14 日接到太平洋问题讨论会电，要求"各派代表刻日资遣赴美共策进行"。⑦ 在此号召下，天津各团体积极行动起来，其中天津市政研究会最早，其于 25 日召开会议，就赴美国民代表人选做了商讨，认为留美学生张仲述"热心国事"，同意"由张君担任代表天津方面"，同时还决定召开联合会议进行讨论。⑧ 9 月 1 日，商会、市政研究会等 12 个团体开会正式讨论赴美代表人选问题。最早提出了国民代表应具的资格有五项：（1）精通外国言语文字；（2）具有外交知识；（3）洞悉本国政治情形；（4）天津籍贯；（5）为中

---

① 据说，当巴黎和会讨论山东问题之时，日本在美国纽约埠之宣传费，"每日费至五万美元金""法国的报纸登满了日本人的著作，都写满了中国人的罪恶，于是各国人民的脑筋中，都有了一种中国人腐败的观念、中国人非日本管理，东亚不能安平的思想。于是激愤不平的各代表，受了诬言的蒙蔽，把他不平的意思消灭了。"参见罗家伦《华盛顿会议与中国之命运》，《东方杂志》第 18 卷第 15 号；上海《民国日报》1919 年 8 月 20 日。

② 罗家伦：《华盛顿会议与中国之命运》，《东方杂志》第 18 卷第 15 号。

③ 《留日学生对太平洋会意见》，《申报》1921 年 8 月 26 日。

④ 《杭州快信》，《申报》1921 年 8 月 19 日。

⑤ 《公电》，《申报》1921 年 9 月 7 日。

⑥ 《公电》，《申报》1921 年 9 月 4 日。

⑦ 《筹备赴会之近讯》，天津《大公报》1921 年 8 月 16 日。

⑧ 《市政研究会纪事》，天津《大公报》1921 年 8 月 27 日。

外人士所信仰。[①]经讨论，天津商会同与会团体联合宣布："公决遣派国民代表张君仲述参加该会议，一方面辅助我国专使之耳目及代表国民监督专使之行动；一方面表示我国民意之所在。"[②]并于9月9日召开的包括20余个其他团体的会议上，报告推举张仲述为太平洋会议之国民代表。[③]

天津商会等团体虽然将选派张仲述为赴美国民代表之事通电全国，因"恐政府代表团等赴美后彼此或有隔膜"，于10月3日，拍发通电二则：一则通知政府代表团，要求"容纳其建议，商酌进行"；另一则致上海赴美国民代表蒋梦麟、余日章两人，建议国民代表们"到美互助进行"。[④]因张仲述为天津商界等团体公推的赴美国民代表，而非政府方面的外交代表，为保证国民代表的纯民间性，对其旅费及在美的活动费用，天津商会担当了募捐重任。10月1日，商会为资助赴美演说代表向各界发布了募捐启事，称："外交之后援确为民气，代表之陈述根据民意，吾民于此紧要时机，不可无深谋远虑，晋为国民外交，以挽国权。"因此，对于"举定张仲述君在美传达民意，鼓吹民气"一事，"惟以电费、邮费，张君之交际在在需款进行，事关国家，系属吾民公同利害，拟事捐资，以期集腋成裘，众擎易举"。[⑤]在商会的号召之下，各界踊跃响应。如天津小学教职员共进会劝谕学生量力捐输，捐款"数约五十余元"，虽然"明知车薪杯水，无裨全局"，却仍满腔"慷慨捐输，热心救国"之热情。天津救国十人团也送上了51余元的捐款。[⑥]另外，根据太平洋会议费用各团体商号认捐金额统计可知，华盛顿会议期间，各团体、商号、个人的捐款高达洋元2545.13枚，铜元1073枚，其中商会、商民等的捐款额占绝大部分。[⑦]

紧随天津商界其后的上海总商会等团体组成的太平洋会议协会，也积极参与筹备赴会的各项事项。在选派赴美国民代表方面，推举蒋梦麟、余日章二人赴美宣传民意。[⑧]9月15日，正式议决派余日章、蒋梦麟为赴美

---

① 参见《太平洋会议之国民代表》，《益世报》1921年9月3日。

② 《天津各界诸君注意太平洋会议之问题》，天津《大公报》1921年9月4日。

③ 参见《津各界对鲁案之表示》，《申报》1921年9月13日。

④ 《关于华府会议电》，天津《大公报》1921年10月4日。

⑤ 《汇编（1912—1928）》第4册，第4817页；《募国民经费》，天津《大公报》1921年10月3日。

⑥ 《汇编（1912—1928）》第4册，第4817—4818页。

⑦ 同上书，第4828—4835页。

⑧ 参见《太平洋会议协会开会》，《民国日报》1921年9月14日。

之国民代表。① 其实，太平洋会议协会选派蒋、余二人作为国民代表是有原因的：其一，驻美公使施肇基曾三次致电余日章，请余"担任太平洋会议秘书"，而北京政府也曾电请余为"出席代表"，但余日章一再表示"不欲为政府代表"，蒋梦麟也宣称"决不肯受政府至任命"，因此二人"未带有任何方面政府的色彩"；其二，在外交方面，"亦颇有信望，从事宣传，必收事半功倍之效"；其三，万一会议中"南北两方冲突之时，又可以国民代表资格，从事调停"；② 其四，代表北方的蒋梦麟与代表南方的余日章还可对外显示"南北一致之国民意见"。③ 为讨论对华盛顿会议的对策，全国商联会与教育会还专门在上海召开联席会议，派余日章、蒋梦麟为赴美之国民代表这一决议还得到了全国商教联合会的支持，商教联席会议也同意推请余、蒋二人赴美④，"以宣达真正之民意，开国民外交之先声"⑤，即开展宣传工作直接影响舆论，宣扬中国国民的主张和意志，以协助和监督政府代表达到力争收回山东主权、废除不平等条约的目的。由于全国商教联合会的广泛代表性和号召力，余、蒋二人成为了国人公认的、名副其实的"国民代表"。⑥

对于蒋、余的赴美旅费、活动交际费及与国内联络的邮电费，各团体也明确表示不受政府任命，不受政府公款补助，如太平洋会议协会就申明"决不能受任何方面政府一文之津贴"。⑦ 蒋、余也强调"人民代表不便受公款补助"，"纯粹以国民代表资格"赴美参加华会。⑧ 费用除由各团体进

---

① 参见《太平洋会议协会之议决案》，《申报》1921 年 9 月 18 日。

② 《太平洋会议协会常会纪》，《申报》1921 年 9 月 16 日。

③ 《太平洋会议代表近闻》，《申报》1921 年 10 月 8 日。

④ 参见《商教联席会议开会纪》，《申报》1921 年 10 月 13 日。

⑤ 《关于太会国民代表汇报》，《申报》1921 年 10 月 14 日。

⑥ 余日章、蒋梦麟二人作为国民推举的赴美代表，在发挥国民代表的影响方面，为国民所认可。除此之外，各界还推举了以下代表。如全国银行公会联合会推举了冯耿光、沈步洲、罗鸿年三人为代表出席会议；山东外交协会推举了徐冠生、王乐平（后改为唐蜀眉）为参加华盛顿会议的山东代表，以"发表吾人对于普案之意见，并备政府代表之咨询"。但与天津、上海选出的国民代表不同的是，此二人虽由外交团体选出，经山东各界联合会通过，却由政府给予旅费。参见罗元铮主编《中华民国实录》第一卷，吉林人民出版社 1998 年版，第 687 页；《山东推定加入太议代表》，《申报》1921 年 10 月 16 日；《山东各界公送赴太会代表》，《申报》1921 年 10 月 19 日。还有山西的乔万选、华侨界的彭丕昕、留学生界的何思源、罗家伦、梁龙、吴之椿、蒋廷黻等。对于这些代表们赴美的目的被认为是在于"造成真正国民外交，反旧式外交前辙"。参见《鲁代表到美后之报告》，《申报》1921 年 11 月 29 日。

⑦ 《太平洋会议协会常会纪》，《申报》1921 年 9 月 16 日。

⑧ 《太平洋会议之沪闻》，《大公报》1921 年 10 月 10 日。

行分担外，还得到了国外资金的支持，如日本大阪中华商会筹集了"日金二千六百六十二元，充余蒋两代表经费"。①

天津商会及上海商会选派国民代表赴美参会，被事实证明是非常正确的。上述国民代表学识渊博且善于交际，华会期间积极且及时地向国内传递华会信息，联络各省区国民外交代表、华侨、留学生一致行动，监督北京政府代表，拜访美国社会名流，反驳不利的国际舆论，反对直接交涉与借款赎路等活动。国民代表在华会期间的种种活动，有利于民众积极参与政府外交活动，推动了中国代表在华会上对日的民间经济外交斗争，对政府外交产生了很大的影响，从外交部致代表团的一封电文可明显感受到其对政府外交所产生的震慑力。因国民代表为促使政府采取坚决态度，以达到解决山东问题及"二十一条"的目的，号召民众举行"国民示威运动"②，"国内舆论，因此摇惑，群起抗争"。因此，外交部指示华会代表"将鲁案提会及四国会议形式详告二君，乃由二君电京、沪解释"，并要求代表团以后遇事"与余、蒋二君多为接洽"。③

国民代表赴美参会的"空前未有之伟举"④，激发了国人对民间经济外交的满怀希望，纷纷表示"当共为二君之后盾"，希望国民代表"传宣国民对于太平洋会议之意见"⑤，"在美随时监佐北京政府所派之代表，频频寄示吾人"。⑥ 1921 年 10 月 15 日，蒋、余二人在各团体热烈欢送之下启程赴美，且欢送其登船赴美的场面远盛于欢送政府代表。10 月 21 日，二人抵达日本横滨，立即拜访了中国驻日公使胡惟德，探询日本政府的鲁案态度。⑦ 抵美之后，二人积极发挥国民代表的作用，对政府外交起到了推动作用。

---

①　《日本华侨慨助国民代表经费》，《申报》1921 年 12 月 13 日。

②　参见《国民速对外交尽力》，《民国日报》1921 年 12 月 4 日。

③　中国社会科学院近代史研究所《近代史资料》编辑室主编、天津市历史博物馆编辑：《秘笈录存》，中国社会科学出版社 1984 年版，第 414—415 页。

④　《太会议中吾国民之资任》，《申报》1921 年 11 月 7 日。

⑤　《太平洋会议协会之议决案》，《申报》1921 年 9 月 18 日；《商教联合会欢送宣传代表》，《晨报》1921 年 10 月 18 日。

⑥　《各公团送太会国民代表纪盛》，《申报》1921 年 10 月 13 日；《鲁代表到美后之报告》，《申报》，1921 年 11 月 29 日。

⑦　参见《我国国民代表之行踪》，《晨报》1921 年 10 月 25 日。

四　华盛顿会议的积极筹备

对于美国发起的华盛顿会议，中国国内各媒体和各团体大都认为这是扭转巴黎和会败局、收回山东和废除不平等条约的一次良机。参加华盛顿会议将是中国"更生之机会"，可以"一洗巴黎和会之耻"。① 如顾维钧认为华盛顿会议的发起，"虽有英、日续盟问题为其导线，惟主要目的在远东问题，而尤以我国为远东问题之中心点，是此次会议与我国前途关系较之巴黎和会尤属重要"。② 美国学者对于中国人民对召开并参加华盛顿会议的态度，评价道"反应非常热心和乐观"，可以看出，"中国人对摆脱外国在华势力范围和治外法权，以及关税不自主的状况突然间萌发出希望"。③ 但是，华会的召开对于日本来说，却预示着"国难来临的危机感"④，认为该会的召开是"元冠以来的国难"。⑤《东京朝阳》甚至以"远东问题：总清算的日子、大难局之下的日本"为标题，刊登了对召开华会的紧张感的文章。⑥

在此国际局势之下，商人组织做出了积极的响应及努力。一方面希望中国能借此机会收回国家利权、取消不平等条约，"受屈于巴黎和会者得直于此会议"⑦；另一方面对华会为少数大国所割宰的格局，以及国内分裂混乱的局势而焦虑。如上海总商会会董穆藕初指出受操纵于五大国的华会，"犹昔日之巴黎和会"，担忧日本对华会的用心，"其周且密决非我国政府之比"，并分析其对策为"对英则力求其亲善，对美则力求其谅解，对我则力试其诱惑"；与之相对照，中国国内却是"举棋不定之政局"，"群逐逐于己身之权位问题"，却不知"他人之将宰割我也"。所以他认为："太平洋会议为我国生死存亡之所系，不可不慎重讨论，慎重提案，以免蹈巴黎和会之覆辙。"由于日英续盟问题对华会上中国是否能够收复

---

① 张荣相：《太平洋会议汇志》第 1 册，1921 年，第 10、34 页，转引自项立岭《中美关系的一次曲折》，复旦大学出版社 1997 年第 2 版，第 126 页。

② 中国社会科学院近代史研究所《近代史资料》编辑室主编、天津市历史博物馆编辑：《秘笈录存》，中国社会科学出版社 1984 年版，第 333 页。

③ ［美］孔华润：《美国对中国的反应》，张静尔译，复旦大学出版社 1997 年版，第 90 页。

④ ［日］入江昭、有贺贞编：《战间期の日本外交》，东京大学出版会 1984 年版，第 23 页。

⑤ ［日］石射猪太郎：《外交官の一生：对中国外交の回想》，太平出版社 1972 年版，第 81—82 页。

⑥ ［日］入江昭、有贺贞编：《战间期の日本外交》，东京大学出版会 1984 年版，第 23 页。

⑦ 赵靖主编：《穆藕初文集》，北京大学出版社 1995 年版，第 226 页。

国权这一核心问题具有重要的影响，上海总商会对此尤为重视。穆藕初对于会议的第一要招，主张"力谋英美之携手"。其原因在于英国若脱离英日同盟，并转而与美国携手，则无再助日之必要；英日不再续盟，而英美联盟，就会为中国在华盛顿会议上提出收回利权创造机会。"于是提出'我国政治的独立与经济的独立'之议案，以求列国公道之承认。果能如是，则我国之一线命脉尚可继续保存，以谋逐渐之发展于将来。"① 此外，会董汤节之也致函总商会："英日续盟问题解决之期迫在眉睫，商人为国家计、为自身计，自不能袖手坐视，任人处分，应有表示以图挽救于万一。"为此，上海总商会召开会议讨论函件，因为英日续盟问题断非中国能够完全阻止，所以就中国来说能够干预的就是要求其续盟不能针对中国，总商会最后公决："分电外交部及驻英顾公使，请其再向驻在国政府切实声明盟约中不得有牵涉中国字样，并将此电设法在英国著名报纸宣布以表示国中舆论，一面再由本会函致上海英国商会，力陈利害，请其转电本国政府表示意思。"② 由此可见，与国人的欢欣相比，上海总商会对华盛顿会议的态度要更为谨慎，并予以高度重视和密切关注。

　　为不丢失在华盛顿会议上争取收回国家主权的大好机会，上海总商会决定采取积极的行动，以发挥民间经济外交的影响力，辅助政府争取取得外交胜利的希望。于华盛顿会议召开前，紧锣密鼓地进行了各种会议讨论。首先，全国商会联合会于 1921 年 10 月 5 日在上海总商会开会，上海总商会会长聂云台任会议主席，来自 13 个省份的 80 多人与会，就当前国内重要问题以及太平洋会议问题做了讨论。10 月 12 日召开的商教联席会议上，"一方面明确了中国实行门户开放的原则，另一方面又强调了要根据中国内政改革状况和中外条约的修订情况分步有序实施，富有弹性和策略性"。③ 为配合对外宣言，保证对外行动的一致性，发表的对内宣言中，不仅致电各省军阀要求宣告息争，为避免因国内纷争而扰乱外交大局，还通电各省议会联合起来组织国是会议。④

---

　　① 赵靖主编：《穆藕初文集》，北京大学出版社 1995 年版，第 226—227 页。

　　② 上海市工商业联合会编：《上海总商会议事录》第 3 卷，上海古籍出版社 2006 年版，第 1474 页。

　　③ 许冠亭：《上海总商会在华盛顿会议前后收复国权的主张和活动》，《史林》2009 年第 3 期，第 132 页。

　　④ 参见《全国商会联合会议开会纪》，《时报》1921 年 10 月 14 日。

如上所述，华盛顿会议前，天津商会以及上海总商会联络各团体，反对中日直接交涉山东问题，参与选派赴美国民代表活动，推动了中国民间经济外交运动的发展；还针对日本帝国主义的侵略行径，积极发表对内对外言论，全力促成国内团结，设法影响国际舆论，在努力争取华盛顿会议能取得一定的外交成果的同时，对政府外交也起到了重要的推动作用。

第二节　华盛顿会议期间积极主动的民间经济外交活动

1921 年 11 月 12 日，由美、英、日、中、法、意、荷、比、葡九国参与的华盛顿会议开幕，各地均大相庆祝，天津地区还"升旗庆贺"①，期待能够收回利权。但此次会议与巴黎和会相差无几，仍为五大国所操纵，没有像国人欣欣期待的那样达到目的。虽然如此，但商人组织以民间经济外交的方式，积极踊跃地参与了这场恢复国家主权的外交活动中去。

一　参与中日"边缘"会谈的外交努力

1921 年 11 月 16 日，中国全权代表施肇基在会议上提出了"十大原则"作为处理中国与列强关系的准则。基本原则提案包括"第一条、甲：各国约定尊重并遵守中华民国领土完全及政治上、行政上独立之原则。乙：中国自愿声明，不以本国领土或沿海地方之无论何处，割让或租借与无论何国。第二条、中国既极赞同所称开放门户主义，即与约各国一律享有工商业机会均等主义，故自愿承认该项主义，并实行于中华民国各地方，无有例外"等共 10 项内容的提案。② 但由于"十大原则"未涉及山东问题，激起了国内舆论包括赴美国民代表们的普遍不满。他们都认为"山东为中国致命之问题"，"山东问题当为第一讨论之问题"③。在美、英、法等国的斡旋下，国人期盼解决的山东问题并未被列入会议议程，却

---

① 参见《津门庆祝之盛况》，天津《大公报》1921 年 11 月 12 日。

② 北京政府外交部编：《条约》，《外交公报》1921 年第 6 期，第 34—37 页；盖平、周守一编：《华盛顿会议小史》，中华书局 1926 年版，第 141—142 页。

③ 何思源编：《华盛顿会议中山东问题之经过》，《东方杂志》19 卷 2 号，1922 年 1 月 25 日。

被安排为"边缘"会谈。即会谈达成的协议，载入会议记录，作为会议所接受的记录的一部分。在会谈时，美英两国派观察员列席，"这些观察员按时列席旁听，主要任务是观察以及必要时出面调解纠纷，以弥分歧"。顾维钧认为，会谈一方面"迁就日本把会谈与华府会议分开的意见"，另一方面则兼顾中国坚决"反对直接对话"的立场。① 但国人却大多持相反意见，认为会谈的实质是种"变相的直接交涉"。② 与政府代表相反，赴美国民代表们也和国人一样持强烈的反对意见，强烈要求政府代表"当取理直气壮之态度，及外交上独立之精神"，并为此展开了积极的活动。11 月 29 日晚，国民代表面见政府代表，明确表明了反对"边缘"会谈的态度。11 月 30 日，发表绝对不承认山东及"二十一条"问题直接交涉的宣言。但在华盛顿会议操纵国的压力下，北洋政府不得不被迫同意进行"边缘"会谈。12 月 1 日，施肇基宣布中日会外交涉的消息，中日代表正式开始谈判中国问题。为阻止会外交涉，12 月 2 日，蒋、余与留美工商学大会、教育会等团体赴代表团总部门前召开露天大会，要求代表团否认直接交涉，将山东问题及"二十一条"提出大会，后又游行于华会会场、美国白宫、国会以及重要街市。③ 并致电国内，指出："山东问题及'二十一条'，迄未提吾等决定，倘不立提，惟一机会必全失，即使提交无效，绝不致比现状更劣。美及其他数国惟恐大会不能奏全功，不肯为中国尽实力。美国舆论怪吾国毫无动作，但仍始终协助。局势已陷于危急，我国除得口惠及轻蔑之矜悯外，毫无实益。应速通告全国，死力抗拒。一、电促政府代表取坚决之态度，直陈勿懦；二、鼓吹举行国民示威运动；三、速将吾国民意径电美国人民，并电告示威运动经过以及其他反对情形及结果，刻速举行，坚持到底。"④ 全国商教联合会接电后立即响应，号召国民从速一致行动作为"两代表之策应"，以"维系国家之命运"。⑤ 上海总商会则在维护中国代表团合法性的前提下，呼吁中国政府明确态度的同时要求代表团采取坚决的态度，并且如蒋、余二人的通电要

---

① 顾维钧：《顾维钧回忆录》第 1 卷，中华书局 1983 年版，第 225 页。
② 何思源编：《华盛顿会议中山东问题之经过》，《东方杂志》19 卷 2 号，1922 年 1 月 25 日。
③ 参见《美京直接交涉之山东问题》，《晨报》1922 年 1 月 15 日。
④ 中国社会科学院近代史研究所《近代史资料》编辑室主编、天津市历史博物馆编辑：《秘笈录存》，中国社会科学出版社 1984 年版，第 414 页。
⑤ 《国民代表紧急电之转告》，《申报》1921 年 12 月 4 日。

求，设法对美国施加一定的影响。因余、蒋的电报登报后，国内掀起了一场力争山东主权、废除"二十一条"的大规模的民间外交支援运动，强烈反对直接交涉，要求将鲁案提会。因此，外交部12月7日致电中国代表团以后遇事多与国民代表接洽。

反对中日边缘会谈的抗议活动，首先在上海发动起来。12月8日，上海45000余人集会，到会者各手持一白小旗，旗上有"'要求归还青岛''否认二十一条''无条件收回山东及附属权利''请太会主张公道''太平洋会力争主权'"等，"不下数千面"，一致表示"海可枯，石可烂，而吾人对于否认山东直接交涉及二十一条件不能更易"，被认为"实为上海未有之盛会"。① 且"会场几不能容"，示威者提出"力外交""不涉内政""取光明态度"的宗旨，高呼"国民快起争外交""东将为日本人夺去了"等语。② 在天津，民气也相当激昂。赴美国民代表张仲述致电天津市政研究会，报告了山东问题交涉的紧急情形，表示"亟应共同筹议，以为外交之后援"。因此，市政研究会召集商会等26团体开会讨论，认为"先拍电致华盛顿我国代表，声明绝不承认直接交涉，并电国民代表与留学生，请其就近严厉监视"。③ 自12月9日起，天津各团体还逐日开会、游行，参加的团体数量和游行队伍迅速扩大。④ 12月10日，天津商会向全埠发布布告，直接提出废除"二十一条"，严正声明："国家存亡所系，匹夫有责，爱国即是爱家，商民当晓然此义，对于青岛及一切权利，必须无条件由日人交还，二十一条必须取消，列强之于东方行使权利，不得妨害我国主权。凡此种种为我商民各界抵死力争，永矢弗谖。"且经26团体联合开会通告"各商悬白旗，志书此事，表示力争，以明公理"。号召"我商民急起图救，幸勿观望"。⑤ 由此可见，12月8日在上海举行的反对中日边缘会谈的抵抗活动中，虽然涉及有"否认二十一条""无条件收回山东及附属权利"的内容，但相比之下，天津商会此次的对日外交斗争已更进一步且明显地从单纯地反对中日直接交涉，发展到明确提出废除不平等的"二十一条"，且触及帝国主义行使在华权利时不得妨害中国主权，其民间经

---

① 《昨日上海国民大会》，《民国日报》1921年12月9日。
② 《国民大会之游行示威大运动》，《申报》1921年12月9日。
③ 《天津市民之示威运动》，《申报》1921年12月11日。
④ 参见《鲁案危急中之昨讯》，《益世报》1921年12月10日。
⑤ 《汇编（1912—1928）》第4册，第4819页。

济外交意识明显有了提高。在天津商会的公告下，于当日起，各店铺响应号召，纷纷贴出"反对直接交涉""取消二十一条""还我河山""一致对外""良心救国"等口号。①

美国在发现中国代表团的意见后，因不希望中国代表团的行动超出美国设置的框架，遂对中国施加压力，让其不要受国内示威游行的影响，并表示支持中国最终收回胶济铁路。中国政府一方面不得不依靠美国，看其脸色办事，另一方面又不希望示威游行事件发生，12月11日，外交部发表的关于胶澳问题的宣言中，述说了中国政府的立场，以及"边缘"谈判开始及至此时为止的大体情况②，希望平息国内的激烈行为。同日，天津商会召集20余团体，再商对策。国民代表张仲述也由美来电希望"顺从民意"，"提示国人应极力鼓吹民气为外交之后援"。③ 遂有各团体所发下述三电：（一）致国民代表电。表明津埠民众"誓死不认直接交涉"，"并请我公转告三使，务顺民意，速提鲁案于太会"。（二）致中央电。请将津埠民意"转电三专使，俯顺民意"。④（三）电请全国商会联合会，分知各地商会，一致力争。⑤ 天津的商、学、工和宗教界人士3000余人还举行了游行大会，表示奋起力争鲁案的决心。⑥

12月12日，各界人士又集会于天津商会，准备游行示威的民众"前后院无插足之地，并鹄立北马路者更众，约计有五千余人"，而临行时"加入者有两万人之多"。出发前，商会会董宋则久激昂地讲演"鲁案失败，必亡之理由"，示威群众"一致主张誓死不认中日直接交涉"。⑦ 英、法租界商民也鉴于鲁案紧急，在征得英、法领事许可后，"有悬旗游行之举"，对此，英领事表示："此种行为，系中国人民表示爱国，当然不能阻止。"⑧ 英、法租界商民加入游行队伍，壮大了游行声威。这可反映出英、法等国对我国商民实施民间经济外交举动的谅解，当然这也与英、法等国

---

① 《津人所谓鲁案运动》，天津《大公报》1921年12月11日。

② 参见北京政府外交部编《政务》，《外交公报》1921年第7期，第1—2页。

③ 《津代表之来电》，天津《大公报》1921年12月12日。

④ 《汇编（1912—1928）》第4册，第4822—4823页；《天津市民对鲁案表示》，《申报》1921年12月14日。

⑤ 《天津市民对鲁案表示》，《申报》1921年12月14日；《商会之大会议》，天津《大公报》1921年12月12日。

⑥ 《天津之游行大会》，《民国日报》1921年12月14日。

⑦ 《汇编（1912—1928）》第4册，第4823页。

⑧ 《天津市民对鲁案表示》，《申报》1921年12月14日。

在华利益方面与日本存在的矛盾有相当关系。

在北京，40 余所学校的数千学生举行游行示威，提出："一、尊重民意。二、鲁案必须提出大会。三、胶澳须无条件归还。四、上述各条，电代表照办。"[①] 外交部对这 4 条均予以答复，并向美国强调胶济铁路必须交还中国，否则山东问题就无法解决，敦促美国方面帮助中国。余、蒋两人也自美来电告诉上海总商会"谓鲁案三代表争持甚烈"。而就在"华府会议三代表为胶济路赎回问题相持正烈之际，忽有内阁训令代表退让之噩耗"，山东会馆王绍坡请上海总商会"设法抗争"。上海总商会开会讨论中强调，"反对鲁案直接交涉，本会前在商教联席会议时曾有共同一致之主张，现为贯彻从前主张起见，自应发电抗争"，"对政府自觉有所警告"。会议讨论中聂云台提出："今夜九公团组织之太平洋会议协会即借本会开会集议。现应研究者是否联合各公团发电抑单独抗争。"最后议决"由本会单独致电政府抗争"。[②]

上述民间外交运动的迅猛发展，推动了全国的反日浪潮。直隶省议会代表全省致电三大使，"外交紧急，关系存亡，请仗义力争，勿丝毫退让，本会代表全省誓作后盾"，表示坚决予以支持。英法租界各华商为表示与内地商号取一致之行动，"均悬挂白旗粘贴报单"，且"法租界华商会已报明法工部局完全承认"。[③] 因太平洋会议消息危急，全国商联会在接到天津商会等 27 团体的函电后，立即召集各省区评议员开评议会，议决"通电全国各省商会，一致仿照天津，游行演说，悬挂白旗，书明必须取消廿一条，无条件交还青岛及附近一切权利，藉以表示全国国民心理"。[④] 为敦促中国代表迅速提出交还山东及废除"二十一条"提案，希望会议维持公理，上海的商人组织纷纷致电北京政府、中国代表团及会议组织者美国人休士等，总结有关函电的内容见表 4-1。

① 中国社会科学院近代史研究所《近代史资料》编辑室主编、天津市历史博物馆编辑：《秘笈录存》，中国社会科学出版社 1984 年版，第 415 页。

② 上海市工商业联合会编：《上海总商会议事录》，上海古籍出版社 2006 年第 4 卷，第 1577 页。

③ 《鲁案运动之昨信》，天津《大公报》1921 年 12 月 14 日。

④ 《汇编（1912—1928）》第 4 册，第 4822 页。

表 4 - 1　　　　　　华盛顿会议期间商人组织发出的函电内容

商人团体名称	时间	函电对象	主要内容
商总联会	1921 年 12 月 3 日	余日章、蒋梦麟两代表转施、顾、王三使	不承认与日本直接交涉山东问题
商总联会、总商会	1921 年 12 月 4 日	（1）北京政府外交部（2）施、顾、王三代表	速提鲁案及"二十一条"问题
南京路商联会	1921 年 12 月 4 日	华盛顿会议国民代表蒋、余二君	促政府速提鲁案及"二十一条"
南京路商联会	1921 年 12 月 4 日	太平洋会议休士君	请据理提议公判，以维公理
商总联会	1921 年 12 月 4 日	华盛顿中国使馆，转施、顾、王三使	鲁案直接交涉，违反民意，三使回国，当以血忱相见
沪北六路、海宁路、文监师路等	1921 年 12 月 5 日	华盛顿中国使馆转太会主席休士，及施、顾、王三使	废弃"二十一条"，无条件交还青岛，否则任何国调停，决不承认
百老汇	1921 年 12 月 6 日	（1）太会休士君；（2）施、顾、王、余、蒋诸君	（1）日本所提条件，暂不承认；（2）不提出鲁案及"二十一条"，不与诸君相见
北海路	1921 年 12 月 6 日	北京徐世昌总统	请电饬顾、施、王诸使，提交鲁案及"二十一条"
东北城商联会	1921 年 12 月 7 日	华盛顿中国使馆，施、顾、王三代表	誓不承认会外交涉山东问题及"二十一条"
北城	1921 年 12 月 7 日	华盛顿中国使馆转施、顾、王	与日直接交涉，国民誓不承认
北山西路唐家弄	1921 年 12 月 7 日	美中国使馆转余、蒋两代表	请代表勿与直接交涉
汉口路商联会	1921 年 12 月 8 日	北京徐世昌总统	迅予电饬诸使，勿以变相之直接交涉
商总联会	1921 年 12 月 16 日	华盛顿会议余、蒋两国民代表	不达目的，宁不签约
商总联会	1921 年 12 月 28 日	华盛顿中国使馆转施、顾、王三使	速提"二十一条"及鲁案

资料来源：《简论华盛顿会议前后的上海马路商界联合会》，《社会科学家》2008 年第 4 期，第 7—8 页。

　　经全国商联会的提倡，各地商会为继续推进运动的发展，进一步发起了声势浩大的民间外交活动。天津商会等团体于 12 月 18 日召开的市民大会，"沿途散发之传单，共有百余种，约二百余万张"，被誉为"天津向来少见之大会"。① 而此时，华盛顿中日"边缘"会谈却困难重重，为避免与日本发生直接冲突，中国代表团暂时搁置了全部废除"二十一条"的要求，转而将谈判重点放到收回山东主权的问题上。对此，赴美国民代表大为不满，张仲述电至天津 33 团体，"太会将不讨论二十一条矣，中国代表对于山东让步过多，在美督责无效，应请国内速迫北京政府督责专使。因为太会不久闭会，专使已接收不幸之调和，今惟逼迫北京为唯一之希望"。② 12 月 22 日，天津商会等 37 团体召开紧急会议。公推会董宋则久为主席，面对"外交危机情形"，认为应"急速设法抵抗，不然失败即在"，同意发三电："（一）致北京政府，速督专使，不能让步；（二）致三使电，如不能得胜利，即退会回国；（三）致电全国各地人民，亦有一致主张"。并决定"各团体公推代表，赴京国务院外交部请愿，速电专使，竭力争持，如违民意，誓死不能承认"。经决定公推学生代表杨明僧、商界代表杨晓林、社会代表马千里赴北京请愿。除此之外，还议决将"各项传单送北京各报披露，将山东所失之权利、日本强迫承认二十一条之经过及德国如何取得山东权利，日本如何继承，均作详细编辑成本，使人民均知底蕴"。③ 截至 12 月 18 日，天津的会议团体已由最初的 26 个增加到 60 余个，游行人数由数千人、几万人，迅速扩大到 20 万人。④ 从上述内容可以看出，民间经济外交运动已经从以往的通电、贴布告、游行等举动，发展到直接派人进京请愿，以及公开信息广泛取得舆论支持这一方式，可谓民间经济外交在方法上有了一大进步。12 月 23 日，杨晓林、马千里、杨明僧三人赴京请愿，称："此次谒见颜外长，必达到目的，以负津人之托付。"⑤ 三人抵京后，与北京各团体国民外交联合会代表方梦超、朱鸿基、李家源等会合，由外交部次长刘式训接见。此次请愿迫使外交部告诫政府

　　① 《市民大会之余闻》，天津《大公报》1921 年 12 月 20 日。

　　② 《代表张彭春急电》，天津《大公报》1921 年 12 月 23 日。

　　③ 《鲁案运动之昨讯》，天津《大公报》1921 年 12 月 24 日；《天津市民运动之续进》，《申报》1921 年 12 月 25 日。

　　④ 参见《气壮河山之市民大会》，《益世报》1921 年 12 月 19 日。

　　⑤ 《代表赴京请愿之壮语》，《益世报》1921 年 12 月 24 日。

代表团"如不能达，宁予退出大会，拒绝签字"。① 可见，随着商人组织民间经济外交意识的提高，实施民间经济外交的规模也开始呈现扩大化趋势。

在民间外交的推动下，中国代表团在对日谈判中态度日趋强硬，中日两国的会外交涉，从 12 月 1 日正式开始，至次年 1 月 27 日，双方共经历会谈 35 次。

在解决了山东悬案中一些简易问题之后，中日谈判于 12 月中旬起转入了争议最大的胶济铁路问题。由于铁路是山东问题中最要害之点，控制了铁路就等于控制了全省之命脉，因而如何收回路权成了中日争夺最为激烈、谈判费时最久的问题，谈判因之几次中止，几近破裂。为此，商人组织发动了一场"救国赎路"运动来支持政府收回胶济铁路。

二　救国赎路运动的发展

继华盛顿会议期间就发起的救国赎路运动，在华盛顿会议结束后，为筹集赎路所需的巨额赎金，中国商人组织仍继续持续着这场声势浩大的民间经济外交运动。救国赎路运动中，商人组织成为支持赎路运动的主力军。下文以上海和天津为例，叙述华盛顿会议后，商界为救国赎路所付出的辅助政府外交的努力。

（一）救国赎路运动在上海的展开

在民间救国赎路的爱国热情推动下，为了顺应民心，1922 年 2 月 21 日，由内务、财政、农商、交通四部共同呈文大总统："请大总统俯准，将胶济铁路收回后仍归民办，永为民业，以顺民意。"② 大总统徐世昌于 2 月 23 日公开声明胶济铁路"决由人民筹款赎回，即定为民有铁路，永属民业，以符名实"。③ 并颁布了《胶济铁路定为民有办法大纲》。由此，胶济铁路将由人民筹款赎回、并交由民办的拟议得到了政府批准，并由政府明令确定了下来。

1922 年 2 月 21 日，上海总商会致函上海银行公会："胶济铁路由华府

---

① 《赴京代表之报告》，天津《大公报》1921 年 12 月 25 日；《外部以津公团反对二十一条及直交情形电代表团》，《申报》1921 年 12 月 26 日；《京津国民外交运动之热烈》，《申报》1921 年 12 月 27 日。

② 《内务、财政、农商、交通四部会呈大总统文》，《民国日报》1922 年 2 月 21 日。

③ 《大总统令》，《政府公报》1922 年 2 月 24 日；《命令》，《申报》1922 年 2 月 25 日。

会议协定五年后得由吾国一次付款收回自办，各埠对于此次筹款办法现正分头筹备，沪埠自应一律办理，以期众擎易举，同人等悉心筹商，拟由本埠银行公会、上海总商会、江苏教育会三团体发起赎路筹备会，由三团体各推代表三人即日组织。"1922 年 3 月，上海总商会、上海银行公会、江苏省教育会三团体推举代表正式组织上海筹赎胶济铁路委员会，设于上海总商会内。上海筹赎胶济铁路委员会极力邀请上海基督教青年会总干事余日章担任上海筹赎胶济铁路办事处主任。

上海筹赎胶济铁路委员会成立后，拟定了"赎路贮蓄方法草案""存款草章程""存款折式"，强调此为储金而非捐款。上海筹款胶济铁路委员会"实为全国之中枢，除督促各省之商会、教育会、银行公会等重要团体进行赎储金外，并要求国内可靠银行，代收是项储金，存放生息，以便储金者得就近交付，而各银行亦按期报告其所收储金数目，会合公布，盖所以便于统计也"。在总统明令胶济铁路民有后，该委员会诸委员亦尽力于发起鲁路民有公司之进行。1922 年 10 月，余日章、史量才赴北方"与京津济南各团体接洽进行办法，颇为顺利，并与财政部商定九六公债赎路办法，使持有该项公债者，得以依照票面入股，诚一举两得之办法也"。这样中国于 1922 年 12 月 10 日接收青岛全埠一切事务，于 1923 年 1 月 1 日接收胶济铁路全部事务。

5 月 8 日，时任南京路商联会副会长的王才运呼吁"本路同人加以赞助，尽力提倡，俾聚沙可以成塔，集腋可以成裘，尽国民一分子之义务，保国家数百里之主权"。①王的呼吁得到了南京路商联会的响应，5 月 12 日该路商联会举行职员会，决定以编印通俗印刷品、举行游艺会等方式，广泛开展宣传筹款赎路的意义。②5 月 23 日晚，该路商联会在西藏路宁波同乡会举行筹款赎路游艺大会，与会者 1800 余人，会场四周贴满了"赶快救国贮金赎路"的标语，参加储金者"非常踊跃"。③6 月 1 日，王才运提出储金的具体办法，"凡伙友中月俸在十元以上者，月出储金一元，二十元以上者，月出储金二元，每月发俸时，由管账员按名扣除，汇存指定银行，存款折由本人自行保管，如月俸在十元以下者，多少听其自便"。④

①　《南京路集款赎路之提议》，《申报》1922 年 5 月 9 日。
②　参见《南京路筹款赎路之办法》，《申报》1922 年 5 月 14 日。
③　《贮金赎路汇闻》，《申报》1922 年 5 月 25 日。
④　《赎路储金汇报》，《申报》1922 年 6 月 2 日。

在南京路商联会的倡导下，各路商联会相继行动起来，山东路、爱多亚路、湖北九路等商界联合会借"五九"国耻纪念之机提出"筹款赎路，为实在之雪耻纪念"主张，将是日营业之所得捐做赎路储金。① 法租界商联会推举劝募员李维良、江锦春等 10 人分段劝募②，并专门发出通告，"凡在本租界内各商业，归各业领袖劝募，……务于此项赎路储金，鼎力吹嘘，早集巨款，共襄盛举"。③ 5 月 23 日，民国路商联会在《申报》上刊登启事，希望国人"慷慨解囊，踊跃输将"，集款收回胶济铁路，"既可挽主权之已失，又可得友邦之信任"。④ 沪北六路商联会认为储金赎路"乃吾国争主权保人格紧要关头"，号召会员积极参与。⑤ 百老汇路商联会推定许廷佐、唐叶九两人为储金征募队长，同时举定名誉队长 12 人，于 6 月 27 日分队向各商号征求储金。⑥ 为了配合征募活动，6 月 27 日下午，该路特召开赎路储金征求大会，与会的各团体来宾及会员 300 余人，"此次赎路储金为表示我国民爱国之良好机会，我国四万万同胞，使人人给负一分责任，则此三千万之代价，直指顾间事。"⑦

上海商界自 1922 年 4 月 19 日开始接收赎路储金，5 月 22 日筹款赎路活动正式展开，并一直持续到 1923 年 6 月，长达一年之久。为保证筹款赎路活动的公正性，接受民众的监督，银行还定期在《申报》上公布储户或储金数。据统计，第一星期共收到 2233 户，13696.76 元，至 6 月储金总计达到了 106021.31 元。对于此次储户的特点，有描述称"此次储户，均为普通社会，故存款者俱系零星小款"。⑧ 各月份的储户及储金数详情参照表 4 - 2。

由于民众认股逐步进入高潮，至 1922 年 1 月底 2 月初，全国各大城市的认股数额颇丰。如 2 月 4 日，北京学界集金大会当场认股 2015 元。⑨ 哈

---

① 《各界之国耻纪念声》，《申报》1922 年 5 月 9 日。
② 参见《法租界商业联合会开会纪》，《申报》1922 年 5 月 23 日。
③ 《法租界商联会函劝储金赎路》，《申报》1922 年 7 月 4 日。
④ 《民国路商联会赎路储金启》，《申报》1922 年 5 月 23 日。
⑤ 《沪北六路联合会开会纪》，《申报》1922 年 5 月 31 日。
⑥ 《赎路储金汇报》，《申报》1922 年 6 月 12 日；《百老汇路商联会开两会》，《申报》1922 年 6 月 19 日。
⑦ 《百老汇路商界之赎路储金热》，《申报》1922 年 6 月 28 日。
⑧ 《赎路贮金第一星期报告》，《申报》1922 年 5 月 27 日。
⑨ 参见《天津各界认股之踊跃》，《晨报》1922 年 2 月 16 日。

尔滨一次大会当场集资 6000 元，湖北认股 300 万元[①]，天津拟认股 100 万元。[②] 2 月 22 日，报载南京认股 300 万元，奉天认股 200 万元，哈尔滨商会认股 52 万元。[③] 2 月 10 日，报载各级官员已认股 1000 万元以上。[④] 在偏远的四川也动作起来，川人决定将存放于交通部之川汉铁路路款 2000 多万元全部索出，以认购胶济路股，欲一举成为最大股东。[⑤]

表 4-2　　　　　　　　　　　　上海民间储金数额一览表

数据公告日期	储户（户）	储金（元）	数据公告日期	储户（户）	储金（元）
1922 年 5 月 27 日	2233	13696.76	1922 年 10 月 14 日	69	6900
1922 年 6 月 3 日		7283	1922 年 10 月 22 日	124	722.9
1922 年 6 月 10 日	2034	8800.43	1922 年 10 月 28 日	115	2613
1922 年 6 月 17 日		7954.59	1922 年 11 月 4 日	198	813.02
1922 年 6 月 24 日		8804.07	1922 年 11 月 11 日	136	714.47
1922 年 7 月 1 日		4268.75	1922 年 11 月 18 日	194	1161.2
1922 年 7 月 8 日	456	4043	1922 年 11 月 25 日	207	363.5
1922 年 7 月 15 日		5279.34	1922 年 12 月 2 日	153	666
1922 年 7 月 22 日		5200.94	1922 年 12 月 10 日	80	273
1922 年 7 月 29 日		745.07	1922 年 12 月 16 日	45	570
1922 年 8 月 12 日		1707.31	1922 年 12 月 30 日	78	209.66
1922 年 8 月 26 日	101	340	1923 年 1 月 13 日	324	14912.22
1922 年 9 月 2 日		1053	1923 年 2 月 26 日	77	458.9
1922 年 9 月 9 日	71	371	1923 年 3 月 10 日	270	1301.91
1922 年 9 月 16 日		1753.48	1923 年 4 月 2 日	68	455.921
1922 年 9 月 23 日		930	1923 年 4 月 25 日	68	112.45
1922 年 9 月 30 日		882.25	1923 年 6 月 16 日	289	744
1922 年 10 月 7 日		122.87	总计		106021.31

资料来源：据《申报》1922 年 5 月 27 日—1923 年 6 月 16 日相关内容，笔者算出。

注：储户和储金根据报刊所载数据，对于没有储户数据处，则为空栏。

---

① 《京外对于赎路之踊跃》，《晨报》1922 年 2 月 9 日。
② 参见《昨日北京之学界集股赎路会》，《晨报》1922 年 2 月 5 日。
③ 参见《川人索债赎路以救国底我见与商榷》，《晨报》1922 年 2 月 17 日。
④ 参见《京内外对于赎路之运动》，《晨报》1922 年 2 月 10 日。
⑤ 《举国一致赞成集股赎路》，《晨报》1922 年 2 月 22 日。

（二）中华国民收路自办集金会直隶事务所的救国赎路运动

在天津继华盛顿会议后，以天津总商会为主体的救国赎路运动也蓬勃发展起来。首先，2月8日，天津商会召集各界代表开茶话会时，为确认胶济铁路的所属权问题，应会上"国民自办一层，必须先行呈请交通部立案，然后一切事务方可进行"的要求，商会将此意致电交通部。① 并接交通部的复函："胶济铁路俟由国家接收后，仍归民办，并规定筹存款项办法，业经提出国务会议议决，不日呈请大总统以明令公布。"② 最终于2月23日接到大总统徐世昌发布的胶济铁路为民业的颁令。经对胶济铁路所属权的确认，并为收回此路而专设的机构——津埠中华国民收路自办集金会直隶事务所的开办后，"津埠各界对于赎路集金非常踊跃，实为历来所未有闻"。③ 以下围绕中华国民收路自办集金会直隶事务所的活动，来探讨天津商会领导下的民间经济外交活动。

自中华国民收路自办集金会直隶事务所成立后，中华各界对集金活动更是倾注了很大的热情，进展迅速。有描述："集款赎路一事，各地闻风响应，天津人士对之尤热奔走呼号，急随挽救，将来效果必可观也。"④ 商会会董作为集金会的主导力量，为推动集金的发展，早日将胶济铁路收为民有，商会频频开会商讨集金事宜。2月6日，商会召集的集金赎路会议上，议决"集金赎路所存之款项，均交银行存储生息，决不移用分毫，倘政府有疑（意）官赎，则将存本息利一概发还"。⑤

天津总商会为收路集金事宜，曾连续开会议定"每二日召集十行董会议讨论进行，再由各行董分向各该同业劝导进行"。2月12日，"会董杨晓林、孙俊卿召集栈房商、帽商、冰窖商、估衣商、木商、竹商、洋货商、山货商"等行商商议集金，议定"各号认集数目，报告大会"。对于集金之法，先由"商号、铺东、铺掌、铺伙自行认集，再由各人劝导各家庭量予认集"，以达到"壤流之助，早日集成巨款"之目的。⑥ 在天津商会的推动下，"天津商界对于集金赎路一事，无不踊跃乐输"。⑦ 绸缎、布

---

① 《集金赎路之昨讯》，天津《大公报》1922年2月9日。
② 同上。
③ 《关于赎路之近讯》，天津《大公报》1922年2月18日。
④ 《集金赎路之昨讯》，天津《大公报》1922年2月9日。
⑤ 《总商会讨论赎路》，天津《大公报》1922年2月8日。
⑥ 《收路集金又开会》，天津《大公报》1922年2月14日。
⑦ 《集金赎路之踊跃》，天津《大公报》1922年2月15日。

匹、棉纱商"预认赎路集金十万元，以为各业之表率"，且"已集现金有六万余元"①。久大精盐公司认购3000元②，三津磨房号预认2万元，当行公所预认1万元，织染同业会预认1万元，售品所预认1000元。③ 对于天津商会为集金收路所发挥的作用，交通部赞其"毅力、热心，至深欣佩"。④ 商联会称其"急公爱国、莫名钦感"。⑤

为扩大集金活动范围，国民收路自办集金会直隶事务所于2月20日派遣商会会董张品题、杨晓林赴上海、南京、烟台、济南、徐州、蚌埠、湖北、河南、山西、陕西、绥远等地联络，"催促组织集金，俾得全国一致进行，早观成效"。并呼吁各地，"胶济路收回，吾全国上下应履行其言，实力以作外交后盾，则集金收路诚为当今最要之图，此事不但救国，而且与办事业其利泽于身家者尤非浅"。各地纷纷表态支持赎路集金，"洋广货同业公会预认五千元，海货商同业公会预认两千元，木商预认七千元，天津车站转运栈及福和、兴恒、庆永，及各货栈共认六千九百二十元（在中国银行一千零七十元，存监业银行三千七百元，又存裕津银行二千一百五十元)"。⑥

经商界的积极活动，至2月下旬，天津的集金活动掀起了高潮。2月22日，集金会直隶事务所常川董事在商会内开会，表示"至股份之核定，必期取最低定额，至少一元，易于人人投资。俟设立公司，再为发给股票。其临时当场所认之数，由银行存储生息，分别给予收条收执"。并公布于26日召开集金大会，张贴布告称"务乞届期各界到场，倾囊存款，以资救国，而兴事业"。⑦ 26日，为劝募收回胶济路股本的市民集金大会于南开操场顺利召开，"到会者约十余万人，分组讲演，市民慷慨激昂，当场认股者共四十三万余元"。可见"民气澎湃，国事可为"。并呼吁"共同促进，早集巨资，以期民业发展"。⑧ 而中华全国商会联合会也就从速组织募股机关劝募路款一事，函至全国各商会，因"念兹事体大款巨，

---

① 《关于赎路之汇志》，天津《大公报》1922年2月16日。
② 参见《久大精盐公司之爱国》，《益世报》1922年2月7日。
③ 《集金赎路之踊跃》，天津《大公报》1922年2月15日。
④ 《关于赎路之近讯》，天津《大公报》1922年2月18日。
⑤ 《关于赎路之汇志》，天津《大公报》1922年2月19日。
⑥ 《关于赎路之近讯》，天津《大公报》1922年2月21日；《津人集金赎路之急进》，《申报》1922年2月23日。
⑦ 《汇编（1912—1928)》第4册，第4857页。
⑧ 同上书，第4858页。

非群策群力，鲜克有济，既经公推代表争收效于前，自应合谋努力进行于后"。所以，"通告全国各商会，速设募股机关，赶为劝募，一俟民有铁路公司成立，俾得早日实行赎回，以保路权"。①

集金大会后，为继续扩大集金规模，踊跃鼓励市民认股。集金会演说股开会，"讨论鼓吹集金，讲演办法"，议定"赴各茶馆各教会、各宣讲所演说"，并拟定了具体演说时间和人员的调配。为多集现金，还建议"向代收集金银行增加利息"，"推举商会会董杜克臣、王筱舟向银行磋商"。商会会董杜克臣、王筱舟同代收集金银行就集金利息多次磋商，银行最后同意"实行增（息）至八厘"。②上述银行认同加息之事的影响有二：一方面给集金活动予以有力支持；一方面反映了在商人组织的民间经济外交努力下，筹款集金赎路已成为各界民众的一致要求。

随着集金活动的发展，收路自办集金会直隶事务所于3月下旬向交通、农商两部呈请成立"民办胶济铁路股份有限公司"，颁布了共10章23条的《胶济路招股草案》，草案中对于公司性质、资本总额、募股方式、股份定数、预认股书、股本生息、公司所在等方面均做了详细的规定，并明确了公司的产权关系、职责所在、运营方式。如对募股人的身份，要求"以本国国民为限，绝对拒绝外股，如有假冒外资，及转让外人，一经查出，得收没其股本"。规定公司的创始者为"各省各地商会、银行公会，及收路集金会"。③至9月9日，天津各界预认赎路集金款为254724元，各银行现收款为212136元，二者合计为466860元。④

面对民间积极的赎路活动，为把全国集金赎路运动纳入政府控制范围，3月3日，北京政府正式任命王正廷为鲁案善后督办，位同内阁总长；以山东督军兼省长田中玉为会办，在北京设立了督办公署。王正廷一方面与日本就善后事宜进行交涉，一方面开始悉心筹划胶济铁路民有公司的事务。王正廷认为"赎路之道，集款为先，而集款之方，则以组织中枢机关为要"。⑤故拟定了胶济铁路股份有限公司草案及招股储金各简章，呈准施

①　《汇编（1912—1928）》第4册，第4860页。

②　《集金赎路之近讯》，天津《大公报》1922年4月2日。

③　《胶济路招股草案》，天津《大公报》1922年3月23—27日。

④　《汇编（1912—1928）》第4册，第4870页。

⑤　台湾近代史研究所编：《中日关系史料——山东问题》，台湾近代史研究所1987年版，第1160页。

行。并依照招股简章的规定，在鲁案公署内附设胶济铁路股份有限公司筹备处，办理招股事宜。1922 年 6 月 19 日，筹备处正式成立，由督办鲁案善后事宜公署路务处主任朱庭祺、副主任张福运担任正副主任，专门办理招股事宜。并于 7 月成立了具有全国性质的"胶济铁路股份有限公司"，制定《招股简章》和《赎路储金简章》，并积极向各界劝募。对于购买股票，《招股简章》规定，公司的资本总额为国币 3000 万元，分为 150 万股，每股 20 元；股款应一次交足，招股期限截止民国十二年十二月底；股款有筹备处委托各地股实银行代收并存储，在公司未正式成立以前，无论公司或认股人均不得动用；股息在公司未正式成立前以银行存款的利息代替，其利率依各地的情形而定，但年息至少应为 7 厘，每半年支付一次；志愿入股者向筹备处或各地指定收款银行填具认股书，并缴纳股款领取收据，待公司正式成立后凭收据换取股票；股款收至总额的 1/4（即 750 万元）时，即召集创立会议，定章程，选举董事，即为公司正式成立，筹备处即行撤销。① 实际上，北京政府已开始变相地将胶济铁路收归国有。

　　民间和政府为力争收回路权，如上所述，做出了种种积极的行动。但由于对山东善后事宜中日之间并没有达成最终协定，为此，于 7 月 26 日以后中日双方再次在京进行谈判。会谈长达 5 个月之久，终于在 12 月 1 日签署了《解决山东悬案细目协定》及附件、换文，后又于 12 月 5 日签署了《解决山东悬案铁路细目协定》及了解事项。对于胶济铁路的偿价议定为中国"允偿还日本政府铁路财产价值日金四千万元"，以"胶济铁路国库券"支付。②

　　至 1923 年 12 月 26 日，根据《招股简章》的规定，招股的截止期限（即民国十二年十二月底）马上将至，而此时各官署扣薪储金，以及个人认股与自由储金等合计仅有 20 余万元。这与 4000 万日元的欠款相差甚远，股份公司自然也不能正式成立。③ 因此，时任胶济铁路理事会理事长的王正廷呈请大总统称"除非将招募股款的时间延长，否则此事将功败垂

---

① 《汇编（1912—1928）》第 4 册，第 4868—4869 页。

② 王铁崖编：《中外旧约章汇编》第 3 册，生活·读书·新知三联书店 1962 年版，第 350 页。

③ 因为简章规定"股款收至总额的四分之一（即 750 万元）时，即召集创立会议，定章程，选举董事，即为公司正式成立，筹备处即行撤销。"参见督办鲁案善后事宜公署编辑处《鲁案善后月报特刊——铁路》，督办鲁案善后事宜公署编辑处（中国国家图书馆藏）1922 年，第 351 页。

成"，"拟请准予将募股时间延期一年，并且拟定将筹备处的一切行动随时向社会公布，使全国人民相信筹备处的组织完善，股款使用得当，从而促使全国人民踊跃认购股份"。①

（三）天津等地为支援救国赎路运动发起的抵制日货运动

为支援救国赎路运动，天津地区还开展了抵制日货运动，并坚持持续到4月才结束。以下对1922年2—4月的抵制日货运动做一梳理。

2月上旬，商会等团体为商讨抵货原则的内容，连续召开会议。2月19日，在抵制日货讨论会上，通过了抵货"九原则"及实行手续。抵货"九原则"的内容分为进口、出口以及金融三个方面，对于进口有六项规定，"一、中国货有用中国货。二、中国货无用西洋货。三、中国所无之货，如西洋货亦无现货，应赶速订西洋货。在西洋货未到期间，可从权用日本货。四、如中国货、西洋货皆无，必需品准用日本货，非必需品不准。五、如国货原无，或出品太少，应一面设法创造或增加产额，一面仍可行第二、三原则。六、关于原料各品，如西洋货价值太昂，经代表会认可后，亦可暂用日货原料"。在出口方面，则仅做出一项规定"七、不准卖与日本米粮"。对于金融方面规定为："八、银钱不准存于日本各银行。九、不准用日本各银行纸币。"② 另外，对于实行手续，共列出八条还有一附则。具体内容为："一、各行同业会按下列表式填写本行所有货物，并注明表内各项：货名、是否必需品、国货有无、敷用与否、西洋货有无、价值贵贱、应照第（ ）项原则实行。二、各行同业将所填之表，交代表会审察股审察。三、审察股如认为有必须修正之处，当与各该同业会公同修正。四、审察确定后，经代表会通过，即由该同业会公布实行，同时取消从前抵制办法。五、表中所注各项，遇有变迁时，应随时修正公布。六、如有遗漏或意外问题发生，由该同业会酌定办法，通过团体代表会。七、各同业会应按九原则重新修改各该同业会章程，交团体代表会通过。八、凡在日本有庄之各商号，如该行营业货物按九原则无准买之日货，应即将日本庄撤消。"附则规定为"凡国货原无或已有而不敷用者，应由各同业联络同行集资创造。所用西洋各货，应由各同业会联络同行组织订

---

① 交通、铁道部交通史编纂委员会编辑：《交通史路政编》第13册，交通铁道部交通史编幕委员会1935年版，第5065页。

② 《汇编（1912—1928）》第4册，第4864—4865页；《抵制日货讨论会纪》，《益世报》1922年2月21日。

货，直接订购"。①

虽然抵制日货的实行手续，做了较为详细的规定，但是抵货"九原则"的内容却有些较为松懈的地方，例如第二、第三、第六条的规定，不但没有严格禁止日货，反而为使用日货提供了机会。因此，一些爱国心输于经济利益的商人，瞅准抵货原则本身的缝隙之处，"即认为有开放机会，大批大买，而对于九原则之实行手续，并不顾及也"。② 这在当时就引起了一些激进人士的反对，其中尤其以伊斯兰教工商联合会的反对最为激烈。抵货"九原则"的通过其本意是为了调控天津各团体的一致抵货行为，并加强抵货的凝聚力，但由于抵货"九原则"本身所具有的松懈性，并没有达到预期效果，甚至可以说是所得效果适得其反。由此可见，由于商人其本身的利益所限，在真正实行抵制日货的时候常常是大打折扣，行动较为保守，部分奸商甚至是乘机牟取暴利。

乘抵制日货"九原则"的松懈性，一部分棉纱、布匹、绸缎商甚至开会讨论并议决"将调查委员会取消，即可随便批订日货"。③ 他们的行为，不仅激起了各界的反对，更是引起了商会的高度重视。为增强抵制日货的凝聚力，加强管理，2 月 23 日，商会紧急召集天津五大商——绸布棉纱、五金铁行、海货商、纸商、洋广货商商讨抵制办法。会上，五金铁行、海货商、纸商、洋广货商均表示"遵照九原则"，唯独绸布棉纱同业中有"四分之一极力破坏者"，公然反对抵货，从而导致商会对于抵制行为的调整无效而终。④ 更令人匪夷所思的是，以庆丰益为首的 38 家商号，于 3 月 3 日以太平洋会议结束为借口，公开宣告脱离棉纱、布匹、绸缎同业公会，并呈请天津警察厅加以保护。说帖中称："太会已经闭幕，代表亦已回国，正拟整顿营业，小作生意，以维生命，并保血本。而敝号等之交际各家现又均提出确切证据交涉赔偿问题，倘此项交涉不得美满结果，敝号等不但须受诉讼之累，实有倾家荡产之虞。"且"深恐交涉一经决裂，保障无人，或又有所牵累，不得不具函向绸布棉纱同业会声请脱离关系，俾得自行设法交涉"。并请天津警察厅"设法保护，以维商务"。并得到直隶警察厅

---

① 《汇编（1912—1928）》第 4 册，第 4865 页。

② 《反对九原则之激昂》，《益世报》1922 年 2 月 24 日。

③ 《棉纱同业会之自扰》，《益世报》1922 年 2 月 19 日。

④ 《团体代表会开会纪》，《益世报》1922 年 2 月 26 日；《团体代表开会纪》，天津《大公报》1922 年 2 月 26 日。

"通饬所属各区加以保护，以维商务"的答复。① 在得到警厅的保护后，为利欲熏心的奸商们更是有恃无恐，棉纱、布匹、绸缎同业公会共70余家商号，仅有20余号愿"本良心，坚持抵货"，其余各商号则"自由行动，不受各方约束"。绸布棉纱调查委员会被迫全体辞职。棉纱、布匹、绸缎同业公会的抵货全面崩溃。②

为使抵货运动得以顺利进行，商会等团体于3月再次发表抵货宣言，认为"除集金收路与赎金兴办实业外，而抵制日货尤为要图，因非抵制日货，不足以促日本之醒悟"，并明确表示贯彻抵货"九原则"的决心。③ 为支持商会的抵制行动，一些爱国同业公会中断了与奸商的贸易往来。如织染业3月15日全体议决"以棉纱商三十八家，破坏公约，大批日货，对于国家则不忠，对于团体则不义，不忠不义，人格何存，现从此不与该三十八家绵布庄，往还交易，以示抵制"。④ 尽管如此，但棉纱商的破坏抵货的行为给抵制日货运动带来了不可挽回的恶劣影响，并波及钱商、木商、米商、药商等行业，使其根本无视抵货"九原则"。如钱商中的大丰、裕津、永孚、大成、道生、春顺兴、春华茂、敦昌等银号，"大办特办老头票"。⑤ 植木商同业会副会长王杏庄的欣荣醉花园，大肆买卖日花，而药房批买日货，木商私贩日货等情形也多有出现。⑥ 3月22日，米业公益研究会以"太平洋会议已告结束"为由，表示"自应退出团体联合会。嗣后对团体会事不负责任"。在奸商的破坏下，抵货运动已显崩溃之势。

当抵货运动进入4月，商会与团体代表会中的其他团体也出现了矛盾。4月20日，商会以"金融紧迫，为维市面及自体上营业，不能到会与会"为由，正式与团体代表会"脱离关系"。商会表示退出后，自4月22日至4月28日期间，颜料同业会、纸业同业公会、五金铁行同业会、鲜货商研究所、帽商同业研究所、茶商同业公会、杂货商同业会、估衣商研究所也先后以各种理由宣布退出团体代表会。⑦ 至此，抵货运动也随之而

① 《汇编（1912—1928）》第4册，第4860—4862页。

② 参见《绸布纱公会之崩烈》，《益世报》1922年3月4日。

③ 《团体代表会之宣言》，《益世报》1922年3月6日；《汇编（1912—1928）》第4册，第4863页。

④ 《织毯业之嫉恶如仇》《织染业见义勇为》，《益世报》1922年3月17日。

⑤ 《报告钱商买卖日票》，《益世报》1922年3月8日。

⑥ 《各团体开会纪事》，《益世报》1922年3月12日。

⑦ 参见《汇编（1912—1928）》第4册，第4866页。

结束。

　　此次发动的抵制日货运动，虽然历时四月有余，也具有相当规模，但从总体上看，不但进行得较缓慢且涣散，而且各团体之间并没有形成根本一致的行动，分散化严重，并导致抵货运动的最终结束。但是，在此次运动中，却初步形成了抵货原则与实行手续，为 1923 年的交涉旅大、撤废"二十一条"的抵货运动奠定了一定的基础。

三　集金赎路运动的结束及其影响

　　全国各地的赎路集金运动虽然颇具规模，各地商会也均忙于集金，但总体成效不大。尤其是像天津、广州、上海、武汉等城市那样，筹集到大笔款项的还是为数不多，究其原因则是因为多数民众仅仅是凭着爱国热情来支持赎路运动的。因此，将近一年多的全国赎路运动筹集到的款项仅为 20 余万元，不仅与股款总额的 1/4，即 750 万元相比相差甚远，更别说是与赎路总额作比较了。正如商联会所称："各省虽有组织赎路会募捐之举，然迄今半载，所集实款尚无若何之成数。"① 其实，早在中日"边缘"会谈时期，中国政府代表就了解到由民间来筹款赎路是不可能实现的。因为军阀政客虽豪言壮语，但其诺言带有政治色彩，大多是靠不住的空谈，而事实也证明确实如此。

　　面对如此现实的状况，集金赎路运动亦随之而渐趋沉寂。期间，1925年 3 月，收路自办集金会就收路集金处置问题致各干事员函称："查收路集金一事，前经倡起，迄今时过境迁，自应归束，以免久为搁悬，颇于经济发展诸多窒碍，并因各集金储户，时有来会相询此事办法。"所以，定于 3 月 6 日于天津总商会内开收路集金会干事会议，"以资解决，而免久悬"。② 如此，由于储户多次要求发还储金，自 1926 年 12 月至 1927 年 1月，天津总商会与赎路集金各银行屡次商讨，最后于 1927 年 1 月 21 日公布"国民收路自办集金会"关于发还集金"以资结束"的通告，"以事势既已变迁，已无需此项储备，自应一律发还，以资结束"，"存款各户务于二月一号起各持存款收据，随时径往原存银行领取可也"。③

---

① 参见《汇编（1912—1928）》第 4 册，第 4859 页。
② 同上书，第 4870 页。
③ 《汇编（1912—1928）》第 4 册，第 4874 页。

虽然上海总商会直至 1923 年 4 月仍为筹购胶济铁路委员会经费一事，"主张以后由本会每月资助洋一百元"。[①] 但由于"政治紊乱，政府无保护之力，战氛时起，军阀有攫取之心，认股者因以裹足，投资者遂怀戒心"，上海筹赎胶济铁路委员会"期民有公司早日告成"的梦想未能实现。到 1925 年，上海筹赎胶济铁路委员会发表紧要通告，宣布"因时局变迁，胶路屡起风潮，赎路事务无法进行，希各储户持折向各存款银行领取储金本利"。[②]

对于集金赎路运动的结束，评价各有不一。有研究者认为："虽因客观条件未举，但储户款项的本金利息尚能凭借委员会的主观努力而得到如数保全，在当时的情势下应算得'有始有终'了。"[③]

从以上历史历程可以看出，胶济铁路既然收归国有，商人组织所领导的"救国赎路"运动的结束也是必然的。对于此次以赎路为目的的民间经济外交手段的理想化成分虽然很大，却是值得赞誉的。一方面，在商人组织的号召下，在全国民众中激发的爱国热情是值得充分肯定的；另一方面，与政府外交相结合，在给日本控制胶济铁路的企图以有力打击的同时，也体现了其作为政府外交的有力补充的积极性。试想，如在中日关于赎回胶济铁路的谈判中，若无全民一致的反对以及商人组织的支援，北洋政府不可能在日本的强大压力下坚持到底。而中国代表们正是利用国内"现金赎路"的巨大呼声和广泛行动作为谈判筹码，才得以抵制日方借日款赎路的蛮横要求。对于"民气可用"这一问题，顾维钧认为"在适当时机，由发言人或非官方浅露一些消息，以引起人民的注意，而获得舆论的支持"是可行的。[④]

四　各地为支持政府外交而发动的抵制日货运动

为支持政府外交，进一步扩大民间外交运动的影响，在华盛顿会议上

---

① 《总商会常会纪要》，《申报》1923 年 4 月 18 日。

② 《上海市银行商业同业公会关于赎回胶济铁路问题、国务院、交通部、外交部关于表明对该问题态度及报告参加华盛顿会议与日本交涉经过的来电以及上海市银行商业同业公会与总商会、江苏省教育会联合组织上海筹赎胶济铁路委员会吸收赎路储金及结束经过等有关文书》1922 年 1 月—1925 年 3 月，上海市银行商业同业公会档案 S173—1—57，上海市档案馆藏，转引自许冠亭《上海总商会在华盛顿会议前后收复国权的主张和活动》，《史林》2009 年第 3 期，第 136 页。

③ 许冠亭：《上海总商会在华盛顿会议前后收复国权的主张和活动》，《史林》2009 年第 3 期，第 136 页。

④ 董霖：《顾维钧与战时外交》，台北传记文学出版社 1978 年版，第 166 页。

中日"边缘"性会谈进入关键时期的 1921 年 12 月下旬，天津、上海、武汉、广州等城市再次发动了抵制日货运动。

12 月 25 日，在天津商会等 37 团体举行的会议上，到会 20 余人公推商会会董宋则久为主席，宋则久提议："（一）储金办实业；（二）提倡国货，抵制劣货。"并得到与会人士的一致赞同。① 为实施提倡国货、抵制日货之实施，还于次日再次开会进行了讨论。为形成全国一致的行动，会上有人提议：当发动抵制日货的时候，应该通知各省各机关一律照办。②

为制定具体的抵制方法，天津 40 团体于 1922 年 1 月 4 日联合致函商会，认为"自太会有失败消息，民情震愤，欲施挽回之方，舍抵制劣货、储金办实业外，别无良策"。而对于应制定何种抵制方法方面，称"自应与各行商核议决定，应足以昭慎重，而利进行"。并请求"贵会通函各行董，招集本团体对于抵制办法，赶速讨论"。③ 商会对该 40 团体提出的采取抵制日货的办法，表示同意。并为此于 1 月 7 日召开联席会议。会上有提议认为："抵制劣货，先从棉纱一业入手为永久计，使各行觉悟，以期自动，法以发展吾国实业为基础，则彼国之物品不来华也。"此建议得到与会人士的赞成。④ 究其赞成原因，则是因为棉纱业与日本的密切关系所定，正如"棉纱行情八十二种，日本货占十分之九"所述，天津的棉纱商行、商号经营的棉纱，大都由日本进口而来。⑤ 由此可见，先从此业入手来进行抵货，可从根本上动摇日商的经济利益。出于此项思考，同日，另有天津民众致函商会等团体，提出四种抵货方法，分别为："（一）此次抵货之法，专以文明对待，不扰及市面；（二）如商号所有存储日货若干，务必具实结清数目，报告会中，定期准其售毕，不再续购。令商签字，如再订购，予以相当之罚则；（三）凡我同胞，皆应抱定不买日货之宗旨，应受我会同人监视；（四）我国用品、原料购自日本者，亦居多数，应如何设立制造，则较抵制不买之法为尤善也。"⑥ 这几种抵货方法后来被商会等团体所接纳，并在抵制日货运动中加以利用，扩展成为抵货"九原则"。

① 《鲁案运动之近讯》，天津《大公报》1921 年 12 月 27 日。
② 参见《鲁案运动之昨讯》，天津《大公报》1921 年 12 月 28 日；《三十八团体开会记》，天津《大公报》1922 年 1 月 1 日。
③ 《各团体函请抵制劣货》，《益世报》1922 年 1 月 5 日。
④ 《鲁案运动之昨信》，天津《大公报》1922 年 1 月 9 日。
⑤ 《鲁案运动之昨信》，天津《大公报》1922 年 1 月 23 日。
⑥ 《建议抵制日货方法》，《益世报》1922 年 1 月 8 日。

在1月7日的联系会上，宋则久对于每星期日的大游行还评价道："此次大游行是对内专为抵制日货与办国民储金，以兴业之意也。"同时也包含有"对外交危险，使世人知我之民气未死"之意。因"现效果已收"，认为"大游行可告一结束"。而接替此大游行的则应"由各大团体各组织小团体每日出发在各处游行，专演说抵制日货、兴办国民储金以唤醒同胞"。①

由于在初期，商会等团体仅对抵制日货做出了决议，而没有明确制定抵制日货的具体实施方案、原则以及对破坏抵货行为的惩处条例等。因此，在没有统一抵制方式的指导方针下，商会下属的同业公会为避免抵货运动所带来的经济利益损失，对抵制日货行动持不同意见，从而使得抵货行为从一开始就进入一种无组织管理的状态。虽然最早商讨抵货运动的是棉纱、布匹、绸缎同业公会，但实施行为却因会员以及部分会中要人的异议而未得以实现。如从1921年12月底到1922年1月初，"为抵制日货，屡次开会讨论，均多数赞成，而反对者实亦复不免，该会会长以地位关系，反对甚力"。②1922年1月5日，该公会选举董事的同时就抵制日货进行事宜做了讨论。会上，公举曹祝九为董事，但曹却害怕担负抵货责任，以"染病未痊""兼时有肝疾"为借口辞职，并为转移抵货视听，大力鼓噪"力争关税自由"。时人戏称"肝疾欤""心疾欤"?③

面对上述不积极抵制日货行为，1月9日，商会等团体宣布了"禁止米面出口办法"，"如有干犯众怒者，即予以相当对待"。④由此，天津的抵制日货运动拉开了序幕，摆脱了初期的一盘散沙的状态。如初期对抵货不抱积极态度的棉纱、布匹、绸缎同业公会，在商会等团体的压力下，也于1月11日再次开会"讨论发达本国棉纱办法，以期抵制外货"。⑤随后，正式向商会函请抵货，称："切不可扬言抵制，而阴行违背，勿作五分钟热度，如能实力抵制，足可制日本死命，不可因少数奸商，而破坏团体，各同业遵照原定抵制宗旨，实行办理，心气永久不懈，非达到目的，誓不甘休，方不愧为中华民国好国民。"并组织调查委员会调查日货，并颁布

① 《鲁案运动之昨信》，天津《大公报》1922年1月9日。
② 《绸缎、棉纱会长之危机》，《益世报》1922年1月5日。
③ 《棉纱同业爱国之表示》《棉纱董事辞职》，《益世报》1922年1月9日。
④ 《鲁案运动之别讯》，天津《大公报》1922年1月11日。
⑤ 《棉业公会开会议》，天津《大公报》1922年1月13日。

了 15 条《绸布纱业调查规则》。①

与棉纱、布匹、绸缎同业公会相比,在抵货运动中反应最积极的当属织染业同业公会。织染业同业公会于 1 月 7 日开会商议抵货办法,与会代表一致表示"誓必赞成"。② 1 月 12 日的董事会上,议决"定于本月十八日,将已经定货之批票,迄交商会收存,其原有各货,可尽数售出,将来则抱定永远抵货宗旨,共同签字,坚持到底,并筹划本国代替之货物,如有违反公约者,规定惩罚规则办理。并推调查员十八人,赴各处调查同业抵制情形。"③ 对于违反公约者,还制定了详细的惩罚规则,以规范抵货行为。④ 1 月 15 日的自决大会上,决定"不买日线,并定有章程,坚持到底,为吾工作界作一模范"。且制定了 5 项详细的调查章程,此举被誉为"五十余团体之表率"。⑤ 随后又于 1 月 21 日召开第二次自决大会,号召各行商实行抵制日货,应必须坚持到底。⑥

除织染业明确表明抵制日货态度,并付之于抵货行动外,其他的一些同业公会与各行商也纷纷做出抵制日货的决定。如书业公会早在 1 月 9 日就表示:"(一)决定不买日货。(二)原存货物开列清楚,交直隶书局及中华书局、商务印书馆,转交商会收存。(三)自此以后,永不再购日货。(四)各书业有互相监督之责,并调查各书局有无暗购日货之情弊。"⑦ 春生阳等同业公会公决"抵制筹货,现存货已具单送交商会"。《启明日报》报告该报馆"已改用上海宝源造纸公司所造飞艇牌之中国纸"。药业研究会议决"现存日药材,各家已具单送交敝会,日后永不再购"。⑧ 各祥字号对所有日货"盖戳交帮,由帮调查"。⑨ 据《益世报》1 月 12 日至 2 月 17 日的报道可知,米业商、门市布商、鲜花商、油行同业公会、南货同业、斗店同业、姜商、海货商、纸商、五金同业、洋广货商、植木商、电料行、转运商、缝纫同业、饭庄、麻袋商、白铁商、北海楼众商等也都相继

① 《棉纱商函请坚决抵货》《组织调查劣货委员会》,《益世报》1922 年 1 月 13 日;《绸布纱业调查规则》,《益世报》1922 年 1 月 19 日。

② 《织染业赞成抵制日货》,《益世报》1922 年 1 月 9 日。

③ 《织染业讨论抵货办法》,《益世报》1922 年 1 月 14 日。

④ 参见《织染同业之爱国热》,《益世报》1922 年 1 月 15 日。

⑤ 《织染商开自决大会》,《益世报》1922 年 1 月 17 日。

⑥ 参见《织染业抵货之坚决》,《益世报》1922 年 1 月 23 日。

⑦ 《书业公会已抵制日货》,《益世报》1922 年 1 月 11 日。

⑧ 《五十团体开会纪》,天津《大公报》1922 年 1 月 16 日。

⑨ 《五十三团体开会纪》,天津《大公报》1922 年 1 月 19 日。

表示抵制日货的态度及办法。为支持政府外交为目的而发动的这场抵制日货运动蓬勃发展起来了。

虽然上述同业公会与各行商纷纷决定抵货，但由于部分同业公会与行商在利益驱动下，并未积极诉诸行动于抵货运动中，甚至是表面表示支持抵货而暗地里却又照常买卖日货。如绸缎、洋布、棉纱商中兴源号、蔚牲和、广隆信大量购买日线、日布。① 油行同行中同丰泰、奎升、长泰极力反对抵制日油。② 存聚兴"专售日货"，东振发祥洋布庄"在自决之后，又购日货多件"。③ 庆丰益棉纱庄"私定劣货数十万两"，且"存货与报告单，殊不相符"，被该同业公会驱逐出会。④ 纸商中成记纸局、合记、敬记等存有大批日货。⑤ 药商中五洲药房大肆购买日药。⑥ 电料商中河北杨慎记与杨记电料行购买日货。⑦

以支持政府外交为目的而发动这场抵制日货运动的各界爱国人士，对于抵货过程中出现的上述违背抵货运动的行为极为愤慨，纷纷成立爱国团体，如救国跪哭团、商界扶危团等，以此来推动抵货运动的发展。但是，由于这些爱国团体对奸商们的约束力不强，至1月下旬，背离抵货运动目的的分散化趋势愈发明显。1月21日，商会等团体开会将统一规范抵货行为、制定抵货原则与实行手续等具体问题提上了日程。会上有意见认为："此次各团体之救国运动均系本诸良心、作用，抵制日货亦系促使外交能得胜利。如有违反众意之商家，亦宜从缓和警戒，不可操之过激。"⑧ 以此为抵货运动的基本指导方针，以商会为首的各团体，为更好地统一管理抵制日货的行为，还成立了天津各界团体代表会议，并持续战斗至华盛顿会议结束。

---

① 参见《五十团体会议旁听纪》，《益世报》1922 年 1 月 13 日。

② 参见《油行业中之蟊贼》，《益世报》1922 年 1 月 15 日。

③ 《鲁案运动之昨信》，天津《大公报》1922 年 1 月 21 日。

④ 《鲁案运动之昨信》，天津《大公报》1922 年 1 月 22 日；《庆丰益违约驱逐出会》，《益世报》1922 年 1 月 22 日。

⑤ 参见《纸商私买日本货》，《益世报》1922 年 2 月 4 日。

⑥ 参见《五洲药房又购日货》，《益世报》1922 年 2 月 10 日。

⑦ 参见《报告电料行买日货》，《益世报》1922 年 2 月 19 日。

⑧ 《鲁案运动之昨信》，天津《大公报》1922 年 1 月 23 日。

第五章 "抵制"与"反抵制"
——华盛顿会议后中日商人组织与民间经济外交的进一步发展

华盛顿会议后，民间经济外交活动愈发频繁，得到了进一步发展，既有华盛顿会议期间民间经济外交运动的继续，如救国赎路运动的发展、中日"边缘"性会谈，以及为支持华盛顿会议所发动的抵制日货运动，也有积极参与中日重大外交事件的民间经济外交活动，如1923年为撤废"二十一条"、收回旅大而发起的全国性的抵制日货运动，1922年的关税研究会，以及1925年的关税特别会议前后中日商人组织的外交参与等。本章选取以上事例进行详细分析，以期提供华盛顿会议后得到进一步发展的民间经济外交的历史概貌。

第一节 "抵制"：围绕交涉旅大中国商人组织发起的抵制日货运动

1923年正值旅大租借期满，中国要求日本政府归还旅顺、大连的正当请求遭到日本政府的无理拒绝。为收回旅顺、大连，中国人民掀起了轰轰烈烈的第四次抵制日货运动。因此，本章将对导致抵制日货运动兴起的原因——旅大问题进行简单论述。

一 抵制日货运动的原因

旅大地区位于我国辽东半岛的南端，处于东北亚的中心，是东北三省及内蒙古东部地区的进出口门户，也是我国北方水陆交通的枢纽，其东南面向黄海，西北濒临渤海，北面还与东北内陆相连；东距朝鲜南浦仅180海里，西离天津280海里，南至烟台、威海卫90海里。具体则包括现在的大连市内、旅顺口区、金州区及长海县和新金县的大部分。

因为旅大地区资源丰富，交通便利，沿海的天然良港，以水深港阔，不淤不冻而驰名中外，便于同世界各地进行经贸往来，决定了其具有重要的经济地位。再加之与山东半岛的烟台、威海卫遥相对峙，作为守卫东北和京津的门户，历来是我国的重要军港，战略地位极其重要。正因如此，它成了近代帝国主义国家争夺的目标。1894 年，日本发动了侵略中国的甲午战争，迫使清政府签订了将辽东半岛割让给日本的《马关条约》。但在签约后的第六天，一心想称霸远东的俄国便联合德、法发出了要求日本放弃辽东半岛的照会，迫使日本放弃了对辽东半岛的占领。1898 年，俄国与清政府签订了《旅大租地条约》和《续订旅大租地条约》，强行租借旅顺和大连 25 年。为从俄国手中夺回辽东半岛，日本当政者强调："唯有坚韧不拔，卧薪尝胆，谋求军备之充实与国力之培植，以期卷土重来。"① 1904 年 2 月 8 日，为争夺中国东北，日本发动了日俄战争。败北的俄国与日本签订了《朴茨茅斯条约》。根据条约的规定，俄国将"旅顺口、大连湾并其附近领土领水之租借权"均转让给日本。② 中国的东北成为日本的势力范围，旅大沦为日本的殖民地。

由于 1914 年爆发的第一次世界大战，导致列强忙于战争无暇东顾，日本利用此际加强了对中国的侵略。1915 年 1 月 18 日，日本政府正式向袁世凯提出了旨在灭亡中国的"二十一条"。

"二十一条"的内容共五号：第一号要求山东势力范围，共 4 条。第二号是关于南满洲及东部内蒙古问题，共 7 条。其内容为：旅顺、大连租界期和南满、安奉两条铁路期限均延至 99 年；日本人在南满及东部内蒙拥有农耕及商工业所用之土地租界权和所有权及居住、往来及商工业之自由；提供矿山开采权；在南满及东部内蒙古允准他国修筑铁路或为建造铁路向他国借款时，将南满洲及东部内蒙古各项税课作抵押向他国借款时，在上述地区聘用政治、财政、军事各顾问之教习，必须先向日本政府商议；吉长铁路管理经营权在 99 年间委托给日本。第三号至第五号是关于

---

① 《清季外交史料》第 181 卷，第 27 页。转引自顾明义等编《日本侵占旅大四十年史》，辽宁人民出版社 1991 年版，第 5 页。

② 王芸生编著：《六十年来中国与日本》第四卷，天津大公报社印行 1932 年版，第 238 页。

汉冶萍公司、中国沿岸港湾及岛屿不得割让和租让，以及对中国全境的要求。①

袁世凯接到"二十一条"要求后，确定了软弱妥协的方针，并预定了同日本交涉的步骤。而日本为了迫使中国政府尽快承认"二十一条"，则在 5 月 7 日下午 3 时，由日使日置益将最后通牒送到中国外交部，要求中国政府至 5 月 9 日午后 6 时为止，为答复的最后期限，如果到期收不到满意的答复，日本则执行必要的手段。② 一心想称帝的袁世凯不顾全国人民的抗议，于 5 月 9 日答应了除第五号容日后协商以外的其他四号要求。③ 日本于 1915 年 5 月 25 日同袁世凯政府签订了有关"二十一条"各项内容的 2 个条约和 13 个换文，其中《关于南满洲及内蒙古之条约》中，同意"将旅顺、大连租借期限并南满洲及安奉铁路之期限均展至九十九年为期"。④ 对此，当时中国国会并未批准，以后历届政府也未正式承认。之后，中国政府在巴黎和会及华盛顿会议上均提出收回旅大的要求，但均遭到日方的拒绝。

实际上，围绕旅大问题中国展开了如下的交涉活动。依据 1898 年 3 月 27 日的中俄《旅大租地条约》和 1905 年 12 月 22 日的中日《会议东三省事宜正约》及附约的规定，旅大租借地应于 1923 年 3 月 26 日如期归还中国。但是日本坚持按照 1915 年 5 月与袁世凯签订的中日条约及换文，拒绝交还旅大。其实，北京商联会对其拒绝交还旅大的用意一针见血地指出："一以旅大为根据地，可以经营满蒙，遂其侵略大陆之野心，一为防与他国战争，可为作战地点，施其以我为壑之诡计。"⑤ 为此，一方面，北洋政府在广大人民群众的推动下，围绕取消"二十一条"、归还租借地等展开了一些外交活动；另一方面，中国人民为捍卫祖国领土完整、维护中华民族尊严，在各地逐渐开展了收回旅大、撤废"二十一条"的民间外交运动。

1919 年 1 月 18 日巴黎和会召开，中国作为战胜国之一派代表参加了

---

① 参见黄纪莲《中日"二十一条"交涉史料全编》（1915—1923），安徽大学出版社 2001 年版，第 20—22 页。

② 同上书，第 140—144 页。

③ 同上书，第 149 页。

④ 同上。

⑤ 《公电》，《申报》1923 年 3 月 31 日。

大会。对于巴黎和会仅是第一次世界大战后列强重新瓜分世界的这一点，我国各界爱国人士起初并没有认识到，而是充满着种种幻想，认为巴黎和会的召开可以使中国"稍挽百十年国际上的失败"，而能得以"与英、法、美并驾齐驱"。① "值此强权消灭、公理大伸之日，大可仰望伸眉，沥诉身受之苦，所谓千载一时之遇。"② 一些资产阶级社会团体还直接发电函给奉派出席巴黎和会，由陆征祥、王正廷、顾维钧等5人组成的中国代表团，要他们"理直气壮"地提出收回青岛、归还山东主权的要求。③ 在大会上，中国代表提出了包括放弃外国在中国的势力范围、撤走外国军警、归还租借地、关税自主等7项希望条件，同时，还向大会提交了关于山东问题的说帖和关于废除"二十一条"的说帖。尽管说帖中强调了"二十一条"既危及中国领土完整，又侵害中国政治独立等应该废除的充足理由，但终因列强操纵大会，中国代表不但没有争取到任何的权利，而且"二十一条"问题也被以不在和会讨论范围之内为由被拒绝。

巴黎和会后，中国又获得了一个解除不平等条约束缚的机会，那就是1921年11月美国以讨论限制军备，以及太平洋和远东问题为议题的华盛顿会议。中国派代表出席，并向大会提出了撤销"二十一条"等提案。声明称："此等条约系由日本最后通牒中各项而强迫全部同意者。"主张将条约及换文以公正之审查而图弃废之理由有四："第一，中国要求交互之让与，而日本并未提供任何物件，故协定所引出之利益完全为片面的。第二，协定要点破坏中国与他国之条约。第三，协定与会议所通过关于中国之原则不能相容。第四，协定已引起中、日间之历久误解，设不即废弃之，将来必至扰乱两国亲善关系，且将障碍召集此会所欲获得者之实现。"④ 但是遭到了日本拒绝，结果只是将这些声明一并列入大会记录备案，并由中国代表保留他日解决此案的权利。

为捍卫祖国领土的完整，维护中华民族的尊严，华盛顿会议后，各地

① 《民国日报》1919年1月5日，转引自徐鼎新、钱小明《上海总商会史（1902—1929）》，上海社会科学出版社1991年版，第230页。

② 《时事新报》1919年2月11日，转引自徐鼎新、钱小明《上海总商会史（1902—1929）》上海社会科学出版社1991年版，第230页。

③ 参见徐鼎新、钱小明《上海总商会史（1902—1929）》，上海社会科学出版社1991年版，第230页。

④ 黄纪莲编：《中日"二十一条"交涉史料全编》（1915—1923），安徽大学出版社2001年版，第631—632页。

先后展开了收回旅大的运动。1922 年 7 月，辽宁各界人士组织国民外交后援会，率先拉开了运动的序幕，向全国呼吁收回旅大，并得到了全国各地的纷起响应。10 月底，国会议员刘彦、张树森等共 120 余人联名向众、参两院提出《民四二十一条中日协约无效案》，众议院议决，"该协约换文等，系威迫成立，豪未经我国约法上缔结条约须得国会同意之手续，全体一致，对于该项协约换文等，议决无效"，并移送参议员议决，请政府对中外宣告。参议员也通过了《二十一条协定无效案》。① 商人组织也拿起了民间外交的武器行动起来，11 月在商联会召开的第四次大会上，与会代表们上书北京政府，宣布对于"二十一条""举国商民誓不承认"，并明确指出："日人强迫我之二十一条，既未经国民代表之议会通过，当然不能发生效力。近日此项违反世界公理之条约，已由我复活之正式国会议决撤销，是辽东半岛展借之期已无根据，所租年限应截至明年为止。"②

二 抵制日货运动的发动

1923 年的抵制日货运动是 1905 年近代以来中国人民第四次抵制日货运动（表 5 - 1）。

表 5 - 1   抵制日货运动一览表

抵货名称	原因	大致持续时间	主要发生区域
1908 年抵制日货运动	"二辰丸"事件	1908 年 3 月—1908 年底	广东、香港
1915 年抵制日货运动	日本出兵山东，并强迫中国政府承认"二十一条"要求	1915 年 3 月底—1915 年 8 月	长江流域、大连、安东、烟台、天津、北京
1919—1921 年抵制日货运动	日本要求"继承"德国在山东的权利引发"山东问题"	1919 年 5 月—1921 年夏	华北、长江流域、江浙、华南
1923 年抵制日货运动	日本强占旅顺、大连	1923 年 4 月—1923 年 9 月初	长江流域、华北

---

① 黄纪莲编：《中日"二十一条"交涉史料全编》（1915—1923），安徽大学出版社 2001 年版，第 645—651 页。

② 《商联会主张收回辽东半岛》，《民国日报》1922 年 11 月 11 日。

抵货名称	原因	大致持续时间	主要发生区域
1925—1926 年抵制英、日货运动	五卅惨案、汉口惨案、沙基惨案	1925 年 6 月—1926 年 10 月	全国大部分大中城市
1927 年抵制日货运动	日本出兵山东，制造"济南惨案"	1927 年 5 月—1927 年 9 月底	上海、广东、辽宁
1928—1929 年抵制日货运动	厦门当局逮捕朝鲜人事件，天津国民党军队与日军冲突事件	1928 年 7 月—1929 年 6 月	华北、长江流域、华南
1931—1933 年抵制日货运动	"九一八"事变，日本策划成立伪"满洲国"，"一·二八"事变	1931 年 9 月—1933 年	除东北外全国大部分大中城市

资料来源：C. F. Remer, *A Study of Chinese Boycotts*, The Johns Hopkins 1933, p. 22；吴志国：《近代中国抵制洋货运动研究（1905—1937）》，博士学位论文，华中师范大学，2009 年，第 177 页。

　　1923 年 3 月 14 日，日本拒绝中国政府要求收回旅大的照会后，各地纷纷成立各种团体提出以抵制日货甚至经济绝交来对抗日本。以上海为首的"对日外交市民大会"，通过了致各国政府、全国国民和日本国民等通电，提出了"收回旅大"，并绝对不承认"二十一条"，在未达目的前，"全国对日经济绝交"[①] 的口号。全国各地并于 3 月 26 日旅大租借期满之际，举行游行示威运动，参加人数的规模从几千人到几万人不等，其中，长沙的参加人数高达 6 万人之多。就抵制日货、对日经济绝交问题开始制定一些具体的措施，抵制日货运动正式开始。

　　自 4 月初，各地的对日运动逐渐发动起来，并呈迅速发展之势，遍布全国各大中城市，甚至是乡村小镇，各地不但制订了更为详细的抵货计划，并且认真地付之于行动。这引起了日本领事的恐慌，开始要求中国政府予以取缔。

　　到 5 月初，随着第八个国耻纪念日的到来，各地又积极筹备"五九"纪念，5 月 7 日到 9 日绝大多数大中城市都举行了颇具规模的游行示威运动，有力地推动了抵制运动的进行。到 5 月底，在日本步步紧逼的干涉

---

　　① 《上海市民大会开会纪》，《申报》1923 年 3 月 25 日。

下，北洋政府的态度逐渐发生变化，导致各地的抵制日货运动趋向缓和。

1923 年 6 月 1 日，发生了震惊全国的"长沙惨案"，有所缓和的抵制运动又有所发展，但在日本对抵货运动的破坏以及北洋政府的压制下，没有超过以前的水平。之后，运动也慢慢缓和下来。直至 8 月末，全国的抵制运动渐趋平静，少数地方则还在持续，如武汉地区运动一直进行到 12 月才在当地官员的严厉取缔下被迫停止。

如上所述，1922 年底 1923 年初北京众议院、参议院先后通过"二十一条"无效的议案，咨请政府照办。此后，各地团体纷纷发表通电和声明，要求北京政府尽快对日进行交涉，收回旅顺、大连。虽然正值"租借之期届满，正可乘机收回，还我河山，故我海疆"之时，却"不意政府不于此时策书收回办法，闻尚主许其延长，为一万万大借款成功之条件"，上海各路商界总联会致电各团体"务祈各省各公团一致电陈政府，值时收回，以保主权，而雪前耻"。并明确表明"敝会誓死反对"的坚决态度。①上海总商会、江苏省教育会两团体也发公电至北京参、众两院、大总统、国务院、外交部，提出："该两地均属中国北部重要门户，应请从速交涉，依约收回，以保主权等语，应请一致力争，务达收回之目的。"②民国路商联会还致北京外交部电，希望政府"及早拟具收回之办法，公布全国，积极交涉"，即便是"万一不济，有所障碍，则全国人民，亦必誓死力争，愿为政府之后盾"，以达到"朝野一心，誓达归还目的"。③

1923 年 3 月 10 日，外交部及驻日本使馆在北京、东京两处同时向日本政府及驻京日使提出照会，声明废止"二十一条"。其文曰："查民国四年五月二十五日，所缔结之中日条约及其换文实为中日亲善最大障碍。"对此，"本国政府迭次在巴黎华盛顿提出此案要求取消，原以全国民意为根据。兹本国国会于民国十二年常会议决，对于民国四年五月二十五日所缔结之中日条约及换文认为无效，准本国参议院咨请查照办理"。且"旅大租期又将届满，本政府认为改良中日关系之时机，业已成熟。特向贵国政府重行声明，所有民国四年五月二十五日缔结之中日条约及换文，除已经解决及已经贵国政府声明放弃，并撤回所保留各项外，应即全部废止，

① 《反对旅大延租借款之继起》，《申报》1923 年 3 月 2 日。
② 《两公团收回旅大表示》，《申报》1923 年 3 月 3 日。
③ 《商界注意收回旅大》，《申报》1923 年 3 月 7 日。

并希指定日期，以便商酌旅大接收办法及关于民国四年中日条约及换文作废后之各项问题"。① 此项通告，虽然已经由日本外务省提交阁议，并在研究中，但"日本态度，极为强硬，除外务省已反驳拒绝要求外，阁议结果，定亦决议拒绝云，又连日人方面，反对取消二十一条约之升浪颇高，东文报将中国政府之通告全文披露后，并刊载对于此项事之评论颇多"。② 且"均似颇顽硬"，"旅大问题，则以为固有权利，虽已期满，仍无归还中国之诚意"。③ 可见，日本政府及民众对于中国的合理要求大都持反对态度。与日方朝野上下如此强硬态度相比较，中国"政府疲弱无能，久为中外所共悉"，"未敢断其单独胜任"，为督促取消"二十一条"，中国商人组织以做政府后盾为己任，积极发表舆论宣传，承担起了民间经济外交的责任。号召人民"丁此紧要关头，亟应团结一致，组织团体，外以表示真正民意，内以督促政府"。④ 沪北六路商联会认为日本朝野上下反对取消"二十一条"及收回旅大之原因，"无非深知我国政潮迭起，时局不宁，绝无反抗能力"，但"我国国民不能不有坚决之萃众运动，皆为必须举行之事"，因此，"如日政府仍一意孤行，不稍顾忌，则断绝买卖，足以制其生命"。商界对此多极为赞同，认为"确为极佳之抵制方法"。⑤ 工商友谊会也表示"政府虽弱，人民尚强，势必奋起，共争最后之胜利"，呼吁"预备对付方法，做第二步之进行"。⑥

果如上述分析所言，日本无视中国政府提出的多次交涉，日外相内田康哉于3月14日复中国驻日本代办廖恩焘照会，称"今贵国政府欲将两国间有效存在之条约及换文，任意废弃，不但非所以谋中日两国过敏亲善之道，且有背于国际通义，此日本政府断难承认者也"；对于"协商接收旅大，并筹废约后善后办法之议，实无酬对之必要"，断然拒绝了中国政府废除"二十一条"与收回旅大的要求。日本政府的这一顽固立场激起了中国人民的强烈不满，作为政府外交后盾的商人组织号召中国人民对日经济绝交，为收回旅大又一次掀起了抵制日货运动。

---

① 黄纪莲编：《中日"二十一条"交涉史料全编》（1915—1923），安徽大学出版社2001年版，第658、659页。
② 《二十一条交涉中之沪讯》，《申报》1923年3月13日。
③ 《东瀛归客之中日间近况谈》，《申报》1923年3月13日。
④ 《商界敦促取消二十一条》，《申报》1923年3月13日。
⑤ 《商界对二十一条约之愤慨》，《申报》1923年3月13日。
⑥ 《工商界力争二十一条之消息》，《申报》1923年3月14日。

　　3月13日，南京路商界联合会出席代表蒋梦云认为："中国兵力虽弱，民意犹强，为自救计，惟有即日宣告经济绝交，何日撤废密约，即何日恢复旧状，此举殊较空言有力，五九运动，已见其端。"山东路商界联合会也提出"若日人再行藉口，惟有第二步办法，继续抵制日货"，即"一面由商界发起检查进口日货，一面请国民勿忘国耻，一致拒用"，遂向商界总联合会提出经济绝交办法，函请该会召集大会实行。民国路、海宁路及沪北六路等商界联合会也致函总商联会，提出相同的请求。① 山东路上海各路商界总联合会接到这些来函后，于3月17日在会所举行外交紧急会议，决议："（一）电请政府驳回拒绝，申请该国复议；（二）通告各国公使，表示全国不承认廿一条约，请其顾全世界公德，并予相当之助力；（三）警告日本政府，并促日本人民觉悟；（四）联合全国各公团筹商国民示威运动办法，并进行经济绝交之准备事项；（五）组织委员会，专责办理，每日集会二小时。"除此之外，还致电三封。致国务院电曰："请即据理驳复"，"商民愿为后盾"；致公使团电曰："日本强迫中国缔结二十一条约，违背国际公法，兹敝国议会议决无效，申请废止，请友邦仗义援助，维持和平真意"；还致电日政府表示："贵国不顾公理，毅然拒绝废止二十一条，敝国国民，实深愤激，请速复议，全部废止，以维邦交，否则当实行经济绝交，誓死力争，愿速猛醒"。② 而早在3月14日，上海总商会及天津商会就接到哈尔滨商会来电，要求"一致进行，鼓吹民气，以壮我政府声援"。③ 该电得到了商会的一致赞同。

　　3月17日，上海各团体还应救国联合会发起的收回旅大促进会的邀请，在救国联合会讨论对日外交问题，经讨论成立了"国民对日外交大会"，选举徐谦为委员长。徐谦在成立大会上就明确表示了该会的宗旨为"如日本固执不逊，则实行经济绝交"。④

　　3月18日，全国商会联合会在北京甘石桥会所召开评议会，就废弃"二十一条"及协商接收旅大问题提出了《警告国人一致对付案》。与会天津商会代表杨明僧"以事关国权、国土，商会讵能置之不顾"为由，向

---

　　① 《商界对廿一条之关切》，《申报》1923年3月15日。

　　② 《商总联会外交紧急会议纪》，《申报》1923年3月19日。

　　③ 《商人督促收回旅大之呼应》，《申报》1923年3月14日；《哈尔滨商会致津商会电》，天津《大公报》1923年3月15日。

　　④ 《国民对日外交大会成立纪》，《申报》1923年3月18日。

商联会提议同各省商会代表赴外交部请愿。当各省代表到外交部求见外交总长进行请愿时，却被拒绝。① 此事深深地刺激了商界人士，为讨论对日外交及示威运动组织办法，上海各团体开联席会议，决定："（一）定名称为国民对日游行大会；（二）组织分交际、总务、文版、庶务四科，交际每团一人，总务举定全国学生会、救国十人团、两商总联会担任，庶务每团二人，文版举定全国学生会；（三）接洽华租两界官厅，推定唐豪等三人；（四）旗帜文字，公决限于取消二十一条收回旅大为限；（五）示威日期，定二十五日下午一时；（八）经费，由各团自由分任；（九）每日下午三时开会，讨论进行办法；（十）事前通报各团体。"②

上海总商会于 3 月 24 日召开市民大会，决定取消"二十一条"、收回旅大。3 月 25 日，在举行的上海对日外交市民大会示威运动中，参加者达 2 万余人，通过了致各国政府、全国国民和日本国民等通电，提出了"收回旅大"，并绝对不承认"二十一条"，在未达目的前，"全国对日经济绝交"③ 的口号。并于同日晚，上海商界正式做出了抵制日货的决议。各路商家门前纷挂白旗或白布，上书"收回旅大""取消二十一条"。④ 3 月 28 日，商联会联合京师商约研究会、各行商会举行游行请愿。北京商界数千人手持白旗，上书"不承认二十一条""力争收回旅大"，高呼"撤销二十一条""收回旅大"等口号。商界在游行的同时，向府院递交了请愿书，"恳请照准毅力办理以保主权"。总统黎元洪接见请愿代表，表示支持商界爱国行为。⑤ 这推动了全国为收回旅大所进行的民间经济外交运动的发展。

在天津，3 月 21 日，各界团体代表会议召开会议，决定："（一）请各商家在门前悬挂白旗，上写取消二十一条、收回旅顺大连字样。（二）本月二十六日，在南开操场开市民大会，请各商家派人前往，多多益善，去时携带手旗或国旗或本公会之旗，或写取消二十一条，收回旅大之旗。"并委托总商会通知各商家"按照上列办法一律实行，并希速速，是为至要"。⑥ 天津总商会遂公布："事关外交，凡我国民，自应同作后盾，

① 《杨明僧述外部交涉谈》，天津《大公报》1923 年 3 月 26 日。
② 《各团体筹议举行示威运动》，《申报》1923 年 3 月 21 日。
③ 《上海市民大会开会纪》，《申报》1923 年 3 月 25 日。
④ 顾明义等编：《日本侵占旅大四十年》，辽宁人民出版社 1991 年版，第 554 页。
⑤ 同上书，第 549 页。
⑥ 《汇编（1912—1928）》第 4 册，第 4875 页。

除另面各同业公会，一体查照办理外，令行公布，本埠各行商，一体同知，迅速照办。"① 在团体会及天津总商会的发动下，商界方面，"大胡同估衣街一带，均已白旗招悬，上书否认二十一条，收回旅大等字样，均拟于今日赴市民大会，为万众一心之表示，民气如此现象，当不难得最后五分钟之胜利"。商会接函后，也开始张贴布告，转告了团体代表会议决之事的同时，呼吁"事关外交，凡我国民，自应同作后盾"，"本埠各行商一体周知，迅速照办"。② 3 月 26 日，天津市民大会在南开操场召开了规模庞大的集会，与会人数多达 20 余万人，高呼"还我旅大""誓死不承认二十一条"。对此激昂之民气，有评论道："盖亦以民气如是蓬勃，我国前途尚未可量，我同胞本此民气，积极力争，实行最后之经济绝交主义，坚持到底，终有圆满达到目的之一日。"③

因"日人自我国提出此案以后，多方设词，冀动各国之听"，为防止"万一友邦舆论，为其蒙惑，外交前途，不无多一障碍"，上海总商会于 3 月 20 日致参议院议员电称，"应请贵院以国民代表之资格"，"发表一郑重庄严之宣言，译成各国文字，广为分布，或亦上兵伐谋之一策"。④ 表明商人组织不仅在唤醒国内舆论方面发挥了作用，而且重视取得国外舆论的支持。

三　抵制日货运动的发展

伴随着抵制日货运动口号的明确提出，各地的抵制日货运动逐渐蓬勃发展起来，并呈现出迅速发展之势。其中上海、天津两地的运动发展最为迅速，且持续至 8 月末，而武汉地区的运动则一直进行到 12 月才在当地官员的严厉取缔下停止。因此，本节试对上海、天津以及湖北地区的抵制日货运动进行分析。

（一）上海

3 月 26 日旅大租期届满，为继续援助政府收回旅大，全国各地纷纷召开国民外交大会，举行了声势浩大的游行示威运动。在商界抵制日货口号的推动下，各商人组织除表明参与游行示威运动外，还纷纷做出了积极且

---

① 《津人一片力争外交声》，天津《大公报》，1923 年 3 月 26 日。
② 同上。
③ 《气吞山岳之市民大会》，天津《大公报》1923 年 3 月 27 日。
④ 《商会电陈否认廿一条之理由》，《申报》1923 年 3 月 21 日。

具体的抵制日货运动的措施。

江西路各路商界联合会，"印刷六言韵语三万张，分发各商号就近张贴，其词为撤销二十一条件，收回旅顺大连，国民誓作后盾，务要到底坚持"，并闻该议董还拟"提出与日内休业一天，为强有力之表示"。闸北五路商界联合会，决定于本月25日，通知各商号"一律悬挂白旗，并加入示威大运动"，表示"收回旅大，时机迫切，取消二十一条，务须达到目的为止"。对于再不觉悟的日本政府，决定"通告各商业团体，与它经济绝交，先将前进之日货，一概搁置，嗣后不得再进，不得以货物食量运输日本"。① 首次表明实行不进日货的经济绝交案。对于政府方面，认为"当去电促其据理力争，全国各界方面，亦宜通电警告，俾使一致抵制"。② 上海各路商界总联合会，议决案："（一）致函东货庄，请其即日电驻日办货员断绝交易；（二）决定加入二十五日之大游行，分函各分会转知各商店，届时各推代表一二人，同时加入，并于是日悬挂白旗；（三）分派委员，向各方接洽，实行抵制休业及示威运动等事。"还详细规定了示威的具体事项，悬挂白旗上书"不承认二十一条约""收回旅顺大连主权"等字样，此旗帜由各马路商联会专任办理。对于所张贴纸条，"同日由本会印发白底蓝字之纸条，分送各商店，如有遗漏，可来索取"。③ 因此次交涉，商界最为愤慨，故自总联合会议决悬旗游行等示威运动后，各路商店纷纷自备旗帜以及印刷传单等，其中，"山东路、河南路等，已公制白布旗四百余面，分发各商店"，其他各商店也都纷纷购置，以示一律，而各商店方面，报名加入示威大游行者，"已有四千三百数十人"。北城商业联合会响应总商联会号召，通告所属各商号，"自本月二十五日起，与日人断绝经济关系"，并分组出发演讲，唤醒国民，联络各团体一致奋起积极抵制日货，致电外交部，"务乞贵部始终坚持，收还旅大，取消二十一条件，万勿退让……沪地国民，一致愿为后盾"。对于与日本有着货额巨万的商家，上海各路商界联合会议决致函，"请即召集同业会议，限日电知驻日办货员，一律暂归本国，停止交易"，从而扩大民间经济外交的声势，"其时或能使日本商人自起反动，促日政府之猛省"。④ 民国路商联会，自主议

---

① 《各团体力争取消二十一条件》，《申报》1923年3月22日。
② 《各团体对日运动之昨讯》，《申报》1923年3月27日。
③ 《各团体力争取消二十一条》，《申报》1923年3月22日。
④ 《撤废二十一条声中之各团体》，《申报》1923年3月23日。

决办法两种："（一）对日完全断绝经济关系，不买进日本货物，国货亦不卖与日本；（二）通告行号，客货不装日船。"①

为推进运动的进行，上海各路商界总联合会组织外交委员后，决定每晚开会一次，各路商店代表到会者，"较平时骤增，亦可见民气之激昂"。② 游行示威大会前，上书"撤销二十一条""收回旅顺大连""国民誓作后盾""务要到底坚持"字样的传单，就已经连日分发至各马路大小店铺粘贴。③ 3 月 25 日，上海 170 余团体 5 万余人在上海沪军使用地集合，举行了第一次国民对日游行大会。首先由主席演说开会宗旨，并提议团结一致经济绝交，全体通过。之后出发游行，沿途高呼"收回旅大！""经济绝交！""坚持到底！"等口号，示威队列中还有自行车队参加，车插小旗，上书"不认密约""全国一致"等标语。据统计，3 月 26 日前后所举行的示威运动遍及全国各地。其中有人数记载且达万人以上的城市包括上海、天津、武汉、长沙、广州、太原、南昌、宜昌、济南、开封、厦门、徐州、安庆、镇江、芜湖，共 15 个。④ 无人数记载的城市尚有 30 个左右。

根据上海市民大会及国民对日外交游行大会所表决之对日经济断交案，商界进一步制订了具体的抵制方案。否认"二十一条"、收回旅大的示威运动虽已实行，但为防止仅停留于表面的形式，而究于事实上毫无效果之弊，北山西路唐家弄两商联会于 3 月 29 日开会认为："应根据议案，拟定办法，按步进行，誓达目的，否则仍为五分钟至热度，贻讥日人，自露弱点，耻莫大焉。"决定为发挥舆论之号召功效，"组织大规模之演讲队，设总队于上海，设分队于各地，或邀集各校教职员学生界等议办法，乘此春假期内，分赴内地，同时演讲"，"可补报纸之不及。"首次提出经济绝交的闸北五路商界联合会，认为"经济绝交之步骤，究竟如何，实一极大可以讨论之问题"。对此，开会议决"①组织调查部，检查劣货，嗣后不得再进；②发起露天演讲，间日一出发；③印刷通俗传单五万张，由各路代表代发；④在各路紧要处，悬挂'收回旅大''取消二十一条'等白布横额；⑤电杆上拟刷各种警告，推派代表向电局要求；⑥推派代表孙启英为出席代表，向各团体接洽一切"。浙江路商界联合会所召开的紧急

---

① 《各团体对日运动之昨讯》，《申报》1923 年 3 月 27 日。

② 《各团体之对日运动》，《申报》1923 年 3 月 24 日。

③ 《各团体对日运动之愈益激昂》，《申报》1923 年 3 月 25 日。

④ 参见顾明义等《日本侵占旅大四十年史》，辽宁人民出版社 1991 年版，第 564、565 页。

会议上，到者甚众，分别有"印发传单十万张，通告本路及全埠各商号"，"停进劣货"；"拍电北京政府，请其宣布对日交涉经过情形"；"组织对日外交宣讲团"等建议。上海粮油饼同业各行针对本行业特点，明确做出规定："我业已与日商订定买卖之期货，限至阴历三月底，同业买进者，向日商出货，同业卖出者，亦即交货，以便与其结束。惟同业前向订定装货之轮船，已订期限者，俟期满为止，不得将货装载日轮，如未订期者，自四月初一起，同业一律不装日轮，凡同业如有违犯，调查确实，公众处置。"①

上海各路商界总联合会在示威游行结束后召开的外交委员会常会上，议决："大示威游行举行后，应静待短时期，以待日政府之转图，一方仍须暗中联络进行抵制办法，各路由出席委员，负责相机实行"。认为"抵制应由自动，其有不明实情之商店，先行劝告，检查一事，极易纷扰市面，暂时从缓实行"。对于各路商店实行的抵制情形，决定"由各委员每三日报告一次"。②不难看出，上述议决案与基层商联会相比，方式较为温和，对于商人利益不无顾虑，因此，呈以慎重对待的主张态度。

随着对日问题日紧，对于对日贸易，较其他各业尤为密切的洋货五业联合会，各界均纷纷去函，要求其表示主张。经讨论决定："（一）通告同业以后不得再进日货，其已进者一律焚毁或封存；（二）限期举行检查手续；（三）推派代表加入国民对日外交大会；（四）劝告本国资本家及技术家，乘此抵制劣货之间，提倡国货；（五）通电外埠同业一致行动，坚持到底。"③而乘抵制日货之际，提倡国货之说在本次运动中则是首次被提到，可见，商人在组织对日实行经济绝交、抵制日货的同时，并没有忘记增强本行业的经济实力，以从长远角度来达到对待强邻之良法。

在示威运动的推动下，到4月初各地的抵制日货运动均逐渐蓬勃发展起来。在上海，总商会推定赵晋卿、袁覆登、冯少山三人为代表加入对日市民外交市民会，加强了同其他各团体的联系。④4月7日，各团体各商帮公所及公司踊跃推派代表与会参加讨论经济绝交计划大纲，并全体通过。共分四部分：第一部分，对于日货买客之办法。组织一筹备"抵制日货同

---

① 《各团体对日运动之昨讯》，《申报》1923年3月30日。
② 《商联会外交委员会纪》，《申报》1923年3月30日。
③ 《洋货五业联合会对外会议纪》，《申报》1923年3月31日。
④ 参见《总商会加入对日外交市民会》，《申报》1923年4月1日。

志会"委员会,办理联络抵制日货之同志各事;第二部分,对于为日货广告者之办法,组织撤销日货广告之事务;第三部分,对于贩卖日货者之办法,组织廓清日货委员会,专任办理各事;第四部分,对于以人工品物住所供给日人者,组织一停止日人供给委员会,专办各事。① 各路商界联合会同业会亦纷纷制定办法抵制日货。山东路商界联合会早在3月20日就确定经济绝交办法四条:(一)通告本路各商店一致勿买卖日货;(二)凡中国原料及各种货物,亦禁止运销日本;(三)请米业团体勿再将食米运往日本;(四)劝告国民立志不用日货。②

此时的日本报纸对于25日之游行大会,则"多斥为少数人鼓动,且以苏州南京等处之冷静状态为证"。为此,商总联会议决推派委员蒋梦芸,"赴苏与当地商会教育会学生会等接洽一致表示,并先期公函各机构"。为取得从根本上抵制日货,继洋货五业联合会后,再次提出需要"提倡国货",并"函请各华商实业工厂各公司等,推派代表加入本会为委员,共同讨论提倡国货办法"。同时为驳斥日方为"少数人之鼓动"说,"请各马路商店继续悬旗表示,并实行抵制日货";"印发勿买日货之浅说传单多种,分发宣传"。③ 为扩大舆论规模,还提议函至对日外交市民大会,"赶印'誓不承认二十一·务要收回旅顺大连'之通告二十万张,分寄各省区县、商会、教育会及各报馆,代为分贴,以利宣传,藉资醒悟国民"。④ 制定了初步的经济绝交办法三则:"(一)不进该国之货;(二)不搭该国轮船;(三)不流通该国货币"。沪北六路商联会在召开外交紧急会后,决定:"(一)先函劝本路各商店从即日起,不进某货,并将现有某货,归并齐全,以待本会盖章售罄为止;(二)从函告十日后,本会派调查员,至各店分别检视盖章;(三)函请各路联合会即日一体实行检查;(四)请报关行转运公司,凡有某货,一概谢绝代行;(五)函请对日外交市民大会多派调查员,向各客帮实地调查,劝告止办"。对于抵制日货运动中,不抱积极态度等业,要求对日外交市民大会"多派得力人员,向各客帮实地调查,劝告止办日货,及不受劝告对待办法",以便于"先绝内地散漫

---

① 参见《市民大会之经济绝交计划》,《申报》1923年4月9日。
② 参见《山东路商联会之讨论外交会》,《申报》1923年3月21日。
③ 《商总联会外交委员会纪》,《申报》1923年4月1日。
④ 《各团体外交运动之昨讯》,《申报》1923年4月2日。

无稽之根株"。① 在宣传力度上，上海各路商界总联合会还"邮寄全国县商会及报界之石印信函，计一千九百七十三件"，号召各地商人组织"选举公正勇敢职员，检查劣货，决定五月九日为实行抵制之期，如逾期再进劣货，一律归公议罚"。对于"各商号前所（賸）余劣货"，则主张"应设立公卖所，而保商人血本"。对于上海的抵制日货之法，认为须由各公团协助进行为好，"沪上最好由永安、先施两大公司首先发难，一致表示不买日货，并请其他有名望商号相继提倡，比较容易进行"，公决派委员二人向该公司接洽。② 4 月 25 日，先施公司致函上海市民对日外交大会，表示即日起施行经济绝交，誓不再进日货。宣言称，为实行经济绝交，已于"前日电致东洋代理人，将定入各货，除已交银未便取消外，其余一律取消"。对于已交付货款部分，称："惟已交银各货，虽催令从速赴沪，以便结束，但日人深谋，恐不难迁延，则一时不能到齐，应恳予以期限，恕免进行之碍。"③

在加强国内抵制日货运动的同时，上海总商会还致函日本商业会议所，曰："中日共存共荣之谋，为贵国有识者所倡导累年矣，而按之历年来国交变还情形，殊令人有名实未副（符）之感"。因为"较之欧洲战役英美力战助法，而事后未索丝毫酬报者，敝国自信实无愧对贵国之处"。"旅顺大连湾者，为京师之肩背，犹人身之有咽喉，扼入咽喉，而犹日与人讲亲善，其谁首信之？"并列举日本实例以说明日本政府强行占领旅大之错误，"贵国于俄国昔年谋租借对岛时，举国分开之情何若，又昔年俄人谋占有满韩以肆其威吓时，举国愤慨之情何若，一旦事移势易，遽欲以昔年受诸于人者，改而施诸于同文同种日以亲善相标榜之友邦，无人略有所呼号申雪……是望恩负义也"。所以，在历数日本政府的错误决策后，指出"如果所谓中日共存共荣者，而果出于贵国人士由衷之心理，则威胁条约之宜破弃，旅大租借地之宜按约交还，切望归国人士之平情考虑，毋惑于一时急切近利之俗论，而抛弃百年之大计"。"对于现时因此问题发生之扰攘，将使两国商业间受有连带之影响，度必有远虑深谋，促贵国当局之翻然变计，使中日两国国民得为根本上之了解。"即促日本商业会议所

---

① 《各团体对日交涉运动昨讯》，《申报》1923 年 4 月 4 日。

② 《两商总联会积极对付外交》，《申报》1923 年 4 月 5 日。

③ 《先施公司不进日货之函告》，《申报》1923 年 4 月 26 日。

代请日政府从速取消"二十一条"密约，亦归还旅大等由。① 后接日商会复函，曰："已由弊国政府答复贵国政府矣，此种既经决定之事项，辱荷指陈，深愧无以报命。"② 对此，上海总商会评价道："日商会复函虽不满意亦可唤起人心。"③ 因此，上海总商会通过抵制日货运动这样的民间经济外交手段，来促使日政府取消"二十一条"、归还旅大一事，更多的则是寄希望于自我的努力。表示"吾人对于日本国民之为难情形，自亦当加以曲谅，但因此又可证明此种遗大投艰之责任，全在我国民之勠力同心，而决非徒呼将伯所可奏效，前途辽远，责无旁贷"。④

因抵制日货运动对各界而言，会带来不同的影响，所以运动过程中积极与消极行动往往并存出现。"因海味同业，仍有照旧定进日货等情"，上海各路商界总联合会特致函该同业及各洋货公所，要求为"共救国难，或暂停营业，或改营他业"。对于宁波轮船码头已实行停止起卸劣货的起卸小工，认为"热忱可嘉"，"赠与'热心爱国'银质奖章，以资鼓励"。交通路大丰公司所出国货原料甚多，但并没有趁抵制日货之际抬高货价，而是"誓立宣言，决不增加货价，愿减轻成本出售，以表提倡国货真意"。⑤

对于经济绝交实行的状况如何，上海各路商界总联合会举行的外交委员会上，报告了各该路的实行情况，"各种奢华品，多已收藏不售，且亦无人过问"；布匹玩具等物品，"则多标明公买，由买主自愿选购，惟购者已极少数"；其他的如药品等必需的原料，因为仍有需求的缘故，虽然"仍照旧出卖"，但有表示"此后多数不愿再进日货"，既然"市上多数不愿收用，故已无形抵制"；"各马路商店与日银行款项往来，数本极少，今则已一概提出矣，故此次抵制，表面虽极安静，然成绩确及可观"。随后，报告了前次曾推派蒋梦芸赴苏宣传的情况，曰："承苏地总商会贝会长等全力进行，现已议决实行办法九种，相继执行，不可谓非宣传之力"，因此，"此后应再陆续派员分往杭州、宁波、无锡等处，实地宣传"。

同日，杭绍绸业联合会召开会议总结了近期经济断绝案的进行情况，该联合会"劝告同业各厂号勿买日人丝织机械及附属用品，并断绝经济

---

① 参见《总商会劝告日本商业会议所》，《申报》1923 年 4 月 5 日。
② 《日商会覆总商会函》，《申报》1923 年 4 月 13 日。
③ 《总商会常会纪要》，《申报》1923 年 4 月 18 日。
④ 《总商会关于外交之通函》，《申报》1923 年 4 月 19 日。
⑤ 《各团体对日运动之昨讯》，《申报》1923 年 4 月 9 日。

案"的对日运动，是于 3 月 24 日由所在地的对日外交市民大会议决后实行的。对于不买日货、断绝经济等各项办法，该会认为"凡我商人，自应一律遵守，以尽国民天职，但恐或有少数商人，阳奉阴违，致殆虎头蛇尾之讥，不特无益，反招其辱，拟由本团体单方进行，备函通告同业各厂号，以后一律勿买丝织机械及附属用品，并断绝经济，坚持到底，始终勿懈，以萌日人之野心，冀促彼国政府之觉悟"。① 并致上海各路商界总联合会表示，"倘有所需，本会愿任调查介绍之职，以期实行，补救之法"。② 对于监督商家是否真正实行抵制日货一事，在上海各路商界总联合会举行的外交委员会上，对于东洋庄停售日货案，"公议再致东庄洋货公会，催其答复，是否与本会同意，停止办货，有无开会通过实行"。

如以上内容所述，在抵制日货过程中，有的商家已自动实行经济绝交，而有的尚在观望之中。为切实落实商家自主实行抵制日货，上海各路商界总联合会致各分会专函，"务乞贵会即日召集贵路商店，讨论实行经济绝交计划，并组织委员会，同查贵路现存日货"。③ 旅沪商帮协会做出回应，"曾于上次常会议决，除将已买定之货，限期装运等情登列各报，本日经各帮帮董到会议决，所有从前已买定未装完之货，展至五月七号国耻纪念日止，不再装运"。对于报运出口之物，"即转知各报关行，勿代报运"。④ 国民对日外交大会也于救国联合会第八次会议上，对前次所提对日经济断交计划做了讨论，原计划的第四条关于处分私运及私卖日货的办法，原文如下："一经检查确实后，轻者宣布其姓名，商号于各报，将货封存，重者摄影悬诸通衢，及送登各报。经上星期四大会时讨论，有谓办法过激，恐激起意外之举动，公决保留。"修正后改为："一经检查确实后，宣布姓名商号于各报，与众共弃之，可否由本会通过，并无异议。"⑤ 各至 4 月 25 日，多致力于制定具体的抵制日货运动的实施步骤，便于识别国货日货的方法，以及扩大经济绝交、抵制日货的宣传力度。例如，对于抵制日货的实行条件经会议议决："（一）现存日货积陈一隅，标明日货，并另编日货品名册（以本店所有为限），悬于店内，任人观察，以免

<hr/>

① 《各方面对日运动之昨讯》，《申报》1923 年 4 月 12 日。
② 《各方面对日运动之昨讯》，《申报》1923 年 4 月 14 日。
③ 《各团体对日运动之昨讯》，《申报》1923 年 4 月 15 日。
④ 《商帮协会限期止装劣货》，《申报》1923 年 4 月 17 日。
⑤ 《国民对日外交大会委员会纪》，《申报》1923 年 4 月 18 日。

混淆；（二）已订未到尚在途中之日货，以本店配货底账为凭，方准收进；（三）通函往来各户，自即日起如径行寄发者，无论收到与否，盖不付货款，作为入境焚毁论，以免再进，或由将来监查人交原班退回亦可，与本店均不负任何责任。"① 为使国货不被误认为日货而被处理，还"征求各马路分会职员会，各就熟悉业务，调查国日货，以便将来汇集成册，俾资国人识别"。在扩大宣传力度方面，除了"推派热心专员分赴各轮埠车站，调查有无运售劣货，或将劣货改换牌号运往内地情事，一有发现，即用邮电报告运往地埠有力团体，设法劝告该地各商号，不进该货，以为抵制"外，还"督请热心商界名流为该会会董，并征请其发表对于经济绝交之言论，集思广益，务达国民外交胜利之目的"。② 随后又通告各商界联合会"即日劝告各商店，将旧存日货，开明目录，另储一间，并由各分会组织调查会，实行调查所存日货之统计"。③ 为调动各大公司参与，还"广推代表与各大公司极力酌商经济绝交及不进日货"，同时重视宣传报刊的媒介传播力量，"推举一栋数人，专调查各报纸杂志有无登载日货及冒充国货之广告，当设法极力阻止"。④ 对于刊载日商广告，为日商推广营业的报刊，国民对日外交大会委员会经讨论公决，"由本会致函各该报馆，请其即日停止刊载"。⑤

因 5 月 9 日，系民四"五九"八周年国耻纪念，各地商人组织就国耻纪念会之进行事宜纷纷进行讨论，以激昂民气，鼓动对日经济绝交、抵制日货运动，彰显民间经济外交的力量。早在 4 月 16 日，国民对日外交大会各委员在救国联合会第八次会议上，就决定"开一国耻纪念会，并请本会委员长徐谦亲书，国耻纪念等字样，先付石印多件，分给赴会人士，以志不忘"。还"于国耻纪念日编印国耻纪念特刊，定名为民四五九第八次国耻纪念号"。⑥ 4 月 18 日，上海对日外交市民大会执行委员会开会，议决："（一）通电全国，请其于国耻日开会，作对日经济绝交之大规模运动。（二）本埠于距"五九"一星期以前，由本会总务、庶务、交际三

① 《两商总联会消息》，《申报》1923 年 4 月 20 日。
② 《对日运动之昨讯》，《申报》1923 年 4 月 21 日。
③ 《商总联会实行调查日货》，《申报》1923 年 4 月 25 日。
④ 《商总联会消息》，《申报》1923 年 4 月 26 日。
⑤ 《国民对日外交大会委员纪》，《申报》1923 年 4 月 18 日 。
⑥ 同上。

股，假定地址一处，为公共集合之会场。（三）函致总商会、南市商会、各马路联合会，转告各商店，休业一天。（四）函致各学校、各工厂，休业一天。（五）请各商店学校工厂住宅悬贴警告字句，或书'民四五九八周国耻纪念'或书'对日经济绝交'，'泣请万众一心'。（六）函致各报馆各通讯社鼓吹。（七）本会宣传股于是日分队演讲。（八）本会编发八周国耻纪念刊，搜集近数十年来历次对日外交失败史料，由宣传股负责，其他职员辅助之。（九）编制国耻纪念标章，绘激发国人之图形于其上。（十）劝各舞台演国耻纪念剧。（十一）编制国耻纪念书及国耻纪念歌。（十二）所有印刷物，除由本会职员担任分发外，并应商请各学校学生辅助之。"① 对日外交市民大会执行委员会通电全国："定于国耻日（五月九日）集合在上海工商学等界开会，一以师夫差不忘越仇之用意，一以励对日经济绝交之进行。"5月9日为国耻的理由有二：一为"耻在国民偷安，不克行使其主权，坐为日本所轻视"；二为"耻在袁世凯当道预萌帝制之妄念"。②

4月18日，上海市民大会执行委员会附设的抵制日货同志会召开第二次会议，总商会代表冯少山为主席，议决"以联络同志，劝勉不买卖日货为宗旨"，"凡中华民国国民，皆得为会员"，并制定了抵制日货同志会章程，共计7条："（一）本礼以联络同志，扩大不买卖日货范围，鼓吹任何团体或个人，自由联合组织抵制日货同志会。（二）任何团体或个人组织抵制日货同志会时，先向抵制日货同志会筹备处通函报告，由筹备处以函列先后规定第一会第二会名称。（三）任何抵制日货同志会，其章程须与筹备处所规定者一律。（四）任何抵制日货同志会，至少须于成立后一月时，征集会员五十人以上，随时以姓名、住处、报告筹备处。（五）任何抵制日货同志会，于征集会员五十人时，约公推代表一人报告筹备处，预备联合多数代表，组织抵制同志会之总会。（六）本筹备处俟抵制日货同志会成立，在一百数以上时，将一切手续移交各会，所推之代表，由各代表担任继续筹备事务。（七）继续担任办理筹备事务各代表，俟抵制日货同志会成立在二百数以上时，讨论组织总会。"并定于星期六下午6时开

---

① 《市民会执行委员会开会会纪》，《申报》1923年4月20日。
② 《市民会纪念国耻之通电》，《申报》1923年4月21日。

第三会议。①

4月19日，国民对日外交大会开会，就前次保留经济绝交计划第四项：处分私运及私卖日货商的办法，经讨论修正为："一经检查确定后，宣布其姓名商号于各报，与众共弃。"还规定"干事部办事时间，定于每日午后六时至八时"。②

4月21日，上海各路商界总联合会开会，议决对日经济绝交之案件数种："于信封上加盖'经济绝交，万众一心'，'否认二十一条'，'收回旅大主权'，'提倡国货'，'抵制日货'等字句，以利宣传，议决由总会通告各分会铺号照办"；"于店号所用之发票庄票及一切票据上，亦刊印《抵制劣货以雪国耻》等字样，议决亦由总会通告各分会转请各店铺昭告"；"征求热心人，组织一宣传对日经济绝交同志团，广为鼓吹"；"推选张滇叔君为赴湖南特派员，梁百祥为苏州特派员，与商会及各团体接洽，对日外交，务作一致进行"。同日，法租界烟兑同业众和社于法租界商联会开常会，表示"已进之劣货，俟销售罄尽为止，以后决不再进"。最近加入市民大会的账员公会，也为抵制劣货之事发出意见书称："请各公团自动召集，全体一致宣誓，嗣后不再贩卖或使用日货，同人中如查阳示附和，阴行破坏者，认为全体中之败类，将其事迹罪状揭诸报端宣告除名，无论同联会、同业公会以及各学校各工厂，行号均不得再有此人名籍。并取消其固有之权利，不复齿于人类，使其于社会上无容人地位。"③

为在全国范围掀起抵制日货运动，做政府外交后盾，上海各路商会总联合会特派往台州、温州以及沈家门、定海四地的国民外交经济绝交代表们，对于各地实行情况做以下报告："台州商会召集市民开会，设立检查日货处各轮埠，严行调查日货，各货到时，均须加盖"验毕"二字截记为凭，方可出售，如遇日货，即发入堆栈，宣言待'二十一条'撤销后，方能发运，检查之职，皆由各校学生及热心人士，循环交替，以免流弊。""温州于三月二十八日，召集国民外交大会，宗旨与上海市民大会一致，劣货早已不准进口，现存日货，限于五月九日为止，一律封存，不许出售，全体均极赞同，盖温州华商被日人侮逐后，全埠人士，皆恨极刺骨。"

①　《抵制日货同志会之筹备会》，《申报》1923年4月20日。

②　《国民对日外交大会开会纪》，《申报》1923年4月21日。

③　《对日运动之昨讯》，《申报》1923年4月22日。

"定海于四月二十四日，假都神殿开市民公会，由朱捷三主席、周少兰提议请陈君报告申地经过情形（陈君发言从略），当场公决现存劣货，一概封存，零货限二星期为至，不达'二十一条'取消目的，一致坚持到底。""沈家门聚集商人组织检查劣货团，经费由商会担任，'经济绝交''撤销二十一条'等印刷品触目皆是，所存日货限于五月七日为止，完全断绝交易。"继商联会派员至苏州调查抵制日货情形后，全国商联会苏事务所中华全国商会联合会江苏省事务所就中日交涉，我商人应持态度及对付方法，致函上海南北市商会："（一）立电政府严词驳复，如再被拒绝，吾人应取自动对付方法：（甲）实行经济绝交；（乙）建议全国商会联合会总事务所，将二十一条及旅大经过事实通告友邦，请求援助；（丙）请由全国商联会据理诉诸国际法庭；（丁）实力提倡设立国货工厂。（二）经济绝交，应有分别事项：（甲）已买进劣货；（乙）已在途之劣货；（丙）已购进之劣货。以上三项，须在事前报告各当地商会及各业公所，给予证明书，俾清界限，如在事后发生，由商业全体公决处置之，以免外界干涉。（三）自动监察方法，由多数商人组织监察团，认真检查，但须非洋广货业中人。（四）尚有注意事项：（甲）不卖粮食于日本；（乙）不卖原料与日本（如棉麻等）；（丙）不乘日本轮船（请上海公票局不再与日本订定合同）；（丁）不用日本纸币；（戊）不存款于日本银行；（己）不住中国各埠日本旅馆；（庚）不租房地与日本人（凡已租契约期限未满者，不在此内）"。并表示"以上各事，皆为我商民团体及个人力量所能办到者，兹特录案通告，务请一体照行，作政府之后援，促东邻之反省，万众一心，毋忘国耻"。① 其中，颇引人深思的是首次提出了由全国商联会据理诉诸国际法庭的建议。

对于江苏省事务所寄来的中日交涉中商会应持的态度，以及对付方法一事，总商会复函表示对日态度，"大致主从速编订国货调查录，及普劝全省商会速设简单之商品陈列所，以便国人屏绝劣货而改用国货"。②

至4月，为发起对日经济绝交、鼓动抵制日货运动，各商人组织做出了积极的行动，但还有需要注意且应改善的地方。例如，市民大会执行委员潘震亚就全国对日运动的进行指出，一是"沪上为全国交通枢纽，若不

① 《对日运动之昨讯》，《申报》1923年4月28日。
② 《总商会复函对日态度》，《申报》1923年4月30日。

首先停止日货之运输，外埠纵热心抵制，亦无法阻其输入，而奸商则有所藉口"。二是"虽本会组织之分子，多半商界团体，而于商人利益，不无顾虑，主以慎重出之，言者未尝持之无故，而不知本会不宣布经济绝交之期，即为暗示奸商于未实行绝交前，可以买卖日货，姑息适以长奸，默言何异放纵，本会既为鼓吹抵制日货之机构，应有积极之表示，不应有此灰色态度"。为此，国民外交大会来函："本星期六常会，应即确定实行对日经济绝交日期，务与国民对日外交大会同时检查，以示一致，未宣布绝交期前，勿再派员在外调查，以杜流弊。"①

在商人组织的抵制日货号召下，各种日货的输入数量"已逐步减少"，虽然"纱与布，因社会需要关系，来源尚未完全断绝"，但"数量较前已大减"。这从日本棉业公会报告中便可做出判断，"上周间（自 3 月 22 日至 27 日）本埠日纱输入总额，为四百七十九捆，比较前周减少一百二十七捆，棉布输入额则为二百十捆，本周间各市场交易清淡，预料输入额，必更减少"。②另据日本各邮船公司报告，最近由日本转运来华的各种日货中，未曾脱售而暂存于各货栈者，"计有十二万一千四百七十五担之多，比较上月多一万二千七百八十四担，尤以砂糖、海产品及棉纱等为最"。日方认为"此皆因中国各方面抵制之故，惟此后当不再增多"。因受此影响，连日来沪的各邮船，"多半空船，无复有大宗日货运来"。③上述损失，给日方敲响了警钟，日本特派员来沪，搜集中国各地关于此次对日运动的事迹及文件印刷品等，商总联会认为"此举与交涉前途，颇有利益"，故希望"予以助力，代为搜集"，议决通告全国各公团代为征求"全国各处对日运动之传单、文告、旗帜以及其他各种发表之文件与记载之事实等"。④另据统计，4 月中旬，到沪的日轮上海丸上所运的"申货仅有一百九十一件，而且完全为清水，供该国民食料用"。⑤此外，"自抵制日货后，日糖不复畅销，太古等糖，因来源不涌，故价提涨"。⑥上述数据虽说只是抵制日货运动初期的一些表现，但由于"日本年来对外贸易跌落，今年首

---

① 《各团体对日运动之昨讯》，《申报》1923 年 4 月 29 日。
② 《交涉声中之日纱布输入》，《申报》1923 年 4 月 5 日。
③ 《本埠日货存数之调查》，《申报》1923 年 4 月 5 日。
④ 《商总联会外交会纪事》，《申报》1923 年 4 月 7 日。
⑤ 《行业消息》，《申报》1923 年 4 月 20 日。
⑥ 《抵制声中之糖市》，《申报》1923 年 5 月 1 日。

季对华贸易，又复入超"，世界新闻社引东报的评论认为日本对此"颇多悲观"，"足资吾国工商界之注意"。① 美报社评论道："倘华人排货运动扩大，则下季中逆差势必加甚，无怪日人恐慌也。"②

自中国各地发生对日运动后，日本各方面反应甚多，驻华的各日本军舰中除了第一遣外舰队外，"均藉保护侨商为名，纷纷下令戒严，特别警备"。且"闻日政府以各舰队将士，颇著勤劳，特派侍从武官隆意来华宣慰，并传达日皇之某项特别使命"。③ 有国人在江轮中与日商就"此次我国各界为贵国不交还旅大，取消二十一条，实行经济绝交，抵制日货，诚中日间商人之不幸"进行交谈。日人芜湖真隆洋行总经理凑真二认为，民国至今的 12 年间，中国国内年年有内乱，政局极其不稳。虽然"人民日以争外交争主权相号召"，但是"政府则专事内争，争个人之权利，生灵涂炭，债台高筑"。因此，"中国权力而返还之，中国未必有此力量以接收。南方孙中山先生，虽不若北方之自私自利，而抱有为国为民之主意与诚意，然亦无法于最短时期，剥除根深蒂固之北洋势力。果中国青年与各界，暂以对日运动之精神，以澄清政治、消弭内乱，使真正民治实现，国家具有条理，则日本应还之旅大，应取消之二十一条，自必履行，何待中国之力争，况中国外交，觉只对日。总而言之，中国人民与政府，若长此意见两歧，直如烂泥田中人，而失方向，急而乱跳，愈陷愈深"。此言论中不难看出日本拒绝废撤"二十一条"、归还旅大的民意基础。对此，我国人忠告道："当我国此次对日经济绝交，抵制日货未发生之先，贵国即以军缩影响，发生失业问题，经济因而恐慌，现在更经我国绝交抵制，则原料必将缺失，工厂或因而破产，劳动者失业问题，将演成绝大风潮，盖目前贵国民中无产阶级，于中国之对日外交运动，颇能谅解，而我国国民，亦愿与贵国国民谋真正之亲善，贵国政府，若此时尚不觉悟，则前途似亦不堪设想。望君等目击我国人民对日运动之激烈与坚决，即予贵政府以忠告，庶可免东亚大流血之惨剧。"④

进入 5 月，抵制日货运动日益发展起来。南京路商界联合会，为实行调查日货之事，举行了临时紧急会议，到会者计 37 家代表 43 人。主席总

① 《东报论日本商业近况》，《申报》1923 年 4 月 29 日。
② 《美报论日本对华贸易》，《申报》1923 年 4 月 26 日。
③ 《日政府派员慰劳驻华军舰》，《申报》1923 年 4 月 29 日。
④ 《皖江归客与日商之谈话》，《申报》1923 年 4 月 27 日。

结自各公团决议实行经济绝交以来，早已经实行调查日货，但是由于"本会商店众多，业务复杂，如调查手续，偶一不周，即易发生误会，应预先防范"。同昌车行建议"先由本会将调查录报告市民会，一方请其慎重，推派有经验之人员来会，再由本会派员陪同复查"。先施公司的代表谓，"抵制日货实为良心上之主张，敝公司已一再宣言，不再买进"，并认为调查手续，确应慎重，主张"请市民会将调查日期展示，并先将调查人员之职业经营住址，以及其调查办法，详细展示本会，再由本会分送各商店，一方将本会调查录，送交市民会，并定期请其前来会查"。经议决，除致函市民大会外，"（一）通告各商店遵守本会前次议决案，不再买进日货，并再发调查草案，请其将旧存日货注明，报告本会，然后请市民大会派员前来，会同本会职员往查；（二）五月九日，一律休业一天"。①

关于5月9日国耻纪念会事宜，商联会议决："由本会通告各马路分会，传知于是日一律休业一天，并各推代表，加入市民大会之国耻纪念会，各该会会员，亦请其自由加入，应用张贴之招纸，由本会印送转发，文曰'国耻纪念，休业一天'。"对于检查日货一案，议决："由本会通告各分会，自行推派熟悉情形之职员，会同本会代表，实行调查，其一切行动，均由各该会负完全责任，市民大会，如何向各路调查时，亦得请其酌量派员加入，惟必须先于各该路商联会接洽，以免误会纷扰。"②

为顺利推进抵制日货，应着手调查现存日货、预订日货以及被日本订购华货之数，上海对日外交市民大会对于上述三类，决定"印具表式，准于五月一日邀同南京路商界联合会干事至南京路调查，按照调查规则，须先与各公司各商铺执事人接洽，然后调查。至于是否清填表式，盖听其自动，凡担任调查者，均携有调查证，此后逐日调查，至完竣为止。调查职务，由本会调查股干事轮流分班担任，当欲将其名单送各报披露"。并附送对日经济绝交计划大纲于商界领袖团体——总商会，"恳从速通告本埠各公司各商铺，俾利进行，而免误会"。与4月7日公布的对日经济绝交计划大纲相比较，四大部分的大纲内容有了更为具体详细的规定。对于日货买卖及宣传的办法："（一）组织一抵制日货同志会筹备处，办理联络抵制日货之同志，各争抵制日货同志会应做之事。其中，（甲）假定公众会

① 《南京路商联会对日运动之昨讯》，《申报》1923年5月1日。
② 《商联会委员会记》，《申报》1923年5月1日。

堂学校，或其他可以集会之场所，作为会员分地集合之所；（乙）入会者须填志愿书，表示不买日货之决心；（丙）入会者酌量交纳入会金。（二）编集日货调查册。（三）编制对日国耻史做演讲资料。（四）组织大规模之演讲团，分赴各埠各乡镇各街市演讲对日经济绝交之理由及办法。对于为日货广告者的办法为，劝告各日晚报各广告公司各影戏院，停止关于日货广告一切营业。对于贩卖日货者的办法：（一）分发不买日货之标记，交绝对不卖日货之商店钉贴。（二）调查各寄售商已进之日货及订货商已订或已到之日货。（三）请各订货商停止订日货。（四）调查日货之必需品，及可以代替之国货。（五）请南北报关公所及转运公司，召集已入公所及未入公所之各报关行及各转运公司，开会讨论停止运输日货之办法。（七）商请各报增刊日货存数表。（八）通告全国各埠各镇，请设法阻止日货运入。（九）联合各埠各镇，为一致之行动。（十）组织有秩序之日货检查队。（十一）商请银行公会钱业公会，通告已入会及未入会之银行钱庄，停止对日款项往来及停止日本货币。（十二）劝告全国国民，勿向日本保险及勿向日本银行存款，其旧存款项应速设法提出。对于以人工物品住所供给日人者的办法：（一）调查我国连往日本商品原料之种类及供给者。（二）调查日人所住房屋之房主。（三）调查以人工供给日人者之种类及姓名。（四）调查供给日人物品之机关及商店。（五）研究按步停止供给之办法。"①

就号召同业抵制日货一事，公共租界广西路乐余里上海电业公会于本月8日召集职员会议后，致函上海各路商界总联合会，表示为贯彻取消"二十一条"之目的，经会议公决："由敝同业各自查明，具报敝公会，并自即日起，不得私进日货"。其理由为"当欧战之际，西洋舶来稀少，需要各货，来自日本，为数固多，迄乎欧战告终，外洋来货逐渐恢复原状，价格平允，大都与日货相伯仲，敝业多数自必弃劣就优，现在底存无几"。② 同日，上海各路商界总联合会（山东路）议决："一律实行调查就存日货，并禁止新进"。并由外交委员会发出调查单2万张，分发各路，实行调查。其中，还列有自愿书，内容为："立自愿书某号，兹因日本朝野对于我国口头亲善，实行侵略，我商界为保全领土主权，自救祖国存亡

<hr />

① 参见《总商会通告着手调查日货》，《申报》1923年5月3日。
② 《电业议决停进日货》，《申报》1923年5月10日。

起见，遵照各界公议，对日经济绝交，不在买进日货，以示决心，如将日货冒充国货或作西洋货者一经查出，以为甘心破坏公议，立此自愿书为证，并将现存日货开列于后"。另，法租界商业联合会对日经济绝交问题，于上星期日常会议决，自"五九"国耻纪念日起，实行抵制劣货，并拟就调查劣货报告书，附函分送至本租界内各商号，其文谓："务请贵宝号将现存及订货或由日本人够订华货分类详细填注，于阴历本月底前，送交本会，转报对日外交市民大会，以备稽发，事关重要幸弗轻视。"①

随着抵制日货运动的日益发展，运动中出现的问题也日益凸显，商人组织就此做出了适时的调整及改善。例如，上海各路商界总联合会自分发调查书，向各马路商店调查日货后，连日以来，已经有多数填报到会。但是，发现其中存在的问题则是"各处秘密报告私通日货之函件亦颇众多，其中确实有据者固多，挟嫌妄报者亦数不少"。若"不慎重防止，极为危险"。故决定："嗣后各路商店填报调查单，均须照实填报，并具名盖章。凡有告发私进日货者，亦团体派员至各马路商店调查时，亦须由各团体先期具正式公函，注明调查员姓名人数，各该路商界联合会转知，接洽妥当后，再行派员陪同往查，以免纷扰。"② 因国货中华火柴公司的火柴在芜湖被认为日货不许提岸一事，上海总商会代电芜湖总商会证明其为误认，列明了此火柴为国货的具体情形。谓："一生洋行原有龙船、双美、寿桃三种火柴，民国九年五月，该行经理杜炳卿，改向中华火柴公司定制，是以商标上刊有该行之名，而加列上海中华厂制造字样，以凭辨认。厂家承认外间订货，向凭客家指定牌号，并可于商标上刊名订货行家之商号，此为招揽主顾起见，系属商场通例。"对于如何区分是否为国货，建议"以制造者是否国人为断"。从此条件来看，"中华火柴公司设于浦东洲浦，上年敝会商品陈列所开展览会时，该厂曾送有出品多种，迭经延请专家审查，确系国货，分等给予奖凭有案。应请代为转达尊处外交后援会，迅予放行，万勿误会"。另一例则为崇明久隆镇发生学生误认日货焚烧布匹事件，振华堂洋布业董事致函总商会，请为辨正索赔，免亏血本。原函云："据数同业裕恒函称，敝号二月十四日由聚丰公司报装西货，运至崇明久隆镇源丰衣庄，计三匹，合银三十八两六钱；公顺衣庄计三匹，合银十一两一

---

① 《对日运动之近闻》，《申报》1923 年 5 月 11 日。
② 《商总联会慎重调查日货手续》，《申报》1923 年 5 月 16 日。

钱。"但被北新镇三高学生在海门轮局检查的时候，误认为东货，扣留焚烧。因此，速请上海商会移至久隆镇商会会长许乃文严重交涉，追赔原价，并分析道："窃思敝号向以批发为大宗营业，每日出运甚多，若不分皂白，见货焚毁，无异野蛮手段，将来批发前途，大有窒碍，于商会前途，关系非轻。"①

商总联会除了对本地区的抵制日货运动起着主导作用外，对于全国各地的运动也发挥了不可忽视的作用。接到湖南特派员易佑龄电称，"长沙对于经济绝交一事，形势极为严重"，现虽然遵照商总联会的宗旨，积极进行中，"但宣传责任一人，实难普遍，拟请总会再派代表一人，共同办理"。商总联会接电后，经由到会议董讨论，决定派宣传员前往支援。②

关于抵货运动的一些认识，《近代中国国货运动研究》曾论述道："抵货运动由于其触发的动因是政治因素，虽然其斗争手段采用经济方式，但斗争目的仍一切以政治目标为转移，较少顾及抵货的具体经济效果。这种抵货活动在经济上往往带来较多的盲目性，对不同的进口产品也缺乏具体分析，在实际上也往往对我国自身经济的发展带来损害。"③ 其实这些在此次的抵制日货运动中也有着充分的体现。例如，上海的东庄洋货公所，向来在买卖日货方面为数颇巨，自各团体议决经济绝交且对其发出抵制日货要求后，"已撤回坐庄，停办日货"。但据该公所发表的宣言来看，正如上述论述所言，抵制日货给其自身经济的发展带来了损害，对此，该公所称："查吾业于对日抵制一事，历次所受影响之痛苦，当较他业为甚。"但更为可贵的是，此公所以提倡国货为根本改革的精神来弥补自身在运动中所承受的损失，宣言道："幸吾同业根本觉悟，知非振兴实业，提倡国货，绝难持久图存，故自初次风潮发生之后，即以创办工厂推销国货为己任，数年以来，成效卓著，日用品日渐增多，凡此成绩，不特足以证明吾业对日抵制不遗余力之决心，而亦足以表示同业提倡国货根本改革之精神。"另，对于"从事于工厂制造方面，凡属日用杂货一类，其已经制造者，研究精进而扩充之，起尚无用出品者，设法仿造而替代之"。④

市民大会组织的抵制日货同志会委员会第三次筹备会于 5 月 19 日晚讨

① 《误认国货为日货之办正》，《申报》1923 年 5 月 16 日。
② 《商总联会对日运动讯》，《申报》1923 年 5 月 17 日。
③ 潘君祥：《近代中国国货运动研究》，上海社会科学院出版社 1998 年版，第 49—50 页。
④ 《东庄洋货公所宣言实行抵货》，《申报》1923 年 5 月 17 日。

论筹备多时的各项章程，议决各案如下："（1）将原定会员入会储蓄会每人一元之规定取消，以期容易发展；（2）请各公团先行自动组织；（3）分发各种印刷品样张，志愿书由本会设法印就，分发各处应用；（4）其他各项进行，请各委员负责进行，下届开会时，再行续议。"①

同日晚，上海市民对日外交大会执行委员会也召集紧急会议，讨论抵制日纱等案，到会28团体，委员35人，旁听团体代表4人，纱厂联合会出席代表1人，首报告各处来函6件。（1）上海总商会催编调查录及商标案；（2）全国各界联合会加推代表翁吉云案；（3）西书业推派周生发、刘有容为代表案；（4）其他关于查询日货之公函二件，次各股主任报告办理各事，交际委员报告接洽各业领袖及纱厂同业等情形。报告毕，即讨论上界保留之国际联盟会议推派国民代表案，先由原提案人说明理由，讨论颇久，议决准派代表赴会宣传，并向国际法庭控诉，其人选及经费等问题，会同总商会及其他各相当公团合力筹商进行，并委托出席总商会临时代表4人，提出临时动议；次讨论上次保留之调查日货办法三种，议决，付下届继续讨论；末请纱厂联合会出席代表张君陈述意见云：联合会因接到公函，为时已迟，故不及开会推派正式代表，兹鄙人所欲与在会诸君告者，即中国纱厂界因原料及技术等种种关系，纺成之纱，大都以粗纱居多，细纱锭子既少，出品尤寡，是以用户不得已而多购用日纱。即就粗纱言，就目前各纱厂锭子数计算，出品亦万不足以供全国人民之需要，其中缺额，亦多仰求于外纱，故言之实极痛心。惟近来各华商纱厂，亦多能力求进步，如溥益鸿裕各纱厂，均能纺32支等细纱，民生、厚生、德大等，亦均有细纱出品，故虽未能完全抵制，尚足挽回一二，自对日运动发生后，各地用户，多能凭良。②

随着抵货运动的深入，5月下旬，日本驻华大使饬令驻沪总领事设法向各国领事及中国政府，要求严厉取缔排日运动及抵制日货等活动，并提出禁止一切宣传排日运动之公私团体的活动。③ 在日方步步紧逼的外交压力下，北洋政府的态度发生了变化，对抵制日货加以干涉、压制直至最终取缔。在内外交织的强压下，抵货运动虽然有所缓和，但抵货号召以及行

① 《抵制日货同志会之进行讯》，《申报》1923年5月21日。
② 参见《对日市民大会紧急会议录》，《申报》1923年5月21日。
③ 参见李新等编《中华民国大事记》第2册，中国文史出版社1997年版，第44页。

动仍持续至 8 月份。

进入 6 月，自全国国民群起为对日运动，一致主张经济绝交后，沪上各团体调查抵制的情形仍较热烈，山东路商界联合会致函各商店云："我国对日外交，日形危急，若非国民自决，而专望政府，恐终不能如愿以偿也。"为救国保家，作为国民分子的本会同人，责无旁贷。经市民大会公决，"先行调查现存日货，以便设法公卖，传与对日经济绝交，得能坚持，而与商家又无损失，处事和平，谅所共观"。因本良心的爱国运动起见，特印制立誓单，"务请各商号公司一致决心，自行填交本会，以便登册，永留纪念，得能达到补救目的，则我商界之热忱荣誉，将传播于世界矣，千钧一发，万勿观望"。另，还至商总会调查函，"紧急会议决调查事宜，应积极进行"，"请贵总会会同各马路商联会妥速调查，在二星期内，填就表册，赐交本会，以辅进行"。抵制日货运动中，因有日货冒充国货销售之事，各路商界总联合会特对此进行调查。其中，接到华盛纸版公司的来函，分析其原因为："概自我国发生抵制潮流以来，各业提倡国货，不遗余力，但劣货纸版，迩来销售中国，非特不减，抑且增多，推原其故，盖野心家以利用吾国商人，故意将劣货冒充国货，以贬价出售，而国人不明真相，尤为贪图便宜所致。"并表示"敝厂开办经年，实事求是，现值经济绝交高唱之际，敝厂特减价招徕，藉尽国民天职，务希贵会加以提倡"。[1]

上海作为与国外联络的窗口，日本商品多自此出入，所以在抵制日货运动进行中，为严把日货进入关，四川荣县商会代表致函上海总商会，表示："议决自接贵函之次日起，以后敝县全境，一律不买日货，非达到撤废'二十一条'与收回旅大为目的，不得与之交易。惟是日货输入，以沪上为总汇之所，尚望贵总会毅力主张，督饬各商，严予拒绝，不使运输入口，庶吾国之劣货，尽绝根株。"同样，成都总商会也致电上海总商会、旅沪川商协会、重庆总商会，称："本会洋货等帮会经电沪川商协会，与该国为经济之绝交，本会现取严重主义，随时派员，分到检查，遇有劣货，即当众毁销，表示决心，惟成都劣货，系由上海重庆贩来，应请贵会就近阻止贩运，以绝来源为荷。"[2]

---

① 《各团体对日运动之进行》，《申报》1923 年 6 月 2 日。
② 《内政纷扰中之对日运动》，《申报》1923 年 7 月 3 日。

　　与日方官方相呼应，日商人组织亦积极参与反抵制运动中。为此，7月20日，上海各路商界总联合会致函留日学生会，愤慨道："日人因感受我国抵制之影响，老羞成怒，长沙事件，实其表征，近又在上海开商会联合会，理屈情急，竟有强硬反抗之表示，我国民始终取冷静态度，无隙可乘，日人虽横，其奈我何。"另，从来自日本的商人口中得知，此次抵货运动，使日本国内工厂大都停止工作，造成的打击较大，日人深感痛苦。"现正设计勾结我国驻日商人，诱以重利，将大宗货物，运销我沿海各埠，藉达破坏目的等情。"对此举，"国民应起注意，敝会恐抵制前功尽弃，特函请全国各界严行侦查，并派员向各界各业，切实劝告，并再函恳贵会严密调查，并知照在日各地留学诸君及华人商业机关，一致动作，俾得贯澈主张，藉伸正义"。①

　　随着日本总领事频频函请设法劝阻排日抵货会等，上海总商会致许交涉员公函，谓："自清季二辰丸事件以后，人民相率停用日货之举，迄今已有数次，其绝非出于一部分人民偏激之感情作用。"并列举出东京读卖新闻社论对我方举措，表示谅解一例，"该报社论有云，中国人之排日主义，有深固之根蒂，决非一时的方法所能消弭。日本人果欲应付华人排货行动，不当仅就当前之事态，从事对付，而当更进一步，深考中国人民愤恨日人之真因。若日本及日本人从前确曾予华人以憎恨之真因，今必须努力移去。至于我帝国政府若用过当之严峻方法，遏止中国排日运动，吾人断不赞成，险峻方法，或可以得一时之解决，但将来爆发，情形必益锐厉等语"。即以上报纸社论所代表的国民舆论，指出了抵制日货运动的原因所在。总商会对于日领所称速行一律解散一事，表示："无论人民自行集合团体，严订规约，循贸易上一定之轨道，改向任何一方采运货物，纯为商人营业之自由，非任何势力所能左右。即便为过度之压迫，得以一时弥缝无事，亦如读卖新闻社论所谓，祸机愈酿愈烈，决非两国商业前途之福。"因此，"谨向日本领事致其忠告者也，所谓憎恨之真因为何，所谓必须努力移去者为何事"，"请贵署将以上情形，据实转致为荷"。②

　　虽然商人组织以抵制日货运动的方式，向国内外展示了民间经济外交

---

① 《商总联会致留日学生会公函》，《申报》1923年7月21日。
② 《总商会关于排日抵货之要函》，《申报》1923年7月29日。

的力量，但是，对于抵制日货运动中出现的问题，有舆论指出"华商并不热心排货，排货热现已经过顶点"。并以匹头货为例，列举了华商不热心排货的实例。据统计，"本年首六个月内此项日货进口，超过去年同期，夫此等货之订单，当然在抵制日货未曾发动之前，早已订定，惟抵制日货自三月初起即已实行，而上海此项存货，比较从前同期，并不见多"。"由此可见中国商人中，虽不乏昌言赞成排货者，但实际上并未加力于排货，上海方面对于排货，殊不努力，华商且不讳言出售日本匹头货，且有谓非至为势所迫，将不变计者。其他各处，则用移换商标等法，继续为日货之买卖，其中且闻有将英国商标用诸日货者。"因为一般学生以及其他的排货者，并没有辨别日货与他国货物的经验，所以论者认为："华商既不肯宣布所存日货，又为作伪之手段，长此不已，则匹头市况之清淡，自难望其变更。……则近来英货要求忽然增加，尤觉耐人寻味，此中情形，盖之复杂，即该业中人亦不敢擅下断语。"当然对于抵制日货运动中确实给日人以打击的商品，也客观地做了描述。试举例来看，"日本向有茶制品大宗输入中国，为华人所嗜，此次长江流域一带，抵制甚烈，此物品进口，实际已完全停止"。此外，"日本煤进口亦全停，华人力阻日船装煤进口……挂日旗之船，竟不能得驻泊所，码头苦力，均不为卸货，日本人不得已，雇华船或他国船为之"。尽管如此，但是"中国船舶主有者，对于出租一层，并不反对，此亦足证华商界并不尊重排货者之努力"。以上即为自抵制日货运动开始以来已达三个月的一些现状分析。并言道："现信排货热度已过顶点，将逐渐缓和，此举本非举国公意，即此一端，足使其效力，不克永久。"①

随着抵制日货运动的趋向缓和，商界也越来越认识到为从根本上抵制日货，更应推动国货的产销，以发展中国的民族经济，即将提倡国货看作反抗外来侵略的另一种经济手段，中心工作也渐次从直接地抵制日货运动趋向于提倡国货活动上来。8月17日，上海总商会为欢迎先后莅沪的各省区后援会代表，以及留日学生代表，特致函入会各业代表，请其参加定于8月19日在总商会举行的欢迎会，会上当就"提倡国货奖励生产"进行讨论。②

① 《字林报论华商抵货影响》，《申报》1923年7月26日。
② 参见《总商会致各业代表》，《申报》1923年8月18日。

　　（二）天津

　　为响应各界团体代表会的号召，商会直属的天津照相同业公会、木器同业公会、织染同业公会，通知各同业挂白旗，并对抵制日货方法进行研究。① 在日本大阪设有分庄的部分爱国商家纷纷通电各分庄"嘱其停购日货，暂行收束账目，以备回国"。② 胶皮车同业公会议决"对于日本外带，暂不购买"。③ 自3月26日天津市民大会的召开，号召商民抵制日货以抗议日本侵占旅大后，与日经济绝交、抵制日货便提上日程。有舆论曰："今国际间相互之关系，最之所谓武力征服政策者，今已不得不进而易为经济竞争政策，则商务一端，尤为立国之要图。"且"抵货之风，行将再见，致其商民（指日商）将不蒙重大之损失，且万一实事变迁，其国与他国有失好者，届其时中国莫为之援"。④ "对日问题，我国无武力，只可使其经济上受痛苦，警其有悔悟也。"⑤ 为商讨抵制日货的办法，团体代表会于3月27日、28日两次致函商会，要求"派代表来会磋商抵制日货事宜"。⑥ 并于3月29日，派方卓陈、刘雁宾、朱述尧三代表前往商会磋商。会长卞月庭就抵货事宜表示"会上是和议制，吾自己不能主持，总得想个办法，万别像从前的样子"。⑦ 为慎重起见，决定于4月3日"召集董事会议，共同讨论办法，分电当局，以为外交后盾"。⑧ 因"恐商会研究办法尚需时日"，团体代表会于同日发出对各商号之宣言书，声明"以此宣言发表日为购订日货之截止期，在此截止期后购订之货，皆认为违背公约"。且"除送登各报宣布外，并印刷传单，挨户送递"。⑨ 虽然津埠各界为收回旅大做了各种积极活动，如"本埠市民连日对外交问题，咸抱坚决，力争主张，故挂白旗也。市民大会也、游行会也、讲演团也，轰轰烈烈，警动全城"。但"此仅表示民气与民意也，根本问题仍在抵制日货，使其身受痛苦，有所觉悟，为不可稍缓者也。乃连日仍未进行者也，系候商会开会

---

① 参见《津民力争民气之激昂》，天津《大公报》1923年3月25日。

② 同上。

③ 《力争外交中民气之澎湃》，天津《大公报》1923年3月30日。

④ 《论日人不返还旅大之失策》，天津《大公报》1923年3月27日。

⑤ 《电请中央严重交涉》，天津《大公报》1923年4月5日。

⑥ 《汇编（1912—1928）》第4册，第4875页。

⑦ 《团体代表与商会之谈话》，天津《大公报》1923年3月31日。

⑧ 《汇编（1912—1928）》第4册，第4876页。

⑨ 同上书，第4876—4877页。

解决。"① 即指出了由于商会未正式采取行动，此宣言对商家的约束力不大，希望商会能够如大势所趋、众心所望那样，发动抵制日货运动。

1923年4月3日，天津总商会召集会董、行董开联席会议，出席者有80余人，各团体及学生联合会前往旁听者，人山人海，场中实无插足地，会董张品题为主席。会上，宋则久慷慨陈词："屡次爱国运动，极热心者，大半为贫苦之学生。大商与缙绅最少，然亡国后则受同等之待遇，此实商人未曾觉悟之原因。"他呼吁商人缙绅"共起爱国，则衰弱之中华必能强盛也无疑，实行抵制劣货一事，虽有少数商民将因此而受损失，然吾人既生弱国，亦势所不得不然，此种损失之代价，如与二十一条相比拟，诸君当知所择矣"。随之，杨晓林提议：（一）致电政府国会，请其严持取消二十一条原议，不稍退让，天津商民誓为后盾。（二）致电日本政府，诘问中日亲善之意义，并要求迅速承认中国政府取消二十一条之提议，否则中国商民将一致反抗。（三）通电全国各地商会一致进行。（四）抵制办法，不用强迫手段。孙俊卿主张再加一电，致日本全国商民，保该国政府承认中国要求。经大会表决，全体通过抵制日货的决议。②

同日，商会通告各行董，"凡有在日本作庄之各商号，赶速电令收庄回国，并关于抵制日货办法，征求各行同意，各以良心解决，陈述到会，以便汇集，一致进行"。并要求各行"推举代表，每日到会与本会接洽，随时商酌办理，俾期达到目的，以申民气"。③为把抵货运动进一步推向全国范围，商会还将"公决与日本经济绝交，抵制日货"的决定"除分电政府当局严重交涉外"，还通知全国各省各商会，"务乞贵会转各商会一致进行"。④为声讨日本侵略行径，推进民间外交的力量，商会还于4月4日致函日本商业会议所，陈述利害关系，谓"深愿贵国执政诸君顾念正谊，保持公法，旅大速筹返还，则不但为两国之幸，东亚和平实利赖之。更以此种非法侵略行为，出自军阀为虐，而我商民因感情之冲突，实受莫大之影响，切腹（肤）之痛，我两国商民首受其害，倘表一致同情，反对此侵略

---

① 《抵制日货中商人之奋起》，天津《大公报》1923年4月4日。
② 《津商会讨论对日问题》，1923年4月7日《申报》；《抵制日货中商人之奋起》，天津《大公报》1923年4月4日。
③ 《汇编（1912—1928）》第4册，第4877页。
④ 《汇编（1912—1928）》第4册，第4878页；《众志成城之对日运动》，天津《大公报》1923年4月5日。

主义，以维亲善，岂止敝国利益已"。因此，希望日商业会所"转请贵国政府依约交还旅顺大连，同时应将二十一条宣告无效，以维公约而保和平"。同日，商会恳请大总统、国务院、外交部，"付顺民意，体察舆情，严重交涉，否认二十一条，援约收回旅大，以维国权，而平众愤"。①　4 月 5 日，还致日本国务院电，先就"二十一条"之不合理性进行说明，即"既经我国民坚决于前，根本即不成立，复准我国会否认于后，是此不备条约成立要件，实成国际空谈"。遂表明我国民心声："非复往昔，敝箧同仇，隐痛已久，倘有爆发，讵堪设想。"所以，"深愿贵国执政诸君，顾念正谊，保持公法。旅大连筹返还，二十一条宣告无效"。天津学生联合会还通过日本东京《时事新报》忠告日本国民书：质问强行霸占旅大"公理何在？亲善何存？"对此，"敝国国人群情激愤上下一心，全国一致，不达目的誓不甘休。贵国民须知众怒难犯，公理难逃，将来一旦破裂，经济绝交，前途障碍，诚非贵国国民之福也。务希力促贵国政府，及早觉悟"。②

　　为防止"会务吃紧之际，应推举会董常川到会"，以便于"共同随时研究，以谋进行"。商会又召开全体会董会议，当场公推王筱舟、杨晓林、杜克臣等 18 人为"常川董事"，以"襄助对日经济绝交与抵制日货"事宜。并要求他们"每日下午二点钟到会，与各会董商酌进行"。③　接天津总商会电函后，日本商业会议所复函声称："此事系我国国策，业已确定，非商业团体所能置喙，不能转请政府，深为遗憾。"断然予以拒绝④。日商业会议所的举动，更加激起了商会以民间经济外交手段来捍卫祖国领土完整的爱国激情，其呼吁道："接到日本商业会议所复函，具见日商援助政府之热诚，吾们商人亦必拥护政府，力争外交，保吾们商界人格。"⑤

　　在一系列通电致函之际，为推进抵货运动的发展，天津商会督促其直属组织各同业公会速筹抵货具体办法，以便核准后统一进行，但由于各同业公会内部存在分歧及部分奸商作祟，其行动较缓慢。早在会、行董联席

　　①　《电请中央严重交涉》，天津《大公报》1923 年 4 月 5 日。
　　②　《关于对日外交之函件》，天津《大公报》1923 年 4 月 6 日。
　　③　《汇编（1912—1928）》第 4 册，第 4880 页；《愈逼愈紧对日之经济绝交声》，天津《大公报》1923 年 4 月 6 日。
　　④　《汇编（1912—1928）》第 4 册，第 4879 页。
　　⑤　《总商会开会旁听记》，天津《大公报》1923 年 4 月 10 日。

会议上，商会就要求各同业公会、各行商"三日内答复"具体的抵货办法。① 可三日届满，只有"钱商、大米、药材、五金、鞋帽等六行"答复，而"未报者尚多，限明日一律报齐，再有不报者，即认该行不赞成抵制，本会即不负责任"。商会态度明显趋硬。② 此六行的答复分别如以下所表明。米业公益研究会议决："1. 誓死不买日货；2. 与日商断绝经营；3. 本行各商号将存批日货造册三份送会转总商会及团体代表会各一份存查；4. 公推代表马辅臣加入团体代表会；5. 公推代表杨晓林在商会磋商办法"。五金铁行同业会宣布："由本日起一律停止购办日货，所有在日本有庄之家亦一律去电停购，清楚应办手续即行回津，前批日货之商一律造册报会，由调查员查验。"帽、鞋商研究所通知："各商凡关于日本之材料及奢侈化妆等品一律不准购用。"钱商公会表示："日本纸币拒绝流通。"药业公会声明："即日起所有已定及存储之日货均立即开脱，以后不准续定。"③ 至于其他各行没有在要求时间内给予答复之原因，有分析认为："其中仍有奸商口是心非，意存观望。"④ 为集中力量，一致对日行动，各界人士纷纷致函商会，要求尽早决定抵货办法。为督促各同业公会早日答复抵货办法，天津商会于4月7日召开行董会议，议决10日举行商界游行大会，且公推杨明僧、王君直、孙文彦、张仲元、王筱舟等人为游行时赴省署请愿代表。⑤ 在天津商会的督促下，面对抵货大潮，洋广货行会议所、海货同业公会、砖瓦商同业公会、瓷商同业会、祥号公会、皮行公会、纸商公会、灰煤业公会、布商同业公会、布匹绸缎棉纱同业公会等先后拟定抵货办法，明确抵货态度。⑥ 至4月9日，"各行自决来函报告到会者已有二十余行之多，足见国民热忱具有同心"。天津商会对各行来函"逐一审查"，"汇集众意"后，通告抵制日货的具体办法如下："一、与日货有关系之各行商号，应将已批未到之货数若干，已批已到之货数若干，旧有存货数若干查清结数，报明本行公会转报本会备查。二、经此结数之后，不得再为批购。三、已批未到、已批已到及旧有存货，统名之曰存货，结清

① 《汇编（1912—1928）》第4册，第4878页；《总商会开会旁听记》，天津《大公报》1923年4月10日。
② 《总商会开会旁听记》，天津《大公报》1923年4月10日。
③ 《汇编（1912—1928）》第4册，第4910页。
④ 《团体会议昨日开会》，天津《大公报》1923年4月7日。
⑤ 参见《总商会开会旁听记》，天津《大公报》1923年4月10日。
⑥ 参见《汇编（1912—1928）》第4册，第4910—4911页。

报明之后，准其尽量销售。四、销售此货时，应由公会制备三联单，如有日货商家领取之后，于销售时填明报告公会，转报商会随时销账，以期逐渐销净，防止暗购。五、自公布翌日起，限五日内将数结清报明，以备查考。六、各行公会对于以上办法，应推举调查员若干人，随时调查检举，以为监督。"并要求"各行共同遵照办理，以为坚决力争外交之意，藉伸爱国悃忱"。① 该方法通告各行商后，津埠58行回函商会，表示愿意抵制日货。② 4月初，人力车同业会亦认为应与国民取一致行动，拟订办法三项：（一）车上一律不用日货；（二）车辆一律不上日本捐；（三）一律不拉日本人。③

"因手续不能一致，加以外界爱国者认为现买之货致生误会，反于爱国之中生出枝节。"布匹绸缎棉纱商、织染商、五金商等14个同业公会还一致请商会与团体代表会联合刊印放行货单，"盖商界公认字样，一示同心救国之意，亦免外界爱国者生出误会"。④ 随后，团体代表会正式通告各商家"自本月十五号起，各同业公会所发之各种放行单一概无效"，"一律使用两会放行单"，并附上了"放行单样两纸，放行印花样两纸"。⑤

从上述过程可见，天津商会的抵货态度由开始的不坚决之态，逐渐转变为主导抵货运动的核心力量，这就使得各同业公会的抵货行为，在有了统一的方向后，能够使抵货运动得以顺利进行下去。

在天津商会的主导下，天津的抵制日货运动日益发展起来。为"表达商界爱国，抵制日货之决心"，⑥ 天津商会召集各同业公会、各行商举行了一次规模宏大的全埠商业大游行。游行前，商会张贴布告通知各商，要求各行携带大旗两杆上书各行商名称，小旗若干，以核计本行人数。旗上书"否认二十一条，援约收回旅大"。并规定游行队伍由商会往东，到省公署递请愿书。⑦ 请求"省长鉴核舆情，念关存亡，呈明大总统并转咨国务院外交部严重交涉，将旅大收回，二十一条宣告无效，以维国权而平众愤"。

---

① 《万众一心之抵货声》，天津《大公报》1923年4月10日；《汇编（1912—1928）》第4册，第4883页。
② 参见《汇编（1912—1928）》第4册，第4885页。
③ 参见《举国一致之收回旅大运动》，《晨报》1923年4月6日。
④ 《汇编（1912—1928）》第4册，第4888—4889页。
⑤ 同上书，第4894—4895页。
⑥ 《总商会开会旁听记》，天津《大公报》1923年4月10日。
⑦ 《汇编（1912—1928）》第4册，第4882、4884页。

此次为"缓约收回旅大及宣告二十一条根本无效"的示威游行，集合了全埠十余万商民。① 直隶省长王承斌接请愿书后，当场表示："二十一条，为中国存亡之关键，凡中国人均应力争。因直接争回国权国土，而间接亦谋身家子孙之幸福也。旅大为东三省之咽喉，重要港湾。本省长历籍奉天，庐墓所在，痛切剥肤，能否收回，较诸君关心尤甚。故对津人之救国运动，极表同情，深为赞许。并俯从诸君所请，电请政府与日政府积极交涉。"② 随后，队伍"转走大胡同、单街子、锅店街、估衣街、针市街、南阁、北门西马路"，返回商会。③ 沿途散发了大量传单，以唤起民气。指出收回旅大、取消"二十一条"一事"关系我国存亡，为国人公同耻辱，主权所关，敌忾同仇"，"望我同胞急起直追，各发爱国热忱，挽此危局，共奠邦基，保持国权，而爱国耻"。④ 此次示威游行，表达了津埠商民"气振河山，群情激愤，存亡所关，敌忾同仇，旅大必须收回，二十一条宣告无效，国民同心，誓死非达目的不休"。⑤ 此种支持政府对日强硬外交的态度，极大地打击了日本的嚣张气焰。

对于具体的抵制日货运动办法，天津总商会决定："（一）各商号将日货名目重量数目，开列清单，送交商会注册存查；（二）调查员赴各商号按单清查日货数目，如有不再原单外者，尽数充公；（三）各商号有外处定购日货，尚未入境，须将定货批条函件注明清单，送交商会，倘有未报及货物超过清单者，查明充公；（四）调查员赴各商号调查时，须带有本会徽章，如无徽章，盖不承认；（五）各商号自接到通知之日起，限一星期将清单送交商会，如有不送清单者，查处倘有日货，一律充公；（六）充公之日货，由本会定期邀集各界人员，监视焚毁。"⑥

在天津商会的号召和组织下，不仅各同业公会积极展开抵制日货运动，处于基层商界领导地位的直隶省各地商会也纷纷响应，要求取消"二十一条"、收回旅大，公开表明抵制日货的态度。宣化县商会决定"一致抵制，决不观望"。徐水县商会表示"随时劝导各商民勿购劣货，以期必

① 《汇编（1912—1928）》第 4 册，第 4885 页。
② 《商会昨日之大游行》，天津《大公报》1923 年 4 月 11 日。
③ 《汇编（1912—1928）》第 4 册，第 4884 页。
④ 《商界大游行之传单》，天津《大公报》1923 年 4 月 12 日。
⑤ 《汇编（1912—1928）》第 4 册，第 4885—4886 页。
⑥ 《各方面对日运动之昨讯》，《申报》1923 年 4 月 14 日。

达目的"。静海县独流镇商会通知"各商一致抵制日货，伸我国权，保我国本"；静海县独流镇唐官屯商会除主张"不购日货，不售给日粮为宗旨"外，还"宣告日货花色、牌号"以便于辨认国货和日货。固安县商会"对于二十一条宣告，重印若干张随时传送"，就抵制日货一事，"每当集期，分队于街市冲要之区，剀切讲演，一致进行"。蓟县商会通知"各镇商号停止买卖日货，实力奉行"①。保定商会亦致电天津省议会，表示"对于收回旅大，愿取一致行动"，"仗民气之激昂，作政府之后盾"。② 邢台商会宣布"抵制日货"。③

　　如上所述，在各阶层商人组织的齐心合力下，抵制日货的风潮迅速席卷直隶省。4月15日，津埠各界齐集商会门前，举行抵制日货大游行的示威活动。游行队伍中人手持旗帜，上书"取消二十一条""收回旅顺大连""实行抵制日货"等字样。④ 此次参加者共168余团体20余万人，呼喊口号为"否认二十一条""收回旅大""抵制日货""同胞速起，坚持到底""不卖日本粮""不用日本钞票"。⑤ 由于商会及各团体的迭次游行，"对外藉以表示民气，对内以冀引起同胞注意"，天津商界"较前觉悟为多"，多数商家"主张将存货卖完，永不再买"。对于此次游行后，对市面进行观察发现："（一）匹头帮已不再进日货，以售完为上。……国货匹头大为行销。（二）日纱在市面虽无停滞，然不如以前受人欢迎。（三）到津日轮，所载乘客不如以前之多。（四）海味车糖昨日几无此项交易。（五）洋广杂要瓷器各货，各洋货店，绝对不再添货。在日商当经手之人，昨前两日亦不甚多。日租界尚未绝迹，其他租界亦不似从前之此往彼来络绎不绝。（六）粮食已数，与日商无交易。（七）五金、颜料、医药、染业均现疲滞之象。惟照相材料，仍未见减。据其同业中人云，实有无替代之困难，因泰西货价太昂贵。"⑥

　　商人组织的抵制日货宣传以及实施办法，推动了广大商家们以实际行动给予大力的支持。德成号向有驻日本大阪庄客，采买日货，因国人力争

---

① 《汇编（1912—1928）》第4册，第4908—4909页。
② 《〈益世报〉天津资料点校汇编（一）》，第707页。
③ 《邢台商会抵制日货》，天津《大公报》1923年4月14日。
④ 《汇编（1912—1928）》第4册，第4881页。
⑤ 《关于旅大交涉消息志详》，天津《大公报》1923年4月16日。
⑥ 《大游行后市面之观察》，天津《大公报》1923年4月18日。

外交、一致抵制日货，致电其驻日大阪分庄，"停购日货，即速清理办毕回国"，并表示"目下仅将存货定货售完，决不再购"。① 义和号"拒绝日货买卖，并将现存日货约二千余元，均行封锁不卖"。崇庆号对于存货，均已照章报会。对驻东京之人，已于前三日去信，令其清理手续，急速回津，撤回日庄。② 北海楼下润源和"将日货封固，不买不卖"。东安市场众商抵货热烈；③ 聚德兴将"铺中所存日货，约价值一千四五百元，一律封存，誓自十四日起，决不买卖仇货"。④ 北海增聚东洋货铺宣布"将所余日货廉价拍卖，如拍卖后不尽罄，然后完全焚烧"。⑤ 天津祥号公会谓"抵制日货事，系属商民自决，为外交后盾"，声明"本月月底实行封锁日货"。⑥ 北海楼各铺摊、洋广货铺布铺海货铺各行，皆"已将日货封存。所存之货，花色数目，皆开清单，交团体会存查"。饭庄同业亦议决所有日货"一律封锁，不再售卖"。⑦

在抵制日货初期，示威游行请愿能得以顺利进行，其实有两方面的原因。一方面为天津商会发挥的民间经济外交的显著功能。商会明确表示支持抵制日货，并积极配合各团体活动，敦促各商家抵制日货。有评价为证："天津商会亦决与各界取一致之行动，此举为前此所未有，抵制前途，至堪忻幸。"⑧ 另一方面则是，北洋政府对于作为政府外交后盾的民间经济外交，采取了默许态度。4月初，当津埠各团体为抵制日货连续举行游行示威运动时，天津警察厅曾向省署询问对策，省长答复道："以国民力争外交，亦系正当运动，只要不妨碍秩序，不必加以干涉。"⑨ 另外，直隶交涉员祝惺元致函国务院、内务部、外交部称，地方官厅认为"人民爱国活动，未便干涉"，但为防毁物侮辱、损害日人，"加以妥筹防范"便是。⑩ 正因上述政府的默许以及商会的主导下，抵制日货运动得以日益发展起

① 《积久弥坚之津人救国声》，天津《大公报》1923 年 4 月 12 日。
② 参见《力争外交之面面观》，天津《大公报》1923 年 4 月 15 日。
③ 参见《关于各团体会之各消息》，天津《大公报》1923 年 4 月 13 日。
④ 《关于旅大交涉消息志详》，天津《大公报》1923 年 4 月 16 日。
⑤ 《〈益世报〉天津资料点校汇编（一）》，第 211 页。
⑥ 同上书，第 209 页。
⑦ 同上书，第 211 页。
⑧ 《商会抵制日货之热烈》，天津《大公报》1923 年 4 月 11 日。
⑨ 《力争外交警厅之表示》，天津《大公报》1923 年 4 月 4 日。
⑩ 中国第二历史档案馆编：《中华民国史档案资料汇编》第三辑民众运动，江苏古籍出版社1991 年版，第 645 页。

来，并取得了各爱国商家的大力支持。

　　抵制日货运动虽然取得了不少成果，但部分奸商欲乘机发不义之财、暗中破坏抵货运动的现象也时有发生。如宫南北六吉里大丰通栈及宫北敦昌、新茂、永孚三家，各钱商均大肆买卖日钞以牟利①；祥进号洋布庄暗中在沪批货五马头粗布 80 余包，共计 1600 余匹。敦庆隆订购世乐岛市布 30 包，计 1200 匹。② 隆昌、德和永、恒泰昌、德记等大批日货共 5000 包。义聚和钱铺大收日本正金钞票。义昌号、广顺永、福庆成陈设日货。③ 北门西新民里振信商行出售学校文具，皆是日货，却冒充国货商标，加以出售。④ 大信成仍卖日货。⑤ 而钱商虽"也曾声明，不作老头票的生意。近来老头票行市，骤然大涨。各银钱号贪得厚利，又复作此项生意"。⑥ 更有甚者，4 月 9 日，在总商会开会董会，讨论抵制日货办法的时候，"当场竟有布商等人，因前日秘密会议，结果提议改选，藉以打消抵制"。⑦ 卞会长无奈于 5 月初提出辞职，但多数商会会董不同意改选，极力挽留会长，改选之事只得作罢。⑧

　　运动中出现的奸商暗中破坏抵货行为，并非出于偶然，而是与商会、同业公会的约束力不强有关。虽然商会制定了抵制日货的办法，同业公会也表明了抵制日货的态度，却均未规定对违反者的惩戒方法，由商家凭良心"自决"。为避免破坏声誉，部分同业公会还给予奸商们一定的包庇。在如此没有严格规定的约束下，就产生了为追求经济利益而破坏抵货运动的行为。以绸布纱同业为例，当爱国学生发现敦庆隆、隆聚、隆顺私批日货，便编了首"警告奸商"歌，到处传唱。布匹绸缎棉纱同业公会深怕有损声誉，极力申辩其未曾批买日货，称："确于议定结止以后，并无私批日货及假冒牌号情事。"⑨ 后又对抵货一事，发表自决办法，谓"计现在入会者共七十九家，棉纱存货总数约六万四千余件，内有八千已售出，尚未

---

① 参见《关于各团体会之各消息》，天津《大公报》1923 年 4 月 13 日。

② 参见《众志成城之爱国运动》，天津《大公报》1923 年 4 月 19 日。

③ 参见《同归一致救国运动》，天津《大公报》1923 年 4 月 23 日。

④ 参见《奋力猛进之抵货救国》，《益世报》1923 年 7 月 13 日。

⑤ 参见《坚忍力行之封外运动》，《益世报》1923 年 7 月 14 日。

⑥ 《缓功持久之救国运动》，《益世报》1923 年 7 月 19 日。

⑦ 《商会抵制日货之热烈》，天津《大公报》1923 年 4 月 11 日。

⑧ 《总商会挽留卞会长》，天津《大公报》1923 年 5 月 25 日。

⑨ 《汇编（1912—1928）》第 4 册，第 4888 页。

发出实数尚有五万余件"。如按各商每日销售一千余件来计算的话，约2个月可将货销售完。因此，该同业公会声明："如二月以后再发现日货，当然系现批购者，应由同业人调查，按章惩罚，并宣布该号之罪状，以为破坏公约者戒。"① 且调查股对"调查更极认真"，"一时颇有铁面无私之誉"。但"惟该会定约，原有罚金一项，现据调查，该会对此十数家违章商号，迄今并未实行处罚，恐被指责，对外界严守秘密，其意殆欲利用一般调查员博得好誉，而实际上同业又可自由，藉重自决招牌，以欺骗社会"。② 同业公会的包庇，竟导致8家棉纱商公然宣布脱离同业公会，大肆买卖日货。对此举，"凡为国民，无不深恶。驻津山西帮客商，在栈房门外，粘贴八家字号，不准山西商人，到此八家买货。如仍有卖货者，发生性命危险，无人负责，故此八家生意萧条，已有倒闭之预兆"。"此八家运货至车站时，各栈房见无放行单，声明不负看管保存之责任。"而"各船户对，此八家货物，不为起运，并严词拒绝"。③

虽然，抵货运动中遭到了部分奸商的破坏，但大多数商家仍是积极实行抵货，期望以民间经济外交的手段来支持政府外交，达到撤废"二十一条"、收回旅大的爱国目的。从总体上看，此次抵货运动的规模较大，打击了日商在华的经济利益。如自抵制日货以来，日本商船天津航线的河南丸、芝罘丸、济通丸、长沙丸、淡路丸等船，营业日渐衰落。"来津时，除少数旅客，别无大宗货物。仅自天津出港时，装载鸡卵、粮米、棉花、山货、废骨等物。"④ 另，"闻日本某国立大洋行，因受抵制日货之影响，赔累不堪，已将无法支持。如再继续抵制三月之久，则该行于年终，必出于倒闭"。⑤ 日本《东京报》称，日商甚为恐慌。"据日海关报告，前数月日本对华贸易，尤甚神户方面对中国南方之输出跌落甚巨，盖因排货运动所致。"⑥ 日本对华贸易中占据重要地位的匹头货，也自抵货以来，"完全滞

① 《棉纱同业抵货之公约》，《益世报》1923年4月21日；《〈益世报〉天津资料点校汇编（一）》，第707页。

② 《各团体救国运动之进行》，《益世报》1923年5月23日；《〈益世报〉天津资料点校汇编（一）》，第209页。

③ 《棉纱商出会与悔过者》，《益世报》1923年8月2日。

④ 《愈迫愈紧之外交运动》，《益世报》1923年6月23日；《〈益世报〉天津资料点校汇编（一）》，第211页。

⑤ 《抵制之效》，《益世报》1923年6月23日。

⑥ 《勇往直前之救国运动》，《益世报》1923年6月30日。

销，进口数额，已不复如前之踊跃"。再加之"西洋匹头，日来亦复增涨不已"，"遂造成畅销国布之良好机会"。"各纺织公司附设之织布场自本月起，大加扩充，增加工匠"，"并将织匠工资，每日加支大洋五分，以资鼓励，俾供市面之需求"。① 7 月初，据天津日本商业会议所调查，自 4 月到 6 月日商所受的损失总额已达 1000 万元，其中邮船、商船、大连汽船公司以及其他轮船公司与上年相比较减少 7042000 余元，运输业减少 150 万元。②

（三）湖北

湖北的抵制日货运动相对于上海和天津来说，兴起的时间较晚。在 3 月 26 日全国各大中城市为抗议日本拒绝交还旅大均举行示威游行活动时，湖北仅有部分团体有所反应，却并没有大规模的抵制活动。但自 4 月初开始，湖北地区的抵制日货运动开始发展起来，尤其是在武汉地区，从 4 月到 5 月间，共举行了四次大规模的游行示威运动，且持续到 1923 年 12 月。

4 月 8 日，以武汉学生联合会、湖北全省商会联合会、武汉两商会在内的 46 个团体召开联席会议，决定 4 月 12 日在汉口召开武汉国民大会，并举行游行示威。同时警告中国政府及军阀，请一致对外，否则停止纳税，并由所到各团体组织成立了武汉外交后援会。

4 月 12 日午前 11 时，武汉国民大会在汉口举行，参加者除了学界方面的中华大学等 48 所大中学校外，还包括武昌总商会、汉口总商会、教职学联合会、湖北全省工团等 47 个单位，以及各报馆、各通讯社记者和军警政工农商等其他各界人士，共约 5 万人以上。会场周围挂有"否认二十一条""收回旅大""抵制日货""经济绝交"等白旗。经议决，大会通过以下四项决议："（甲）（一）通电全国告知已组织'湖北外交后援会委员会'。（二）通电全国各界告知武汉国民大会情况。（乙）对日经济绝交，其方法如下：（一）不买日货；（二）不用日本钞票；（三）不供给日本原料；（四）华人不雇佣于日人经营的工商业；（五）组织对日外交委员会，督促进行经济绝交。（丙）用英文电报，向世界各国政府、国民宣布日人之蛮横无道情况。（丁）用国民大会名义直接警告日本政府。"午后参与者分三路举行游行示威，沿途商店居民为支持游行活动，大多悬挂白

---

① 《国货疋头畅销之原因》，《益世报》1923 年 7 月 7 日。
② 《日商会编列损失表》，《益世报》1923 年 7 月 7 日。

旗，此次游行活动撒出的传单有 30 余种 10 万张之多。①

4 月 21 日，湖北全省商会联合会、武昌总商会、汉口总商会、汉阳总商会四团体开联席会议，筹备"组织湖北全省商界外交后援会，总会即附设于汉口商会，另电各县商会，组织外交后援会事务所，作为永久机关，非达到二十一条撤销、旅大收回之目的，决不撤销"。同时确定三项检查日货办法。"（一）调查各邦进货账簿，凡前所订日货及已买进日货，均即日停止贸易；（二）取缔各报关行，以后凡系进口日货，及本国土货之运往日本销售者，均不许代为报关，其各转运公司，亦同时不许其转运日货；（三）派各帮熟悉日货情形者，为检察员，互相分途检查。"② 并于 4 月 29 日，湖北全省商界外交后援会正式成立。

为召开第八周年国耻纪念大会，湖北外交后援会委员会和湖北全省商界外交后援会于 5 月 9 日在武汉发起纪念大会。到会团体 300 余家，约 6 万之众。主席团由商会代表、教职联合会代表、武汉学生会代表三人组成。大会宣读誓词："大中华民国国民，以最真挚的心情，最坚决的意志，宣誓对日经济绝交，直至日本撤回二十一条、交还旅顺大连为止。"明确表明了对日经济绝交的态度。会后，到会团体分 5 路进行游行示威。游行队伍受到了商店店铺以及学生的盛情欢迎，有的商店燃放鞭炮；有的商店门前吊起大镜子和大鼓各一面，以警醒国民；有的爱国公司为壮大声势，还将特制的日本糕点到处分发，以表示吞日之意。③

"五九"国耻纪念后，由商界外交后援会及武汉外交委员会联合进行调查日货。外交委员会武昌分事务所将检查委员姓名及检查证书徽章等通告各商家以便检查时进行接洽。检查及稽查的区域划分得非常清楚，城外沿江分为四区，专门稽查偷运等事。城内分为山前山后两区，因为汉阳门是进出的主要通道，又将此处划为特别区增加检查人员，避免疏漏。可以想象布置得多么周密。

5 月 21 日，由湖北全省商界外交后援会发起，在汉口单独举行了商界对日运动大游行。"汉口商界各帮齐集万寿宫，各携旗帜，上书收回旅大，否认二十一条，经济绝交，一致抵制日货等字样。"共有 130 余帮商人组织，5

---

① 《武汉的空前示威游行详记》，《晨报》1923 年 4 月 17 日。
② 《汉口电》《申报》1923 年 4 月 23 日；《鄂商界之联席会议》，《申报》1923 年 4 月 26 日。
③ 《武汉芜湖济南之国耻纪念》，《晨报》1923 年 5 月 14 日。

万余人参加。在商界头面人物徐廷荣、万泽生、吕超伯的先导下，各帮商民随后徐行。游行后齐集汉口总商会会场，会场悬挂国旗多面，随风飘扬。①

　　5月31日，由航业公会发起，武汉航业界举行了水面对日大游行，实在可称为武汉前所未有的大示威运动。主船及两艘辅船，均悬挂国旗和航业公会的会旗，以及书写有"运输绝交""收回旅大"等字样的大白旗。其他44艘小汽艇及100艘民船前后左右的船舷上悬挂写有"收回旅大""经济绝交""取消二十一条""不装日货"等字句的旗帜。游行示威活动自上午9点开始直到午后3时方才结束。游行结束后，开始实施5月29日船业公会在准备水上游行的会议上做出的"船不装日货"等五项决议。并对各商店发出通告，如果而后发现有的船装载日货时，船业公会不负损失之责。水面大游行的同时，由武昌商界外交后援会发起，举行了陆上大游行。午前10时，参加陆上游行的各商帮先后来到了集合地点——武昌总商会，计80余帮4万余人。11时，游行群众整队出发，沿途秩序井然，临街各学校各商店都悬挂有"收回旅大""否认二十一条"的旗帜。②

　　武汉地区在4月到5月间举行的规模浩大的示威游行运动，在全国范围内是绝无仅有的。可见，湖北商界外交后援会在成立之后就在运动中发挥了重要作用，并一直推动着运动向前进行。

　　在湖北商界外交后援会的号召下，湖北地区的抵制日货运动日益蓬勃发展起来。同时，也给日商带来了打击。如汉口方面的日本商轮，以日清公司最占势力，举凡长沙、湘潭、岳州、宜昌、沙市及下游九江、芜湖，直抵上海，该公司均有航路，共拥有十余船只。"自上月十日发生抵制以来，初时于营业上尚不见若何影响，近今一二星期中，长江下游各埠之客商，均断绝日轮运输关系，昨日据汉口方面之来沪商人言，日轮于长江航务，在此半个月中，已受重大打击，即日货之输入汉口及下游各埠者，较前亦减十分之六，最显著者为纱布营业，在此最近至两周内，日本纱布之输出额，较前减少一万余件，惟上江方面若重庆至宜昌线内，日轮所受损失，比较尚轻，故日清公司新购入听天丸改名之宜阳丸，与本日内仍加入该路内行驶。"③

---

　　①　《汉商界游行》，《申报》1923年5月25日；《汉口商界之对日游行》，《民国日报》1923年5月26日。

　　②　参见《武汉市民水陆大游行》，《民国日报》1923年6月4日。

　　③　《纪日轮航务之盛衰》，《申报》1923年5月16日。

汉口商界外交后援会因对日问题，曾致觉书于汉口日商会，对此，日商会强硬表示"贵国商民欲以此举，使弊国商民感受刺激，及商务影响，必迫请弊国政府取消二十一条付还旅大等意思，更为大谬"。① 商界外交后援会驳复日商会谓："敝国商界态度，光明宽大，和平公正，绝无毁弃商约事实，贵国欲增进中日两国民好感，惟有撤销二十一条及交还旅大，来函对敝会及敝国商界毁及避免轻蔑侮辱等语意，甚为贵会及贵国臣民惋惜。"②

因武汉此次对日运动，其中坚分子多为商界的领袖人物，如吕超伯、徐荣庭、周星棠等，均为鄂商界之饶有势力者，他们激于爱国之热忱，而奋力发挥民间经济外交的功能，因此，此次抵制日货的成绩，竟出日人意料之外。而日本商民受到此种打击后，"逐力谋所以根本消灭之法，其过去之种种过甚言动，均已散见各报，现复变本加厉，勾通我国奸商私自交易，如被检查日货者所干涉，则日人硬自出面，要求我国官厅加以取缔"。最近发生的此项纠葛，已经有数起，日领为其商民张目，屡次向政府抗议，而面对其抗议，商界方面益为激昂，抵货风潮更是有加无已。商界外交后援会7月22日召开会议，有主张施行大检查，即"于各帮调查中，日以六十人上街，执行挨户检查之职务，如有日货系购自五月九日以后者，一律焚毁"。此项主张，虽有人稍嫌其过于激烈，尚未通过。但是，商界的对日感情，则大可见。为取缔抵制日货运动，日本除屡屡向中国政府提出抗议外，日领林久次郎18日还设宴于萧督军，席间仍请萧取缔商民抵制日货。萧答"人民不用日货，官厅无强其必用之理，如系出于自动，未越轨外者，未便干涉"。日领无以难，一笑而罢。③ 因湖北地区抵制日货的继续进行，日清汽船航行长江各埠的船只数量到5月下旬竟减少了一半。到7月下旬，汉口到宜昌、宜昌到重庆、重庆到叙州的三条航线才开始恢复照常行驶，却无货可运，而常德航线依然停航。④

虽说上述给日商以经济打击之类的消息时有见诸报端，但同时也给中国商家带来了损失，尤其是与日本贸易联系紧密的商家，因此，商人

---

① 《抵货声中之湘鄂日侨行动》，《申报》1923年7月2日。
② 《汉口电》，《申报》1923年7月4日。
③ 《武汉商界对日运动近讯》，《申报》1923年7月23日。
④ 参见《上游日江轮仍无运货》，《民国日报》1923年7月26日。

组织一面坚持抵制日货，一面改变经营方向，保护商利。"据闻汉口商界以日本对华政策尚未能丝毫改变，排货运动，仍不能一日稍懈，但自抵货以来，我国对日出口，亦大见停滞，拟发起东方出口救济会，联络全国资本家与银行团，以巨额之款，囤积对日出口之原料品，一方面以转图欧洲市场之发展，一方面藉为内国金融之活动，此项计划，业在积极进行中。"① 在上述方针的指导下，外交后援会没有妥协于日方，并为继续支持抵制日货运动的进行，召开武汉三商会及各协会各帮联合会会议，议决对于"拒绝日货登记嗣后查出私购日货，一律烧毁，又租小轮一只巡查江面"。但因萧督军在日领的一再抗议下，令警处将江岸检查，劝令撤销。②

虽然抵制日货运动遭受了日方的种种干涉和破坏，以及政府在日方的压力下，对抵制日货运动的态度由开始的默许转至压制。但商人组织继续坚持将对日运动进行到底，武汉商界 23 日开汉商会联席会议，与会者七十余帮，代表达百余人，对于如何处置私购日货的办法进行了讨论并议决："（一）严密调查。（二）查获奸商，将其事实罪状登报公布。（三）通告各帮，与奸商经济绝交。"另据闻有卢鸿昌等定于 25 日，在一江春宴请中日巨商，"似为沟通国民感情，缓和排货风潮作用，对日各团体咸加注意"。③ 直至 10 月 26 日，后援会还向各处的外交团体寄出函文，鼓励各地将抵制进行下去。④ 直到 12 月，在湖北督军的严厉取缔下，湖北的抵制运动才慢慢平息下来。

第二节　抵制日货运动的政治经济效果评价

抵制日货运动是通过从经济上给日本以打击，以实现迫使日方同意中国撤废"二十一条"、收回旅大的合理的政治要求。那么，此次抵制日货运动是否达到了上述经济效果以及政治目标？以下试进行简单分析。

---

① 《汉口电》，《申报》1923 年 7 月 21 日；《武汉商界对日运动近讯》，《申报》1923 年 7 月 23 日。

② 参见《汉口电》，《申报》1923 年 8 月 17 日。

③ 《汉口电》，《申报》1923 年 8 月 25 日。

④ 参见"中央研究院"近代史研究所编《中日关系史料——排日问题（中华民国八年至十五年)》，台湾"中央研究院"近代史研究所 1993 年版，第 398 页。

抵货运动盛行之时，由于出于民族主义的激励以及相关抵货规则的约束，日货进口与销售在一定程度上受到了打击，此类消息时常见之于报端。为激励抵货运动持续进行，中国媒体还不时刊载日方有关抵货损失的调查结果。宣传此次运动给日本打击之大，使日本的对华贸易受到很大的影响之意。[①] 出于上述政治立场，媒体报道有可能会故意夸大或缩小运动带来的经济影响。正如台湾学者蓝旭男指出的那样，此次运动"既未能改变既成的外交局面，亦未能解决旅大收回的问题"。[②] 此外，雷麦认为，由于1923年的世界贸易仍然没有跨出混乱无序的局面，所以，"证明中国抵制日货的整体效果在证据上还是较少的，而这一结果却并不令人吃惊"。并且，对于制约此次抵货经济效果评估的精确性，认为还存在着两大重要因素：一是指当年9月1日的关东大地震摧毁了日本大约1/4的纱锭，日本棉货输华量也随之减少的问题；二是在统计数据方面，因为日本方面受到地震的影响，除了公布了上半年少数月份的中日贸易数据外，没有公布其余月份的统计数据。[③] 此外，还有两个与日货输华减少密切相关的原因：一是银价的低落造成中国购买力下降，加之长江流域纺织业的兴起，带来对日货需求的减少；二是直奉军阀的备战导致人心恐慌，致使市面动摇等因素。鉴于此，但凭新闻报道所显示的数据，较难全面地反映抵货运动的经济效果。所以，有必要对此次抵货的经济效果，再次做一考察。

对于与日货输华减少有着密切关系的其他两个因素，我们暂且不予考虑，首先从两个角度来考察抵货运动所带来经济效果的影响。一是将抵货年份与此前一年的日货输华数值进行比较；二是考察抵货年份与前一年的日货输华在其对外总贸易中所占的比例增减情况。

首先对抵货年份与此前一年的日货输华数值进行比较分析（图5-1）。图5-1是根据日本学者菊池贵晴的统计数据作成。观察此表我们可以发现如下情况：

---

① 有关此类新闻报道，详情参照本章抵制日货运动的发展。

② 蓝旭男：《收回旅大与抵制日货运动（1923）》，台湾"中央研究院"近代研究史集刊1986年版，第414页。

③ C. F. Remer, *A Study of Chinese Boycotts – With Special Reference to their Economic Effectiveness*, Taipei Ch'eng – wen Publishing Company, 1966.

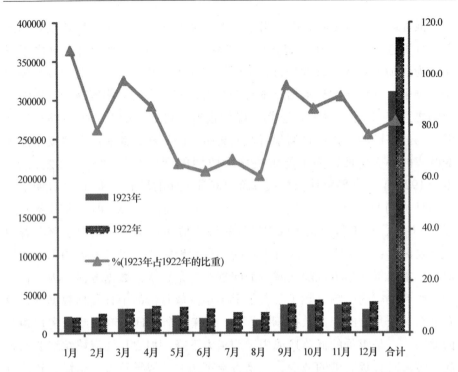

图 5 - 1　1922 年和 1923 年日本对华出口比较（单位：千日元）

资料来源：根据 ［日］ 菊池贵晴《中国民族运动の基本构造——对外ボイコット运动の研究》，汲古书院 1974 年版，第 219 页，笔者作成。

（1）从二者的变化趋向来看，在抵货运动进行中的 1923 年 5—8 月，日货输华数值不仅明显低于同年其他月份，而与 1922 年同期相比较，也大有降低，仅为前一年同期值的 60% 左右，而其他月份均高于 70% 以上，且 1 月份还超出了前一年同期值约 9.3% 的比例。从这一方面来看，日货输华减少的起止时间与抵货运动的兴衰轨迹基本上是一致的。

（2）从二者的总量变化来看，1923 年的日货输华总值为 310213 千日元，1922 年的对华输入总值则为 380644 千日元。即总值减少了 70431 千日元。从比重上来看，1923 年的对华输入总值占 1922 年的 81.5%，即比 1922 年减少了 18.5%。

由于上述统计数据均来源于当时日本的在华商业机构，而不是出自日本官方部门。为更严密地进行数据考证，以避免因所使用数据带有价值判断的色彩这一问题，再运用一组国内的统计数据来做一统计分析，以便于进行对照（图 5 -2）。

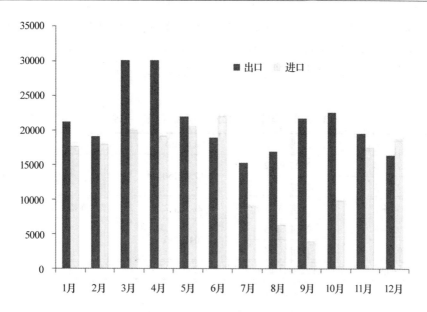

图 5 - 2 1923 年日本对华进出口月别情况表（单位：千日元）

资料来源：子明：《日本去年之对华贸易观》，《银行周报》1924 年第 7 期，第 24 页。

注：1922 年对华输出及输入分别为 333520 千日元及 186344 千日元。

接下来，对 1923 年与 1922 年的日本对华进出口数值进行比较（图 5 - 2）。首先从日方数据来看，1922 年日本对华出口额为 380644 千日元，1923 年为 310213 千日元，计减少 70431 千日元。然后再从中方的数据来看，1922 年日本对华出口额为 333520 千日元，1923 年为 253835 千日元，计减少 79685 千日元。

由此可见：

（1）二者的日本对华出口减少额不完全一致，差额为 9254 千日元。

（2）但就二者的相对差距（百分比）来看，日方的统计资料显示，1923 年日本对华出口总值同比降低了 18.5%，中方的统计数据则显示同比降低了 23.89%。即从相对差距来看，二者间相差了 5.39 个百分点。

总之，无论从绝对差距还是相对差距来看，抵货年份以及因其他原因所造成的日本对华出口额的减少，均是中方的统计数据见多。

为探求抵货运动对日本带来的经济效果，在对上述数据分析的基础上，还需进一步分析日本对华出口额在其出口总额中所占比重的情况。据《中日贸易统计》的统计数据来看，1922 年和 1923 年日本对华出口额占其贸易总额的比重分别为 14.74% 和 13.9%，降幅仅为 0.84%。可见，1923年的抵制日货运动对日本对外贸易的经济利益上造成的影响很小。

对于日货输华的情况，再对另一组数据试进行分析（表 5 - 2）。

表 5 - 2　　　　日本对华出口及中国进口额分析表（1922—1923 年）单位：海关两

年份	日货输入额 1	减少额 1	降幅 1（%）
1922 年	232319832	17562150	7.56
1923 年	214757682		
年份	日货输入额 2	减少额 2	降幅 2（%）
1922 年	231428885	20404591	8.82
1923 年	211024294		
年份	日货输入额 3	减少额 3	降幅 3（%）
1922 年	945049650	21646763	2.29
1923 年	923402887		

资料来源：1. 根据蔡正雅、陈善林等编《中日贸易统计》，中华书局 1933 年版，第 16 页；2. 及中国进口总值数据根据唐有壬等编《最近中国对外贸易统计图解（1912—1930）》，中国银行总管理处调查部 1931 年版，表 1 和表 2，笔者计算作成。

1923 年日本对华出口额比 1922 年减少 17562150 海关两，减少了 7.56%。从数据 2 来看，1923 年日本对华出口额比 1922 年减少 20404591 海关两，减少了 8.82%。此分析结果与图 5 - 1 和图 5 - 2 相比较，降幅相差较大。再从中国的进口总值来分析，两者的减幅仅为 2.29%。可见，日本对华出口额在中国进口总额中减少的份额最多不会超过 2.29%。

为统一对比口径，可将上述数据按照当年海关两与日元的比率进行换算（表 5 - 3）。

表 5 - 3　　　　　　　1923 年日本对华出口人均减少额

年份	日本对华出口 1（海关两）	海关两与日元汇率	日本对华出口 1（千日元）	减少额 1（千日元）	中国人口（万人）	日本对华出口人均减少额 1（日元/检）
1922 年	232319832	1.72	399590.11	3101254.91	40000	0.12
1923 年	214757682	1.63	3500845.02			

年份	日本对华出口2（海关两）	海关两与日元汇率	日本对华出口2（千日元）	减少额2（千日元）	中国人口（万人）	日本对华出口人均减少额2（日元/检）
1922 年	231428885	1.72	398057.68	54088.08	40000	0.14
1923 年	211024294	1.63	343969.60			

资料来源：同表5-2；另，海关两与日元汇率换算基准按照唐有壬等编《最近中国对外贸易统计图解（1912—1930）》，中国银行总管理处调查部1931年版，第3页，笔者计算作成。

从表5-3的分析可知，1923年比1922年日货输入额分别减少3101254.91千日元和54088.08千日元。即抵制日货运动以及因其他原因所造成的日本对华出口额的减少是在54088.08千日元以内。若进行人均计算的话，则人均减少额仅在0.12日元及0.14日元。

综上分析，抵制日货运动虽使日本对华出口有所减少，一定程度上打击了日本的对华经济利益，具有不容否定的历史功绩。但是，却并没有像国人以及报刊舆论上所宣称的那样从根本上动摇了日本的经济基础。而对于抵制日货运动所期待达到的政治目标，又如上节抵制、反抵制与政治决策的关系变化所述，在中日双方的这场博弈中，因抵制日货运动遭到中国政府以及日本朝野上下的种种强烈的反抵制，而最终被取缔，此次运动预期所要达到的经济目标以及政治目标也就随之而消失。

第三节 日本商人组织的"反抵制"运动

面对中国热烈的抵制运动，日本商人组织展开了一场"反抵制"运动。

一 "反抵制"运动核心力量：日华实业协会的创建

1919年6月的巴黎和会，中国作为战胜国要求索回德国强占的山东半岛主权，但英、法、美却将其转送给日本，中国代表拒绝在和约上签字。同年11月16日，反日学生因没收运输途中的日本纤维制品，与日本商人发生冲突，史称"福州事件"，该事件使得反日、抵制日货运动得以升温，直至达到高潮。对于日本实业界来讲，除了要面临在中国市场上与其他列强的经济竞争外，正如"给我国贸易带来的损失，出乎意外的巨大"① 所述，还要面临因中国的反日民族主义而产生的沉重打击这样一个环境。因此，以涩泽荣一为首的日本实业界人士深刻认识到，为改善此状况，日本经济界必须要有根本性的对策。

早在 1915 年 7 月 27 日，为欢迎陆宗舆公使为首的公使员一行，由东京商业会议所在上野精养轩召开的招待会上，涩泽荣一就做了如下讲话"在不用说日中亲善的利益，抑或相互交换方面且不必说，我们不仅要分配有形的利益，还有必要分配无形之利益。此外，两国的亲善不仅利于日本的实业家，同样也是利于中国的实业家，热切希望以公使阁下为首，包括日本在住的中国商业家，众心一致，对贵国的实业家和日本的实业家采取同样的态度"。② 不难看出，此番话已经表露出了涩泽荣一此后建立日华实业协会的想法。

为探求中日国交问题及山东问题的解决方法，涩泽荣一从 1920 年 1 月至 2 月间，与大仓、仓知、山科、安川、近藤、桥三郎以及参加巴黎和会的日本全权代表牧野伸显等多次协商，必要时还拜见了原敬首相。上述这些活动，为建立日华实业协会埋下了伏笔。同年 1 月，为研究对策，以全国的八大商业会议所及其与中国有贸易关系的银行、企业、实业界人士为主，在东京商业会议所召开了中国恳谈会代表协议会。结果于同年 2 月 15 日开始，历经 5 日，召开了由十大商业会议所代表及实业团代表组成的联合协议会。③

为根本解决抵制日货问题，由全国商业会议所联合大会的决议而组织的实行委员会，于同年 2 月 20 日做出决议，表明将以尊重"门户开放、机会均等、领土保全之日本国是"，日中"彻底贯彻共存共益之主旨，密切两国间经济关系"④ 为目的。为研究并改善抵制日货运动，需要建立一个能够担负起此任务的民间组织机构，这对日华实业协会的成立起了推波助澜的作用。

---

① 东亚同文会编：《对支回顧録》，对支功劳者传记编纂会昭和十一年版，第 693 页。

② 《竜門雑誌》1915 年 8 月第 327 号，第 65—67 页。

③ 参见涩泽青渊纪念财团龙门社编《渋沢栄一伝記資料》第 55 卷，涩泽荣一传记资料刊行会昭和 39 年版，第 169 页。

④ 涩泽青渊纪念财团龙门社编：《渋沢栄一伝記資料》第 55 卷，涩泽荣一传记资料刊行会昭和 39 年版，第 150 页；《中外商業新報》，1920 年 2 月 21 日。

可以说《凡尔赛和约》的签署是将日华实业协会的构想得以具体化的一个契机。此协议会于 1920 年 3 月 25 日在东京商业会议所召开，杉原荣三郎（东京商业会议所副会头），同意以下被推荐者为发起人：他们分别是大阪方面的藤田、久原房之助及另外 5 名；京都方面的奥村政雄等 10 名；名古屋方面的伊藤盛松等 12 名；神户方面的武藤、松方幸次郎等 15 名；横滨方面的原富太郎、大谷等 10 名；函馆方面 10 名；东京方面由三井、三菱、古河、大仓、高田、森村、村井等日中关系贸易会社代表者 50 名，上述发起人合计约为 160 名。另据报告，最终发起人达到了 250 名之多。随着上述准备工作的落实，迎来了日华实业协会创立总会的召开。①另外，根据《日华实业协会主意书及规则》可知，评议员和发起人名单中除了上述所列人员外，还有团琢磨、藤原银次郎、浅野总一郎、森村开作、久原房之助、住友吉左卫门等人；此外，还有从事日中贸易的业界团体，或者与其关系密切的日本棉花同业界、大阪贸易同志会、大阪工业会、大阪输出同盟会、大阪绵布商同盟会、大阪绵系商同盟会、大阪实业组合联合会、神户海陆产物组合、神户外米输入组合、神户燐寸同业组合、北支那输出同业界等也罗列其中。从发起人所在区域来看，由小樽、函馆、东京、横滨、大阪、京都、神户、长崎、大连、上海等地所构成。②

伴随着上述各项准备过程的逐步落实，经与中日经济有关的企业、银行、商行及个人等的协商，由全国商业会议所联合会的代表们作为发起人，于 1920 年 6 月 18 日在帝国饭店成立了日华实业协会。会长由涩泽荣一担任，副会长是和田丰治、藤田平太郎，另有三井八郎右卫门、岩崎小弥太、大仓喜八郎、近藤廉平、古河虎之助、井上准之助为名誉顾问，藤山雷太、大谷嘉兵卫、服部金太郎、添田、武藤山治、伊藤忠兵卫、小池张造、白岩、门野重九郎、小野英二郎等 50 名评议员。均是一些成功的实业界人士，由此可见，日本实业界人士心中的危机感。

设立日华实业协会的主旨是"经济上的相互提携作为日中共存之第一要义"③。这表明了日华实业协会意欲将经济关系看作构成日中关系的主轴的思想。而关于日中关系的恶化，则曰"事已至此，虽说两国政治家的责

---

① 参见《中外商業新報》1920 年 3 月 26 日。
② 参见涩泽青渊纪念财团龙门社编《渋沢栄一伝記資料》第 55 卷，涩泽荣一传记资料刊行会昭和 39 年版，第 79—183 页。
③ 同上书，第 168 页。

任为多，但两国国民的责任也并不为轻，对从事日支间实业关系的吾辈而言，将来作为其直接利害关系的感受者，尤感责任之重大"。"值支那国内交通、产业及自然资源被卷入激烈的国际竞争之际，政治家顺应大势之方针无误，但既往政策之严厉是造成两国国民误解之因，鉴于大局，应决然改善此况"。① 从上述内容可以看出，实业界人士认为为确保其经济利益，在改善两国关系所需发挥的作用方面，其自身具有很大的责任，因此他们以担负责任为志向，为寻求应对中国市场上激烈的国际竞争的对策，以及顺应需要，为政府献策。对于日华实业协会的成立，日本学者片桐庸夫认为，其主要有以下三点意图："（1）在日中经济关系方面，希望构筑一个能够超出东亚兴业和中日兴业作用的新机构；（2）通过此方面之日中经济关系的再构筑，最终促进政治关系的修复；（3）在国际竞争激烈的中国市场上取胜。"②

另，围绕着涩泽荣一会长的就任一事，"欧战后在国际经济竞争的强烈刺激下，深感实业家们所组成的对中团体，于促进国际竞争的有益活动方面所应有的必要性"。且"日支关系较日美关系更为紧迫，德高望重的子爵先生若不就任会头一职，则内外皆不为重视，无法达成目的"。③ 在杉原、日本邮船社长伊东米次郎以及白岩的如此说服下，以年老为理由对出任会长一职并不抱积极态度的涩泽荣一逐渐接受了说服，出任日华实业协会会长一职。由此可见，为实现通过改善日中关系，而达到在国际竞争中不败于欧美国家的目的，日本实业界深感日中关系的重要，并决定极力说服在日中两国政治、经济关系中具有重要影响力的涩泽荣一子爵担任会长。

就日中亲善之事，涩泽荣一有如下见解，"事实上日中两国并未实现亲善"。对于没有实现亲善的原因，"则是实业界和政治界对于支那的做法太有过之，当然，中国人的做法也并不令人满意"。但是，"对于国土广袤、资源丰富的中国来说，经济上，日中共同携手开发此富饶的资源，不

---

① 涩泽青渊纪念财团龙门社编《渋沢栄一伝記資料》第55卷，涩泽荣一传记资料刊行会昭和39年版，第168页。

② 片桐庸夫：《渋沢栄一と中国―その対中姿勢を中心として―（二・完）》《渋沢研究》第17号，涩泽荣一几年财团涩泽史料馆出版2004年版，第30页。

③ 涩泽青渊纪念财团龙门社编：《渋沢栄一伝記資料》第55卷，涩泽荣一传记资料刊行会昭和39年版，第168页。

仅是只给日本人带来利益的行为，也会给中国人带来足够的利益"。正所谓"以己及人，无论何事予以同情，则其后就必现好效果"。①

《中外商业新报》于日华实业协会成立两天后便刊登了题为《日华实业协会共存共助之大义》的文章。其中，对于日华实业协会所主张的方针、具体内容、成果等，在表示疑问的同时也充满了期待。由此可见，这也从舆论上反映出了当时的日本社会对于日华实业协会的某些看法。就中国发生的排日民族主义运动，还从经济角度揭示了其背景，认为欧美列强的存在阻碍了对事物本质的理解，这也是被日本实业界人士所广泛接受的见解。"现在更应说明日中两国共存共助的大义，遗憾的是，在两国民间并没有彻底进行之，再加上在很多地方败于欧美人的排日宣传。如若欧美人让日中两国共存共助的观点，在两国民间得以彻底理解的话，那么，对于广袤中国的四百多个州的富饶资源，加以提供我国的资本及其技术进行开发，既能带来中国工业的兴盛，也能增进我国国力。但其结果则为赶走欧美人的企业，以致呈现拥有四亿人口的中国市场为我国所独占的倾向，最后不得不引起欧美人被赶出东亚的忧患。长期在东亚猖獗跋扈的白人，利用以为抓住机会了的幼稚的中国人的心理，诽谤我国企图侵略中国领土，并以此宣传排日。"为此，应该"打破支那国民的此种迷梦，促进日中两国的亲善，主张东洋是东洋人的东洋，希望唤起其自主自疆的观念"。②

不难看出，日华实业协会之亲善目的，更注重于击败竞争对手——欧美，占据中国市场，取得经济上的利益。那么，对于 1923 年发生于中国的抵制日货运动这样损害其经济利益的行为，它又会如何看待？如何行动呢？以下通过对中日两国史料的运用，力图构筑关于此方面的历史面貌，以便于了解以日本商人组织为主的反抵制运动之经过。

二 日本国内的"反抵制"经过

1923 年 3 月 10 日，中国要求废除对华"二十一条"，对此，日本于 14 日表示拒绝，因此，中国各地纷纷提出抵制日货甚至经济绝交来对抗日本。从 4 月初开始，各地的抵制日货运动逐渐蓬勃发展起来，且在国外还有向新加坡、河内蔓延之势。随着抵制日货运动的发展给日本的对华贸易

① 《日支親善の妙諦》，《竜門雑誌》1921 年 7 月第 398 号，第 65—66 页。
② 《中外商業新報》1920 年 6 月 20 日。

带来了很大的损失。据《向导》统计，日本对华贸易 1922 年 6 月为 2769 万日元，1923 年 6 月降为 1405 万日元，计减少一半。中国对日本的贸易额中，1923 年 6 月则出超 460 余万日元，这是中日贸易以来第一次出超的现象。① 据日商棉纱同业会对 6 月中旬的业绩做出的调查报告来看，日本棉纱销路非常不畅，销售额只有往年的 1/3 左右，使其不得不决定"将与中国有关系的各种实业，实行缩小范围"。② 为此，以日华实业协会为主的日本商人组织展开了一场"反抵制"运动。

（一）"反抵制"的发动

面对中国抵制日货运动的展开，日华实业协会认为"危及我在留同胞的生命财产安全"，且"运动主体已不仅仅由一部分有志者及学生发起，本应阻止此等运动的商务总会，却呈现出主导此运动之势"，对其合作者——商务总会失望的同时，表示"已达无法漠视、忍耐之状"。因此，建议外务当局"希望就根本的防止对策，与中国政府进行交涉"，再因"寄希望于以稳健、持久的态度来圆满地解决此事，而不仅只是扫清一时的骚乱"，决定"和中国各地、日本全国的商业会议所，以及各种实业团体紧密联系，为防止抵制日货而尽全力"。③

6 月 11 日，涩泽荣一与和田正副会长拜访了外务省的内田外相。对此，外务省给北京代理公使吉田伊三郎发去训电："眼下采取强硬的态度，今后的对策也要做到无遗漏。"④ 6 月 14 日，涩泽荣一、和田、白岩、儿玉、杉原等出席并举行了协议会，本次协议会取得的协议事项是，为圆满解决排日、抵制日货问题，除了和全国以及中国各地的商业会议所、各种实业团体取得联系外，并为彻底寻求防止排日、抵制日货运动的对策，还要会见外务省当局。⑤ 6 月 15 日，在日本商会联合会的会议上，将抵制日货运动的性质定为"确背中日条约，不顾国际义务"，决定"促请日政府向中国当局提出打消此项运动"，同时将此议决案正式呈递首相、外相及农商大臣。⑥

① 参见《向导》1923 年 8 月 8 日第 35 期。

② 《日货匹头之调查》，《益世报》1923 年 7 月 6 日。

③ 《今や如何にも黙视し難い渋沢栄一談》，《中外商业新报》1923 年 6 月 15 日。

④ 《支那排日问题对策》，《竜门杂志》1923 年 6 月第 421 号，第 60 页。

⑤ 参见《日华实业协会と支那排日货运动》，《竜门杂志》1923 年 7 月第 422 号，第 61—64 页。

⑥ 参见《日商会反抗抵制日货》，《申报》1923 年 6 月 22 日。

随着"反抵制"运动工作的推进,在东京商业会议所内部成立了"排斥日货决议实行委员会",山科礼藏、堀内伊太郎、大山斐瑳磨于1923年6月16日出席并召开了第一次委员会。此次会议上,首次邀请小幡酉吉公使,并听取了对前一天与农商务次官、外相会见结果的报告意见;调查因抵制日货运动所造成的对中贸易的影响;同意听取汉口日本人大会关于抵制日货的陈情;还决定要求横竹商务官提供当地的事件报告,以及应采取的适当予以处置的报告,加强与日华实业协会以及东京实业组合联合会的联络及合作。

为加深与政府的联系,督促政府与北洋政府进行交涉。6月19日,日华实业协会在日本工业俱乐部邀请了亚细亚局长出渊胜次郎、情报部次长广田弘毅等,为日本商人组织创造了与政府当局直接交换意见的机会,表示"我等希望借此机会,为根本解决中国频频发生的抵制日货问题,不仅只是依靠政府,还仰赖实业界同仁协同合作,圆满解决问题"。① 由此可见,日华实业协会将抵制日货运动视为长期任务,不仅通过商人组织自身的力量,且将解决抵制日货运动之问题上升至国家层面,即通过日本政府对北洋政府来进行交涉解决。

(二)"反抵制"运动的进行

如上所述,在加强政府以及各商人组织的纵向、横向联系的基础上,日本商人组织正式开始着手于具体、详细的"反抵制"运动对策。神户商会于6月18日召开特别大会,认为"中国商人因外交问题而排货,乃不公举动况此举与中日商约之精神不合"。又谓"中国实需要大宗日货,而华商因排日者之压迫,不敢输入日货"。因此,以"禁止排货运动,以免两国同受其害"为由,"请日政府立即设法阻止华人之抵制运动"。同时还致书神户华人商会,请求合作。② 6月25日的"排斥日货决议实行委员会"第二次会议上,日华实业协会决定对中国采取更为强硬的态度。③ 同日,应神户商会的要求,在协会事务所召开了东京商工会议所、东京实业组合联合会两团体的干部会议。日华实业协会方面出席的有涩泽荣一、角田隆、荻野元太郎、油谷恭一等;实业组合方面出席的有星野锡、阿部吾

---

① 《都新闻》,1923年6月20日。

② 《勇往直前之救国运动》,《益世报》1923年6月30日;《〈益世报〉天津资料点校汇编(一)》第211页。

③ 参见《東京会議所会報》1923年7月第6卷第7号,第10—12页。

市、山崎龟吉等；会议所方面出席的有杉原、山科、守谷吾平、大塚荣吉等。会议上，就为防止抵制日货问题，日华实业协会的活动经过以及与政府、外务省当局所进行的交涉始末等做了说明，随后还听取了出席会议者的意见。经议决，决定对策如下：（1）日本政府不与中国中央政府为对手，直接对地方官员予以严厉抗议，因排日运动所导致的损失，令地方官宪赔偿；（2）借款如到付还之日期，即无犹疑收取；（3）将排日损失额报告北京公使馆，以为交涉之基础；（4）我国（日本）断乎实行经济绝交，以期根本解决排日问题；（5）日本不出席特别关税会议，更不加入司法制度调查委员会，终止对华文化事业之支援；（6）促日本居住之内地中国人反省。①

随着日华实业协会与日本政府间日益频繁地交涉，日本国内的各商业会所态度也日趋强硬起来。6月28日，由大阪商业会所发起，在公会堂召开了"对华问题实业大会"及其演说会。与会者除新闻记者和全市实业家外，人数多达3000余人，并推会长稻田胜太郎为主席。议定"中国官民，不特蔑视通商航海条约，是直以挑战的态度敌视吾人"，"已忍无可忍，故宜督促政府，从速以最强硬态度，对待中国，冀灭祸根而后已"。还推举实行委员20名，演说会之演说者有各新闻主笔、商会议员、大学教授等十余人，演说题目大致可分为，恩以仇报之中国、排日问题之解剖与对抗方法、中国之排日与旅顺大连问题等。总结其演说大意如下，"中国人得陇望蜀之国民性，贪得无厌，动必藉口于二十一条也，旅顺大连也，以为要求之具，求之不得，乃报恩以仇，长沙事件，竟杜绝我同胞之粮食，此种举动，是非加以铁拳不可"。认为排日运动"历年以来，屡起屡减，非止一次，倘不为根本解决，吾贸易上，万无宁日。为今之计，务宜督促政府，速变其不干涉主义，而出以干涉手段"。故要求政府"由海军部派遣多数军舰，驻扎长江一带，及中国沿岸，使陆战队上陆……可不谓之曰以武力压迫，而曰保护侨民"。②从上述内容可见，日本商人组织在"反抵制"过程中，有歪曲抵制日货运动性质，以美化日本、丑化中国来奠定民意基础，通过加强煽动舆论，来督促政府强硬交涉之意。

---

① 参见《日華実業協会と支那排日貨運動》，《竜門雑誌》1923年7月第422号，第61—64页；《东报载日华协会之议决案》，《益世报》1923年7月3日。
② 《国外要闻》，《申报》1923年7月7日。

除加强与日政府以及其他商人组织的联系外，还要求中国商人组织停止抵制运动。7月初，日本商业会议所联合会会长致函中国商联会会长，建议"宜于此时，对各地总商会及其他一般商民，力说此等运动，究与贵国商民之真利益，所以背驰之故，且就此种行动，遽设法令其终熄"。①

另外，日华实业协会在7月2日召开的干部会上，为防止抵制日货问题制订了具体方案。并于7月3日，在丸之内银行集会所和外务省当局再次交换了意见，出席会议者有外务省的外务次官田中都吉，中国公使芳泽谦吉中国，通商局长永井松三，情报部次长广田，亚细亚局长出渊，坪井、栗野、冈部等各课长；日华实业协会方面有涩泽荣一、和田、杉原、白岩、小野等。此次会议中，协会方面对外务省当局提出了以下几项具体请求：①禁止抵制日货运动；②处罚抵制日货责任者；③赔偿损失；④善后保证四点措施。对此，外务省当局的姿态是"田中次官及出渊局长等对此请求，基本上予以同意，并采取适当的措施"。即同意了协会方面提出的要求。取得外务当局同意后，协会便发表声明，"在促使中国人士反省的同时，本协会当为圆满解决该问题而努力"②，表示为解决排日问题继续努力下去的决心。

除了与日本政府取得紧密联系外，日华实业协会还加速与其他团体相联合，以应对中国的抵制运动。例如，由贵族院和众议院两院的实力人物以及民间人士组成的对华国民同盟会，于7月8日在丸之内华族会馆，邀请日华实业协会、全国商业会议所联合会、东京实业组合联合会4团体，召开了针对中国的抵制日货情形，如何激发日本国内公众舆论的评议会。参加者有对支国民同盟会的蜂须贺正昭、青木信光、上杉信吉，日华实业协会的涩泽荣一、白岩、和田，全国商业联合会的杉原、稻畑胜太郎、井坂孝，东京实业联合会的星野、阿部等41名。决定7月15日由此4家团体联合举办对华国民大会。尤其是在涩泽荣一的推荐下，还决定由蜂须贺、和田、木内、杉原、山科、涩泽荣一、白岩、星野、山崎、阿部等16人，以7月15日的东京大会为起端，在六大都市顺次召开国民大会，以

---

① 《日商会关于排货之一函》，《申报》1923年7月2日。

② 《穏忍するにも限度がある排货の解决策と日華实业协会の声明》，《中外商业新报》1923年7月4日。

实现激发公众舆论之目的。①

7月15日下午，对支国民同盟会、日华实业协会、全国商业会议所联合会、东京实业组合联合会4团体在丸之内的日本工业俱乐部召开对支联合大会。到会者达3000多人，其中，从长沙、汉口、上海回国的请愿代表也参加了会议。议决抵制运动是"对我国民之明白的敌意表示"，"有悖于国交之通谊有害于东亚之和平"，"于中日两国间酿成重大之危机"。因此，"警告中国官民，速宜改善现状，防遏局面之恶化"，声明"若今不改，我国民为自卫起见，不得已惟有出以适当之措置"，而"不幸事以至此，其责任全在中国官民"。② 明示了其严格的态度。上杉还明确地表明了立场，"今天不仅是为保护工商业者的利益而应对排日运动，还要讨论导致排日运动的责任在谁，关于此责任在于日本国民的怠慢之方面且不必说，现在的情况是要使朝野上下觉醒，确立稳固的国是尤为重要"。蜂须贺、粕谷义三、和田三人还当选为排日陈情委员，代表实业界人士拜访政府当局，进行排日陈情。③ 可见，对支联合大会的召开及其决议的目的是，通过激发国内舆论，要求政府及外务省当局对华采取强硬的措施。且应予以注意的是，蜂须贺、和田两人于第二日即7月16日拜见了内田外相，7月18日又拜见了加藤首相，并提交了决议文。对此，内田外相和加藤首相两人都对决议文表示赞同，也得到了会尽量按照决议文的要求进行处理的答复。④ 7月19日，涩泽荣一、和田再次向加藤首相和荒井贤太郎农商务相提交了决议文，请求按照决议文全力予以实行。⑤

伴随着日本国内动向的发展，日华实业协会还加强了与在华商业会议所的紧密联系。7月10日，森弁治郎代表协会出席了在华商业会议所联合会。会议上为商讨排日对策陈情而来的陈情员分别有汉口居留民代表3名、长沙居留民代表1名、天津居留民代表2名。7月12日，首先由涩泽

---

① 参见《排日对策国民大会六大都市で開催聯号協議会で決定する》，《中外商業新報》1923年7月8日。

② 《对支連合大会決議案可決へ》，《中外商業新報》1923年7月16日；《日本对华联合大会之议决》，《晨报》1923年7月20日。

③ 《对支連合大会決議案可決へ》，《中外商業新報》1923年7月16日；《日本对付抵制大会》，《申报》1923年7月17日。

④ 参见涩泽青渊纪念财团龙门社编《渋沢栄一伝記資料》第55卷，涩泽荣一传记资料刊行会昭和39年版，第217页。

⑤ 同上书，第212页。

荣一接见了他们一行，听取了中国国内的排日实情陈情报告后，又于7月16日，为陈情员提供了与政府、贵族院各团体、各政党干部以及商业会议所等见面陈述的机会。在华商业会议联合会议所代表米里纹吉携联合会的决议，7月30日来东京后，协会方面于8月10日召开干部会议，不仅听取了米里带来的在华商业会议的决议以及对策的意见报告，为达成米里陈情之目的，还为其创造了与政府当局及政党干部接触的机会。①

如上所述，通过当地有力者及实业家的合作及提携关系的构筑，在"反抵制"中所取得的成果或达成的目标，可以说是日华实业协会所言的民间经济外交的一个侧面。对于日本实业界来讲，至8月末，中国的抵制日货运动暂时得以缓和的现象，以及将遭受日本关东大地震灾害的中国留学生用日清汽船送至宜昌、重庆而被感谢之事，虽然表面观之，有趋于平静之势，正如涩泽荣一所讲"与五月之情形相比，确实已有很大改善，本协会的微薄力量也并非是无效"。② 但是，从整体来说，日方对发生于中国的呈缩小趋势的抵制日货运动并未放下警惕之心，也并没有忽视于对防止对策的深入调查及信息收集，其原因从下述函件也可窥见一斑。

1923年11月7日，日本棉花株式会社、日华制油株式会社的喜多又造社长致涩泽荣一的书简中表示，在日本官绅的努力下，伴随着中国官民的觉醒，一部分排日热已渐现消退。尤其是日本关东地区发生的未曾有的大地震之际，引起了世界各国的同情，虽然中国各地也送来了赈灾物资及其他救援，表达了善邻友好之意，但乐观地期待排日热会因此而发生改变则是错误的。就武汉地区仍在持续的抵制日货运动情况做了详细报告，并要求日华实业协会给予支持。因为武汉地区"湖北全省商界后援会"这一组织，排日色彩浓厚，日益旗帜鲜明地展开抵制日货运动，大肆宣传把"赈灾救援"与"排日"完全区分开来，作为不同的问题来对待，非但没有出现缓和的趋势，反而呈现恶化之势。宣称此举不得不说是阻碍了日中之间的经济发展，且对于日本这些在武汉设有支店、投有固定大资本及很多设备投资的商人来讲，遭受了无法忍受的、令人寒心的、直接的以及间接的巨大损失，列举了在其"日本棉花会社汉口支店"中，"（1）后援会

---

① 参见涩泽青渊纪念财团龙门社编《渋沢栄一伝記資料》第55卷，涩泽荣一传记资料刊行会昭和39年版，第212—213页。

② 同上书，第263页。

的监视极其严重，因其妨害我等和支那棉花商的接近，以及买卖交易，使得无法购得原材料，已构成了事实上的妨碍营业。（2）在支店附属之汉阳棉花压榨工场，对于在湖北省内购得的大宗原产地货物的卸货，也遭受到了干扰，我等所雇用之支那人也因后援会的威胁而不敢工作。（3）进口棉纱布的商人也被排日团调查员严格监视，无法销售日货，日本商人也无法继续营业……"除此以外，"近来举行了作为第三期排日煽动策略的湖北全省外交协会成立大会，高叫扩大经济绝交……此举表明支那官绅对抵制日货的取缔是无诚意的，暗地里是默认排日团体的行动……丧失我国多年来巩固起来的中部支那的根基，有恐遭遇其成为英美等他国诱饵之不幸……日商一人因受迫害束缚其业务发展的话，当不能断说是违背了日支亲善之情谊……然而汉口方面之排日热，究其渊源，则是因利益驱动而产生的结果，不难看出煽动运动的背后是支那人纺织业者"。①

　　两天后即11月9日，日本棉花株式会社汉口支店长土井米市以《关于当地的抵制日货情况》为题，致函喜多又造社长，汇报自"7月1日以后之处理尤为苛刻，预订产品也陷入无法取货的状态"，"一旦发现和日商有业务往来时，便进行传唤，直接课以罚金，对于不理传唤者，甚至于令无赖汉对其进行殴打、面部烙印"。②上述情况，7月虽经日华实业协会向外务省提交过陈情书，但"未见对公使馆有通牒训令之势"，因此，"万望我政府当局以严厉训令，与北京政府进行交涉"。③与此同时，土井还提交请求书于北京日本公使馆芳泽，要求曹锟大总统训令萧督军加紧取缔抵制运动。虽然对于此次之交涉，表示"林总领事于6日拜访了萧督军，就取缔排日、对鼓动排日暴行者予以处罚等与萧督军进行了交涉，萧督军也明示了其方针，即逮捕排日团体中的2、3名重要分子，以迅速镇压此等恶劣风潮"。但是，依然列举了对中方取缔镇压手段的不满，"当地的排日恶行已致极其阴险之地，排日团体的日货调查员自4日以来，尽呈掠夺暴行之能。近来，萧督军传唤外交后援会会长吕超伯，就上月以经营日货之由，在中国海产商裕记号主人的面部烙上卖国贼印记并游街之暴行，进行了严厉谴责，虽下令说对实行此暴行之徒要严惩不贷，速予以逮捕。但数

---

　　①　涩泽青渊纪念财团龙门社：《渋沢栄一伝記資料》第55卷，涩泽荣一传记资料刊行会昭和39年版，第225—226页。
　　②　同上书，第227—228页。
　　③　同上书，第228页。

月以来，实际上萧督军对此排日暴行，均予以默认态度……以排日为名获取利益的纺织业者、航运业者、棉纱布业者等，依然顽固不化地唆使所谓调查员的无赖汉，继续对日商权益进行破坏伤害"。并且，分析原因如下，"湖北的排日执行者均是为谋取利益为主的职业无赖，排日团体几乎均是与直隶派持相反态度的旧王占元派，约占省议员的半数。按湖北新闻界之惯用套法来看，眼下的排日运动虽明则标榜取消'二十一条'，收回旅大，实则是以达到通过发展自身业务，谋取利益之纯粹的经济效果。但可观测到其正待以时机，转为反直隶派运动之势，眼下，长江一带反直隶派热渐入酝酿中，民党派、安福派等其他各派复杂交错盘踞的湖北省，随时受四川、湖北局面变化的牵动，秩序急剧被破坏"。最后，还就在华事业状态以及"反抵制"对日本国家之重要性做了申诉，"今年4、5月以来，在恶毒的排日暴行下，日本人居留民不但无营业自由，甚至遭受到生命受威胁之事也时有发生之类的巨大损失。再加上今秋贸易季节之际，一切贸易行为均被限制，数十年来投入大量的人力、物力而开拓出的华中大后方事业，现已蒙受莫大损失，事实上已陷入撤出状态"。虽然"关东大震灾以来，深感对外贸易于恢复帝国国力方面，负有重要使命，帝国的对支贸易中，尤其是扬子江一带作为重要的营业线而存在"。但是，"汉口的日商自过去半年以来，至此贸易季节的紧要关头，却受制于排日团体，蒙受了惨重损失。不能与有贸易往来意愿的顾客自由往来之事"。"从小处来看，将减弱长江中游以上日本人的势力；从大处来看，则会导致污辱我国威名的令人痛恨不已之大事。"①

针对上述情况，1923年12月24日，于丸之内的日本工业俱乐部召开的日华实业协会第三次总会上决定：对于政府当局要求处罚对排日行动不予取缔的中国官绅，并附上取缔排日运动、赔偿损害、善后保证等要求；为保护日本人增派炮舰若干，配置相当人数的陆战兵，以便于不失去保护和镇压的时机；对于给予中国文化事业及其他方面的支持，至排日运动结束前则一律予以中止。由于排日运动多率先发生于和美国相关的学校，以及学生基督教青年团，因此可知其教唆者多为美国人传教士，希望外务省

---

① 涩泽青渊纪念财团龙门社编：《涩泽荣一伝記資料》第55卷，涩泽荣一传记资料刊行会昭和39年版，第228—229页。

向美国公使（大使——笔者注）发出警告或提出抗议。①

　　其中，对外务省当局的期望如下所述："对于抵制日货之事，当时我日华实业协会也非常之担忧，因无论如何想加以改善，和诸位常任干事一起，在此或是在银行俱乐部数次会见外务当局，我等不敢妄言讨论会，但交换意见也不止于一次、两次，另还与和田君一起邀请外务次官访问本所，也和亚细亚局长有过促膝长谈。上述举动绝非认为外务当局无能之意，也并非只一味地予以请求，吾等欲表达之意是，此事对推进我们的事业难道不是制造了困难，国家不也应对此担负起责任吗？"② 即日华实业协会对外务当局者表明了其严肃的姿态，施加了压力的同时，也对外务当局者为切实解决排日、抵制日货运动起了推动作用。

　　（三）"反抵制"运动的结束及防止对策

　　随着日本朝野"反抵制"对策的深入化，1923 年底，抵货运动呈一时停息之势。对此，涩泽荣一认为："从排日情形来看，遗憾的是扬子江之汉口地区的排日风潮尚存，其他如天津、上海各地已渐趋缓和……此次的排日，政治上的原因固然存在，但也有经济上的原因，因这点直接关系到对华事业，尤请各位会员多加留意。"表示日华实业协会"今后于两国实业家的提携以及促进贸易的同时，还欲探求如何将连年频发的排日风潮做到防患于未然的方法。发生事故之际，如何对在华日商进行救济的方法也在研究进行中"。③ 这表明了涩泽荣一对于发生于中国的排日理由，从一个实业界人士的观点来看，认为比起政治上的原因更需注重经济上的原因，并期待能够从经济层面上来寻求防止排日、抵制日货运动发生的策略。即希望能够以商人组织的力量，通过民间经济外交的形式，研究并探求防止、制止中国排日及抵制日货等损害其商界经济利益的方法。

　　日华实业协会就努力探讨排日运动的防止对策时，伴随着排日运动的一时停息，并以此为契机，为防止并制止排日、抵制日货运动的再发生，加大了对华文化教育事业的渗透。在此方面，其主要展示了如下几个动向。

---

　　① 涩泽青渊纪念财团龙门社编：《渋沢栄一伝記資料》第 55 卷，涩泽荣一传记资料刊行会昭和 39 年版，第 260—262 页。

　　② 同上书，第 263 页。

　　③ 参见涩泽青渊纪念财团龙门社编《渋沢栄一伝記資料》第 55 卷，涩泽荣一传记资料刊行会昭和 39 年版，第 262 页。

第一件事情是，于1923年11月12日召开的日华实业协会干事会上，报告了上海中华学艺社的事情。1919年，东京帝国大学、早稻田大学、高等工业大学、高等师范学校、千叶医学专门学校等校的中国留学生，回到中国后就教于北京大学，其中亲日且活跃于第一线的47人为探求真理、交换知识、提高文化之目的，通过学艺丛书、学艺汇刊等的发行以及讲演会的召开，创立了丙辰学社。1923年6月，丙辰学社更名为上海中华学艺社。随着社员数量的逐渐增加，包括欧美留学生的加入，人数已超一千几百名，在中国国内也颇具名望。其影响力之大并不单单表现在文教界方面，在政治、经济及其他方面也直接或间接地影响着舆论。认为"数年间在支那各地接连发生的炙热的排日运动中，尤其是长江一带的排日运动，现已逐渐趋于缓和，虽然有各种原因引导其渐趋缓和。但是，上海中华学艺社的干部社员们所倡导的不要实行排日运动之努力，也为缓和排日运动起了很大的作用"。① 为此，深受中国在留日人有识者的赞赏。因此，日华实业协会得知上海中华学艺社设立大学之事时，表示给予资金援助，并于1926年12月捐助了15000日元。②

第二件事情是，1924年3月31日日华学会协同东亚同文会，在丸之内的日本工业俱乐部，积极地接待了由北京大学、北京医科大学、北京农业大学、北京师范大学、北京工业大学、北京美术专门学校的教员及学生一行所组成的中华民国学生视察团。

第三件事情是，为实现在日中两国民间设立适当的友好交流机构之急务，首先自1924年4月18日起的两个月时间，派干事角田隆郎去上海、汉口、北京、天津、奉天，与张謇、吴佩孚、黎元洪等名士，官界、实业界、学界的中国人及日本人交换意见，以实现意识沟通；接着又于9月在广东、香港、华南地区举行了同样的活动。11月，角田隆郎还作为日华实业协会会长的代理拜访了旅居于神户的孙文。孙文对在日中间设置友好交流机关的提案表示欢迎，认为在中国方面也有设置同样机构的必要，且应

---

① 涩泽青渊纪念财团龙门社编：《渋沢栄一伝記資料》第55卷，涩泽荣一传记资料刊行会昭和39年版，第303页。

② 同上书，第439—440页。其中，给予捐赠的有横滨正金银行、三井物产、三菱合资会社、日本邮船、日清汽船。另，加上日华学会捐赠的5000日元，共捐助了20000日元给上海中华学艺社。

允为促使其得以实现而尽全力。①

另外，汉口的报纸《中报》，由有日本留学背景人士创建的华鄂学会中的有志之士所办，因其"为两国亲善之稳健主张，致力于消解排日气势"，受到了当地在留日本人的好评，并决定"为我居留民的重建，组织中报会"。② 为此，日华实业协会决定对在改善对日舆论方面做出贡献的《中报》给予相当的援助。

三　在华日本商人组织的"反抵制"经过

面对抵制日货运动的发展，与日本国内商人组织相对应，在华各地日本商人组织也做出了强烈的反应，对抵制日货运动提出抗议，制定种种具体的"反抵制"方法。

（一）湖北

为讨论对抗抵制风潮的办法，侨沪日人商业会议所于6月13日召集全体会董大会，并由会长田边辉雄主席即席议决，以上海日商会之名义，致电日本政府外务省以及驻京日公使等请愿，希望日本政府向中国政府提出严重抗议，消灭抵制风潮，并保障日侨的生命财产安全等。提出具体的抗议办法8条，并附有各地团体抵制日货的事实文据等7件，作为凭证。尤其是，认为此次对日排货，中国商人组织——总商会成为运动之中心，与过去数次相比较大异其趣，故此次排日范围扩大，其运动方法极有秩序，因而导致日本商工业者所受的损失也甚大，对于在华日人多年努力所取得的经济基础，以及在华人的前途，将造成威胁，因此8条抗议中之第二条就具体写到了对中国各地总商会的"反抵制"办法。8条抗议办法如下所示：（1）抵制日货运动"不顾中日通商条约"，"公然抹煞国际情谊"。（2）对于中国各地总商会及其他团体的宣传或通电"对日经济绝交""抵制日货"者，"使调查其主谋后，严重处罚"。（3）"赞助或煽动排斥日货运动及从事排斥者，使以阻害国交之罪名严重处罚"。（4）对以"中日经济绝交"或"抵制日货"为目的的团体或同业公会，"使速命其解散，且使绝对禁止以后此种团体之组织并集会"。（5）严重处罚妨害日货贸易及

---

① 参见涩泽青渊纪念财团龙门社编《涩泽荣一伝记资料》第55卷，涩泽荣一传记资料刊行会昭和39年版，第274—275页。

② 同上书，第274页。

其输送者。(6)严重取缔登载挑拨的排斥日货记事之报纸,及散布排斥日货传单者。(7)"对于为排斥日货运动主因之所谓二十一条条约废弃问题,并旅大收回之要求","使中国政府通告此种排日行动,不独属于违背通商条约精神之不法行为,有害中日国交,且亦所以招致中国本身之不利损失"。(8)在华各地日领事官,严重监视所在地华官取缔排货运动缓慢者,与地方官交涉使厉行取缔。① 同日,汉口日人以中国政府取缔排日运动不力,恐华界日人受危险为由,决定6月14日晚在日人俱乐部开准备委员会,又华界日人机关之亲睦会,与日清商妥,将贵重物品寄放日清第四号仓库,三月不取租金,至必要时,即离汉。②

就讨论中国各地的抵制风潮以及各店所受影响,租界各日商公司及大小日本商店的经理人等40余人,于汉口路九号商友俱乐部集会开会。决定"(一)先行联合租界各日本商店代表组织实业同志会,以资联络互助;(二)关于抵制风潮,由各会员自由起草请愿意见书,限三日内交到,再由该会开干事会审查,汇编成册,专呈日领事署,向总领事请愿取缔"。③

除上述提交请愿书外,还推举请愿代表赴日本请愿。6月25日,作为山本、古川二氏与居留民会执行委员会接洽之成绩,汉口日侨民团行政委员会、商业会议所联电日外务省"关于华人排日问题,曾经请愿外务省,至今尚无具体应付办法,特再请愿",要求"确定方针,解决长沙事件",并以日政府对中国排日运动不早设法消弭为失当,推举请愿代表(日报称为陈情委员)三人,回国请愿,以此给日本政府施加压力,"速以适当手段打消中国排日举动"。6月26日晚,执行委员会开会,推定小川爱次郎、茂木一郎及阿布善三郎三人为代表,并制定请愿书,由三代表亲自回国,分致各政党及各报社,以达到"务请指导舆论,督励政府,决定应付办法,俾早消除排日妄动"之目的。并即电津沪等处日侨,请各推代表,辅助进行。④ 于是,请愿代表三人偕长沙代表,7月3日晚乘岳阳丸回国。⑤

汉口商界外交后援会因对日问题,曾致觉书于汉口日商会,对此,日

---

① 《日商会会议抵制风潮》,《申报》1923年6月14日。
② 参见《汉口电》,《申报》1923年6月13日。
③ 《日商会议对付抵制风潮》,《申报》1923年6月27日。
④ 《抵货声中之湘鄂日侨行动》,《申报》1923年7月2日。
⑤ 参见《汉口电》,《申报》1923年7月4日。

商会强硬表示"贵国商民欲以此举，使弊国商民感受刺激及商务影响，必迫请弊国政府取消二十一条付还旅大等意思，更为大谬"。① 并积极采取"反抵制"措施。7 月 11 日，受京、津、湘、鄂等各地日侨之委托，汉口日侨商会及居留民会，公推回国请愿代表阿部善三郎，由沪乘上海丸邮船回国，向"外务省等呈报中国各地抵制风潮的真相，并要求向中国政府提出严重要求条件"。② 对此，中国方面号召"中国各公团，极注意之"。③

日商人组织虽采取上述种种强硬的"反抵制"措施，但由于中国商界发起"湖北全省商界后援会"实行经济绝交，日人方面所受损失很大，故前驻汉日领事特嘱正金银行买办吴春生，转托庐鸿沧来汉，向汉商会协商，当经干事长吕超伯召集常务干事讨论，结果，以日人既有调解之意，自未便拒绝，唯须达到收回旅大、否认"二十一条"为目的，乃由庐鸿沧提议，由个人名义，宴请中日两国人士，以为接近之初步。最后，决定 8 月 25 日由庐鸿沧提议，以个人名义，宴请中日商界。宴会上，陆德泽起立发言，"我辈向来与日本商家往来甚多，个人感情亦极好，现在不能亲善之原因，实因国际地位上大障碍，我辈应尽国民之责任，如除去国际障碍，自不得恢复彼此商业之感情，且中日两国之亲善，更加浓厚"。复有日人后藤富贺美发言，"现在两国商人，发生国际上之误会，在商言商，总希望两国商情融洽，今既弄到如此地步，自应想个法子，将此误会解除，以谋两国商务之发达"。④ 由此可见，对于中方所提消除"二十一条"之障碍，日商辞令圆滑，以在商言商为由，予以答复。

虽然湖北全省商界后援会到 10 月 26 日还鼓励各地将抵制进行下去。⑤但至 12 月，在湖北督军的严厉取缔下，该地区的抵制日货运动被慢慢平息下去了。

（二）上海

由于在上海以及长江沿岸各埠，自"五九"以后，一律实行抵制日货，引起在华各地日本商人组织的恐慌，纷纷采取各种方式进行"反

---

① 《抵货声中之湘鄂日侨行动》，《申报》1923 年 7 月 2 日。
② 《日代表回国请愿》，《申报》1923 年 7 月 12 日。
③ 同上。
④ 《汉口中日商界之宴会》，《申报》1923 年 8 月 31 日。
⑤ 参见台湾"中央研究院"近代史研究所编《中日关系研究——排日问题（中华民国八年至十五年）》，台湾"中央研究院"近代史研究所 1993 年版，第 398 页。

抵制"。

在华日本商业所联合会会长田边辉雄氏，致函中国总商会联合会会长，对于此次排日货运动冠以"蹂躏贵我两国间所订之通商航海条约，而漠视国际信义之不法非礼行动"之名；并认为此运动"实为重于战争之极端行为，其结果破坏中日国交"；而"贵国政府并地方官，并不为何等有效之取缔"，故"以排日货运动而所蒙之影响，不独弊国国民，即贵国人亦所不免，或有招致大事之虞"。要求总商会联合会"力说此等行动"，"设法令其终熄"。① 之后，还致函北京华商会联合会会长，其理由同上，目的一致。即"愿贵会迅速向华商会及商人制造家与夫公众解释抵制之有害益，俾抵制风潮得早宁静"。②

为讨论中国时局、抵制风潮，并制定"反抵制"措施，7月3日，上海日商会在日人俱乐部开临时大会，对此次抵制日货运动发生后日商会所采的方针、对策、态度，以及本日开临时大会的理由做了说明。其后，天津日商会提议，为共商应付中国抵制日货运动的方法，在上海，或汉口、天津举行联合会临时大会，此建议得多数赞成。最后，讨论议案如下："①在华日商联合会开临时会事，议决于十日至十四日之五日间举行，委员出席者，约有十一处，即上海、天津、青岛、汉口、济南、大连、北京、牛庄、安东、辽阳、长春等地日商会。②关于应付排货运动之具体方法事，议决由会员各以书面叙述意见，于五日前送交会中，会中即交职员会研究，再作成议案，提交联合会。③关于排货影响之调查事，议决十日前详细报告与下开各项：（甲）在华商人及经售日货华商之日常贸易状况；（乙）由主要商场向内地之销货状况；（丙）由日本之直接输入状况；（丁）由上海向中国各商埠之日货移出状况；（戊）日银行之存款贸易及船公司之运货、载客等；（己）各种重要日货所受之影响；（庚）欧美及中国制品替代日货增加销路之程度；（辛）详报在竞争地位之中外商社，有无宣传排货运动事项；（壬）其他。④关于决定本商品会对于临时联合会之方针及态度事，议决归并第二案提议。"③ 此外，旅沪日商，除已由日商会发起全国商会联合会临时会议外，租界各商店经理还组织实业同志

---

① 《日商会关于排货之一函》，《申报》1923年7月2日。
② 《北京近事记》，《申报》1923年7月3日。
③ 《日商会临时会之议决案》，《申报》1923年7月4日。

会，发起在沪召集一全体居留民大会，讨论对付抵制风潮及善后办法等，汉口、天津等地也有此种组织。①

除加强各组织联系外，还积极组织"反抵制"舆论的演讲会等。由日本经济日报、日日新闻社、上海日报三家具名发起，定于7月7日在日人俱乐部开会，届时除由各报馆主儿玉池田等莅会演讲外，并邀请同文书院教授演讲；又长沙汉口回国请愿代表小川次西山又成两氏，亦将于是日抵沪加入讲演，其讲题为"抵制风潮之经过，及对付与中国最近之时局等"。②为顺利举行10日在沪召集全国商会联合会之临时大会，该会已积极筹备开会事宜，每日下午2时必举行董事会一次，共同讨论会场秩序及规则等，且其各处寄到的意见书，均分交委员慎重审查。此次会议深受各地在华日人重视，各地委员除已电告即日起程来沪外，东京商会也派令副会长及委员二人代表出席沪会。汉口长沙请愿代表山本勇吉等三人，也于7月6日抵沪，并于当晚7时举行长江上游抵制实况演讲会，代表等轮流演讲"上游各地排日实况、长沙湖南排货实况及抵制风潮之对付对策等三题"，计有700余人赴会听讲，多数发表意见，"主张利用中国政潮机会，以侨民公意，请愿日政府，以严厉手段，向中政府提出要求条件"。③

因6月日商入超逾450万元，深信乃因中国抵制日货所致。7月7日，主要九城之商会代表14人，定9日赴沪参与上海日商会调查抵制现局会议。④由上海日侨商会发起的中国全国日侨商会联合会，于7月10日开幕前，各项准备工作均已由筹备委员筹备完善，各地商会代表寄到的意见书，也由委员会分别审查，变成议案。此次会议，不仅在华各地日人商会均极踊跃参加，东京、大阪两商会也已派定代表十余人，定于11日搭长崎丸来沪参加。由此可见，"该国商人重视此会之一斑"。对此，中国方面呼吁"各公团均极注意，或将召集一联席会议，以谋应付"。⑤后因日商各地代表均在途中，故议决改期至12日午后2时20分开会，出席在华日商代表共38名，其中上海16名，天津2名，汉口2名，青岛1名，济南1名，大连1名，东京3名，大阪2名，神户2名，京都1名，名古屋1名，

---

① 参见《日人将召集旅沪居留民大会》，《申报》1923年7月4日。
② 参见《日新闻界亦将为抵制潮开会》，《申报》1923年7月5日。
③ 《日商对付抵制风潮之进行》，《申报》1923年7月7日。
④ 参见《日本商会之抵制会议》，《申报》1923年7月9日。
⑤ 《日侨商会联合会明日开幕》，《申报》1923年7月9日。

长崎 2 名，富山 1 名，福井 1 名，门司 1 名；此外有东京之日华实业协会代表 1 名，又长沙常德各有陈情委员 1 名出席报告，上海日本商业会议所副会长米里纹吉氏被推为议长。① 谓"中国此时，可谓已处于不可不改善国内状态之地位，我邻邦之日本，一向以深甚之同情，临于中国，希望中国勿徒事对外，须专心一意，改善内政，俾早日树立巩固之中央政府，有可确保在留外人生命财产之安全之国家"。因在华各地的商业会议所及其他团体，数次将协议对策的结果向日本政府请求对中国政府提出强硬的抗议，虽然日本政府曾训令公使馆及各地领事馆多次提出警告和抗议，但日本商人组织认为"目下情状，一似毫无何等效果"，因"中国官宪，并不为排日之取缔"，因此警告道："日本之隐忍自制，亦有程度……不仅以一片抗议已焉，此时当由何等具体的方法以谋对策"。次由天津代表竹内三一氏报告，除指摘排日排货的实例外，其论调与米里之中国内政改善论有相似之处，认为此次抵制日货的原因并非"为全中国人民之声者"，"似由政治的关系与职业的营业的欲为排日排货之分子故意实行者然，盖由政治的方面言，起因于直隶派之欲以国民对于内政之注意转于外交方面之政策"。次又有汉口代表及长沙常德之陈情委员报告，直至五时半始闭会。②

在华日商讨论热烈，会议持续开至 7 月 16 日才结束。16 日的协议会上，先由安原书记长朗读日本商业会议所联合会电报之对华国民大会宣言决议，次由上海代表恩田氏为本联合会之宣言决议审查委员长，报告起草之经过，至午后 3 时 15 分，发表宣言协议之结果。其中，将此次因收回旅大及取消"二十一条"而起的抵制日货运动，歪曲为"蹂躏通商条约与藐视国际信义者……徒然破坏中日国交之根本，扰乱东亚之和平者"，而将日本美化为"惟以东亚和平为念，对于中国常表极大之同情，大正四年以来，屡次所起之排日运动，对之常以隐忍自重，公明正大之态度，始终一贯，数年以来，我日本特顾善邻之谊，于种种机会，抛弃多数之已得权，以期中国官民之自觉"。对于中国废除"二十一条"之正当要求，则曰"我日本政府，已取消其大部，仅所存者，不外以延长旅大租借期限为主要"，因此，"警告中国官民，速自觉而图国内之统一安定，以终熄排日

① 参见《日侨商会联合会今日开幕》，《申报》1923 年 7 月 12 日；《日商会联合会之第一日》，《申报》1923 年 7 月 13 日。

② 《日商会联合会之第一日》，《申报》1923 年 7 月 13 日。

运动，同时又望日本政府，对此排日运动之不法行为，采强硬之处置"。①

此次沪开会之日侨全国商会联合会闭幕后，为讨论执行大会议决案件等，还决定于 8 月 10 日，在青岛继续举行各地日商会书记长会议，"大连、奉天、济南、上海等处之日商会书记长，均将列席与议"。②

（三）天津

在天津，日本商人组织也展开了各种"反抵制"活动。天津日本人商工协会全体会员，致日本政府及各团体的请求书中抱怨道："自民国八年来，年年积极有排日货之运动，好像成了一种习惯。好象（像）每年当中，必定要作的事情似的，我们有莫大的生死关系。"并列举了民间经济外交辅助政府外交收复青岛，而今"又废止二十一条，收回旅顺大连，为目的更大了……长此惹起重大事件，诚不胜愤慨"。对于华盛顿会议以来的对华政策抨击道："若能拱手停观，任两国国民，以当中日间通商之第一线先锋，势必失去多年努力而得之根本地位"。因此要求唤起"舆论，由商业团体之协力，使政府严重交涉，并抗议，以绝灭排日运动之势力"。③

7 月 3 日，日侨开居留民大会，讨论排日问题。④ 到者千余人，决意对华取对抗主意。⑤ 并决议："（一）由帝国退伍军人会天津分会，组织义勇队，饷项由民国供给；（二）向政府请愿，在中国北方增新军队；（三）向政府请愿借款，作为对抗排日之用；（四）排日团体解散，主谋及运动者严重处罚；（五）凡言论机关传单及其他宣传排日方法，严重取缔；（六）总商会及排日团体所发之放行单，即时一律无效；（七）日货调查队及拘商人者，查拿严惩；（八）总商会及各同业不得有排日宣传及一切排日举动；（九）抵制日货商人直接间接所受之损失，要求中国政府赔偿"。⑥

在"反抵制"运动中，日本商人组织在采取上述强硬态度的同时，还

---

① 《日商会联合会昨已闭幕》，《申报》1923 年 7 月 17 日。
② 《日侨商会决定继续开会》，《申报》1923 年 8 月 1 日。
③ 《日人对抵制请求援助》，《益世报》1923 年 6 月 20 日；《〈益世报〉天津资料点校汇编（一）》，第 707 页。
④ 参见《天津电》，《申报》1923 年 7 月 4 日。
⑤ 参见《天津电》，《申报》1923 年 7 月 6 日。
⑥ 《天津电》，《申报》1923 年 7 月 7 日；《津日侨大会宣言》，《民国日报》1923 年 7 月 9 日。

以中日亲善为名，达到瓦解抵制日货运动之目的，即通过加强与团体会、总商会等民间团体的联系，以谋求和平手段进行解决。

7月20日，警厅厅长杨以德以私人名义在家设宴招待中日双方实业界代表，会谈中双方虽"未将中日问题一一解决，但意见相投，甚为接近"。① 7月24日，中日代表进入第一次会谈，出席会谈的日方代表8名，天津团体会及天津总商会的中方代表7名。日方代表提议："中日两国无论有何问题，均可研究。"② 8月1日，中日商会再次开会，以天津商会会长卞月庭，会董张荫棠、杨晓林为首的中方代表计20人参加，日方商业会议所会长竹内三一、副会长砂田宾等共16人参加。对于中日纠纷，卞月庭代表商界指出："问题之起点，若非当日贵国政策含有侵略态度，中日问题无从发生"，并希望日本商界能够促进日本政府"变更对华方针"，同时呼吁中方"停止对日不良举动"。对此，竹内三一代表日本实业界对此表示赞同。③ 且表示"中日如夫妻"。④ 8月20日，双方再次召开中日国民大会，中国方面出席124人，日本157人，卞月庭"恳请贵国诸大绅商转请贵政府变更其侵略之政策，同人亦当劝告弊国民取消抵制行动"。⑤ 日方代表则曰："从此解释误会，不但两国幸福，东亚大陆实受福不浅，今日之会，不但将前两次会的好处发现，这个八月二十日，就是中日和平纪念。"⑥

9月1日，由日方主持，召开了第二次中日恳亲会，双方与会代表又有增加。但是，当时的舆论一针见血地指出了此会对中日两国的抵制与"反抵制"所带来的影响为，"于我国无丝毫之利，而与日本有莫大之益，抵制缓和，此会之大功也"。⑦ 同样，对于上述以中日亲善为名召开的几次中日恳谈会，日方颇为满意，认为"伴随着双方接近解决的加深，当地报纸上如往昔一般的过激论调也踪迹消失"，"由于我方的交涉，原团体代表

① 《中日国民在杨宅之谈话》，天津《大公报》1923 年 7 月 26 日；《中日商会见之谈话》，天津《大公报》1923 年 8 月 3 日。

② 《中日国民代表之会谈》，《益世报》1923 年 7 月 26 日。

③ 《中日商会见之谈话纪》，天津《大公报》1923 年 8 月 3 日。

④ 《中日商会之联欢会纪》，《益世报》1923 年 8 月 3 日。

⑤ 天津市档案馆、天津社会科学院历史研究所、天津市工商业联合会编：《天津商会档案汇编（1912—1928）》第 4 册，天津人民出版社 1992 年版，第 4905 页。（以下简称《汇编（1912—1928）》）

⑥ 《中日国民联欢会详记》，《益世报》1923 年 8 月 22 日。

⑦ 《对中日代表会之非难》，《益世报》1923 年 8 月 29 日。

会及总商会发行的放行单也被中国警察取缔"，而且"禁止日货调查员的运动及排日演说集会等一些禁令也渐呈具体化"。而最令日人欣喜的现象则是，"因上述日中恳谈大会的召开，有望建立以网络了本商业会议所及总商会为主的日中各方面的有力者为主的中日联合会"。①

会后，中日国民代表协商组织中日联合会，但并没有下文。究其原因，正如当时报纸所说，"中日联合会之说，系由中国人所发起，日人所以赞成者系藉此以缓和抵制，今团体会既宣布停止抵制日货，如此会成立，后无利于日人之议案，故无组织斯会之必要"。② 由此可见，日本商人组织除了采取强硬措施对抗抵制日货运动外，还充分利用民间外交的手段进行"反抵制"。

四 "反抵制"的特点③

对于日本商人组织的"反抵制"之道的特点，可做如下总结。

第一，歪曲抵制日货运动性质。

"反抵制"运动中，多次将收回旅大、废弃"二十一条"之正当要求，视为"违背通商条约精神""抹煞国际情谊"，有害于中日国交的"不法行为"。汉口日侨民团行政委员会、商业会议所，联电日外务省，"近观风潮所动，几与自由宣布断绝国交者无异"。④ 在华日商会联合会长田边氏认为，抵制日货运动"违背贵国与敝国所订商务及航业条约之规定，非法失礼"，"漠视国际友谊及和好之关系"。⑤ 在华日本商业会议所及日华实业协会所组成之联合大会，声称"以废弃由正当国际的方法所缔结之中日条约而收回旅大为目的之排日暴行，终至惹起长沙事件"。⑥ 在华日本商业会议所联合会，攻击中国为"蹂躏通商条约与藐视国际信义者"，对在华日本商民"侮辱与迫害"，中国官民为"破坏中日国交之根本，扰乱东亚之和平者"。⑦

---

① 涩泽青渊纪念财团龙门社编：《涩泽荣一伝记资料》第55卷，涩泽荣一传记资料刊行会昭和39年版，第224页。另，关于中日间的几次会谈内容也可参见第222—224页。

② 《中日联合会停顿原因》，天津《大公报》1923年9月28日。

③ 此项中，对于前文已出现的引文，不再重复作注释，仅对初次出现的引文加注。

④ 《抵货声中之湘鄂日侨行动》，《申报》1923年7月2日。

⑤ 《北京近事记》，《申报》1923年7月3日。

⑥ 《日商会联合会之第一日》，《申报》1923年7月13日。

⑦ 《日商会联合会昨已闭幕》，《申报》1923年7月17日。

第二，其以美化日本、丑化中国来奠定民意基础。

标榜日本对中国"常表极大之同情"，"恩惠极至"，宣传"历来日本对于中国，拥护其独立，还付以青岛，以金钱假其国用，以铁血助其攻俄"；而丑化中国人"得陇望蜀之国民性，贪得无厌"，"报恩以仇"。① 虽已采取种种"反抵制"方法乃至督促政府强硬对待，仍尽现在留日本人之委屈"仍持隐忍自重之态度"，同时还警告"尚继续示险恶之趋势，以现状推移之，或有招致大事之虞"。② 美化日本"惟以东亚和平为念"，对中国屡次所起"排日运动"，数年一直"以隐忍自重，公明正大之态度"，来"特顾善邻之谊，于种种机会，抛弃多数之已得权，以期中国官民之自觉"。③

第三，强化组织联系。

日本商人组织除了联合本团体进行"反抵制"外，还积极加强与其他团体联合"反抵制"以及致力于扩大"反抵制"的范围、规模等。即除了日本商业会议所及日华实业协会等组织严密分布于中国各地的商人组织外，诸如冠以"实业同志会""居留民大会""商会联合会临时会议"等名称的"反抵制"团体也纷纷出现，且相互间联系紧密。另，不仅在华各"反抵制"团体间互动性很强，而且在华日人"反抵制"团体和日本本土"反抵制"团体往来也非常之密切。如为举行长江上游抵制实况演讲会，东京商会派令副会长及委员二人代表出席，且"日内可到"，汉口长沙请愿代表山本勇吉等三人，已于"昨日抵沪"。日本主要九城之商会代表14人，亲赴上海日商会调查抵制现局会议。东京、大阪两商会也踊跃派定代表十余人，参与上海日侨商会发起之中国全国日侨商会联合会。在华日本商业会议所及日华实业协会所组成之联合大会上，除来自在华各地代表外，东京、大阪、神户、京都、名古屋、长崎、富山、福井、门司等地也有与会代表。④

第四，督促政府强硬对待。

日本商会联合会要求，日政府向中国当局提出打消此项运动。日本的公民大会上，还"一致通过严厉抗议中国抵制之决议案，并派委员以此决

---

① 《国外要闻》，《申报》1923年7月7日。
② 《日商会关于排货之一函》，《申报》1923年7月2日。
③ 《日商会联合会昨已闭幕》，《申报》1923年7月17日。
④ 参见《日商会联合会之第一日》，《申报》1923年7月13日。

议案呈交政府"。① 为达到取缔排日运动，在华日侨商还推请愿代表回国向政府请愿，例如天津、长沙请愿代表"偕同汉口所推三代表，由岳阳丸出发归国"。② 由大阪总商会发起的对华问题实业大会上宣言，不仅"督促政府，从速以最强硬态度，对待中国"，甚至要求出动海军军舰，驻扎长江一带，实现"武力压迫"。由四大会社组织的公民大会则建议"严厉抗议中国"，要求日本政府令"中政府即速设法遏止抵制运动"。租界各日商公司等40余人，起草请愿意见书，专呈日领事署，向总领事请愿取缔。而侨沪日人商业会议所，不但致电日政府外务省、驻京日公使等进行请愿，还向中国政府提出解散排斥日货运动的团体及同业者，严惩"赞助或煽动"者、"妨害日货贸易及其输送者"，取缔"排斥日货记事之报纸"等8条严重抗议办法。对于向中国政府所提要求方面，天津日本居留民大会的决议办法和侨沪日人商业会议所基本一致，但还对日本政府提出了由"帝国退伍军人"组成"义勇队"，"在中国北方增新军队"等激进的9条建议。日华实业协会要求日本政府不以中国中央政府为对手，直接向地方官员进行严厉抗议，并责令赔偿抵货损失。除此之外，另附有5条具体"反抵制"办法。在其第三次总会上，更是具体提出了取缔抵货运动、惩罚责任者、赔偿损害、善后保证等具体要求。日本公正会不仅指责日本政府对抵制日货运动采取"软弱外交、追随外交"，而且强硬要求中国政府应取缔排日运动、赔偿损失，还声称为维护日本利益，必要时应动用在华义勇兵和警察，甚至出兵来华。③

第五，煽动舆论。

对支国民同盟会上，将"如何激发日本国内公众舆论"作为重要内容加以讨论，并决定为达到"激发公众舆论之目的"，在六大都市顺次召开国民大会。对于长沙事件，则在舆论上大举"杜绝我同胞之粮食""非加以铁拳不可"之口号。还有组织地推举在华日侨商代表回国，将其请愿书"分致各政党及各报社"。为扩大"反抵制"舆论，就抵制风潮之经过、对策及中国最近时局等问题，由日本经济日报、日日新闻社、上海日报三家新闻媒体专门组织了"反抵制"演讲会。此外，为消灭抵制日货运动，还呼吁

① 《日本对付抵制大会》，《申报》1923年7月17日。
② 《抵货声中之湘鄂日侨行动》，《申报》1923年7月2日。
③ 《〈益世报〉天津资料点校汇编（一）》，第211页。

中方，如其徒事对外，不如专心一意改善内政，以建立巩固的中央政府。

第六，分化瓦解。

除上述所列举特点外，还采取游说组织抵制日货运动的各团体的方法，以"中日亲善"为名，达到分化瓦解运动之目的。以天津为例，7 月 24 日，中日双方代表第一次会谈时，日方代表声称"中日两国无论有何问题，均可研究"。8 月 1 日的第二次会议上，"中日如夫妻"之言也出自日方之口。随后，在 8 月 20 日的中日国民大会上，日方声称中日之误会已冰释，不但两国幸福，东亚大陆也是受福匪浅，称 8 月 20 日为中日和平纪念。通过此类活动，使得原本为抵制日货运动组织者的商会，渐呈妥协态度，从而弱化了抵货运动。

第七，加大对华文化教育事业的渗透。

决定通过加强对华文化教育事业的渗透，扶植更多的亲日势力，以防止抵制日货运动的再发。例如，对上海中华学艺社设立大学给予资金援助，积极会见接待民国学生视察团，建议在日中间设置友好交流机关，对于在改善对日舆论方面做出贡献的《中报》给予资助等。

第四节 "抵制"与"反抵制"：中日民间经济外交视角下的博弈

上述内容是日本商人组织在日本本土以及在华各地为"反抵制"所采取的种种手段，但日本政府又是如何对中国政府施加压力取缔抵制日货运动的？而中国政府在日本政府的外交压力下，又是如何对抵制日货运动加以取缔的？尤其是日本的商人组织怎样加强与本国政府方面的联络，从而对当局的对华政策施加影响的？而中国的商人组织又是如何在本国政府的影响下，使得此次被认为规模浩大的抵制日货运动遭受被取缔之结局的？其实，早在 1923 年 3 月，即抵制日货运动的初期，就有预言此次运动终将遭到北洋政府的取缔而致失败。"日本人民感受了大痛苦以后，向他们的政府说话，他们的政府拗不过人民意思，转向北庭要挟，北庭接受了要挟，来破坏国民的计划，所谓经济绝交，将遭摧残于北庭。"① 那么这场抵制、"反抵制"与政治决策的关系是否如上述的预言所说呢？此节试就这

① 《论断绝经济关系》，《民国日报》1923 年 3 月 26 日。

些问题加以考察。

在天津，日本领事于 4 月下旬致函直隶交涉员祝惺元，对抵制日货运动冠以"煽惑市民"之名，并对天津总商会致天津日本商业会议所公函内所载的"贵国以战胜俄人淫威，强占敝国旅顺大连，恫挟利诱，继续俄约，攫我领域，侵我主权等语"表示"此等不稳传单之散布，谤毁公函之递送，恐非商会等之本意，谅有一二不正当之奸徒从中滋生事端，到处煽惑，强迫该会等散布各种函件"。由此可见，日本领事对商会所积极主导的这场抵制日货运动，以拉拢、假面"理解"的姿态，来予以解释，以期待实现其破坏、瓦解抵制日货运动的目的。同样，对直隶官员冠以亲善之名，对于"敝国诚意，信赖甚笃"，相信其"定能取缔，以资增进两国睦谊"。所以，"转请贵省长，表示反对，于取缔抵制日货，有何种拟定方针，以扼潮流"。并要求"除分行各区警察署外，相应函至贵商会查照"。① 因当时北洋政府对于民间外交运动尚持支持的态度，对于日本领事的要求并没有及时给予回复。对此，日本领事则直接函致王承斌省长，再次要求"设法取缔"。② 5 月 12 日，日本驻华公使吉田正式向中国外交部提出照会，要求中方取缔"不法之排日运动"和"赔偿损失"。③ 随着中国各地抵制日货运动的深入，5 月下旬，日本驻华大使饬令驻沪总领事设法向各国领事及中国政府要求严厉取缔排日运动及抵制日货等活动，并提出禁止一切宣传排日运动之公司团体的活动。④ 6 月 15 日，吉田再次照会外交部，要求中方训令地方官员坚决取缔"排日行动"，如果地方官吏的取缔行动缺乏诚意，以致难以保护日侨生命财产之安全，日方将采取临机适当之处置。⑤ 接替吉田的驻华新任公使芳泽，在 7 月中旬来华途中声称，鉴于中国尚无元首，责任内阁又未组成的特殊状态，日方唯有要求各地方官员采取适当措施，倘若此举无效，"则侨华日人惟有取直接自卫方法之一途也"。⑥ 8 月 6 日，芳泽亲赴外交部访问顾维钧外长，并提出正式照

---

① 《汇编（1912—1928）》第 4 册，第 4893—4894 页；《日领请中国取缔国民救国》，《益世报》1923 年 4 月 28 日。

② 参见中国第二历史档案馆编《中华民国史档案资料汇编》第三辑民众运动，江苏古籍出版社 1991 年版，645 页。

③ 同上书，第 619 页。

④ 参见李新等编《中华民国大事记》第 2 册，中国文史出版社 1997 年版，第 44 页。

⑤ 参见《日使竟向我国提出抗议》，《晨报》1923 年 6 月 22 日。

⑥ 《芳泽与我国人爱国运动》，《晨报》1923 年 7 月 16 日。

会,指责中方举动不仅违背约章,而且有"排斥日人的倾向",要求中国切实严厉取缔,声称"如政府屈从其请,彼则成我政府,否则将出以所谓自己的手段,藉以表示否认我政府之意"。①

如上所述,在日方政府对抵制日货运动的紧逼之下,北洋政府对抵制日货的态度也发生了变化,逐渐由开始的默许转化到压制,最终至取缔。在运动初期,就杭州和芜湖的"排日事件",吉田曾会晤外交总长顾维钧,顾给予的答复是,旅大问题日政府若肯让步,则风潮不禁自消。当天津警厅咨询省署对民众游行示威一事作何处置时,省长王承斌认为只要不妨碍社会秩序,就不必对其加以干涉,即承认了民间经济外交的正当性。对于吉田5月12日照会的回应,北洋政府外交部发函内务部,要求"察核办理",内务部则"密行各省区暨京兆尹、京师警察厅转饬所属,对于此项情事,随时劝戒防范"。②自5月20日始,各地陆续给外交部复电,报告当地的抵制日货状况,以及关于取缔抵制日货运动的具体措施。尤其是在长沙事件并未解决,日本却增派军舰来华的情况下,外交部于6月26日再次要求内务部"知照各省区地方军民长官,加意维持秩序,并劝阻排日举动,以免国际纠纷"。③同时,外交部还直接电令各省长官,严厉要求取缔当地的抵制日货运动。

在天津,随着"五七"(又称"五九")国耻日的临近,为反日而筹备的抵制活动再次掀起高潮。天津警察厅首先行动起来,正式开始插手干预抵货运动。5月初,对在筹备"五七"国耻日准备的天津商会下令,不准其粘贴有"解释二十一条及抵制日货的报单"。④而团体代表会则发出了具体的"五七"国耻纪念大会筹备大纲,共计13条。其中主要倡议有:"各商家停市一天,同赴游行大会,并在门前自贴用白纸写'力雪国耻'四字";同时提出"各工商由5月1日起,均在包货纸、发票、钞票上印'力雪国耻'四字";各商家、各工厂及全埠重要之处,粘贴"力雪国耻"报单,学校停课一日或半日,各戏园、妓馆、脚行、电影、图书馆均停业

---

① 《日使要求我政府取缔排货》,《晨报》1923年8月11日。

② 涩泽青渊纪念财团龙门社编:《渋沢栄一伝記資料》第55卷,涩泽荣一传记资料刊行会昭和39年版,第619页。

③ "中央研究院"近代史研究所编:《中日关系史料——排日问题》中华民国八年至十五年,台湾"中央研究院"近代史研究所1993年版,第351页。

④ 《不令商会粘贴运动报单》,天津《大公报》1923年5月2日。

一日等。① 商会除对停市一天表示顾虑外，其他均表示全力支持，通告商家"同赴游行大会"，"以示民气"。② 面对如此声势浩大的"五七"国耻纪念筹备，警厅深恐各商家乘机罢市，于5月6日通知商会："各商民如果有罢市行为，势必扰乱秩序，妨害公共之安宁。鄙厅职权所在，自应严行禁止。"③ 在警厅的威逼下，本就对罢市态度摇摆的商会，将此"迅予转告各商"。为防止罢市，于5月7日上午，厅长杨以德召集五区署长、各科长、各署员开会，"以地方商民于五七一律罢市，实与公安有害，当即饬令各属员传知辖区内各商铺，均行开门，照常营业"。④ 在警厅的干涉下，"五七"国耻纪念日罢市的计划虽未能实现，但"各商家均停业一天"。当各警区又干涉商家停业时，各商号均以铺掌外出，或者其他种种停业理由告之。警厅亦无他法。⑤ 伴随着政府态度的变化，被日华实业协会认为在此次抵货运动中充当主导作用的商会态度也受到了影响，在政府的压力下，抵货态度日趋软弱。例如，在"五七"国耻纪念活动时，津商会对津埠团体代表要求各商家停市一天的建议，表示异议"惟于停市一节，表现于文字，深恐发生误会，且各商营业不同，资本各异，行之或有窒碍"。⑥ 公开表示了反对停市的意见。当团体代表会决定门市商及摊商限至5月31日止，不准再售日货时，津商会以"正值各行互相清账之时，倘若一律封锁，货既不能出售，而款即难清偿"为由，要求"展限一月"。⑦ 6月中旬，直隶实业厅通告商会"转知各同业公会及各公司工厂等，务以市面为重，设法劝导，不可操切从事，致碍大局"。⑧ 同时，警厅也多次密拟取缔抵制日货办法。7月初，天津警厅给各区警署下发的训令中提出：各地提倡抵制日货时，有"强迫商人妨害买卖日货之举"，"令市内多数商店，粘贴抵制日货等纸条"，并有散布传单，煽动排日之气焰。对此，日使屡次抗议，要求予以取缔。决定"随时会同商会，设法办理"。

---

① 《汇编（1912—1928）》第4册，第4890—4891页。
② 同上书，第4892页。
③ 《商会防止罢市之布告》，天津《大公报》1923年5月8日；《汇编（1912—1928）》第4册，第4894页。
④ 《商会防止罢市之布告》《警厅召集警员会议》，天津《大公报》1923年5月8日。
⑤ 《五七纪念各方面之状况》，《益世报》1923年5月8日。
⑥ 《汇编（1912—1928）》第4册，第4891页。
⑦ 同上书，第4897页。
⑧ 同上书，第4899页。

并下发了取缔抵制日货的训令。① 8 月下旬，直隶省长下令对"排日风潮"以及"排日举动"严加防范。②

另，据天津商业会议所于 1923 年 8 月 28 日致涩泽荣一的函《关于天津抵制日货运动衰退的报告》中提到："天津的抵制日货运动形势已日趋缓和，交易也渐趋恢复之势，考察其原因当有如下几点，如：对政局之去向颇具烦恼的直隶派的某种程度的觉醒；我国官民具强硬态度的抗议；国民外交的不断努力；从而使得效果渐显。另，中国商民对抵制日货运动已近疲惫"。而"普通商家以及金融状态已不满现状之持续"。③ 至于其具体的原因如下所述："作为抵制日货运动中枢的宋则久一派的团体，虽呈焦虑之态，但依然执迷不悟、贯彻初志地采取抵制行动，而在封杀该运动中掌握主导权的直隶派的态度渐软的基础上，一般商家在自我打算方面也多有共鸣……在运动勃发之初，对其暴行予以默许的中国当局也逐渐对其予以取缔。7 月初旬，内务部数次发出训令，令直隶警察厅厅长杨以德对抵制日货运动加以取缔，并积极执行转换风潮对策……在对抵制日货加以取缔方面，中国当局的态度已是明朗化。另一方面，杨厅长召集团体代表会干部，严厉警告其要停止运动的同时，希望汇集当地主要的日支实业家，从联络上入手，加强双方的沟通。为此，7 月中旬，通过我总领事，致函本商业会议所，意欲召开日支实业家大会……本次大会召开的结果是，加深了日中两国实业家感情的同时，也使抵制日货运动者趋向不安，放行单已是有名无实……8 月 20 日，同样在杨以德的召集下，在杨家花园召开的日支恳谈大会上，竹内会头认为，此次大会增进了双方间的相互谅解。伴随着双方接近解决的加深，当地报纸上如往昔一般的过激论调也踪迹消失。另，由于我方的交涉，原团体代表会及总商会发行的放行单也由中国警察所取缔（日领事吉田以'放行单似与两国商民之感情纽碍尤甚'为借口，请求取消④），禁止日货调查员的运动及排日演说集会等一些禁令也渐呈具体化……而最令人欣喜的现象则是，因上述日支恳谈大会的召开，有望建立以网罗了本商业会议所及总商会为主的日华各方面的知名人士为主

---

① 《取缔抵制日货之训令》，《大公报》1923 年 7 月 2 日。

② 参见《关于抵制日货之省令》，《益世报》1923 年 8 月 24 日。

③ 涩泽青渊纪念财团龙门社编：《渋沢栄一伝記資料》第 55 卷，涩泽荣一传记资料刊行会昭和 39 年版，第 222—224 页。

④ 《日领事仍请取消放行单》，天津《大公报》1923 年 8 月 16 日。

的中日联合会。"①

对于天津商会的妥协态度，从下述资料中也可窥见一斑。天津总领事吉田于8月24日致内田外相的公信第396号《书面转交日华实业协会会长涩泽荣一子爵的函》中，指出："当地商务总会总办以及现总办卞荫昌等数名，加上当地警察厅长杨以德及地方的有力者联名，要求将另函转交于子爵，且对本官做了如下表述：致使精通中国之事且忧虑于日支两国国交的子爵等，对中国抱有误解一事，深表遗憾……为融合两国感情，增进亲善，由日华实业协会主持当为有幸，包括子爵在内，希望能够和该协会提携，共筑达成目的之方策。"② 转达了商务总会期待化解涩泽荣一的误会，与日华实业协会相提携的意愿。接着吉田还对中方的分析及善后对策做了如下叙述："排日风潮给中国方面也带来了巨大的损失，值此，中国商人逐渐自悟之际，当地主要实业家如此提议，上述所列举中国等人均为当地实力派商人，不仅是具有相当阅历见识的人物，而且也是商务总会历代的总理连署。就当地商务总会及其商民代表层面来讲，两国实业家彼此于经济提携之提议方面，并无异议之际，决定由日华实业协会在制定具体内容基础上，派遣适宜的代表，推进与中国方面进行协议……对于排日风潮，中国商人其自身已生厌倦之情，或许会有意外之效果。倘若该协会有认真顺应此提议之意的话，除该地外，还应与上海、汉口以及其他中国方面取得联系，以扩大提携运动的范围。"③ 由此可见，在官府的压制以及商会的妥协背景之下，抵制日货运动正式被取消。

叶登榜、窜世福、杨以德、卞荫昌、王贤宾5人联名致涩泽荣一的书简，于9月20日由出渊亚细亚局长邮寄给了涩泽荣一。此书简曰："中日两国本是唇齿相依、利益与共，近来虽提倡中日亲善论，但并未显成效，且给有识之士带来遗憾，此并不仅为吾国之忧虑，亦是贵国之惜……得贵会之赞同，相互合作共同策进，翘首以成睦谊。"④ 这些和吉田所传达的相同，同时也体现了日华协会所期待的具体的善后策。

---

① 涩泽青渊纪念财团龙门社编：《涩泽荣一伝記资料》第55卷，涩泽荣一传记资料刊行会昭和39年，第222—224页。
② 同上书，第218—219页；《汇编（1912—1928）》第4册，第4902—4919页。
③ 涩泽青渊纪念财团龙门社编：《涩泽荣一伝記资料》第55卷，涩泽荣一传记资料刊行会昭和39年，第218—219页。
④ 同上书，第219页。

就此，在 10 月 2 日的日华实业协会干事会上，就两件事情做了协议：一是讨论了 5 人提交的关于增进两国亲善的提议；二是对中国政府及国民对发生于 9 月 1 日的日本关东大地震所给予的同情表示感谢。两日后即 10 月 4 日召开干事会，邀请了在京的天津总领事吉田，重申了协议内容，并于 10 月 6 日给天津总商会的 5 人做了回复。10 月 6 日的回复中，曰"不幸的是，多数民心的疏远隔阂，使得两国经济提携未见成效，尤其是今春以来，贵国发生的排日风潮，较之以前更为激烈，往往在采取极端行动之际，亦使敝国国论呈现异常，从而使两国国交陷于危难……敝会建议敝国政府推出解决时下局面的措施，并致力于研究善后解决办法，以两国国民的谅解为基础，计划实现共荣……此次贵会协助实现睦邻之谊，实为敝会之夙愿，会员们也欣然赞同，只因眼下面临未曾有之灾难①，百事匆忙之际，不能直接将愚见提供于贵会，但正值吉田驻津总领事在京，敝会遂将愚见报告于总领事，总领事回津后，恳请收听。另，敝会深信，在留贵国的敝国商民对此盛意也定表欢迎，且会为协助之策而做应有的努力"。②

通过对以上史实的分析可以发现，在抵制与"反抵制"的政策关系变化方面：日本的商人组织通过与日本政府加强联系，使得民意得以传达，再经由日本政府的外交政策，转化成为中国政府的外交压力，传达到中国商人组织，最终转化为抵制日货运动被取缔。

---

① 未曾有之灾难指关东大地震——笔者。

② 涩泽青渊纪念财团龙门社编：《渋沢栄一伝記資料》第 55 卷，涩泽荣一传记资料刊行会昭和 39 年，第 221 页。

第六章　关税特别会议前后中国商人组织发起的民间经济外交活动

　　由于近代协定关税制度的内容十分复杂，它拥有一个庞大的征税体系，包括各种进口税、出口税、子口税、吨税、沿岸贸易税、陆路贸易税、鸦片税厘及特别关税、机器制造货物税，以及其他有关违禁品和减免税品的关税协定制度等。一个显著的特点就是进出口税则一样，极大地便利了外国商货对我国的倾销，而不利于我国民族工业的发展。

　　鸦片战争后的中国关税变化基本上是被帝国主义所控制的，中国的关税不能自主，进口税率长期以来一直很低，帝国主义列强借此对中国进行了触目惊心的经济掠夺和政治欺诈。列强在近代进行的四次税则修订，实质上只不过是为满足其对华经济侵略的需要而进行的局部改动。中国的关税自主权的丧失，使得中国的关税失去了保护我国稚嫩民族经济发展的基本功能。此后，中国还丧失了关税的税收保管权和支配使用权，关税成了历届中国政府向外举债和赔款的抵押品。总之，近代中国长期维持着低关税水平，关税成为西方列强经济侵略中国的主要工具，这是近代中国经济长期落后的一个主要原因。[①]

　　随着中国资本主义经济的发展，以及社会各界对国际惯例的认识加深，以资产阶级为代表的商人组织为主体的民众，对国家丧失关税主权所带来的恶果日感切肤之痛。为争取关税自主的意识得以发展，并为了达到争取关税自主的目的而配合政府外交发起了为实现关税自主的民间经济外交活动。在此，以中国关税主权的丧失经过、为争取关税自主的努力及关税自主意识的兴起、关税研究会的成立和召开，以及商人组织与特别关税

---

　　① 参见童蒙正《外人管理海关之弊端》，《银行周刊》第 6 卷第 1 号，载江恒源《中国关税史料》，人文编辑所 1931 年版，第 39—44 页。

会议为主线，来构筑关税特别会议前后的民间经济外交活动的历史面貌。

第一节　中国关税主权的丧失经过

在 1922 年 9 月 9 日下午 2 时召开的第一次关税研究会开会议事录上，据会长（李景铭）主席讲，去年参与太平洋会议的时候，顾维钧曾对他吐露过两件有疑虑之事。对于免厘加税之事的实行困难，谓"虽为吾国根据条约正当之要求，但各国代表均怀疑于我国南北尚未统一，中央之命令不行于西南五省。各国虽允免厘加税，实行之时必有困难。"另，"各省势力全在督军之手，厘金为军饷所关，势难裁撤，且征收官吏大半不愿纷更。若倡裁厘，各省岂能奉命唯谨"。由此可见，因有以上难决之问题，而颇难取信于外国。对此，李景铭答道："中国现状，虽因南北双方有政治上意见之不同，然商会则固无论南北，仍是一气。但使外人许我免厘加税，则由联合会通知各省，无不遵行。至军饷一节将来关税增加以后，自可照各省厘金之数，分别摊还。"且"免厘加税为全国商民所渴望者，外人若能允许，想无有敢倡异议稍事阻挠者"。即明确表明商会对免厘加税的支持态度。因此，当时就拟定回国之后召集各省商会公推代表来京会议办法，以表示商会"南北一致之意见"。对于发起此会成立的缘起，则是因为"本年夏间，黑河商会来电，请召集会议"。经"商诸农商部，得其许可，共同发起召集各省代表来京开会"。[①]

会议上，除了对发起此会的缘由做了解释，并就筹办关税的经过也做了详细叙述。在此，对中国关税自主权的丧失需要做一个历史脉络的梳理。

首先，在中国历史上，对于关税税则决定权、税款收支权以及海关行政管理权等，都曾经有着漫长的完全自主的时期。自清初设关征税后的一个半世纪的时间里，中国海关"主权操之政府，绝对不容外人置喙。税则随时修改，税率自由增减。货税视国计民生而定其征免，商港因时代需要而定其启闭。关税自主，金瓯无缺"。[②]

---

① 沈云龙主编：《关税研究会议事录》，文海出版社 1987 年版，第 11 页。
② 国民外交政府编纂委员会编：《中国恢复关税主权之经过》1929 年，第 3—7 页；李权时：《中国关税问题》上册，商务印书馆 1936 年版，第 2—8 页。

作为不平等条约产物，自鸦片战争以后，中国开始丧失海关自主权。首先剥夺中国关税主权，使中国坠入协定关税深渊的是 1842 年签订的中英《南京条约》。其中，不但规定"恩准英国公民带所属家眷，寄居大清沿海之广州、福州、厦门、宁波、上海等五处港口，贸易通商无碍"。还规定"英国货物自在某港按例纳税后，即准由中国商人遍运天下，而路所经过税关不得加重税例，只可按估价则例若干，每两加税过（某）分"。虽然规定英商进出口货税应"均宜秉公议定则例"，但并没有确定税率，也并没有规定应该由两国进行协定的意思。① 但 1843 年的《五口通商附粘善后条款》《五口通商章程》以及第一个片面协定税则《海关税则》中却对进口货和出口货分别进一步提出以下条件："出口货有不能核裁者，即论价值若干，每百两抽银伍两"，对于进口货中的香料、木材、钢、铁、铅、锡等"不能核裁者"实行"值百抽十"外，绒货、杂货、钟表、钢铁器、棉布及新货，有"不能核裁者，即按价值若干，每百两抽银伍两"，"将来大皇帝有新恩施及各国，亦应准英人一体均沾，以示平允"。而后《望厦条约》中又规定中国修订税则要获取外国列强的同意。至第二次鸦片战争前，中英、中美、中法相关条约中又规定："（一）开广州等港为商埠，外商有居住贸易之权，并准派领事驻埠；（二）领事为外商与中国官府交涉之居间人，并得行使裁判权；（三）废止公行制度，外商缴税由领事担保；（四）各国均享受最惠国待遇；（五）条约如欲变更，应于十二年后由两国协商；（六）进出口货物纳税应秉公议定，除部分值百抽十外，一律值百抽五；（七）外商交纳国内通过税只可按估价则例，每两加税不过某分，不得加重税率，一切照旧轻纳；（八）船钞由原先的三等按丈尺计税，改为二等按吨输税；（九）奢侈品与日用品纳税无差别。"② 至此，中国的关税自主权基本丧失。

第二次鸦片战争后，《天津条约》《通商章程善后条约》以及《海关税则》中，再次规定除鸦片、丝、茶以外，一律值百抽五，并以外国人"自用"名义，把免税范围扩大了 30 多个品种。而对于本就享受关税特权的洋货，对于运往内地，或者是洋商从内地承运土货出口时，还享受子口

---

① 王铁崖编：《中外旧约章汇编》第一册，生活·读书·新知三联书店 1957 年版，第 31—32 页。

② 同上书，第 34—36 页。

税特权，即仅向海关缴纳 2.5% 的子口税，而不用缴纳常关税和厘金等内地税。而华商却要"逢关纳税，遇卡抽厘"。其结果便是一方面使得这些众多的"自用"品涌入内地；另一方面，使得外商更为廉价地收购中国内地的原材料。对于主权无缺的国家来说，所有国家收入自有国库及代管国库的银行保管，但是列强不仅剥夺了中国的关税自主权，还逐步剥夺了中国海关的行政管理权、关税税款保管权以及支配权。"一八九八年清政府更承认英国提出总税务司聘用英人之要求，于是海关用人之权操之外人，中国职员仅居被指挥之地位。"至于关税款项，辛亥以前曾由各国税务司解缴，当时各海关自身所需也依一定额数，按期向关道具领支用。但是"关税为赔款及外债之担保品，外人久欲收其保管之权为己有"，"于是除本关经费及其他特准拨用之款项外，全部收入遂由各税务司递交外国银行记入总税务司户下。存储非总税务司不能提取，因循至今，大权旁落，我政府只有仰总税务司之鼻息，关余之废发与否完全受其支配矣。"① 从而使这一本应保护本国经济和对外贸易的重要国家机关，反而成为列强扼制中国财政命脉、干涉中国内政外交、攫夺包括经济、文化等许多与海关并无直接关系之特权的据点。

第二节　关税自主意识的兴起及增强

自《天津条约》后，中国关税为值百抽五的硬性税率所束缚，且因金银比价变动，税率却不变，因此，以银两征税的中国关税实际上仅为值百抽三四而已。《辛丑条约》为保证巨额借款、赔款的偿付，虽规定"切实值百抽五"，却未真正实现过。而中英《马凯条约》虽然同意中国裁厘后可将进口税增到 12.5%，但必须事先获得有关国家的同意。即当各国的意见不一致，或者是中国地方军阀等反对的情况下，中国的增征附加税则无法实施和实现。

1918 年 11 月，上海修改税则会议尚未结束之际，第一次世界大战已告终，对于当时的中国而言，对战后和平会议的召开满怀着巨大的希望，因为和平会议标志着是中国为取消中外间不平等条约的最佳时机。尤其是对于与商界关系密切、利益攸关的关税问题，引起了商人组织的高度重

① 《关税保管权旁落之简史》，《申报》1925 年 10 月 5 日。

视。就改正关税而言，当时商界的主张与活动可谓最具代表性，民众为争取关税自主的努力以及关税自主意识的兴起，均可以从中得到最好的证明。

早在1918年12月6日，张謇、朱葆三、沈联芳等商界人士就在《申报》上发表《主张国际税法平等会集会缘起》公启，主张成立"国际税法平等会"，在"集会缘起"中称："国际通商之有关系，凡有自主之国，必有自定税则之权，是之谓国定税。惟东西通商，从前昧于国际之关系，谬以税则附入条约之内，遂成不自由之协定税。各国税皆国定，独我国受协定之限制，是之谓不平等。由是国家阙自主之权，国民无争存之道。八十年前，谋国者之错误，种成永久之恶因，可谓惨矣。今日为世界战祸初定，公理率胜强权。列强各国，惩后惩前，将有重造世界之创局。举凡不合公理之国际关系，皆将诉之于此次会议，为世界人道之新纪元，享等在商言商，以全国商人所痛苦者，莫如国际税法之不平等。发起斯会，凡我会中无论业进口之商人，业出口之商人，皆一致为我国家争体统，为我自身争人格。谨抒所见，通告全国商界，征同意焉。"① 由此可见，上述内容不仅概述了中外通商条约对国家主权的损害，更为主要的是主张商界人士应当认清中国所受不平等待遇的状况，并为改变此不平等状况而努力，将其申诉于即将召开的战后和平会议。

为呼吁社会各界的支持，以实现国际税法平等会的主张得以在和会中实现，其还发表公函表示："救国、自救，在此一举。"② 北京总商会对国际税法平等会的主张称："我国自开海禁，凡属外交，无不失败，但其事属于一部或一时者，尚有补救余地。独关税一事，全由各国协定，我国毫无主权，是直全国四万万人民子孙永久之痛苦。若不设法解除，将条约税法改为世界平等税法，将日就贫弱，不仅有亡国之惨，实有灭种之痛。"③ 由此，该主张得到了各地总商会的广泛响应和支持，并纷纷通电表示赞同。④

---

① 《主张国际税法平等会集会缘起》，《申报》1918年12月6日。
② 《主张国际税法平等会——致各界函》，《申报》1918年12月11日。
③ 《北京总商会请改税法之公电》，《申报》1918年12月12日。
④ 各地总商会以及省议会支持国际税法平等会的主张的函电具体内容，参见《申报》1918年12月11日、12月12日、12月14日、12月15日、12月16日、12月17日、12月19日、12月22日、12月27日、12月31日。

国际税法平等会为达到救国、自救之目的，拟定的具体活动分为两步。第一步活动是推举刘柏森为代表向政府请愿，要求政府在未来的和平会议中提出修改关税税则、国际间税法一致平等的主张。对于第一步活动，请愿虽然得到了政府的同意，但对于在商会中选派代表参加和会代表团一事，北京政府在复文中表示："贵会代表刘柏森请愿各节，所请以平等会名义派出代表二人，呈由大总统明令发表，派充专使顾问，于事实上殊多窒碍，未便照相应。"① 即商会成员参与和会代表团一事被予以拒绝。第二步活动是推举代表赴欧，向和平会议陈述中外通商的现状及中国工商实业所受的不平等待遇状况。为希望得到各国特别是美国代表的同情与理解，实现改订国际税法，公推张謇为赴欧代表。但是张謇建议先选四人先行，他本人则以个人名义后行。② 最后该会推举施省之、荣月泉二人作为赴欧代表，于 1919 年 2 月 21 日为其赴欧饯行。③

国际税法平等会的宗旨是"在欧洲和会中，主张国际税法平等"。④ 当全国和平联合会致电该会，询其对于外交、军事、法律、财政诸问题的意见时，乃重申此意，谓"敝会宗旨以国际税法平等为惟一主张，舍此以外，别无意见可言"。⑤ 因税法的平等对于广大商人组织来讲，颇具吸引力，首先引起了各地商会的支持。为进一步得到社会各界的广泛支持和响应，还刊印了留美法学博士朱进所著的《中国关税问题》一书，张謇、孟森为其作序。张謇在"序"中言道，集会以讨论之的原因是，因为作为商人，其所最感不平等者，正是国际税法，所以"既上书发电，内请政府，外吁各国，未知人道正义之职，果可据否？"而朱进所著的这本书，在求税则得改方面，实为"立论之根据"。⑥ 但伴随着关税自主意识的发展，另有主张却认为，"中国欲谋富强之道，固不专在约定税则之废除"，"必首谋税权自由之恢复。否则国家财政，难收整理之功，而国民经济，只有枯竭之痛"。⑦

从上述言论与活动中可见北洋政府时期关税自主意识兴起的概况，而

---

① 《国务院覆税法平等会电》，《申报》1919 年 1 月 11 日。
② 参见沈云龙主编《近代中国史料丛刊》，文海出版社 1983 年版，第 242 页。
③ 参见《税法平等会饯送赴欧代表》，《申报》1919 年 2 月 21 日。
④ 《主张国际税法平等会集会缘起》，《申报》1918 年 12 月 6 日。
⑤ 《税法平等会别无意见》，《申报》1918 年 12 月 24 日。
⑥ 沈云龙主编：《近代中国史料丛刊》三编（192），文海出版社 1983 年版，第 1 页。
⑦ 陈海超：《恢复关税自由权》，《东方杂志》第十六卷第四号，第 173 页。

其主张与活动对北京政府也产生了某种程度的影响。正是政府以外的民间商人组织在改正税法、收回关税自主权的主张对政府的影响，以及政府的实际行动二者的结合，使北洋政府时期的关税自主运动发生并不断得以发展起来。

随着战后主权意识的增强，巴黎和会期间，中国以战胜国的身份向会议提交了《中国希望条件说帖》，希望和会"依主权国所不可少之土地完整、政治独立、经济自由诸原则，而加以纠正"。内容有："一、舍弃势力范围；二、撤退外国军队、巡警；三、裁撤外国邮局及有线、无线电报机关；四、裁撤领事裁判；五、归还租借地；六、归还租界；七、关税自由权。"① 其中，关于关税问题，称："中国所望于平和会议之同意者，为两年以后废止现行税则，易以无约国货物之税则。此两年内，中国亦愿与各国磋商，就各国所最注意之货品，按照下列条件另定新税则。（一）凡优待之处，必须彼此交换。（二）必须有区别，奢侈品课枕须重，日用品次之，原料又次之。（三）日用品之税率不得轻于百分之一二·五，以补1902年至1903年商约所订废止厘金之短收。（四）新条约中所指定期限，期限届满时，中国不特可自由改定货物之价目，并可改定税率。中国以废止厘金为交换条件，以冀除去商务之障碍，为一劳永逸之计。"② 即说明现行中国的关税税则，因为条约束缚，加之不特不公，亦不合时宜，所以要求和会予以考虑并解决。对于中国关税问题的解决办法，中国代表的提议为："请宣言由中国与各国商定时期。此时期届满时，中国得自行改订关税。又在此时期内，中国得自由与各国商定关税，交换协约时并得区别必要与奢侈之税则。其必要品之税率，不得轻于百分之一二·五。在未订此项协约之前，先于1921年起废止现行规则，中国允于新协约订立后废止厘金。"③

尽管上述要求与会各国承认中国有权修改现行关税条约，并在两年后使用国际通行税率；此间另以互享优惠待遇、对奢侈品和原料品设差别税率、必要品税率不低于12.5%等条件，与各国商定新条约之税率，从而第一次把中国人民要求修改不平等条约和实行关税自主的愿望昭告于天下。

① 中国社会科学院近代史研究所《近代史资料》编辑室编：《秘笈录存》，中国社会科学出版社1984年版，第154页。

② 同上书，第179页。

③ 同上书，第181页。

而且"是任何人都无法反驳的"①。但是，中国在和会中所要解决的首要问题并非改正关税。在山东问题上，日本首先发难，已使中国渐失改正关税之希望。5 月 14 日，巴黎和会议长、法国总理兼陆军总长代表和会最高委员会（SupremeCounc11）答复中国代表，"联盟共事领袖各国最上会议，充量承认此项问题之重要，但不能认为在平和会议权限以内。拟请侯万国联合会行政部能行使其职权时，请其注意"。② 即结果被列强以此议不属和会权限为由而轻描淡写地置于会程之外。北洋政府通过外交途径收回关税自主权的首次尝试也就此而夭折。

尽管"中国的关税自主，简直就像是一个发育不全的半死婴儿一样，不受北京外交保育院的欢迎"，③ 但是，"中国人民要求修改条约与关税自主的志愿，却已藉此大白于天下"。④ 即收回关税自主权、解除不平等条约对于中国关税税则的束缚这一关税自主意识，已经成为民众的一致要求，尤其是与之关系密切的商人组织。自此，中国的关税自主运动在以商人组织为中心的关税自主意识的兴起之下，与政府行为结合一致，开始了争取关税自主的艰难历程。

1921 年 8 月 11 日，美国向英、法、意、日及中国发出正式请柬，请各国"参列 1921 年 11 月 11 日在华盛顿举行讨议军备限制问题并其联带之太平洋及远东问题之会议"。⑤ 自美国发出请柬后，国人对中国在华盛顿会议中应取之方针与步骤多有讨论，普遍认为该议不但是中国挽回权利的极好机会，亦关系中国的命运存亡。虽然国人将山东问题及"二十一条"的解决视为头等大事，与此等涉及保全中国领土问题相比，认为"修正关税问题则并非亟务"。⑥ 例如，国民外交联合会在对中国提案的建议中，将

① ［英］莱特：《中国关税沿革史》，姚曾廙译，生活·读书·新知三联书店 1958 年版，第 428 页。

② 中国社会科学院近代史研究所《近代史资料》编辑室编：《秘岌录存》，中国社会科学出版社 1984 年版，第 199 页。

③ ［英］莱特：《中国关税沿革史》，姚曾廙译，生活·读书·新知三联书店 1958 年版，第 431 页。

④ 武育干：《中国关税问题》，上海商务印书馆 1930 年版，第 116 页。

⑤ 中国社会科学院近代史研究所《近代史资料》编辑室编：《秘岌录存》，中国社会科学出版社 1984 年版，第 327—328 页。

⑥ 参见罗家伦《华盛顿会议与中国之命运》，《东方杂志》第 18 卷第 15 号，第 29—34 页。详细讨论可以参见朱模《太平洋会议与中国之准备》，《东方杂志》第 18 卷第 18、19 号合刊，第 1—11 页。

恢复关税自由仅列为第六条；"恢复关税自由，但可废止一切内地通过税"。[①] 当然，这种状况并非表示国人对关税自主权没有要求。尤其是商会，一方面为解决山东问题及废除"二十一条"做出了积极的活动；另一方面也认为在华盛顿会议中谋取收回关税自主权不但是必要的，也是一次难得的机会，并于舆论上做出了及时的响应。

1921 年 7 月，上海总商会创办《上海总商会月报》，并连续刊载邓峙冰的《关税改正问题》。该文认为改正关税问题是中国财政经济发展前途的一大关键，"关税改正具体方案之制出，宜内察国民经济之状况，外审国际贸易之趋势，缔结对等条约，尊重互惠主义，自有容国人考察之余也"。[②] 该主张在商界得到了广泛的支持。10 月 16 日，商会联合会与教育界同人召开联合会议，发表对外宣言，称："应取消片面协定关税条约，使中国关税得国际间之平等。"[③] 北京政府迫于舆论压力，亦不得不表示有恢复关税自主权之意，并训示中国代表将其作为会议提案的一部分。[④]

1921 年 11 月召开的华盛顿会议上，中国代表顾维钧再次提出关税自主案，并发表了《对于中国关税问题之宣言》。此外，代表还提出三项建议："（一）应由与会各国议定于一定时期将关税自主权交还中国。（二）自 1922 年 1 月 1 日起将中国进口税则增至切实值百抽 12.5。（三）中国与各国从速协定一种新税制，以使中国能对各种进口品自由征收适当关税，并有权对奢侈品与必要品区别税率。为便于讨论，中方还向分委员会提出六条具体意见：（一）将现行值百抽五之进口税率增至切实值百抽 12.5。（二）中国允于 1924 年 1 月 1 日裁厘，各国亦同时同意中国征收 1902—1903 年中英、中美、中日商约所裁定之进出口附加税，及对奢侈品另征 12.5% 进口税以外的附加税。（三）本协定后五年内应再以条约商订新关税制度，使中国可在值百抽 12.5 之最高限度内自由订定税则。（四）应即废除现适用于陆路输出入各货之减免税制。（五）此次协定签字后届满十年，应即废止中国以往与各国就关税、子口税及其他税项所订条约之条文。

---

① 中国第二历史档案馆编：《中国民国史档案资料汇编》第三辑，江苏古籍出版社 1991 年版，第 475 页。

② 《上海总商会月报》1921 年第一卷各期。

③ 《商教联合会会议宣言》，《申报》1921 年 10 月 16 日。

④ 参见中国社会科学院近代史研究所《近代史资料》编辑室编《秘笈录存》，中国社会科学出版社 1984 年版，第 388 页。

（六）中国自愿声明无意改变海关行政之现行制度，也无意将业经抵押外债之关税收入移作他用。"① 上述各条仅就裁厘增税方面向列强提出建议，对于涉及中国关税自主的海关行政权等并未提及，但对此 1902—1903 年中外商约所载的裁厘增税的正当要求，列强对此却无视之。1922 年 2 月 6 日通过的《九国关于中国事件应适用各原则及政策之条约》，要求各国承诺遵守门户开放原则，不在华谋求独占利益和特殊地位。规定，牵涉本条约规定之适用问题，而该项适用宜付诸讨论者，有关系之缔约国应完全坦白，互相通知。并就关税问题做出了 10 条规定。（一）修订税则"使税率适合于切实值百抽五"；（二）开"特别会议""以便从速筹备废除厘金"，并征收中英等国商约"各该条款内所规定之附加税"；（三）在加税裁厘实行前，议定一过渡办法，对进口普通货值百抽 7.5，奢侈品值百抽十；（四）海关税则每七年修改一次；（五）各国平等待遇；（六）由"特别会议"商定陆海各边界课以划一税率；（七）第二条办法未实行前子口税仍课值百抽 2.5；（八）允许未参与本约各国参加之；（九）除最惠国条约外，此前中外各约与本约抵触者概以本约为准；（十）本约经各缔约国批准后交存于华盛顿，俟全部交齐即可生效。② 上述规定，虽然同意中国在过渡期内对部分商品增加附加税，但同时又规定过渡办法的实施条件等，须由特别会议来议决。可见，该条约仍旧没有脱离协定关税的范围。从条约内容来看，关税会议的任务可以概括为：（1）讨论裁厘加税办法；（2）议定过渡时期 2.5 附加税事；（3）议定税则定期修正之章程；（4）海陆边界划一征税之事等项。

一　关税研究会的成立及召开

《九国关于中国事件应适用各原则及政策之条约》签订后，于 1922 年 3 月 3 日至 9 月 28 日在上海修正税则委员会开会期间，北洋政府即开始着手准备关税会议，为此成立了关税研究会。其主要活动是除财政部（15人）、农商部（16 人）发起并组织关税研究会，外交部（2 人）及税务处（2 人）亦派员参加外，还邀请了全国商会联合会等全国各地的商会代表（27 人）参加，关于具体的人员组成方面参见表 6 - 1。该会成立的目的是

---

① 蔡渭洲：《中国海关简史》，中国展望出版社 1989 年版，第 128—129 页。
② 王铁崖编：《中外旧约章汇编》第三册，生活·读书·新知三联书店 1957 年版，第 221—223 页。

"征集各方之意见，准备议案，以为提出特别会议之准备"。①

为商讨关税事宜而成立的该关税研究会，从 9 月 8 日开第一次会议到 11 月 3 日结束共召开了 14 次会议、3 次审查会。研究讨论的主要问题有 15 个，在会议中对各项提议案与建议案都有详细讨论，基本上取得一致意见。而未取得一致意见的有关事项，也经讨论并提出相应的折中办法。此次关税研究会的成立及召开，与以往的民间经济外交有着明显的不同。以往的民间经济外交大都是在商人组织自发的情况下而发起的，但此次的关税研究会却是政府与商人组织共同发起并积极推行的活动。这表明，双方在获取共同利益的情况下，步调协调到了一致。因关税自主对于财政匮乏、承担着巨额内外债的政府来讲，有利于改善其财政状况。对于商人组织来讲，关税自主的实现将使其在与洋货竞争中变被动为主动，保有竞争力。以下对历次的关税研究会内容做一整理。

表 6-1　　　　　　　　　　　关税研究会各员名单

职务	姓名	委派推定机关	职务	姓名	委派推定机关
会长	李景铭	财政部	会员	卞荫昌	天津总商会
副会长	王治昌	农商部	会员	安迪生	京兆商会联合会
副会长	张维镛	全国商会联合会（贵州总商会）	会员	张煜全	外交部
会员	王文典	全国商会联合会	会员	吴斯美	外交部
会员	江经沅	全国商会联合会	会员	徐德虹	税务处
会员	刘文英	京师总商会	会员	黄厚诚	税务处
会员	王介安	江苏各总商会	会员	强运开	财政讨论会
会员	卓宏谋	福州总商会	会员	孙拯	财政讨论会
会员	王先庚	湖北总商会	会员	秦瑞玠	农商部
会员	朱襄耀	浙江总商会	会员	梁孝肃	农商部
会员	胡翔青	宁波总商会	会员	叶景范	农商部
会员	吴正尘	芜湖总商会	会员	廖炎	农商部
会员	张先贺	长沙总商会	会员	漆运钧	农商部
会员	丁长升	济南总商会	会员	黄尔思	农商部

① 沈云龙主编：《关税研究会议事录》，文海出版社 1987 年版，第 12 页。

续表

职务	姓名	委派推定机关	职务	姓名	委派推定机关
会员	刘文炳	山西总商会	会员	汪钟岳	农商部
会员	王觏彤	陕西总商会	会员	齐鼎恒	农商部
会员	张传易	成都总商会	会员	张安荫	农商部
会员	张清润	山海关总商会	会员	陈扬镳	农商部
会员	邢克让	归化总商会	会员	林是镇	农商部
会员	李庆云	察哈尔总商会	会员	田润泽	农商部
会员	承薰	黑龙江总商会	会员	汤一鹗	农商部
会员	李东莱	热河总商会	会员	范治焕	财政部
会员	关中敷	云南总商会	会员	查凤声	财政部
会员	李廷珍	迪化总商会	会员	蹇先聪	财政部
会员	沈宗元	重庆总商会	会员	王家翰	财政部
会员	杨木森	直隶全省商会	会员	黄时灿	财政部
会员	张家骧	江西总商会	会员	陈声聪	财政部
筹备员	林是镇	农商部	会员	陈杰	财政部
筹备员	陈扬镳	农商部	会员	张大猷	财政部
筹备员	陈道源	财政部	会员	尤君飚	财政部
筹备员	陈声聪	财政部	会员	林冠群	财政部

　　资料来源：根据沈云龙主编《关税研究会议事录》，文海出版社1987年版，第3—9页，笔者整理作成。

　　关税研究会的主要讨论内容，是华会条约规定由中国政府召集关税会议加以解决的问题。为此财政部事先拟定《免厘加税提议案》作为讨论的基础。[①] 而各地商会代表的提案也在讨论范围之内。该案的拟定系针对未来之关税会议，其中对"税权"问题的讨论使北洋政府内部产生了突破华会条约规定的关税会议范围的趋势。

　　其实，对于关税研究会筹办关税之事，有如下经过的背景。由于前清中英《马凯条约》本就有免厘加税的规定，但一直没有实行。后来直至第一次世界大战告终，中国派遣专使参与巴黎会议，当时民众一致认为，中国应该所向各国要求者抱定关税自由立论。再加上免厘加税所有税率不分

---

① 参见《财政部关于免厘加税之提案》，《申报》1922年9月8日。

等级，一律加至 12.5%，这都是不合关税的原则，且有失保护工商之意。其次，《马凯条约》实行的时候，种种困难，而出产销场两税又为中国内国税之所关，不宜规定在条约之内。所以拟撇开《马凯条约》，要求撤除协定制度，主张恢复关税自由的权利。并于巴黎会议提案以后交付审查，但未收效果。后来适逢有美国提议的太平洋会议的召集，因为缩减军备一案提出以后，日本代表请示于东京政府，而中国三代表才乘机提出关税之案，主旨注重于关税的自由。① 由于"各国承认关税自由之原则而实行之步骤，第一步，先在上海修改税则至切实值百抽五；至第二步，办值百抽七五；第三步办值百抽一二五。皆于特别会议行之，仍保留中国有随时讨论关税自由之权，按协约之规定加税之实行期及其用途条件皆系特别会议所应决定之事项"。所以关税研究会特设关税调查处，以调查各项应提之材料，并研究各项应解决的问题。正所谓"此次召集研究会者亦欲征集各方之意见，准备议案，以为提出特别会议之准备。此本部筹办关税之经过"。② 这在第一次关税研究会上，上述意见明确得以提出。

另外，体现出民间经济外交为政府外交补充的意见从下文可窥见一斑，关税研究会希望其达到的目标为"中央政府未能解决之问题，愿各商会代表共同协力以求解决之方法也"。具体意见有"加税之最高限度，照《马凯条约》本有加至百之一二·五之规定，此次太平洋会议本亦议加百一二·五，而日本代表不允规定此数，故协约内只有附加税之名目，并无一二·五之明文。盖日本代表谓，中日条约并未明许中国以百一二·五也，是以将来究竟能加至若干，尚是问题，而究竟须加至若干，方可备厘金之损失，尤须首先研究也；其次，常关存废问题又次，则出产税销场税问题更次，则用途问题均愿详加讨论。未雨绸缪使国内有一致之意见，斯对外有一定之主张"。并强调了此次政府与商民所开联席会议，"可谓为创见之举"。"如能开诚布公，得有良好结果，不特此次关税可以成功，即将来推行一切政务，俱能本此意以行之，则商民之痛苦，政府得以周知，政府之困难，商民得以谅解。"而财政次长凌文渊回应道："今日各省商会代表领袖、各省商民，加入本会研究，本席尤希望以后政府及商会对于加税

---

① 关于华盛顿会议期间，支援三使提出讨论关税自由的民间经济外交活动，参照华盛顿会议期间的民间经济外交部分。

② 沈云龙主编：《关税研究会议事录》，文海出版社 1987 年版，第 13 页。

免厘，各具一致之决心，果能朝野上下同此决心，何患不能实行至最要关键将来在特别会议上总当定一先免厘而后加税办法。如先加税而后免厘，恐日筹抵补终无实行之一日，望诸君一致作此主张。"税务处督办代表黄厚诚也称："各部处派员主其事，由各省总商会派员赞其成，合官商之代表会议一堂，群策群力使外人深知我全国朝野一心、互相团结。"对此，副会长张维镛认为："向来我国官商甚为隔膜，今日本代表等，得以各商会代表资格与长官聚集一堂，共同讨论。实为民国十一年来第一次之创举。"① 由此可见，在推进关税自由一事中，政府外交与民间经济外交初步达成了互为沟通的意愿。

第一次会议上，财政部提出的免厘加税提议案中，认为特别会议计有四种责任，"一为免厘加税之事。具体又分为：（1）'应将约文提出特别会议，加以修正者'，有两项即税权问题与监察问题。（2）'一般倾向与原约不符，而本部以为应依约办理者'，有两项即土货加税问题与常关存废问题。（3）'原约规定之意不甚明了，而此次须拟具体办法特别声明者'，有一项即销场税问题。一为切实值百抽七五之事（即正税值百抽五以外，增收二.五附加税）。其中计分三种问题：（1）实行日期问题；（2）用途问题；（3）条件问题。一为每四年修改税则一次，应拟订预定章程之事。一为海陆各边界划一，征收关税之事。"②

关税研究会第二次会议于 9 月 11 日召开，会议上就裁厘加税的入手办法做了讨论。由于中英条约第八款规定，洋货一经完清进口税及附加税后，不得重征各项税捐，亦不得有查验留难之事。而中美条约也有此规定。但是，由于洋货与土货多有类似之点，若不查验很难分清洋货与土货，可若进行查验，却为条约所不允许。对此，被认为是有碍税权之条约，财政部认为对于税权问题的解决办法，应"由本会多举几位会员，对于各国条约详细审查。凡条约上有碍税权之处，当列举出来预备将来令其取销"。经过讨论，结果以《马凯条约》第八款第十节所载损失税权甚大，所以《马凯条约》不废除或修正，则中国的损失就永无挽回之期。并决定与第二项的监察问题一并付审查。随后，对第三项的土货加税问题进行了讨论。明确指出中国关税的痛苦在于协定，因为不但进口货需要协定，出

① 沈云龙主编：《关税研究会议事录》，文海出版社 1987 年版，第 13—16 页。
② 同上书，第 19—24 页。

口货也需要协定。而人民方面却总希望出口税取消、进口税加重。财政部方面则希望出口、进口均须有税。关于此加税问题,各商会代表讨论热烈。云南商会代表认为:"土货亦有加税之必要,且须有限制出口者。加工业之原料多为外人所需要,现在吾国之出口大概十分之九是原料,苟出口无税,将所有原料将尽输于外洋。至进口货如系必要品,亦须减轻以广招徕。"全国商会联合会代表王文典称:"外国出口货极多,吾国则否,工艺品不能出口,所出口者均系原料。如将出口工艺品免税,国家虽稍受损失,而工艺可望勃兴,如绸缎一类自桑叶起可纳五次之税,而到出口时自可以免税。"并将准备好的请愿书请大家传看。江苏商会代表王介安认为:"良税愈多商务愈发达,恶税愈多商务愈受影响。如能免收工艺品出口税、加增进口税,固然甚善。不但工业日兴而进口税加多岂不两得? 不然,外国之制造品可售于吾国而吾国之制造品不能售诸外洋。"并对政府行径提出要求:"吾人只希望政府对于商务待遇外国人如何,其待遇中国人亦当如何。不希望政府之保护只希望政府之不摧残。"而对于最根本的问题,则认为必须促进政府进行修约。即"现在各国由良心上主张,既予吾人以修改条约之机会,吾人不可不注意也"。对于土货加税是否应提交特别会议,约有两种不同意见。农商部会员梁孝肃主张,土货征收是我国政府的自由,所以不必于特别会议上提出。而江苏商会代表王介安则认为,因《马凯条约》涉及征收土货的问题,所以不能不于特别会议上提出。对此两种不同意见,决定合前两案一并审查。最后,对于免厘加税案中的第四项,即常关存废问题进行了讨论。由于主张废除和不主张废除意见并存,而又各有理由,因此,决定"请各提出意见交付审查讨论"。而第五项的销场税问题中的销产问题与常关存废问题亦有关系,拟并案讨论,多派委员审查。并决定组成审查员成员为:全国财政讨论会一人、财政部一人、商会五人、农商部二人、税务处一人、外交部一人、关税研究会正副会长二人。①

　　关税研究会第三次会议于9月14日召开,会议上,首先对土货出口纳税问题的审查报告做了汇报。税务处会员徐德虹意见认为,土货有两种,一个是生货(即原料),一个是熟货(即工艺品)。如果要加税的话,则必须按其种类先分清楚哪种应加重、哪种应减轻。"对熟货应免税,以助

---

① 沈云龙主编:《关税研究会议事录》,文海出版社1987年版,第25—29页。

其勃兴，对生货应加税，以阻其出口。"商会代表王介安对此极表赞成。由于土货之中须分需要者与不需要者，有主张"需要者当可重税，不需要者只可从轻。须先研究何种可以重税，何种只可轻税，并何种可以免税，此节当先讨论也。"副会长张维镛认为："出口税一节，外国今日多半皆已取消，如英、法、德、美现在皆无此税。此外，各国即或有之，亦不外欲保护土货起见。现在本会对于出口免税讨论已详细。"并表示为了保护原料品、工艺品，不仅希望打破七五，而且希望打破所载的七五条约。这已经反映出商人组织不仅仅只修改条约所载内容，更希望能够通过废除条约，实现振兴本国产业发展的目标。商会代表对于完全免税原料品，认为须分两种，"即中国自用者无税，运出外洋者有税"。由此，话题转为讨论大家均主张组织保护商品研究会事宜上。会议上，财政部会员提出，商品研究会中的商品两字，应改为国货更为妥当。这表明，当时政商两界对于在振兴国货方面，确实已经有了较好的觉悟。关于组织保护商品研究会的理由书，委托商会会员王文典和王介安两人起草。在关于常关存废问题的审查报告中，出现了两种主张，既有主张存留者又有主张废除者。主张存留者的意见认为："条约本许以常关为征收出产、销场税之机关，若裁撤常关，将以何种机关为枢纽？设照美国办法，在店铺征收消费税，则有二种困难。一则不能与洋货并征（东三省之销场税亦有此弊），二则租界内不能征收此税，不如由常关代收，则租界内销售之货，已在常关征过，可免室漏。"而主张废除者的理由则如下："（一）虽留常关一省不过一二处，何能征收全省之出产、销场两税。（二）厘金即感苦痛，常关亦是征收行货，何不将所有之苦痛一起扫除。（三）常关之税较厘金尤重，不问货之销售与否，经过一次纳税一次。譬如，北京之货借往天津作样本，不合意退回者，一来一往货尚未销须纳税两道，亟须废除，改在店铺征收别税为是。"张维镛副会长言道："吾人之责任，在除商民之痛苦，尤当为政府图财政之革新，对于删除恶税改办良税之原则，极表赞成。唯如何办法，必须从长讨论。"此言再次道出官商成立此研究会在讨论关税问题方面所达成的一致。即其目的，于商民来说为铲除所受不平等条约及恶税之苦痛，于政府来讲为利于国家财政收入。在对于废销场、出产两税与留常关的问题上，会长李景铭认为："一面要办出产、销场两税；一面尚要办所得、营业两税；本席敢代商民说话，商民决定不能承认。"此观点得到了其他成员的赞同。由于对常关的存废问题讨论已久，最后决定可分两层向政府做出报告。"第一层，如留常关办理产销两税，有完善办法亦可照办。不然，则废除常关，商民愿政府创办营业、所得两税，以资抵补，且在此两年以后，可以将产销两税办法及调查所得、营业两税办法同时筹备，以免临时周章。又有须声明者，附近海关之常关如为防范海关漏税起见，可照蹇王两会员之意酌量存留，亦无不可。"至此，第三次会议结束。①

第四次会议于9月16日召开。首先，对于裁厘加税实行期间的理想状态进行了讨论。所谓理想状态即在裁厘加税的实行时间上，进行了理想的划分。具体的拟分期办法意见为："明年实行值百抽五；或明年下半年至十三年底止，实行附加二五；十四年一月一日实行二一五。"而此理想状态则系财政讨论会会议的结果。虽然综合中国实行关税自主的历程来看，此划分期间在实行方面已存在不少理想成分，而对于急于摆脱列强控制的商人组织来讲，希望具体能够实行的步伐还应更大更阔一些。会议上，有商会代表愤慨道："调查各国成例，有每六个月修改税则一次者，我则每四年修改一次，彼每次每百元可加至三十元或一百元，我国一次只加数元而已。近来各国增加税率均采猛进态度，吾国何独不可，而必如此缓加？"这一方面表达了商人组织急于摆脱现状，早日创造有利于中国商业发展的心情；另一方面也反映出中国因不平等条约所控，国家主权遭受到的极大损害的现状。正因如此，商人组织更加期盼以民间经济外交的手段来辅助政府外交，争取到外交上的胜利。②

由于"各省商会来电均谓加二五后即当实行裁厘，其意未尝不善，但加二五之用途在财政讨论会之意，拟以七成为外债担保，以三成为行政必要经费及其他公益之用"。由此，对裁厘加税的用途展开了讨论。全国商联会代表的意见认为："实行二五时即须裁厘，所加二五之款即须切实保存银行公会及商会等，万不能挪为他用。至偿还外债一节，近来外债之用途，大概均供军阀之挥霍，苟还此外债之后，能保不又滥用外债？不又以此增加之关税为担保乎？商民虽应体谅政府之苦衷，政府亦应体谅商民之苦痛。现在二五之税甫加各处，即主张分用。商会并非监视政府，不代政府原谅，窃以为无论如何，政府总不可归此二五之款挪为他用也。"此意见明确提出

---

① 沈云龙主编：《关税研究会议事录》，文海出版社1987年版，第37页。
② 同上书，第39页。

为保证增税部分不被挪用，应保管于民间的银行公会或商会处，而非政府处，并申明其理由为对政府保管能力的质疑。虽然表明商会没有监视政府的用意，而实际上可以看出，在涉及国家主权利益以及商利的情况下，商人组织所主导的民间经济外交手段可以视作对政府外交发挥的监督作用。农商部会员对于加税的用途，则着重从振兴实业方面来提出建议，称"最好能用于开辟富源一途"，主张："就加税内拨出几分之几作振兴实业之用。如，沿海七省之渔业，西北各省之垦牧，吾国工商业若有巨款振兴，必可收几十倍之利益也。"对于保管权一事，有补充意见认为："保管此款须由银行公会监督，责任则仍由各省商民负之。"其理由为"盖加税系中国之事，保管得法外人自不敢干涉，若涉及税务司等等，即引起外人之牵制"。对于监督及保管一节，财政部会员称："外人不应干涉，我国既有国会与审计院，如能信任即请此两处保管可也。"保管权不应再由列强所操纵，应自行由中国加以保管这一点，政府和商会取得了一致的意见。但是，对于具体保管责任者却产生了分歧。针对上述财政部会员意见，商会会员的意见为："加税负担者完全为中国人民，既系吾国人民负担，则当然由吾国人民保管，故应由银行公会保管之，商会监督之。审计院既为国家机关亦可参与；至于国际方面，倘吾政府与人民有良好之办法，外人亦自赞成。若偿还外债仍非根本办法，而根本办法即在于裁厘也。"对于在用途一节，商会方面的主张，即设法保管不作别用之用意，关税研究会会长表示赞成。但又列举出现实状况，称："从前滥借之外债，商民虽故可反对政府，而政府究不能赖债不还商民之意。附加之税不能移作别用，试问外债是否可以不整理？抑有别款可以整理？设不整理外债而各国即不允加附税，将如之何？"商会代表表示："商民主张先抵厘金之损失，其余用以整理外债。"财政部会员认为："国会未通过之外债，应有讨论之余地。至已经法定手续之外债，则不能有异议，若提异议是惹外人之议论也。"对此，始终未有决定意见，最后决定下次会议时候继续讨论。[①]

关税研究会于 9 月 19 日召开了第五次会议，再次对"各省商会主张附加之税须留为裁厘抵补金，政府不得挪作别用，究竟如何"之问题，进行了讨论。讨论的情形仍然可分为两派。政府方所派的会员大多主张"应抱定华府协约之时最初之宗旨，若不将附加税作为整理外债之用，恐各国

---

① 沈云龙主编：《关税研究会议事录》，文海出版社 1987 年版，第 39—41 页。

即不允增加此税。且外债信用一失，国际地位即有坠落之虞"。商会代表方面则多强调："从前之外债黑幕不可胜言，国民不能承认，若整理以后如果政府能有财政一定计划，商民何乐不为，但虑整理以后又借外债以为养兵之用，岂非又是贻累国民且增加之税虽为外人所允许，其实是我国民所负担也。我国民所以负担关税之增加者为其裁厘也。"经讨论最终概括为三种原则：（一）主张以审计院为稽核机关实行职权以监督之；（二）如必须另组机关总以无碍主权为要；（三）如必兼用外人其人数以至少为妙。照此标准建议于政府以备采择。众无异议遂决定。①

关税研究会第六次会议于 9 月 20 日召开，对奢侈品问题进行了讨论。认为奢侈品中最明显的当为烟酒两物，但是现在烟酒进口税比土烟土酒税率为轻，这当然也阻碍了中国的商业前途，因此不可不加以注意。"增课奢侈品之重税，我国只以值百抽十为限"，但是与我国的货物运到外国所课税率相比较，则大为不同。"或值百抽五十或值百抽百"，实为"不公之甚"。因此，商会代表主张："理应调查我国奢侈品输出各国者如何抽收，我国亦照此标准以定课税，作为交换条件。"经讨论后，宣告对此案采取如下意见："（一）由农商部财政部及商会组织审查会，依农商部所订国定税率表为标准，将其中关于奢侈品之货类列出一表，再行审查。（二）由农商部致函各省商会与国货维持会调查材料以备参考。"最后，对于第四海陆各界边划一征收关税之案，大意谓："此项条约上之关系，外交部条约司最为熟悉此中应如何调剂之处。一面托外交部会员调查一切，一面托税务处会员列举出来，为将来特别会议之参考。并历来与本案条约有关系者汇齐交付审查，并具意见书再交大会讨论。"②

9 月 21 日关于奢侈品问题召开了审查会议。会长报告了审查农商部八年拟定国定税率表。结果议决："在国定税率表之中，应加竞争品一项，如丝茶瓷等类，应列在奢侈品之上。至认为无益品者，如花素腿带之类，均列于奢侈品内。此外，如药材干果等多系我国产品，即有舶来亦系转口，应采轻税主义，当取列举方法酌量删除。"最终请农商部委员改订税率表后再行报告。③

① 沈云龙主编：《关税研究会议事录》，文海出版社 1987 年版，第 44—47 页。
② 同上书，第 49—50 页。
③ 同上书，第 175 页。

关税研究会第七次会议于 9 月 23 日召开。先行讨论了出厂税问题。出厂税在《马凯条约》系值百抽十，比进口税便宜。关于该税的办法会长主张应行讨论者有三："（一）从前出厂税较进口洋货税减轻，现在应否照旧，以为奖励机器之提倡。（二）有人主张工厂设立太多，我国之小资本家难与外国之大资本家竞争，为限制起见出厂税亦须加至值百抽二一五。（三）照理工厂亦须照纳所得、营业两税，则应免其出厂税，但未知外人肯照办否。"对上述问题，商会会员提出："马凯条约第八款第九节所载等语，中国工厂应照此例办理。外国势力大资本多，工商业自占优胜，吾国工价廉原料贱，似亦足以占胜利。但虑不足以敌外国者，因中国工厂将来应负担所得税、营业税等。若外国在中国所设之工厂免纳此税，则失其均衡结果，必归于失败。故无论何税总须平等，近来商家多挂洋牌，职此之故。兹拟一概由政府保护，作为国家创办之工厂，一律免税以示体恤。"副会长指出："将来总须设法使中国人之工厂与外国人在中国所设之工厂受同等之待遇，抽同样之税率。否则外人因有免税之利益，均来中国设厂、制货，不但中国工厂受其影响，即进口货因而减少，税款必受大亏。"随后，双方又有各种意见提出。会长总结道："根据条约所规定，所谓免税各工厂指经政府特准者而言，非谓政府创办者即可免税也，政府特准免税者多予以期限或免税二年或免税三年，现在若将本国工厂概行免税，外人亦必照例要求，转形窒碍。至诸会员所谓奖励金之办法，亦有种种之困难，现在惟有两种办法：（一）按照条约而行不必要外人完纳营业所得等税。（二）豁免出厂税，令其一律完纳所得、营业两税。本席以为此问题与常关存废问题有联带关系，可以合并审查。一面调查出产税、销场税应如何办法，一面对于所得、营业等税应如何筹备，均交审查会详细审查，看将来条约上如何规定再议办法。"①

9 月 26 日召开了筹备出产税、销场税、所得税、营业税的审查会议。农商部会员提出了三个主张。分别为："（一）销场税须照文明各国通行之消费税办理，不得凡百货物皆抽收。（二）出产税与销场税是一个税，不是两个税。若出产收一度，销场又收一度，则此厘金更甚，且征收手续尤为困难，而流弊多也。（三）不可误会条约以常关征收销场税也。其原因有二。（1）以常关征收销场税，即非销场税性质而变为通过税性质也。

①　沈云龙主编：《关税研究会议事录》，文海出版社 1987 年版，第 53—55 页。

（2）现有常关不敷用而条约又不许增加内地常关也。"后经多时讨论，总结看来，大致仍主张分途兼顾，同时筹备出产、销场及所得、营业等税。对此，会长认为："惟产销两税现在多数尚不赞成，拟俟过节后开部务会议时，将此情形报告本部长官，于两种办法之中尽先定一标准，以为筹备之人手。不过即办出产、销场两税，其税率之应如何规定，政府亦不敢妄为规定。"并决定"尚希本会于终了之时，多留几位代表以便与政府随时接洽。彼此方不致有所误会"。副会长提交意见为："常关及出产、销场两税，前已详细讨论，经今日一番之研究，更为详尽。实恐于外交上有困难，故于无可办法之中而想此折中办法。一面研究出产、销场两税，一面筹备所得、营业两税。此等重大事件即目前几个代表亦不敢妄有主张，故本席意见欲将本年全国商会联合会移到北京，共同讨论并将此条约印刷分布，使全国商人无不知道，讨论一极妥当之办法，以脱条约之拘束。"① 从此审查会议的决定内容来看，关税研究会对于涉及国家及广大商民利益之事，讨论还是颇为慎重的，并为谋一适宜之法，寄希望于民众。

关税研究会第八次会议于 9 月 28 日召开。此次会议对奢侈品加纳重税问题审察报告做了说明。由农商部会员提出民国八年拟定奢侈品国定税率表，作为审查的参考。经会长将货品名称逐项报告，除药材一项系属土货转口，可仍照普通货品征税外，其余均作为奢侈品在过渡期间应一律值百抽十。商会代表提议："丝绸瓷器之类系属一种竞争品，于国货销畅大有妨碍，亦应于过渡期间征收较重之税。"针对此况，会长将国定税率表内列入的无益品逐项报告，择优提出于过渡期间征收值百抽八或九的品名分别列表，征询大家的意见。列表中共分两类：一类为应值百抽十的奢侈品，一类为应值百抽八或九的奢侈品。对于此表的分类方式，有意见认为："较前似稍进步，但各类之中亦要分为数级，即原料品半制及精制品。此种之分级实为至要，今观各类之中多有原料与制品同级者，即就奢侈品而论，有应列入奢侈品而不列者，亦有不应列入而列入。"针对上述问题，认为：因"上海修改税则之税目表尚未报来"，"委托梁君提出修正案，先以民国七年修改之税则表为标准税务处方"。另有参考意见为："税目不妨多列，以备将来与外国磋商时有所参考。"接下来有对第二案"总税务司所拟关于太平洋会议议决裁厘加税各问题"进行讨论。公布草案为：

---

① 沈云龙主编：《关税研究会议事录》，文海出版社 1987 年版，第 172—174 页。

"（甲）货物从价抽税，须妥为规定其核算之法。应比税则内所载之第一款章程较为完善。此事现在上海修改税则委员会或有讨论提交北京特别会议，再为斟酌。（乙）各海关须界以实权取缔由船登陆以后之货物。（丙）条约内所订定洋货复出口办法，应优予更订，俾此项复出口之洋货其已改装或改造者，仍可领免重征单。（丁）应予海关以权力，俾实行要索进口货物原产地证明书以编制较准之贸易册。"因此项问题上海修改税则委员会已议办法，不日即有报告，众人认为届时再行讨论即可。

关税研究会第九次会议于9月30日召开。就摘录津海关监督刘寿彭条陈加税免厘意见进行了讨论。条陈意见之为：加税裁厘应先将定期明令公布以昭大信也；常关税则应改为值百抽七五，以符约章也；加税收入应免作旧案，洋债担保另解部省以供库需也。对于其中的第一项、第三项因与关税研究会的意见相符，不予讨论。会上，就第二项进行了讨论。商会会员有意见认为："常关即有废除之议，此节亦不成问题。"会长李景铭称："为划一海关常关税率起见，洋货进口者无论向海关、常关报税，均应照值百抽一二。无纳税土货出口运往外洋或别口者，亦不必问其向海关、常关报税，均照值百抽七五纳税。若复进口半税理应免除，因到销售之口岸仍须纳销场税。"此议得到了会员们的一致赞同。由于关税研究会自成立之初，就提出了为实现关税自由，当废除及修改阻碍中国关税主权的条约，并意识到不平等条约是列强用来控制中国关税主权的保证。为此，关税研究会除对各项具体问题进行讨论外，还注重对条约进行学习，储备知识，以应对将来特别关税会议召开时提出修约及废约的理由。此次会议上，众人还对外交部会员提出的"摘录陆路边界进出商货减免税项规行条约"及"中俄改订陆路通商章程"进行了学习讨论。税务处会员认为："将来必须将最惠国条款取消，以免各国援例办理。然后中国始有关税自由之可望，特别会议时不可不注意及之也。"对上述取消最惠国条款之意，会长表示甚为赞成，并且此意见也曾在太平洋会议时提议过。但是由于"最惠国条款不止一种，有普通最惠国条款、有通商最惠国条款，普通之最惠国条款国际公法上之所许也，若通商上之最惠国条款则以条约规定之"。因此，决定"另提取消通商最惠国条款之议案，以便公（共）同讨论"。大家在讨论学习条约时，除了对本国内容予以重视外，对于其他的边界通商也极为注意。例如，会中就有意见提出"中国土烟到缅甸由海路去者有税，由陆路去者照约本来免税，如我国将减税办法取消亦虑彼必加税以报复"。① 可见，关税研究会在讨论过程中，积极注意学习条约，并思考如何解决条约上的种种制约因素。

关税研究会第十次会议于 10 月 3 日召开。会上就财政讨论会会员所建议的"中国裁撤厘金并改订常关税不收行货税后所有轮船装运土货由此口至彼口海关应免收税"进行了讨论。此提案中不仅对四国商约进行了详细的分析，而且对其应作如何修改提出了以下具体建议。认为对于约内由通商口岸转运通商彼口加税之文应删除。其理由为："土货之二五加税出洋者固无问题，不出洋者实为出产税将来实行之时，即拟改正名称。为出产税照英约第三节二项所载，此项土货可在内地第一常关照海关税则征收第七节所载之出口加税，给予凭单，无论经过何关不得再征税项。若运至通商口岸租界以外之处销售，即应纳销场税，如遇转贩出口则准抵应加之出口税，概税率相同自可照抵，若不出洋之土货将来免除出口正税后，更何有于加税。"对于约内由此口至彼口往来土货加税之文认为应删除的理由为："轮船装载工资往来通商口岸与出洋之土货课同等之税率，概名曰出口税，实则非关税之性质，乃国内通过税之一种尔。若厘金既裁常关旧税亦革，行货税捐已尽废除，独海关所收之通过税则予保留事既不公理亦不当。故应提议俟裁厘时，海关所收不出洋之土货出口正税，亦即免收庶与民船装运之土货，所纳税项不至轩轾。况正税既免更无加税可言。"此外，由于"轮船装运土货自此商埠往他商埠，所纳之复进口税，亦为通过税之一种。究其设立此税之由，概以通过常关之土货多负税款，若经由海关之内国货物而不课税，转失平均之道，然将来常关旧税照约既不能再收此项复进口税，当然亦应提议免收"。另外，"按英约第八款第三节第二项所载，凡民帆各船出入通商口岸装载之货所纳税项，不得少于轮船装载同类之货所纳进口正税以及加税之总数等语。轮船装运土货所纳税数为出口正税，加税及复进口税共为值百抽十，若进至通商口岸租界以外，销售应更纳销场税，普通品已为值百抽十五，奢侈品则为值百抽十七五矣，民船装载土货照本节所定，在内地第一常关完纳出口加税（即出产税），给予凭单无论经内地何关，均不得再征税项。是民船所装之货于起运处完纳二五加税，至销售处完纳销场税，合计所纳税之总数，普通物品值百抽七五，奢侈物品值百抽十，若不将轮船装运土货所纳之出口正税及复进口税予以

---

① 沈云龙主编：《关税研究会议事录》，文海出版社 1987 年版，第 77—94 页。

免除，实无法可使轮船民船装运土货所纳税数处于同等地位，万一不能免除恐往来国内之土货将无人肯装轮船，其影响于商务岂不巨哉"。商会代表对此提案表示："尚主张由常关征收出产、销场两税，此与未裁厘金无异，商人之苦痛仍不可减。"且认为"不出洋之土货装载轮船划去常关征税，此节恐办不到"。①

随后，又对商会代表的提议《速即裁撤复进口税理由书》进行了讨论。理由书就裁撤复进口税理由做了如下说明。首先，对复进口税进行了解释，"又名沿岸贸易税，征收内地货物或自此通商口岸运往他通商口岸货物之税也"。指出"此项税之征收是明示土产货物不得与外货享平等之待遇，受同等之利益"。因为"如洋纱洋布等之舶来品，来自英、美、日本各国者，进口时征收百分之五进口税，倘转运他口则不再征复进口税。而土货之棉布棉纱等则不然，出口时既纳出口税百分之五，及转运他口须再纳正税之半即二分五厘之复进口税是也"。两相对比，即知"土货之纳复进口税与洋货之免征，是土货比之洋货额外增加百分之二五而无疑也，土货之成本重洋货之成本轻"。而导致的结果就是"促洋商贸易之发达而摧残国内工商业也"。并以税关收入册民国九年份为例加以说明："是项税之收入不过二百四十余万两，十年份仅收二百三十余万两，足见渐有减少之势，抑制土货之明证也。"不仅如此，复进口税又名"到地半税，凡土货由内地各海关已纳正税值百抽五，而复至粤海闽海津海江海等关，照章七日不能运出洋者，应再纳到地半税二五。俟出洋时重行发还原商，然货物已卖与洋商则须将派司及提单等均交付之，以便提货。而洋商于运货出洋时，此发还之到地半税即为洋商冒原派司之名领去，因原商手无凭证不能领取也"。经查十年份出口正税1700余万两，那么，此项半税应得800余万两，但国家收入却仅为二百数十万，可见，其余600余万皆为洋商所得。对于此种既无益于国家，又有害于商民的税项，故主张"不能不免除之也"。会长对此案表示，有两种先决问题，即"（一）须视政府之意旨如何也，以保护工商业为目的乎？以增加收入为目的乎？如以保护工商业为目的，则所议土货免出口税及复进口半税当然均应废除之，列（例）如政府以收入为目的，则此等税目在政府或尚见其不足。（二）须视条约之能否改造也，即将依据马凯条约而履行乎？抑可以修改从前之条约乎？条

---

① 沈云龙主编：《关税研究会议事录》，文海出版社1987年版，第98—100页。

约如能改造则何税皆可酌量免除"。对于"将来销产两税无论是否停办，而土货复进口半税定即决定废除，且并应声明于加税至七一五时，即行废除之也"。得到了众人的一致赞同。①

接下来，又对陕西、江西、察哈尔、绥远四省代表所建议的《废除本省妨碍商条中路留难之非法征收杂捐局卡案》进行了讨论。此案解释了陕西省内的非法征收杂捐司卡的现状，并主要从振兴工商之策来看待此问题的解决。尤其是商会方面代表，除了为确保实现关税自由而努力研究各项对外相关内容外，对于国内各处有悖于工商发展的陋习等也进行了认真积极的探讨。首先，各该省代表就该省于厘金之外又有所谓商税者给商民所带来的苦痛进行了总结。即其征抽数目于厘局之外再加十分之三，商民深感苦痛。此种办法既非政府保护商业之策，亦非各省整齐划一之道，如将来实行裁厘时，似应通令各省不得自为风气，凡属杂捐一律免除，如各省应举办公益及慈善事业，不得不征收者，亦只宜向商号或就地征抽，不得于货物在途时留难阻滞"。例如，对于其具体现状称："陕西省有百货厘金之外，又有商税局、棉捐局逐层征收；江西省于百货厘金之外，又加抽附加税、九九捐抵补金田赋捐；察哈尔区除常关出口入口厘税外，又加征四项捐套、捐粮、捐落地税、皮毛捐、煤炭捐、驮捐、斗捐等；绥远区于厘税而外，又加抽牲畜、皮毛、煤炭、捐车、捐斗、捐各货等捐，似此杂捐杂项皆与厘金酷似，若不一律裁撤，常此终古既非整齐划一之道，亦非振兴工商之策。"针对于此，特联名提出建议如下，"如政府将来实行裁厘时，犹应通令各省区将一切杂捐、杂项以及其他变相之厘金，一律革除"，以保商务亦日见振兴。对上述商会会员意见，会长总结道"厘金裁后则所有局卡及一切类似通过税之性质者，自应一律裁撤"，但是关于各省、各县公益捐之类的意见，则表示"应由地方团体自行酌办，不在此限"。②

最后，浙江商会代表在所提交的《监督公署移驻海关实行职权意见书》中，就华官监督不力以及洋员的现状做了具体说明。由于我国困于协定税之不自由，各埠海关派洋员做司税务，任华官以监督之。但是位于如此重要的监督职位者，却并不驻扎在海关，其中还有经年不履海关者。且"所设监督公署辄与海关相离，近者数里，远者一二十里不等，于是国家

① 沈云龙主编：《关税研究会议事录》，文海出版社1987年版，第103—104页。
② 同上书，第102—104页。

最需要之税务，及商民最需要之运货、载客、航政、水利种种事件，皆任其为税务司特有之权，盖监督固不及顾问焉"。另外，"海关之税务司，正如内地之厘捐委员，于抽捐外不问他事，则税务司当然仅司税务，亦尚应受成于监督。试检阅海关各种运照、执照、验单、存单等件，无一不标示为监督所发行。而各监督乃预印空白交由税务司任便填发，以致监督之设名存实亡，此主权之轻于丧失者一也"。再加之"华商法律知识本尚幼稚，税则关章非所夙习，其中便利洋商之特点不一而足，抑且一旦华洋商人对于海关货税同此因误会而受留难之时，彼洋商与税务司立谈解决瞬息放行，我华商则每因税务司有各国国籍之不同语言隔阂，具函具禀则批答需时，欲向监督请求，则公署又在数里或一二十里之外，纵有理由无门呼吁，吞声饮恨受罚充公。此商情之感受困难者一也"。①

关税研究会第十一次会议于 10 月 6 日召开。首先，税务处会员就所提的《交换局部经济利益意见书》说明了提案理由。认为"我国若减轻甲国运来中国之某种货税，以交换甲国减轻中国运往该国之某种货税，此项局部经济交换之利益，按照法律加之解释，既与最惠国条款不相冲突，各国当然不能援引机会平等各条件，要求利益均沾。此事最关重要，若能达到目的，则我国将由单制协定之关税而入于复制协定之关税，即关税自由亦逐渐可期矣"。对于最惠国条约，认为："最惠国条款为国际公法上所规定，各国均有之。"但与他国相比，我国却因为此最惠国条款而受亏不小。追究受亏的缘故，称："非受最惠国条款之害，实受片面的最惠国条款之害也。"并列举事实指出片面的最惠国待遇给我国带来的影响。"外国货运到中国抽税极轻，不过值百抽五，我国货运到外国概抽重税。"由于此种极不平之事于条约有两种：一为有条件的最惠国条款，一为无条件的最惠国条款。欧战之后的趋向为，无条件的最惠国条约大都已经取消，而以有交换条件者方可成立。如无交换条件的条约，因利益不能均沾，为公法上所不允许，所以不能有效。针对此情况，有建议认为"安东铁路之类是无条件的必须废除"，而"滇甸条约之类是有条件的，可以保留，将来特别会议时切须特别注意也"。另有意见认为，交换局部经济将来在特别会议上非常重要，各国对此亦应非常注意。而我国所主张的所谓局部经济交换，"即两国间所订条约彼此互有利益交换，其未有利益交换之第三国，

---

①　沈云龙主编：《关税研究会议事录》，文海出版社 1987 年版，第 105—107 页。

不得援此例以主张均沾"。主张如此办法得以实行，即可打破片面的最惠国条款。但对此却不可掉以轻心，因为"现在英美日本称（成）为最发达之国，而彼此利害必多有冲突之处"，对于"中国与某国之最惠国条款，彼国不得援例，此系我国片面之意，将来能否邀各国之允许，大会时应当力争"。为慎重起见，还拟将此案付之审查。①

随后，报告了第二案《另组国民银行保管附加税理由书》，并经研究认为不能再将税款存入外国银行。但是"吾国现在银行信用大都不固，几无相当之可靠银行而足指为保管机关"。因此，经商议"拟定另行组织一强固银行，以预备保管此款。拟即定名曰国民银行，由各地商会共同担任组织，分投集股克期成立。其办法纯仿外国银行，最完善者组织即以全国商会共同监察，并为坚外人信仰杜其口实起见，特请税务司为之监督，以资保证"。从此主张中可以看出，商会担任组建此银行的任务，经营方式仿照外国银行，监督方为税务司，以此来实现"以国民全体责任保管国家税款，而贯彻前次会议保管附加税抵补裁厘金之主张，并达税款改存国内银行之目的"。并要求将附加税指定国民银行为保管机关这一提议，于特别会议召开时，"即以提出与外人交涉"。商会代表还重申了由商会组织此国民银行的信用较政府以及外国银行更重的理由。即"商会各代表系为实行裁厘之保障，故欲以全国商会组织国民银行，以为政府之补助。且现在外人之于中国或者于商人方面尚有万一之信用，故欲由商人组织保管机关应于政府及外人两方之信用较为稳固，既由国民保管自无再由外国银行保管之理"。为慎重起见，一致决定"亦宜付之审查"。②

为审查关于交换局部经济利益及组织国民银行事宜，10月8日召开了审查会议。因颇有讨论，会长报告此案大家的意思为："对于将来特别会议时，须要求《关于关税上有交换利益者不适用最惠国条款之规定》，方可立关税自由之基础。"众人表示一致赞成。报告审查第二案为组织国民银行保管附加税案。报告此案的结果分为两步："第一步由各省商会联合会先行开会讨论办法，分认实在可以负担之股款。第二步俟股款有着时，再要求政府允许以各种之特权，此可另案办理，不必提出特别会议，以免

①　沈云龙主编：《关税研究会议事录》，文海出版社1987年版，第107—109页。
②　同上书，第110—115页。

牵动别案。"对此，审查会上也无异议。①

关税研究会第十二次会议于 10 月 13 日召开。首先对于销场税进行了讨论。商会代表表示对于"销场税一节商民颇感苦痛，如中途开箱检验诸多留难"。建议"将来政府无论施行何税，当饬华商在未装箱以前证明其货之无夹带，以免中途之开箱。欲证明其确无夹带，则未装以前须有人先行检查方为妥协"。更因为销场收税有尚须讨论之处，对于"如何可以免中饱，如何可以免困难"，均认为"不可不详为研究也"。对于"海关对于洋货非常优待，对于土货非常留难"之原因，认为"其根本上系由海关均用外国人之故"。希望"将来华商所受各种困难虽不能尽除，要亦不可使之加重"。并提出建议："如果存留常关亦须注意美约第四节及英约第八款第十节所规定之监察问题，所谓应当注意者，即不应再授外人以监察常关之权，盖恐由监察而变为管理也。"鉴于其复杂性，会长表示"此节可俟章程提出时一并讨论"。②

对上述案讨论后，又就《对于奢侈品之修正案》进行了说明。经修改后的此提案，简单总结可将奢侈品的标准定为四类，分别为："（一）凡中外均有之物可定为奢侈品，亦可定为非奢侈品者，则从严办理。（二）中国所有，为外国所无。（三）土货转口。（四）制造品及置制造品分值百抽八、九、十三种"。

并附有较修正案前提案更为详细的品目分类表，共为 16 个大类，每个大类中又详细标明了值百抽八、九、十具体三等的细目。16 个大类分别为：（一）酒品。（二）烟品。（三）糖品。（四）饮食品。（五）医药品。（六）丝织品。（七）毛织品。（八）棉织品。（九）羽毛牙皮革品。（十）珍宝及装饰品。（十一）化妆用品。（十二）陶瓷及镀瓷制品。（十三）玻璃品。（十四）纽扣及五金线箔品。（十五）扇伞御日伞品。（十六）杂货品。但对于值百抽八、抽九之法，有表示不赞同的意见。理由为"关于奢侈品税率不过适用于过渡时代，不必过分等级。卸意，只分七五及值百抽十两级足矣。若又分值百抽八、抽九两层，恐手续过敏收入亦无多尔"。并由于此案关系颇大，一时又不能解决，决定应"拟一范围比此较见简单

---

① 沈云龙主编：《关税研究会议事录》，文海出版社 1987 年版，第 167—168 页。

② 同上书，第 115—116 页。

一之表，以备将来参考"。①

接下来，就商会代表提出的《裁厘加税与出厂税征收之利害意见书》做了讨论。认为：（一）"现行之值百抽五，其影响于出厂税。"并以棉花、棉纱作为此项说明的标准，分别列举了三种情况：（甲）工厂设在国内，其原料自外国买入；（乙）工厂设在外国，其原料自国内买入，制成完制品后再输入国内（外国为奖励工业起见，进出口税皆免除也）；（丙）工厂设在国内，其原料亦自国内采买。并对每种情况假设价值千元的棉花自外国运入，再由工厂制成棉纱后的缴税情况做了分析，结果表明："今日中外人所造之工厂能使用外国原料之原因，是由内地厘金之害，使国内土产货物价值过高，不能销售而进口税过轻不能抑制之故也"。（二）对"二五附加税将来实行之期，其影响于出厂税之利害"进行了说明。同样以三种不同情形做了具体分析。三种不同情形分别为："（甲）工厂设在国内其原料自外国买入；（乙）工厂设在外国其原料自国内买入；（丙）工厂设在国内其原料亦自国内采买。"结论为："工厂须设在我国内，其原料之买内亦必自我国，为最有利。其极受痛苦者则为工厂设在外国，原料自我国买入也。"（三）对"值百抽十二五之实行，其影响于出厂税之利害"做了说明。三种不同类型的工厂分别为："（甲）工厂设在外国其原料自国内买入；（乙）工厂设在国内其原料亦自国内采买；（丙）工厂设在国内其原料来自外国。"结果认为："大足以促外人在我国内设立工厂，而原料由内国采买，制成完制品售卖我国人尤为有利也。"对于"今日洋商工厂林立百货阗溢在在皆是，若将来加以值百抽十二·五之实行，不再筹宽恤保护之法"。认为"恐洋商有独占之势，而华商有束手之危"。因此，建议"俟此项出厂税之征收，政府须设奖励金或免除出口税，二者必择其一，然后可行"。意见书陈述完毕，会长提议"此件应留作参考备将来之采择"。②

商会代表在对《营业税应归地方办理》进行说明时，对于必先废除厘金的理由做出了如下解释："万一各省疆吏弄其故技于新税，施行后仍将旧税藉故保存，则非仅有害商民，亦将引起外人干涉而伤国家体面。盖各国商约俱已明言，加税裁厘须将各省所有厘卡及抽类似厘捐之关卡概予裁

---

① 沈云龙主编：《关税研究会议事录》，文海出版社1987年版，第116—132页。
② 同上书，第133—136页。

撤等语（录意）。故就内政外交两方面观之，当新税未施行前必须将类似厘金之恶税先废除也。"对于政府拟于裁厘后施行产销两税以抵补裁厘之损失的意向，表示反对。因为"查裁厘之损失既有七五加税弥补之，足有余裕，何为又添产销两税，以重困商民乎？"再者，"出产税直接既妨农业之发达，间接又阻国货之输出，且各国商约又明言出口土货所纳税之总数不得超过七五等语（录意），则将来政府纵抽出产税，然封于出口土货仍属无效、徒然，使国货滞销内地而任洋货横行九州，政府为保商利民起见似不宜出此"。从产销两税对政府、国家产业、中外商民等角度，说明了产销两税不利于国家产业发达，反而利于外国商品，从而有损国家利益。考虑到"自民国以来各省疆吏多任意截留税款已成习惯，一旦将厘卡及类似厘卡之税一律裁去，则各省军需政费皆必仰给中央"。且"以现势度之，各督未必能俯首听命也，倘将来裁厘而督军尼之政府将如之何若？届期（民国十四年）未撤或撤之未尽势必引起外交上之纠纷，又不待言矣"。因此，建议政府"苟诚意实行裁厘，似宜将营业税划归地方，俾各省有所挹注，则自不致横生障碍，而外交上自无问题矣"。但是，对于营业税划归地方后如何进行管理方面，即就"抑专属财政厅乎？抑由商会办理乎"？提出如下看法："（一）财厅调查营业状况，决不若商会之易。且详盖现今各地市镇皆有商会，而商会职员即当地商家对于本地营业情形当然了若指掌，财厅委员能如是乎无俟，烦言而知其不能也。（二）财厅办理恐难免诈索中饱之弊。我国税吏之贪，人所共知毋庸讳言。下则诈索商民，上则中饱国款，今由商会办理则此弊无矣。（三）商会办理一切，除照章处理外再经财厅核准方能施行。则自无擅专之事而财厅亦无患商会之舞弊矣。（四）税款须由商会经收，按月如数报解财厅。税款如经财厅征收，则难免委员故意出入以图中饱，故意留难以遂诈欺之弊矣。今由商会经收而商会职员即本地商人，当然无此种弊端矣。且财厅委员如侵蚀亏空及发觉时，又一跑了之常致影响财政。如由商会经收，则无虑矣。盖商会职员多为当地富商，且有连带责任决不出此下策。明矣有此四端营业税之宜，商办官督无俟烦言。"① 从此四项建议可知，商会支持营业税划归地方后，采取商办官督的办法，以防止完全官办所产生的中饱私囊，亏空营业税款的不良现象。此提议虽有一定的理想成分，但是却表明了商人组织在进行民

---

① 沈云龙主编：《关税研究会议事录》，文海出版社1987年版，第137—139页。

间经济外交的过程中，为达到外交目的，运用手中所掌握的经济命脉以及各地的商会组织，既与政府外交并行前进，又发挥着对政府外交的有力补充的作用，而且作为政府外交的监督者的这一作用也是不可忽视的。

农商部会员就《对于特种奢侈品国内课有消费税时关税亦须加纳一同率之补偿税建议案》做了汇报。建议共 15 条，分别如下所示：常关所征行货税应行停止改征出产、销场两税。凡行销内地之土货除征收产、销两税外不再征其他税捐。产税由起运第一常关征收销税，由最后常关征收。但特种大宗货品得就地征收产税。通商口岸现有海关而未设常关者一律添设常关。沿边区域及内地自开之商埠应酌量添设常关。各常关管辖区域应另行规定。土货由产地至销场未经第一常关征收产税者，应由征收销税之最后常关并征产税。销场距常关较远者，得由该地商会代征销税，并得照前条补征产税，其税款报解于该管常关，仍由常关监督派员监查之。凡行销通商口岸之土货应由该口常关征收销税。产税定率值百抽二五。销税定率分为三级，分别为值百抽二五的竞争品需要品，值百抽五的资用品，值百抽七五的奢侈品。旧有常关专收船税以及随货并征之，船料船钞应暂照旧征收。通商口岸之 50 里内外常关征税手续，应归一律，其 50 里内外名称即行废止。全国所征产销税款均应解交金库，由中央统筹分配拨发各省。征收给单手续及经征费另定之。①

会议中涉及销、产两税的问题，商会方面如上海、苏州两处均已来电反对销、产两税。上海总商会号电原文表示："加税照约应以洋货进口税加至十二五，奢侈品加至十五，土货原料出洋加至七五，分步办法抵补已余，万勿再加华商出产、销场等税。"尤其是"此税既不能征外货，何忍独征华货，况系我国主权尤不应提交特别会议，转恐牵掣受制"。对于为华商实业生计命脉所关的土货制造品，建议"无论运销国内外务须概予免税，福国利民在此一举，切盼明命令实行"。苏州总商会电文也同上海商会一样，持有相同的建议。会议上，由于此案事体大，认为应先详慎研究征求普通商人一致的意见之后，再行讨论。对此，上海商会代表提出："请财政部方面分别提出新旧两税之办法，俾商人均能明了而后始便于讨论。"商人组织力争反对产销两税，主要因为："产销两税病在留难，且不免重征。此种征收一则系通过税性质，二则对于洋货毫无办法，专为土货

---

① 参见沈云龙主编《关税研究会议事录》，文海出版社 1987 年版；第 139—148 页。

而设，商人实不甚赞成。"且产、销两税如果没有完善办法，将导致"小商民尤受其亏，结果必逼至均用洋货而土货日归失败"。因为考虑到此案是相对的研究，更为具体地说，是为筹办营业、所得两税比较的材料。且新税大纲尚未拟就，此时即付审查也是茫无头绪之状态，决定"今日暂不交付审查，此时只作为预备的研究，俟征收细则及防弊章程拟妥，再定日期开会讨论"。①

商会代表所提第二案《国内机械制造工业应设奖励金之必要建议案》中，首先对出厂税做出了提议。认为出厂税确为可课之税，否则，徒失国家财政上的收入，也无补于工业。即便是将来实行值百抽十时，也无不可行。但是其弊病则在于"征收之轻重受条约之束缚，中外人皆享受同等之待遇，无差别之可言，工业家欲得国家之保护，亦无法可设，诚可痛也"。从国内近来的形势来看，不仅工业幼稚且资本缺乏、能力薄弱，而且无政府予以援助，从而导致"使与外人工业自由竞争未有不立于失败之地位也。工业之失败，其结果必引外人资本之侵入；工业之独占，不啻使外人在我国内为投资之；市场金融之操纵，资本家势力之扶植也"。简言之即"胁促外人非在我国内设立工厂，则不足以与我工业相竞也。既一面胁促外人在国内设立工厂，又一面结条约允许外人在我国内所设工厂享受同等之待遇。是不啻作茧自缚也"。针对于此，提出具体的奖励意见，认为："出厂税既征百分之十，其中百分之二三退还纳税者，较之全免除出厂税尤为适宜也。"因为"其给付之方法不必直接由征收时退还，而招外人之口舌。可将以此类纳税凭单作为每年生产率之大小，再推算其价值。而给千分之几或万分之几之奖励金，由财由农何部发给均可临时决定。惟此类奖励金，政府可另设一保管处，不至受他种机关之蚕食或流用，然后可收圆满之效果也"。会议认为："奖励工业故应有之办法，但亦须有范围，以免泛滥。"因此，"此案可以编入议事录以备将来之参考"。②

关税研究会第十四次会议于11月3日召开。会议上会长表示："财政讨论会对于本会所提各案大半赞同。惟产销两税不能通过，主张仍留常关。安格联对产销两税亦甚反对。商会曾设有商约研究会，本会闭会之后

---

① 沈云龙主编：《关税研究会议事录》，文海出版社1987年版，第149—152页。
② 同上书，第152—153页。

关于关税条约诸问题请商约研究会诸君于开会时再为研究。"① 可见，对于不仅关系到商人组织切身利益且关系到国家主权的关税条约诸问题，还是交由商会的商约研究会来进行研究。在辅助政府外交方面，商人组织所发挥以及期待其能够发挥的作用也愈发显得重要。

首先对于赋税司提出的产销两税的施行细则进行了陈述，并请大家共同讨论提出意见。该细则的主要内容为："（一）凡土出土销之货，非装载起运以及肩挑负贩，非大宗运输行为者，不在征收产销税之列。（二）凡装箱成件之货，可以粘贴印花者，应另制一种印花于该货，报完产税时，由征税机关眼同点验、装钉，将印花实贴于封口处，加盖年月日验完小戳，沿途概免开箱拆验。（三）货物报纳产税运至指销地点，如因销地市价不合，仍须改运他处销售，得由运商于完纳销税后，申明情由呈缴销税单验系原商原货换给转运执照，迨抵改销之地，免再完纳销税。（四）商货运至原指销地，已经完过销税欲以原货分运数处销售者，或因一部分货物滞销，再行政运他处者，得由原商报明征收销税机关，填给分运执照概免再征销税。（五）商货沿途加载、沿途分售，均得由该商就近投报征税机关分别纳税。（六）沿途零售之货，如该商自愿在第一次销售处所报，请征税机关将全货销税一次完清者，该机关得掣发转运执照以后，免再征抽。（七）商货遇有如办法大纲第十二条所载情事（即轮运土货由此省运至彼省，销售经过海关完过出口税者），得由运商向海关请给转运或分运执照以抵完报销税。（八）产税单与销税单定为五联，甲联存填给机关，乙联接月汇报总关，丙联按月赍部，丁联发商人收执戊联，则分别办理产税单之戊联寄交应征销税机关，销税单之戊联寄交原收产税机关，以资印证。（九）转运执照分运执照定为三联，甲联存根，乙联缴验按月连同税单赍部，丙联执照填交运商收执。（十）征税机关均以运商所执单照为凭，不得稍涉留难。其缴部之联应于部中设立稽核单照，所随时考核以杜弊混。"上述提案的目的在于"为商人加以保障，使不得于转运时发生困难，至有重复完纳之虞"。商会代表对上述产销两税的细则表示如下疑虑："（一）常关厘征能有几处，今后每县及产销大镇皆设征收机关，肩挑负贩苦矣，非弃土货贩洋货较便免误时间，因小商光阴即是钱。（二）帖印花于封口处搬运时能不破否？（三）货到指销地点有顾主买去，若干以后

---

① 沈云龙主编：《关税研究会议事录》，文海出版社1987年版，第155页。

无问津或探得价钱别处较好，因已卖出若干，此种票货不符，能换转运执照否？（四）所剩下一部分货包箱斤重皆已改变，征收机关何能得知真伪？（五）载货车船经过多县，始达目的地沿途有可销之处已售去若干，而又在停歇经过之县时，适该县亦产所载同类之货，该舟车在停住时被征收机关查见检票货不符，必令重征。如数不符亦可不征，而贩商确在前途原货已售尽，而所载者确系影射陆道之广河道之长，实难随到随查不能雇用如此之多人员耳。（六）在第一次销售处将全货一次完清，但沿途零售不能预知何处准售若干，所云得掣发转运执照，势所不能因不知各处所售之数量。（七）（八）（九）所云向海关请分运执照，其困难处与前条同，又如北方所产煤炭必经海关出门到上海改装。民船到江浙销售，其沿途出售居多数或请多张零数分运单，恐海关不胜其烦。数十斤或百斤一张分运执照，每吨如请二十张，每张已含八十余斤，在船贩已不方面（便）。如在津海关出口一船装五千吨，岂不是分运执照要请十万张，海关能办得及否？十单数不符如可放行？虽局长认真重俸养其廉而查验差役更可舞弊。"对于此种具体且非短时间所能研究适当的问题，认为"好在商约研究会既为多数所赞成且系永久机关"，决定"可将未决各案提出该会随时讨论"。[1]

因税务处会员所提关于奢侈品提案，经关税讨论会讨论决定需要再拟一范围较小之税则。应众人要求将再拟的《奢侈品税则案》进行了说明。"查奢侈品值百抽十较寻常货物仅加征二五之税，为数已属甚微，自应增订求详，以图国库之收入。惟我国税则既为协定之性质，而条约多无互惠之明文，此次厘订税纲若不力祛烦密迫至特别会议，将贻当局以困难，且恐土货出洋反肇列邦之报复。况本届奢侈品增税为期甚暂，既系过渡时间，似不宜过于繁细。兹谨就原订税则酌为缩减，计应征之物共分十类，但烟酒糖三类之税收已占全数百分之八十七，本会自应注重该三类之物件。认为奢侈货品其余他类之物，尽可于特别会议时由我国代表相机增减，是否有当理合提出公决。"并附民国十年各奢侈品详细的进口价值表。会长认为"此案可于特别会议时提出讨论"。对于营业、所得两税的草案，还定为"俟油印后送商约研究会讨论，本会未了之事将来仍由全国商会联合会继续开会讨论"。而陕西总商会则来函表示："厘金留难，阻止种种、困苦之处，难以枚举。产销税即厘金之变相，非一律取消不可。"最后，

---

①　沈云龙主编：《关税研究会议事录》，文海出版社1987年版，第155—158页。

对此以及各案的表决，明确表示："本会系研究性质，对于各案虽不能表决，但现在既已闭会，而本会之宗旨系与财政讨论会之宗旨不同。财政讨论会系主张保存常关、征收产销两税，本会则大多数表决之宗旨，系主张废除常关、抛弃产销两税，实行营业、所得两税。"①

关税研究会经约一个月的时间，召开了 14 次会议及 2 次审查会，宣告结束。会议上就有关问题进行了具体的讨论，正如第十四次会议结束时所总结的那样，因此会的研究性质，对所提各案多以讨论方式以求完善，为特别关税会议的召开而做准备工作，而非表决之意。对于未了的问题仍有待于全国商会联合会以及各相关机构的继续讨论。其中，经讨论，在关于废除常关，抛弃产销两税，实行营业、所得两税方面，取得了大多数的意见。

二　关税研究会的议案内容

（一）《加税免厘后应改订常关税专抽出产销场两税议案》

此议案中分拟办法如下。关于常关的增添改并，认为："（一）按英约第八款第三节，现在所有之常关无论在通商口岸、沿海、沿江及内地水道，陆路与边界，凡载在工部户部则例大清会典者，均可仍旧存留。查杭州省城之南北两关，苏州省城之浒墅关，均系工部关清咸同间因创办厘金将关奏停。今既裁厘，当即复设。且恐各省如此类者尚多，应查明工户两部则例及会典所载，昔有而今无者，概予酌复以符约章。（二）按英美两约均云，有海关而无常关及沿海、沿边非通商口岸之各处，均可添设常关，新开通商口岸，应设海关者常关亦可一并安设。查各省有海关而未设常关之处甚多，及沿海、沿边非通商口岸应设常关者，均应确切查明一律增置。（三）英约云，内地旧有各常关地址或有应由某处移至某处，以合贸易情形可随时酌改。美商约大臣照会云，现在修改中美两国通商条约第四款所载，裁去中国内地常关，系为免征行货起见，参观两约一则内地常关可以移设，一则内地常关应行裁撤，似乎两歧。但美约明言系为免征行货起见，我若对于常关将旧日所收之行货税一概取消，不复再收，改由常关征收出产、销场两税，自与约款无背。内地常关自可不必裁撤，但应如何增改移设以合贸易情形之处，应饬令各省详细调查某处出产较多，某处出产较旺，何处应作正关，何处应作分关及道路交通是否扼要。酌定移设

---

① 沈云龙主编：《关税研究会议事录》，文海出版社 1987 年版，第 158—166 页。

地点呈部核准。（四）各省沿铁路货捐局亦系厘金性质，自在必裁之列，且旧有常关陆路较少，应如何酌量改置，宜饬令各省各就本省情形详细调查有旧关者筹划复设，已开商埠之处亦须增设，总期扼要设置足备将来抽收出产、销场两税，不致遗漏。既不可繁复亦不可缺略是为至要。（五）光绪辛丑和约告成赔款过巨，常关亦在抵押之内，五十里内各常关遂属于海关税务司，所收税款亦与海关入款同作偿付洋赔各款之用。若将旧税取消改收产销两税，是否尚有问题，亦当虑及。抑知二五加税（对于出洋之土货及往来通商口岸之土货，则可抵出口，应加半税，其在不出洋之土货，即为出产税。）英约即规定，由常关征收税司，自不得有所非难，至于运至通商口岸销售之土货，英约亦载明由常关征收销场税，更无疑问。惟将来凡五十里内常关仍应归税务司兼管，其所收产销税款亦仍以抵赔款用途。不过将来改章之时，应先与总务司商妥庶免误会。"[1]

　　第二点则对征抽出产税的办法做了详细的分析。"（一）照英约第八款第三节二项所云，凡民帆各船出入通商口岸装载之货，所纳税项不得少于轮船装载同类之货所纳进口税以及加税之总数。土货在于内地由此处运彼处，自产处起运到内地第一常关，应照海关税则征收第七节，所载之出口加税给予凭单，载明货色件数斤两及指运之处，并所征税数目完纳加税之日起，限期至少一年，持此单据无论经内地何关均不得再征税项及查验留难阻滞该土货。若运至通商口岸租界以外之处销售，即应纳第八节所载之销场税。如运至通商口岸转贩出口，该出口税关应将单据验明准抵应加之出口税等语运开。按此节所云，土货在内地第一常关应照海关税则征收第七节所载之出口加税，其实即为出产税。此项加税为值百抽二五，将来常关征抽此税之时，应即正其名为出产税，但于单据内声明如遇转贩出口准抵应加之出口税，以符约款。若仅运至通商口岸或内地销售者，即应照第八节所载，只应报明常关以便征抽销场税。（二）丝斤一项照英约第八款第七节所载，亦可由内地第一常关征抽二五半税，实即丝斤之出产税，惟丝斤照约规定出口税数不逾值百抽五，由常关所抽之二五出产税，若遇出口时应准抵纳出口正税一半之数，行销内地者仍须完纳销场税。（三）出产税应用海关税则定为值百抽二五。照前二条英约第三第七两节所指之出口加税，固已明白规定，不容有所增损。"且"引商约大臣所示大纲云，

① 沈云龙主编：《关税研究会议事录》，文海出版社 1987 年版，第 191—192 页。

美约载内地常关改收出产税，以抵英约常关税之所失，故税则仍只能收二五。数语可见，内地常关改收出产税实为美约之所许，并可见美约所云裁撤内地常关者，不过裁撤其所收之行货税而已。所云以抵英约常关税之所失，又可见英约虽不裁常关而常关旧税则不能再收，如谓不然，常关税究何所失乎？所言只能收二五者，亦仍本英约土货可由第一常关征收出口加税来也。又查各常关税则本极分歧，畸轻畸重在所不免，自民国三年财政部呈准修改税则办法，以比照海关税则折半征收为标准，并与税务处商定五十里内外各口均一律办理，是出产税则定为二五，与常关旧税亦毫无出入也"。（四）由于"常关征税所用之进出口红单向只两联，往往有大头小尾之弊，甚难完诘将来征抽出产税所用单据"。建议"应用四联，第一联曰存根，存留本关；第二联曰缴覆，按月由总关汇呈税务处查核；第三联曰出产税运单，给与商人执运；第四联曰验单，并给商人由经过第二常关于验放时截存，按月汇缴税务处，以凭与缴覆互相对照。每联骑缝处须编盖号戳，并填明征抽银数，其每联内均须载明货色、件数、斤两及指运之处，并所征税数与给单日期税务处，于出产税实行时应添设一科酌派人员，专司核对此项验单、缴覆、征收银数根单是否相符，则大头小尾之弊自可杜绝矣"。（五）此项出产税运单照英约第三节所载，自完纳之日起限期至少一年。持此单据无论经内地何关，均不得再征税项及查验留难、阻滞等情。按限期既长，即难保无一单两用或三用之弊。欲思补救此弊病，认为"惟有今经过各关验单放行之时，于单内加盖某月日验记放行戳记，如则，此单只能前行不能退回作第二次之用途矣"。（六）凡土货持出产税运单到达单内所指运之处，如运至通商口岸，出洋者自愿由海关验明单货相符，即将原单截留，备抵出口加税。如系国内销售，应由最后之常关查照单货数目，征抽销场税，另给销场税单，即将此单与销场税照根由分关按旬呈报总关，由总关按月汇缴税务处，以凭查核。[①]

第三点就征抽销场税之办法做出了详细分析，具体内容分为6项。

（一）按英约第八款第三节之第二项，凡民帆各船出入通商口岸装之货所纳税项，不得少于轮船装载同类之货所纳进口正税，以及加税之总数。土货在于内地由此处运彼处，自产处起运内地第一常关，应

---

① 沈云龙主编：《关税研究会议事录》，文海出版社1987年版，第193—194页。

照海关税则征收第七节所载之出口加税，给予凭单载明货色、件数、斤两及指运之处所征税数，自完纳加税之日起限期至少一年，持此单据无论经内地何关，均不得再征税项及查验留难、阻滞。该土货若运至通商口岸租界以外之处销售，即应纳第八节所载之销场税，如运至通商口岸转贩出口，该口税关应将单据验明，准抵应加之出口税。按轮船装载土货经过海关所纳进口正税及加税之总数为值百抽七五。照此节条文既云，凡民帆各船出入通商口岸，装载之货所纳税项，不得少于轮船装载同类之货所纳进口正税以及加税之总数。又云土货在于内地第一常关，应照海关税则征收第七节所载之出口加税给予凭单，无论经过内地何关均不得再征税项。该土货若运至通商口岸租界以外之处销售，即应纳第八节所载之销场税，今假定销场税数为值百抽五，合之在内地第一常关所完二五加税，即出产税，其总数固亦为七五。但该土货若用民船装载至通商口岸租界以内销售，即可免抽销场税，是该土货由内地至通商口岸，仅完一出口之二五加税，岂非少于轮船装载同类之货所纳税之总数乎？似乎此节文义未免前后自相矛盾。又按第八节云，中国既裁撤厘捐，以及向有内地征抽洋货及出洋土货，别项货捐实于进款大有所失，今进口洋货、出洋土货及由此口至彼口往来土货所加之税，冀可酌补。惟内地土货厘金进款之所失，仍须设法筹补，是以彼此订明中国可任便向不出洋之土货征抽一销场，但只可于销售之处征抽，不得于货物转运之时征抽。中国承认征抽此项销场税之办法，不得稍于运来之洋货或运往外洋之土货有所妨碍。另外，凡民船运至通商口岸之土货，将在本地销售者，无论货主是何国之人，只应报明常关以便征抽销场税。第二项又云，此项销场税数之多寡，可任由中国自定，视货物种类斟酌，即视该货若系民生日用所必需者，则可减抽；若非民生日用所必需，及仅止富贵家所用贵重之物，则可加抽；惟同类之货无论是民船帆船或轮船装载者，须一律征抽，但此项销场税应按照第三节所载，不得在租界内征收等语。观此节所载，一则曰中国可任便向不出洋之土货征抽一销场税，但只可于销售之处征抽，不得于货物转运之时征抽。夫销售于租界之土货，固亦不出洋者也。再则曰凡民船运至通商口岸之土货，将在本地销售者，通商口岸固包括租界在内之言也。但第二项又重言，以申明之曰，此项销场税应按照第三节所载，不得在租界内征收，似乎销售于租界内之土货，确应免征销场税矣。然细按第三节条文仅云，该土货若运至通商口岸租界以外之处销售，即应纳第八节所载之销场税，并未言销售于租界以内者应免纳销场税也。此节虽云应照第三节，不得在租界内征收，亦非销售租界内之土货，即应免税之谓。盖虑我国于土货销售之处，征抽此项销场税或致有碍租界主权而言，窃谓将来实行征抽销场税之时，应按第八节所载，凡民船运至通商口岸之土货，将在本地销售者无论货主是何国之人，只应报明常关以便征抽销场税之文，及二项所云。同类之货无论是民船帆船或轮船装载者，须一律征收等语。于该土货运至通商口岸进口之时，即先由常关征抽销场税，即无碍于租界之主权，即不必分别其货之销售于租界以内或租界以外也。对于上述两节条文，反复推求，不嫌词费的原因则为"实以条约译文颇有出入，若不早为辨明，恐日后办理销场税时必至动多窒碍，甚或弊窦百出"。（二）运销于通商口岸之土货，既照约由常关征收销场税，其运销于内地者，亦只可由最后之常关征收，以归一律而免分歧。（三）销场税数之多寡，照约可由中国自定，并宜分列等差，自为一定之义。窃以为将来当采用修正海关税则为标准，最轻者值百抽五合之出产税为七五，与出洋土货相等。其贵重品物虽可加抽，或值百抽六或值百抽七，至多以七五为限，合之出产税则为值百抽十。总须较轻于进口洋货方合税法原理。至稻食、小麦、高粱为民食必需之品，农民既已完纳丁漕，似应免征产销两税，以恤民艰。浙江一省米麦流通向来不收厘金，即是此意，愿订立税则者幸留意焉。（四）销场税既限定于销售之处征收，复限定于租界以内不得征抽，更限定应由常关征抽，是产销并征与坐贾认捐，皆为条约所束缚，不能举办。然货至落地方能收捐，防弊之法最为不易，将来除订立比较并严定功过外，实无他法。（五）征抽销场税应用三联税单，第一联曰销场税单，给商人以为完税之凭证；第二联曰照根，由各处收税之关自行截下，须连同商人缴销之出产税凭单挨号对照，按旬并缴总关转呈税务处，以凭稽核；第三联曰存根，留存各关借备考查。（六）征抽销场税50里内之常关，自应仍归税务司兼辖，50里外之常关则应由各关监督办理，但征税方法将来须先与总税务司商明，统归一不得两歧。①

① 资料来源：沈云龙主编：《关税研究会议事录》，文海出版社1987年版，第195—197页。

对于上述各意见，还以民国十年（1921）的海关税目为例，对加税后增收的数目进行了详尽的比较，参见表6－2。

表6－2　　　　　　　民国十年海关收数假定加税后增收数目比例

税目	十年实征数目	加税后应征数目	比较	备考
进口正税	28、594、010	71、485、025	42、891、015	加七五合得十二五，应增收数目如上
出口正税	12、774、0111	19、161、031	6、387、010	加二五合得七五，应增收数目如上
丝出口正税	5、978、444	5、978、444		丝斤出口税照英约，不得逾值百抽五并可由常关先抽一半，故加税后数并无增
茧出口正税	155、928	203、892	67、964	蚕茧照美约应免常关税，但出口时仍应照七五征税，故增数如上
复进口税	2、330、072	2、330、072		
船钞	1、844、369	1、844、369		
子口税出	739、534	无收	应减	即三联单赴内地采办土货所纳半税，加税后当然免除
子口税入	2、066、266	无收	应减	即洋货入内地所纳抵完厘金半税，加税后当然免除
总计	54、462、644	101、002、833	46、540、189	照加税应征数为49345989，惟子口税以后无收，故应除去，计实在增数如上
说明	照表例数，进出口加税后实可增多关平银4654.018915万两，合银圆6981.0284万元。照民国五年厘金与常关税两项预算，并计为5346.5179万元，抵除之外，尚可余1634万余元，是出产、销场两税将来无论征收多寡，皆为羡余之数矣			

资料来源：沈云龙主编：《关税研究会议事录》，文海出版社1987年版，第195—199页。

纵观以上各条办法，对于英美两约进行了详细的分析，并将其症结等也进行了条理清晰的梳理。可以说为整理常关举办出产、销场两税做了很好的调查准备工作。其中主要将海关、常关两种税关的功能视作以征收国际贸易及往来通商口岸之土货的进出口税为主。常关则征收国内土货的产销两税，并以此来消除长久以来被诟病的厘金税，以及旧常关税等。此外，还针对各种不利于税收的实际情况提出了解决方案，以实现其在整顿全国税收方面所期待达到的效果，为中国在关税特别会议上提出有利的对策，做出切实可行的建议。

（二）《拟废除常关酌量征免出洋及不出洋土货税项议案》

此议案中，对裁厘加税后所有土货的征税办法做了调查，总结为如下四种情况。"如在内地由此处运彼处，自产处起运到内地第一常关，应照海关税则征收一出口加税（即出口正税之一半），给予凭单。若运至通商口岸租界以外之处销售，即应纳销场税。如运至通商口岸转贩出口，该口税关应将单据验明，准抵应加之出口税至土货出口所纳税之总数，不得逾值百抽七五之数。又洋商在通商口岸或华南在中国各处用机器制造之货，由海关征一出厂税，其数系倍于光绪二十七年议和条约所载之进口正税。又现在所有常关均可仍旧存留，并可酌量添设或酌移地点各情形，英美两国条约均有协定，日葡两国亦有概括之声明。"经对以上各节的调查发现，因完全属于中国自有主权，中国如有所裁废或核减，当然不受条约上之束缚。且经对美约第四款后节学习发现，"曾列有本款所载各节，毫无于碍中国主权征收他等税项之意，只须不与此款有所违背等语"。因此，此议案就以下四条变通办法做了提案。

第一点是常关可以全行废除。"查裁厘加税后常关即无甚关系，主张保留者以不出洋之土货，其出产、销场两税若无常关，其税即无从征收。惟我国幅帜辽阔到处皆有出产，即到处皆有销场，各省常关数本无多，欲求核实稽征，非遍设此项常关之分关分卡不可，遍设则有类似厘金之局卡，有约各国将起责言，否则何从征税。"对于原有者存留之事，认为"按照条约有限制之添设，是于事实上仍无补益，且有背世界征税之原则。惟崇文门为入市税之性质，各国亦有行之者，似可保留以顾税收"。

第二点指出出产税可以免征。列举理由为"查进口洋货已修改税则，按值百切实抽五征收，再按正税加一倍半，合计为值百抽十二五。以现在进口税情形计之，当足抵补厘金损失之数，此项土货加抽合出口正税一半之出产税，为数无多，自可酌予免征"。

第三点称出洋土货应分别征免。对于此点是站在"保护国内商业求土货之发展"之上，进行探讨，并认为其结果为"自应将出洋土货凡有税项一律豁免"。对于其中有应分别者分为两种，一为熟货（即工业品），一为生货（即原料品）。"谋熟货推行国外之贸易，自应无税。至生货向为外人贩运出洋，加以制造运进我国"。由于"我国工业方在勃兴，将来工厂日益推广需求，原料即日增多是国内生货尚须加以取缔，以免供不敷求。取缔之法，税不厌重，然不得逾七五之数为条约所限制。能于特别会议设法破除固善，否则此项生货出洋所征之税，亦不得少于值百抽七五之数。至丝斤一项为半熟货，条约协定所征出口正税不得逾估价，按值百抽五之数，但此项丝斤系为制造绸缎之奢侈品，非普通日用之原料，出洋税项似仍可按约征收"。

第四点列举了销场税可以酌量豁免的理由。"销场税征收之困难即如第一条所述。而论者设可仿照美国，例由商店征收，即归县知事办理。但条约所载进口洋货添加之税，一经完清，无论在华人之手或洋商之手，亦无论原件或分装，均得全免重征。又机制货物完一出厂税后，所有各税概行豁免之。协定转查我国商情，一店内所售货物华洋杂列，将就其已售出之货价征税乎？其中为洋货与机制货物共若干，真正土货为若干，无从分别其确数，安能征税抑于未售出之货物，分别征免乎？既不合于美国征税之原则，而于事实上亦多窒碍难行。今拟将此项税课豁免代以营业税。"①

（三）《绥远总商会九月八日快邮代电》

此为绥远总商会致北京财政部电文，为提倡国货，增强与洋货竞争销路，主张国货在零星转口时应和洋货采取一律的待遇。内容称："窃查吾国海关向章对于洋货纳税进口后，如须零星汇运他之通商口岸者，例得将各货拆包任意择取贮入杂货箱一例，免税转口即俗曰红箱，以故洋货零件转口无重征之苦，而价格不致增高，销路日形发达。今商等仿造各种洋式货物，虽呈奉税务处核准完一正税出口，幸免重征。然零星转运华厂，向无杂货箱之规定，凡厂货一经拆包批除派司后，即须估价纳税，故多一转口即多一重征，转口愈多货价愈昂，其结果卒至无人问津，欲与洋货竞争销路难矣。"因此，提出如下建议："于修订商约中特列专条，俾华厂货物嗣后零星转口得与洋货一律待遇，为中国实业放一线光明。"另外，"除缮成意见书交由敝会赴京代表建议外，事关裨益厂货运销各埠具有同等状况，用函电达贵总商会敬希一致，主张俾维国货而利畅销，无任企祷等情前来。查该会所称各节，关系提倡国货杜塞漏卮，极为重要，理合据情电呈钧部鉴核，迅赐提出此次召集之临时研究会公决照办，以资振兴国货而

关利源"。①

（四）《税关改良理由书》

此理由书就税关应进行改良进行了四点陈述。首先，陈述了捐税对保护国货的意义，以及对我国捐税的现状做了简单回顾。称"窃闻捐税为保护国货之利器，能左右实业之盛衰，是故东西各国莫不对于制造品重征进口税，免出口税，此保护实业之良法也。我国出洋货物以原料品为大宗，而制造品甚少，将原料廉价售之外人，经彼制造复运进口，即须增加数倍或数十百倍之价值，利源外溢受亏甚巨。将有限之金钱供无穷之漏卮，通商数十年而已，民穷财尽，国计民生颇呈窘困，推原祸根酿成此种现象者，捐税不良实为一大原因也。今若欲脱离苦海，对外急应注意国定税商约之修订与施行，对内急应改良捐税之修订与施行，实为救国救民之良图"。并对上述四项货物的情形，进行了如下陈述。

第一，原料品分出洋与不出洋两种：（甲）出洋者为外人购我原料，出洋加工制造成品大多数仍运销我国。简言之，即外货所用之原料也，故此项原料税重即外货成本亦重，税轻即外货成本亦轻，各国对于此项必需之原料进彼之口，大多免税，此即保护该国制造品畅销之良法也。（乙）不出洋者为我华人用自己之原料，制造成品运销国内国外。简言之，即国货所用之原料也，故此项原料税重即国货成本亦重，税轻即国货成本亦轻，故中英第八款、中美第四款等商约对于销场税均注明，中国可以任便向不出洋之土货征收，此即加重我国货之成本及销价，而减轻外国货之成本销价也。盖商店以获利为目的，使外国货本轻则价廉，而商人获利易；使我国货本重则价贵，而商人获利难。故此种商约上之税法，实欲使各商店乐于推销外货而不乐意推销国货。此即外人以捐税保护外货，而推翻我国货也。故出洋原料宜照例加税，而不出洋原料宜一例免税。

第二，制造品无论出洋与不出洋皆系与外货竞争之品，故各国对于本国货出口均免税，对于他国货进口均征重税，此即保护本国制造品，使可价轻畅销而拒绝他国制造品，使之价贵难销也，盖制造品为各货之总机关，亦为国家财政人民生计命脉。原料一经出洋，此后各种税收全非我有，且制造品能使百万元之原料一变而为千万元，故制造品畅销民生，因之发展无论印花税、地方税、国家税，亦可因之而多溢。是以对于国货制

---

① 沈云龙主编：《关税研究会议事录》，文海出版社 1987 年版，第 203 页。

造品宜免税，别种税自然无形增多，于国计民生有裨益。

第三，进口洋货制造品为吸收我国金钱，出洋夺国货销路者也。自应照例加足十二五之进口税。

第四，进口洋货原料品若者为我国必需之品，能有益于我者；若者为消耗品及与我国货竞争品，能有害于我者。对于将来俄奥等订约，如能订国定税，均应预备自行先为研究，订定税则。

可见，以上四项理由即是出口税应征、应免的资料，亦即出产、销场税应免的理由。而对于裁厘后，"如征土货产销税，恐外人藉口，已有产销抵补自无加足进口洋货十二五之必要，此危险者一也"。另，"产销税载明，向不出洋土货征收，是但征国货而不能征外货也，此又保护外货，阻碍国货之下策，此危险者二也"。因此，建议产销等税应不征收为上策。①

（五）《出产税销场税中国尽有任便自由征免之权理由书》

此理由书中，对于中国对出产、销场税有自由任免之权，共列举了两则理由。

第一，对于出产税，查中英条约第八款、中美第四款，并无出产税名目；中日第一款虽有出产二字，但载明悉照各国与中国商定办法，无稍歧异。各国条约既无出产税名目，日本亦必无异，故出产税不成问题。

第二，关于销场税，查英约第八款第八节载明，中国可任便征抽；美约第四款又载明，毫无干碍中国主权征抽他等税项之意；日约又声明，悉照各国与中国商定办法，无稍歧异。而美约又并无销场税之订定，华府会议所订关于中国关税税则之条约，又议决履行中英第八款、中美第四第五款、中日第一款所开之条件云云。以三国条约为标准，是三国条约中销场税中国尽有任便自由征免之权，并不受条约之束缚，惟但能征中国所用之原料土产，而不能做外人所用之原料，土产又但能征国货而不能征外货，此确受条约束缚之痛苦耳，亦为干预我内政也。②

（六）《所得税法草案》

此案为李石芝个人代度支部拟具提出的资政院的草案，共计28条。

　　第一条，凡有住所及一年以上之居所于各行省内，应有纳税之义

---

①　沈云龙主编：《关税研究会议事录》，文海出版社1987年版，第205—206页。

②　同上书，第207页。

务者，均须照章缴纳所得税。

第二条，凡无住所居所于各行省内，若于各行省内开有分行支店或购置财产或有职业者，亦可就其所得之范围内征收所得税。

第三条，国家债票及公司债票，如于各行省内发行者，无论何人购买，均得就利息内扣收所得税。

第四条，所得税按照左列之税率征收之。

第一种，每千分之二十。

（一）公司之所得。

（二）国家债票及公司债票之利息。

第二种：

（一）俸廉公费。

（二）各局所薪水。

（三）各学堂薪水。

（四）从事于行政衙门者之所入。

（五）从事于公共机关者之所入。

五万圆以上，每千分之六十。

三万圆以上，每千分之五十。

二万圆以上，每千分之四十。

一万圆以上，每千分之三十。

五千圆以上，每千分之二十五。

三千圆以上，每千分之二十。

二千圆以上，每千分之十五。

五百圆以上，每千分之十。

第三种，税率同于第二种不属于前二种之所得。

第二种、第三种之所得不满五百圆者免其纳税。

第五条，凡有第三种之所得者，须合家长及未分爨灶之家族统算，其所得之总额各应于总额之数按照本章所定之税率分纳所得税。若与家长分爨以后尚有二人以上之家族合爨者，亦照此例办理。

第六条，凡有第一种第二项及第二种第一项至第五项之收入者，均以其收入之款尽为所得之额计算纳税。

第七条，凡有第一种第一项收入者，须由全年收入中除去营业之费用及前年余存金，方为所得之金额。若第二期所指之分行支店计算所得之法，亦应照此办理。

第八条，凡有第三种之所得者，应自一切收入中除第一种第二项之利息及第二种各项之收入，已由国家设法扣收不计外，更除去直接经营各事业之应用经费及公司所分之利息，方为所得之金额，以预算之法估计全年之数定纳税之额。若系贷款所得之利息及储金所得之利息，并不需费而有收入者，即以其收入全数为所得之额。池园田亩之所得，以前三年间所得平均之额估计之，其可以前年所得为标准者，亦可用前年所得之数定之。

第九条，左列各种之所得免纳所得税。

（一）军营之官办兵丁在从军中所得之俸饷赏项。

（二）孤嫠之恤款。

（三）旅费学费及养赡费家用帮贴费。

（四）公益团体之所得。

（五）乡社公共之所得。

（六）偶然幸得。

（七）在中国各行省以外之所得。

（八）已经纳税公司所分之利息。

第十条，第一种及第三种之所得，各于每年正月预计所得之金额及种类，就近呈报于地方官，居在乡僻者亦可由邮呈报。第一种第二项呈报时须注明发放利息之日期。

第十一条，地方官接到呈报后即可委嘱调查委员会调查之，即不呈报者亦可由调查委员会调查以定应纳之税额。

第十二条，凡商会及城镇乡地方自治已成立之地，得设调查委员会两种如左。

甲种调查委员会，以商会会员及第三种之所得在正月呈报者，各选个数组织之。

乙种调查委员会，以城镇乡自治职员及第三种之所得在正月呈报者，各选半数组织之，正月内无呈报所得者，专以商会会员、自治职员互选组织之。

第十三条，凡有商会之地而城镇乡地方自治未成立者，得专设甲种调查委员会；城镇乡自治成立之地，而无商会者，得专设乙种调查委员会；两者俱未成立之地，专以第三种所得在正月呈报者，组织调查委员会，如无人呈报，暂由地方官酌任该城镇乡公正绅士组织之。

第十四条，调查委员会数由地方官酌定之。

第十五条，第一种之所得及营商业之所得，由甲种调查委员会就其呈报之情形，调查确否，或对于未呈报者，调查其所得之种类编造调查书，汇报于地方长官听候核定。

第十六条，第三种之所得，除商业以外其余均归乙种调查委员会调查汇报地方官编候核定，如经商业兼有他种之收入者，则以收入较多者为主，以定应属何种委员会调查。若专设一种调查委员会之地，除第二种所得外均归其调查。

第十七条，调查区域悉照城镇乡自治区域其委员互选之事，由地方官派员执行之，任期以四年为限，每二年改选半数，初次改选以抽签定之。在四年任期内由城镇乡自治职员内选出之调查员，虽经过自治职之任期，不继续自治职员仍得继续为调查员以资熟手。惟失民选之资格或犯城镇乡自治章程第十七条所列情事之一者，亦失调查员资格，即由现在自治职员中公选改充之。

第十八条，调查委员会每年于三月一日开会，三月三十日闭会，若已届闭会而调查尚未完竣，地方官得另派员补查。

第十九条，地方官核定所得之金额后须通知纳税之人，若接到通知而以调查为不实者，应于二十日内具呈于该管地方官，该管地方官即命复查委员会再加复核。

第二十条，城镇乡各设复查委员会，由地方官厅聘公正绅士，并就调查委员中指定组织之，每年于六月一日开会，三十日闭会。

第二十一条，复查之后更有不服，得具呈于地方官或审判厅听候判断，唯已临纳税之期而判断尚未定者，须先纳税俟判断后再行算还。

第二十二条，调查委员复查委员得酌给以月薪旅费杂费以资办公。

第二十三条，第二种之所得由所得者自行呈报于其管辖机关，如从事于两机关以上，须合算总额以呈报于所得较多之机关，由各机关之首领派员复查，每月按照税率扣收汇缴于政府，唯不必合第二种以外之所得计之。

第二十四条，第一种第一项之所得税于每年十二月征收之，第二项则于发放利息之日由发行者扣收汇缴于政府，第三种于每年九月征收之。

第二十五条，所得之金额如在调查之后减少至四分之一以上者，得声叙事由呈请更正税额。

第二十六条，应纳所得税之人，如故意匿报、虚报或不应调查者，经地方官派定税额，即当如额纳税不得申异议。

（理由）本条规定处分之方法也，但注意在故意二字匿报，谓明知应报而不报、虚报谓以多报少；不应调查谓调查员有质问时而不答复或有违抗情事，本应明定罚则以为脱税者戒；唯现在试办之初，恐立法过严易于扰累，故只定为派定税额不得申异议，即不许其请求复查，亦不许其具呈提诉于地方官也。

第二十七条，府州县城镇乡如对于第三种之所得，有特别之情形愿用包税之方法者，拟具理由书经由地方官详送该管长官咨部核准后亦得行之。

第二十八条，本章程未尽事宜，得由财政部酌订详细规则，以便遵守但不得与本章程违背。①

以上各条分列得极为详细，但是过于理想化，难于执行。

（七）《营业税提议案》

此案为李景铭所拟定，共分为19条。

首先，对营业税其本身的意义做出了评价，认为："按营业税者就其营业之赢利而征收之，既受国家之保护，即有纳税之义务，故东西各国靡不通行。惟征收之标准互异，大抵随其国情以为断，方今吾国度支浩繁入不敷出，而民力凋敝殆达极点，以是一言增税群相疑阻，岂知取之不以其道则上下交困，取之苟得其道则富力日增，是宜急谋增设善良之租税，使苛碎杂捐渐次裁撤，乃可以济国用而纾民困。特非求其有公平确实永久之性质者不可。"并就营业税的特点做了如下叙述："（一）营业税大抵就赢利之厚薄或从外标推测，以为课税轻重之比例故查定较易，而民亦不至以为扰其利。（二）营业税之税源在赢利。而赢利之厚薄视乎业务之盛衰，故国中工商业发达则国税收入亦随之而增，非若地丁漕粮岁有定额有减无

① 参见沈云龙主编《关税研究会议事录》，文海出版社1987年版，第209—214页。

增者，可比其利。（三）营业税之征收系在赢利之后，纳税者自无临时亏短之虞，即可免催呼之累，其利田工商务业多萃于都会繁盛之区，非散漫寥阔难于稽察者，可此则缉查征收之费，自可较省其利。"同时，也指出了增设营业税的三大困难问题所在，分别为："一曰营业税之范围宜如何规定；二曰营业税之赋课宜如何征收；三曰从前类似营业税之赋课，应如何剔除是也。"为解决上述问题，拟下述建议："解决第一问题则宜采广义，凡以营业为目的者均赋课之。解决第二问题则宜采日本主义，以营业之资本及用人屋租为课税之标准，盖欧美各国虽多采用赢利主义，其利在使纳税者之负担较为公平，惟调查不易动致骚扰，故不如日本法之为善解。次第三问题则宜先事调查，将从前之牙帖、富帖、钱业、官帖等以及类似之各种杂税，概行归并划一办法藉免扰累面示公平。"并按上述想法，拟就下述具体条款。

第一条，凡为左之营业者均应纳营业税。

一、物品贩卖业。

二、银行业。

三、保险业。

四、典当质押业。

五、租赁物品业。

六、制造业。

七、运送业及渡船业。

八、堆存货栈业。

九、码头税。

十、行栈业。

十一、印刷业。

十二、照相业。

十三、饭酒馆业。

十四、客栈业。

十五、包作业。

十六、居间商业。

第二条，前条之第一项、第四项、第五项、第六项、第十四项要有一定之店铺或其他主管业场为商业之行为者。

第三条，左列之营业不课营业税。

一、政府各营业。

二、贩卖自己采取之矿物者。

第四条，营业税税率专以资本场所用人及收入多寡为标准，故第一条第一项、第十五项一年之中卖价及包价不及千元者，第四项、第五项、第六项资本金不足五百元者，第六、第十一、十二、十三、十四项用人不过二人者，皆不课税。

第五条，营业税每年以左所列之标准及税率赋课之业名，课税标准税率：

物品贩卖业……
- 买价　万分之五
- 房屋租价　千分之三十
- 用人　每人一元

银行业、保险业……
- 资本额　千分之二
- 房屋租价　千分之四

典当质押、租凭物品业……
- 用人　每人一元

堆存货栈业……
- 资本额　千分之二
- 房屋租价　千分之二十
- 用人　每人一元

制造业、印刷业、照相业……
- 资本额　千分之一
- 房屋租价　千分之四十
- 用人　每人一元

运送业、码头业、渡船业……
- 资本　十分之二五
- 用人　每人一元

包作业……
- 包价　千分之二
- 用人　每人一元

客栈业、酒食店业……
- 房租价　千分之五十
- 用人　每人一元

行栈业……
- 房租价　千分之四十
- 用人　每人一元

居间商业……
- 所获利益　每百元一元
- 用人　每人一元

第六条，依上税法有纳税义务之营业者，于每年二月初一日起至二月五日止，应详记业名及课税标准呈报地方官厅或收税局所，听候查定一律征收。

第七条，若一人而兼数种之营业，仍照第十二条课税标准分别征收，但各项标准若系共同使用则当从其税率之重者一并计算。

第八条，各种营业若有数处支店或营业场所，其资本各项标准本分立者，仍照第五条分别征收，若系共同使用则应归并计算。

第九条，呈报某税标准时应从左之区别以为计算。

一、卖价等收入额数，应照前年之总数计之。

二、资本金及房租用人数，应照前年之平均数计之。

第十条，营业之屋房用人皆以直接供营业使用者为限，其系住宅之房屋及营业主家之家族不在其内。

第十一条，新营业者其开张在呈报期以后，则由次年起分别征收。

第十二条，银行业、保险业、货栈业、制造业、印刷业、运送业、码头业应从开张之次年起免税三年。

第十三条，凡新营业者均应呈报地方官厅或收税局所，立案违者课以一元以上二元以下之罚金。

第十四条，营业税每年以五月及十一月分二期交纳于地方官厅或收税局所。

第十五条，各营业户呈报数目有不确实，应由地方官厅或收税局所查核，按照第五条标准税率决定通告于该纳税人。

第十六条，纳税人受地方官厅或收税局所之通告后有异议时，可于通告后二十日内再请审查。

第十七条，关于营业账簿物件及营业者收税官吏若有检察寻问时，不得阻挠。

第十八条，关于呈报及账簿若故意记载虚伪因而漏税者以及匿税或延期不缴者，应照其少纳之额加以一倍以上三倍以下之罚金。

第十九条，营业税中应设附加税以供地方行政之用，其税率轻重届时由各省咨议局决议施行。①

---

① 参见沈云龙主编《关税研究会议事录》，文海出版社1987年版，第225—230页。

关税研究会中对官商双方提出的议案以及建议案，经过详细的讨论，虽然基本上取得了一致意见，对于未取得一致意见的有关事项，在经讨论后大都提出了相应的折中办法。而且更为重要的效果则是对"税权"问题的讨论，使北洋政府内部产生了突破华会条约规定的关税会议范围的趋势。政府外交与民间经济外交取得了基本的一致。但存在的分歧点也并非没有，尤其是在裁厘与加税收入的使用这两方面的问题上。

在上海修改税则会议前后，各地商界出于本身经济利益考虑，要求裁厘的呼声甚高。而政府方面召集关税研究会目的有二：一方面为关会做准备，另一方面也有筹备裁厘之意，并拟具体办法五条。[①] 在关税研究会即将结束的 10 月 20 日，各省商会代表等十余人，分别为张维镛（全国商会联合会）、朱襄耀（浙江总商会）、关中敷（云南总商会）、张传易（成都总商会）、卓宏谋（福州总商会）、江经元（全国商会联合会）、沈宗元（重庆总商会）、安迪生（京兆商会联合会）、张家骥（江西总商会），为了要求政府择日公布裁厘以及表明裁厘的决心，到总统府向黎元洪呈递了《裁厘日期呈文》。呈文中言道："关税研究会，明明因裁厘而召集，全国商民，皆谓此次裁厘，必定成为事实。"并请政府颁布明令，确定于 1925 年 1 月 1 日实行裁厘，同时实行进口税切实值百抽十二．五以为裁厘之抵补。[②] 为使裁厘顺利得以实行，翌日，张维镛等人又会晤了顾维钧，再次申明了明确裁厘的要求。顾维钧给予的答复认为，由于裁厘与"对手方"颇有关系，若见诸明令，恐反生影响。至于实行日期，只有到关税会议召开后方可确定。[③]

由此可见，商会的裁厘愿望虽然急迫，却不能在短时间内实现。其原因主要有二：一方面是限于国内情形。即当时国内各省，其大部分已不在中央控制的范围之内，呈现各省各自为政的局面。而厘金作为各省的大宗收入，如若裁厘则收入必然遭受损失，因此各省不能照令实行裁厘。另一方面则关系到国际形势。裁厘虽然属于中国内政，中国有权自行声明裁撤，但在条约中却被各国指认为加税的条件。也就是说，若中国政府先行

---

① 参见《政府所拟裁厘办法》，《申报》1922 年 9 月 14 日。
② 《北京通信》，《申报》1922 年 10 月 24 日。
③ 参见《北京通信》，《申报》1922 年 10 月 25 日。

裁厘，就失去了谈判加税的条件，而不裁厘只要求加税的话，各国则不会轻易就罢。对此双重矛盾，必须先求善后办法而后可的认识也有，认为："厘税由来已久，渐成习惯税制。一旦裁去，难保不生他项阻力。加税一节，出于各国之协定，我国无自由加税之权，商议尤费手续。若外冒免厘之名，阴行加税之实，或仅拥加税之虚名，而无收入之实际，是不特无补商民之痛苦，且有害国税之征收。免厘而厘未免，加税而税未增，求益反损，病国害民，莫此为甚。"①

在关税研究会第四次会议和第五次会议中，商会代表与政府方面就在加税收入的用途上产生了意见分歧。政府方面认为"多抱定华府协约之时最初之宗旨，若不将附加税作为整理外债之用，恐各国即不允增加此税，且外债信用一失，国防地位即有坠落之虞"。即主张以加税收入主要用于整理内外债。这一点遭到了商会的激烈反对，商会方面认为："多谓从前之外债黑幕不可胜言，国民不能承认。若整理以后，如果政府能有财政一定计划，商民何乐不为？但虑整理以后，又借外债，以为养兵之用，岂非又是贻累国民？"即主张附加税用作抵补裁厘之用，如此裁厘方能得各省军政长官的支持。② 除此之外，当上海新修税则被通告即将实行后，以上海总商会、银行公会、钱业公会为首的团体等，为表示反对将加税收入用于整理外债，无担保内外债亦应缓筹等主张，还联合致电北京国务院、总税务司安格联、外交总长施肇基及英、法、美、日四国公使。③

关税研究会中，官商双方虽然在具体问题上有不同的意见分歧，但是对于主要讨论的包括关税问题在内的 15 个问题，总结看来，分别为："（1）税权问题：凡条约上有碍关税自主权者，均主张收回，取消一切束缚关税自由的条文；（2）土货出口纳税问题：熟货须免除出口税，生货为国内所必需者维持原有出口税；（3）常关存废问题：改常关办理产销两税，废除其他旧有常关税，以创办营业、所得两税抵补之；（4）裁厘加税实行期限问题：1924 年 7 月至年终实行值百抽 2.5 附加税，1925 年元旦实行裁厘，增加关税至值百抽 12.5；（5）加税用途问题：2.5 附加税用作归还外债，12.5 税抵补裁厘；（6）加税保管问题：以审计院为稽核机关

---

① 庐会文：《免厘加税之善后研究》，《东方杂志》第二十卷第十三号，第 69 页。
② 沈云龙主编：《关税研究会议事录》，文海出版社 1987 年版，第 44 页。
③ 参见沈云龙主编《近代中国史料丛刊》三编第九辑，文海出版社 1983 年版，第 4 页。

实施监督，如另设其他机关须不损主权，外人应尽量少用；（7）奢侈品课税问题：增修 1919 年所定奢侈品种类及其税率；（8）公布货价章程问题：由政府在上海、汉口、天津、广州、大连等处，设立调查货价机关，取其平均之值；（9）出厂税增加问题：或照旧约外人免纳营业、所得等税，或免其出场税而交纳所得、营业两税；（10）陆路关税问题：陆路关税应与海关划一税率；（11）免除转口税问题：当关税加至 7.5 时即行废除土货复进口半税；（12）废除杂捐居卡问题：裁厘后废除一切局卡；（13）交换局部经济利益问题：废除最惠国条款；（14）保管附税问题：组织国民银行为保管机关；（15）举办出产税、销场税、所得税、营业税问题：废除常关、出产、销场三税，实行所得、营业两税。这 15 个问题的决议，使政府与商会对关税自主问题的思想认同水平进一步提高，为以后的关税特别会议作了较为充分的物质和思想准备。"①

第三节　关税特别会议：中国商人组织力争关税自主的民间经济外交斗争

1925 年召开的关税特别会议是中国近代中外关系史以及中国近代海关史上的一次重要会议，也是北洋政府争取中国关税自主的一次艰难的政府外交。而关税问题因与商界经济利益有着攸关的密切关系，以商人组织为首的商界为改善中国工商业的经营状况，促进中国民族经济的发展，在会前、会中以及会后都予以高度重视，配合政府外交并通过民间经济外交的手段，对关税特别会议做出了努力，施加了种种影响。就此，试对商人组织与关税特别会议进行事实梳理和问题分析。

一　中国商人组织致力于税则修改和关余用途的活动

《九国间关于中国关税税则之条约》签订后，北京政府决定在上海设立专门委员会，蔡廷干担任委员长，上海总商会决定推派代表参加。为了积极配合争取关税自主和改正税则的民间经济外交活动，1922 年 2 月 4 日上海总商会召开的常会上议决立即组织一个修正税则委员会，明确提出其设立宗旨是"调查进口洋货物价，辅佐政府贯彻改正关税会议"。委员会

---

① 虞和平：《商会与中国早期现代化》，上海人民出版社 1993 年版，第 364 页。

的成员包括与进口贸易有关的若干行业代表，委员长由洋布业董事顾子欑担任，副委员长由纸业董事冯少山担任。该委员会制定了一个划一调查标准和确定入手步骤的《调查物价办法》，其中规定调查物价分类分目概按1919年8月1日施行的改正进口税则所分进口货15类598目办理。年度以1919—1921年三年为标准年度平均计算。物价计算办法以进货市价为准，但对是否含有12%课税（关税5%和其他栈租、保险等费用7%）应加以区别，可分扣除、不扣除两种。[①] 有评价认为："上海总商会修正税则委员会所进行的一切努力，实际上形成了当时北京政府提案的基础。"[②] 修改税则委员会于1922年4月1日开始直至9月25日结束，经过数十次会议，最终达成协议为确定海关进口税则按切实值百抽五征收，并加征二. 五附税，同时增高奢侈品进口税率。这在表面上看来，取得了圆满的成果，但在税则修改后的实行问题方面，却遇到了各种阻力。各国以"华府会议条约尚未经关系国全部批准为辞，有反对实施之意。其中尤以日本方面为甚"。称"照日本法律，凡条约须经枢密院批准，批准后，须请天皇裁可后二星期始得实施"。并指责中国"未经各国批准以前即行实施"是"违法"行为，约集上海领团"提出抗议"。[③]

趁修改税则委员会取得的成绩之际，1922年9月上海总商会就裁厘加税事宜，分别致电北京政府、新银行团、海关总税务司、各地商会，发表声明："此项关税增加之收入，作为裁厘抵补的款，任何要需，不得动用。"并对北京政府、新银行团和海关总税务司以及各地商会提出要求。要求北京政府"迅筹是实行裁厘手续，以慰民望，而恤商艰"；要求新银行团和总税务司应该尊重民意，如遇将关税增加之收入向银团"假借他种名义"而"抵借外债"者，当"毅然拒绝，勿予承受"，且不能"作为各种新债之抵押品，或拨充其他用途"；对于各地商会则要求"一致主张，协力进行"。[④] 为了保证此项增加的关税收入不被政府挪作他用，上海总商会还联合各地总商会要求北京政府，应把海关增收的税款"悉数提存于国

①　参见《上海总商会月报》第2卷第3号。

②　徐鼎新、钱小明：《上海总商会史（1902—1929）》，上海社会科学院出版社1991年版，第296页。

③　《新税则施行期之障碍》，《申报》1922年11月15日。

④　上海总商会《致政府请迅筹实行裁厘加税》《致新银行团电》《致总税务司电》《致各省区总商会电》，均来自于《上海总商会月报》第2卷第9号。

人自办殷实可靠之银行，以保存我固有之主权"，并借助舆论的强大力量，使政府召开"国务会议议决施行"。[①]

围绕着关余的用途，商人组织还展开了一场同中外势力进行斗争的民间经济外交努力。北洋政府时期的中国，由于"各派军阀为争夺权力和地盘，均大事招兵买马，扩充军队，投入无休止的内战。据统计，1914 年间全国军队（陆军）不过 45.7 万人，1918 年增加到 85 万余人，到 1919 年初剧增至 138 万人，五年内增加两倍以上，净增 93 万人。进入 20 年代后有进一步膨胀，这就造成了军费支出大幅度增长，1925 年度的军费支出估计高达 6 亿元，为 1916 年度军费支出总额 1.5 亿元的四倍，为 1918 年度军费支出总额 2 亿余元的三倍。为应付急剧增加的庞大军费支出，北京政府狂借内外债，而债款的还本付息，必然导致对商民的搜刮愈演愈烈，从而更加重商民的负担。"[②]

当时北京政府的内债基金向来是由总税务司保管，而关余则是内债基金的重要部分。尤其是关系到内外公债的稳定，进而直接影响到持券人的切身利益，因此代表商人利益的商人组织积极地参与其中。

所谓关余，是指近代中国关税除去清偿以关税作担保的外债、庚子赔款，以及海关、外交部和税务处等经费后的余额。1921 年北洋政府实行公债整理，规定案内公债的偿本还息办法为：每年指拨总计 2400 万元的整理公债基金，以关余、盐余、烟酒税的一部分等作为公债基金。但此后烟酒税、盐余等货完全未拨，或未能如期照拨，而关余则更为宽裕，因而从 1922 年 7 月改关余变通拨付办法，将关余悉数用作内国公债基金。由于关税控制在外人手里，地方军阀无法染指，因此关余就是一项十分稳定的公债担保品，公债市场与关余密切联系在一起。"今整理案内各项公债之还本付息，悉恃关余，故公债市价之涨落与关余之增减，颇有关系焉！"[③]

由于中国进口税切实值百抽五后会带来大量增加的关余，而驻华外交使团就将稳定的关余视作垂涎的目标，再加上以未经担保的各项外债不稳

①　《致各省区总商会为关税增收提存本国银行请一致主张电》，《上海总商会月报》第 2 卷第 9 号。

②　徐鼎新、钱小明：《上海总商会史（1902—1929）》，上海社会科学院出版社 1991 年版，第 297 页。

③　江恒源编：《中国关税史料》第 11 编，人文编辑所 1931 年版，第 1—2 页；另参照《银行周报》第 11 卷第 30 期，第 13—14 页。

定且不能按期偿还，他们企图以"外债愆期"为借口，要求北京政府"移动内国公债基金抵补外债"。日、美、法、英四国公使还于 1922 年 12 月 23 日照会中国外交部："弊国所有未经担保之各项债权，素不为中国政府所措意，而中国政府且以关余为内国公债之担保品，应请贵国政府此后对于该项关余，不得用为内债之担保品，须移作履行各项外债债项之用途。"① 即提出以关余作为各项外债的担保品。此外，又于 12 月 30 日向北京政府提出"以增加后之关税为整理外债之用"。这遭到了工商界的极力反对，以上海总商会和银钱公会两团体为主首先表示反对。并于 1923 年 1 月 6 日为专门讨论"外债牵动内国公债整理基金"问题，召开一次紧急的联席会议。会上，银行业代表盛竹书提出："内债动摇，非但危机银行，于社会生计亦有关系。"总商会会员也认为内债基金一旦动摇，持券人将遭受巨大的经济损失。并表示工商界决不会因就此甘心听任政府的摆布，应采取相应的抗争行动。② 会后，上海总商会又迅速与上海银行公会、钱业公会联名分致北京政府、海关总税务司安格联、领袖公使、外交部公电。致北京政府的电文中，要求切实履行诺言，统筹全局，以确定一个整理内外债的办法。并且在电文中针对不同的对象，以不同的侧面来对其竭力晓以利害。在致电安格联的电文中对其必竭力维持关税及关余已经成立的优先权的声明，表示"至为欣慰"的同时，要求实践其应尽职务，并以受托人资格尽到抗争之责。在致领袖公使的电文中指出"此项九六公债，实为内外商民所共同持有，而持在洋商手中者为数亦属不少。（内债）基金一有动摇，内外商民均有巨大影响"。换言之，从内债基金动摇这一点同样导致部分外商利益的损失方面来争取同情。并在此基础上，要求"对于内外共同债权人早已确定之担保，加以尊重"。在致外交部的电文中指出由于政府先后发行的内债债票面额巨大，共有三万余，而这些债票"非但散布全国商场，抑且中人之家视为恒产。基金一有动摇，无异制全国之死命。洋商在华商业，亦将牵连俱仆，殊非利己利人之意义"。并要求以外交手段实现"切向四使开诚商阻"之局。③

---

① 《四使抗议关余担保内债》，《申报》1923 年 10 月 19 日。

② 参见《上海总商会议事录》1923 年 1 月 6 日为外债牵动内国公债基金事邀同银行公会开联席会议记录。

③ 《又致总税务司电》《致领袖公使声明增加关税早经指定用途电》，第 3—4 页；《致外交部请阻电四使移用指抵内债关余电》，均来自于《上海总商会月报》第 3 卷第 2 号。

　　1923 年 1 月，北京政府召开财政会议和财政讨论会，关于内外债整理问题，财政会议基本形成了一致主张。关余内债方面：（1）整理内债基金一案，仍照民国十一年（1922 年）七月总税务司所定变通办法，曾经阁议议决者继续办理；（2）关税盈余，包括切实抽五后之收入，除前项整理内债之基金外，应尽先拨交九六公债基金，仍由总税务司管理。关余外债者：（1）中国政府可以表示将来之二．五附加税，希望各国认为整理外债之基金；（2）在二．五附加税未实行以前，今年应付外债，同时分别整理之。①

　　在以商人组织为首的全国商民的一致抗争之下，北京政府于 1923 年 9 月 21 日发表的《公债偿还计划》中规定"以关税值百抽五后增加的关余充作内债担保，并扩充为 1922 年发行之九六公债之担保"。② 即表明了将全国关余均归内债担保只用，而不留移作他用的任何余地。这里所指的"九六公债"的正式名称为"偿还内外短债八厘债券"，是为抵偿当时一大批以盐余为抵押向内外银行举借的零星短期借款。"九六公债"数额庞大，根据条例，它的偿还期限为 7 年，本息基金第一年 1200 万元，以后每年 2000 万元，先由盐余拨付，俟关税值百抽五后所赠关余项下拨充。③ 这就使得企图染指将关余作为抵补外债欠数的四国公使不满。1923 年 10 月 6 日，美国银行团致美国驻华公使函中称，针对"中国政府继续不偿还英、法、日、美四国发行的某些债票，以及某些担保品已经失效的外债在到期要求偿还时越来越困难的情况"，认为"有必要提出最强烈的抗议，反对中国政府采取这项行动，以保障这一受外国有效监督的唯一剩下来的收入来源"。随后，于 10 月 12 日，美、法、英、日四国公使再次联合照会中国外交部，对北京政府声明的"全部关余充作内债基金"的主权行为提出所谓"抗议"。宣称：中国公债偿还计划"损害外债"，要求立即予以说明，以明真相。虽然北京政府的公债偿还计划是合乎关余悉数充作内债基金的规定，但四国的照会却认为，"其阻挠他项债务偿还之担保昭然若揭矣"，因为"九六公债"每年的偿还本息巨大，并请中国政府注意两事：（1）中国政府所欠之各项外国债款，系定于一部分内债终止日期之

---

①　《整理内外债与关余之关系》，《银行周报》第 7 卷第 4 号，1923 年 1 月。

②　《政府公报》1923 年 9 月 21 日。

③　参见徐沧水编《内国公债史》，商务印书馆 1923 年版，第 110—113 页。

前。而依现在之计划，此项内债系以关余为担保。（2）就外债之条件言之，中国政府有不能履行其债务及担保之事，应于他项财源方面准备相当母金、利益总额以为债务之偿还。本代表认定此项外债实有超乎内债上之一种自动的优先权，而此种优先权竟为贵国政府所漠视。① 如此企图通过外交压力来迫使北京政府改变关余的使用用途，以达到先清理中国所担保的外国债务之目的。

此时，"北京政府因曹锟发动政变而陷于纷乱状态，而曹锟又正为贿选总统加紧筹措资金，不惜迎合驻华使团的无理要求以换取他们的支持。他公然主张停止内债还本一年，挪出 2400 万款项，以 1000 万元充作所谓'补充政费'，以 1400 万元整理外债。这一无视全国商民利益和国家主权、滥施政治权力、屈从外力、非法动摇内债基金的行径，激起全国商民的极大愤慨"。② 这样，外有四国公使的抗议，内有曹锟屈从外力的情况，立即引起中国各商业团体的高度重视和强烈反对。上海银行业公会、钱业公会致电财政整理会颜惠庆，特别强调稳定内债基金的重要性："恶信传来，人心汹惧，内国债票，散在全国，大而关系全市金融，小而关系个人生计。基金倘有动摇，不但扰乱市面，抑且社会安宁亦受破坏之影响。况现时债票市场流通无虑数千万，散在外人手中者，亦不在少数。债票设成废纸，彼时必又有意外之交涉发生。"并强调："关余为内债基金，案经早定，全国皆知。"因此，一方面要求为"使外债基金有着"，对无担保之外债紧急筹措整理办法；另一方面为了"安人心而维国信"，"万不能任意攘夺、牵动内债已定之基金"。③ 同样，就关余优先担保内债问题还致电海关总税务司，电文内容除了与致财政整理会内容相同之处以外，一方面一再要求总税务司"对于公债负保管基金之责，一般人民以信贵总税务司者信内国公债票，对于整理公债原案，务请坚持到底，勿稍徇畏，致使中外执票人有所损失，至为盼祷"。另一方面表明立场道："关余担保内国公债，载在历次公债条例，可以复按。是以关余一项，惟内债有担保之优先权。使团所云外债，考其合同，皆有担保。今之不能实行合同，以致担保落空者，咎在政府之失信。我内债持票人不能无故受损。使团所称外债有超越

① 《四国公使关余担保内债》，《申报》1923 年 10 月 19 日。

② 徐鼎新、钱小明：《上海总商会史（1902—1929）》，上海社会科学院出版社 1991 年版，第 300 页。

③ 《银钱业两公会电争内债基金》，《申报》1923 年 10 月 23 日。

内债之优先权，此本会等绝对所不能承认者。并请贵总税务司严重注意为祷。"[1]

上海总商会也于 1923 年 10 月 27 日召开常会，并通电全国金融界，指出：第一，"此项到期未能清偿之外债，当合同缔结时，或未经要求担保，或担保品业已确实，要皆为贷借人契约之自由，无论其债权成立是否在某种内债之前，而要与内债担保品各不相涉"。"物各有主，岂能强同。今不以取得担保权之先后立论，而专以债权成立之先后为准，讵能谓之公允？"第二，"所谓他项财源，原合同中既无指定明文，则此项外债之如何改换担保，债务人应有选择之自由。况让一步言，二成五附税，既有用作整理债务之拟议，则对于此项之如何清偿，双方已不啻定有办法。今置约定之明文不顾，而欲牵及担保内债。业已确定之基金，非特于华府原议不符，且与去年 12 月 23 日之通牒亦有抵触。盖当时通牒仅称'故请将来关余一款，不仍仅为付还内债之用，而亦为清理中国所担保之外国债务之用'，'将来关余'四字，依照华府会议成案解释，应指去年尚未议定增收之二成五附加税而言，不能即已指为经列入九六公债担保关余而言"。即针对四国公使要求注意的两点进行了有理有据的反驳。最后重申："内债担保品，其优先权早已确定，不能由任何人轻易推翻，以致危及金融，扰乱市面。无担保外债，应履行华府会议成案，速开二成五附加税会议，为彻底整理之基金。"并要求全国金融界及持券人"群起争议，发抒争论"，以此维持"内债前途"。[2]

随后，上海总商会、上海银行公会、上海钱业公会又联合致电财政整理会、总税务司，再次重申并强调关余在担保内国公债上有优先权。与此同时，汉口和天津等地的银行公会也与上海积极相呼应，汉口银行公会致电财政整理会和总税务司，天津银行公会致电外交部、财政整理会、总税务司，表示坚决反对动摇内债基金，并请始终维持内债基金。[3]

商人组织在实施民间经济外交活动的时候，除配合舆论宣传之外，

---

① 王敬虞：《近代中外经济关系史论集》，方志出版社 2006 年版，第 510 页。

② 《总商会反对动摇内债基金致全国金融界电》，《申报》1923 年 10 月 28 日；江恒源：《中国关税史料》第 11 编，人文编辑所 1931 年版，第 19—20 页。

③ 参见《关于内债基金之文电》，《申报》1923 年 11 月 2 日；《天津银行公会力争内债基金》，《申报》1923 年 11 月 7 日；《三团体力争内债基金电》，《申报》1923 年 11 月 29 日；江恒源《中国关税史料》第 11 编，人文编辑所 1931 年版，第 21—24 页。

还非常注重利用私交关系对外国对华政策有影响力的人物采取游说、争取的方式进行斗争。例如，当在争取关余的斗争中，注意到北京政府已面临支离破碎的危机，无法继续得到商民信任的情况下，就瞅准了对掌管海关权力并保管监督税款用途的洋人总税务司——安格联这一重要的关键人物，并决定争取联合安格联付诸外交努力。上海总商会和上海银钱公会特地于1923年11月2日，为返美度假后来华赴任途经上海的海关总税务司安格联举行了一场欢迎会。席间，上海总商会副会长方椒伯首先对安格联在主张整理公债实务方面所持的"根据优先权之制，坚持到底"的态度表示赞赏的同时，对其维持保存公债原定优先权的根本原则，誉为"以不偏不倚之观念，做公平正直之言论"。对于安格联于1923年1月3日发表的声明："内国公债整理事物，一旦操诸鄙人之手，无论以后有何开支，当竭力维持原定之优先权"，希望在他掌控海关行政权力期间，能够得以继续，不致遭受损碍。上海银钱两业代表盛竹书希望安格联继续"贯彻昔日主张"，当四国公使有误解时，能够"务为解释"。对此，安格联表示"对于公债优先权之维持"方面，"与闻整理公债一日，必不使此种办法之破坏"。因为无论如何都不能牺牲此种主张的原因在于"舍此方法，不仅无从入手"，且足以引起纠纷。① 对于上海商界的做法，有评价认为："在维持内国公债基金这一点上，上海总商会和银钱两业团体做得比较灵活机动，有礼有节，他们争取安格联的成功，在一定程度上抗阻了四国公使的蚕食关余的企图，对内起到了'安人心而维国信'的作用。"②

　　围绕关余用途问题，商人组织运用民间经济外交手段对内对外进行了斗争努力，但是"由于北洋政府坚持先内债后外债的顺序以关余作公债担保，关税特别会议也一再延迟，实行二·五附加税增加的关余对中外各方来说就只能是画饼充饥，过分的争论关余用途问题就显得为时过早，这场关余用途问题的争斗就不了了之"。③

---

① 《商业团体欢迎安格联》，《申报》1923年11月3日。

② 徐鼎新、钱小明：《上海总商会史（1902—1929）》，上海社会科学院出版社1991年版，第301页。

③ 贾中福：《中美商人组织与近代国民外交（1905—1927）》，中国社会科学出版社2008年版，第213页。

二　中国商人组织争取关税自主的主张

关税特别会议前后，商人组织展开了以力争关税自主为目的的民间经济外交活动。对于商人组织来说，关税自主是其争取了几十年的奋斗目标。关税自主权是一个国家的重要主权之一，协定关税严重影响着中国财政，阻碍民族工商业和对外贸易的正常发展。在长期丧失关税自主权的情况下，受到协定关税的束缚而导致的授人以柄、利益大失的屈辱局面，是令商人组织极为愤慨的事情。因此，收回关税自主权是商人组织一贯的愿望和要求。

（一）关税特别会议的由来

巴黎和会对中国而言可谓得失参半。尽管遭受到列强各国将德国在山东的一切权利交予日本的外交失败，但由于中国代表的努力，第一次在重要的国际会议上较完整地提出了修改不平等条约的问题，使"各国渐觉悟不平等条约伤害我国人感情过甚，应有设法疏解之必要"，"嗣后修改不平等条约及收回主权之运动，遂得逐渐收效"。① 继巴黎和会后，中国代表在华盛顿会议上，再次提出了修改不平等条约议案，促成了与会各国代表就此展开详细的讨论。1921 年 11 月 23 日，顾维钧代表向委员会提出了"关税自由案"，内容包括："（一）请于若干时间以后，复还中国税则自由权。此项时间之多寡，应行酌定。（二）请于此项时间以内，准许中国收取至高之价，并有全权区别需要品与奢华品以及其他各品。（三）请自一千九百二十二年一月一日起，增收至百分之十二分半。"② 顾维钧代表还在会议中陈述了恢复关税自主权的理由，且声明对海关现制不加变更，但美国代表罗脱对关税自主一事却避而不谈，反问："一九零三年条约曾有裁厘条件，中国征收通过税，实碍货物之流通，不审顾君对于厘金有何办法。"顾维钧答称："厘金阻碍商务，中国人民久望废除，而商界、实业界期望尤殷。中国政府果能收回关税自由权，以补裁厘所失，自无不愿商议裁撤。昔日值百抽十二半，原为此计，然顾及增收税款，尚不足以抵厘金。"③ 这项问答成为此次会议的转折，遂将讨论重点转向了裁厘加税问题

---

① 王正廷：《近二十五年中国之外交》，《国闻周报》第四卷第二十八期，第 3 页。

② 中国社会科学院近代史研究所《近代史资料》编辑室编：《秘笈录存》，中国社会科学出版社 1984 年版，第 418 页。

③ 同上书，第 419 页。

上面。

在 11 月 29 日的关税分股委员会第一次会议上，中国代表向会议提拟税则案如下："（一）现在值百抽五之进口税，应即实行增至值百抽十二分半。（二）中国允于一九二四年一月一日裁撤厘金，各国允按照一九零二年中英条约、一九零三年中美条约、一九零三年中日条约之规定，于进口税上抽收若干增加税，指定日期付诸实行。各国更允对于奢华货品，按照进口税则值百抽十二分半以外，再抽额外增加税，同日实行。其他中国与各国此次订定担承之事付诸施行，应与上述各约各款相符。（三）自此次订定之日起，五年内，应立约重订海关制度。对于进入中国各货，至多应值百抽二十·五。在此数以内，中国可自由酌定进口税则。应实行至下文第五节所定时间为止。（四）中国现行陆路进出口货抽税减成章程，应即废止。（五）中国与各国所订抽收关税过路及其他各税之章约，自立约之日起，施行十年而废止。（六）中国自愿宣言，中国对于海关管理制度，无根本改革之意。关税收入用以专抵外债者，并不擅动。"[①] 但是，由于各国对此态度不一，美国赞成实行切实值百抽十二·五，但前提是中国须同时裁撤厘金。日本则反对，仅允许加抽四分之一的附加税，致使会议无果而散。

12 月 24 日，顾维钧会晤英美代表，此两国代表出示一份解决草案，其要点有："（一）由在会各国设立特别委员会，除研究裁厘等办法外，并规划关余支配方法，以便酌还短少债款，补偿废除沿岸贸易税与整顿税务之所失，敷设铁路，兴修商埠，而以一部分归我自由支配。（二）从速修订税则至切实值百抽五为度。（三）隔四年再修一次，以后每七年重修。（四）二厘五之附加税及至七五为度之奢侈品附加税两项，须以先行规定支配收入办法及用途之先后为实行条件。其实行日期，均由委员会规定至施行裁厘加税条约时为止。（五）我国一面则须废除沿岸贸易税并整顿国内税务，以为裁厘之准备。（六）中国办理海关现行制度不加变更。"[②]

12 月 27 日，顾维钧与英美代表会晤并提出修正案，要旨如下："（一）改委员会为临时会议，以防设立永久机关。（二）附加税与支配收

---

① 中国社会科学院近代史研究所《近代史资料》编辑室编：《秘笈录存》，中国社会科学出版社 1984 年版，第 422—423 页。

② 同上书，第 449 页。

入为二事。（三）废除沿岸贸易税须与附加税同日实行，并须另订办法补偿马凯条约实行后之所失。（四）预定章程，由我（国）每七年根据平均物价自行修改税则。（五）声明增收税款用途及自设委员会办理稽核事宜二层，均改为声明书。不变更海关现制，亦改为声明书。"① 对上述意见，英美代表大致同意，但是日本代表对附加税问题尚有异议，表示"如附加税在约内规定，则还债一层亦须同时规定"。于是英代表综合"草案"与"修正案"两者，于12月27日提出"协约草案"，内容如下："第一款，由中国与承认本约各国开一特别委员会，筹设办法，以期迅废厘金，并履行一九零二年九月五日中英商约第八款及日美条约同样各款所规定之条件。在会各国，互相协定。若上项各条件实行遵守，则该各国应守各该条款一切规定之拘束并进口税增至值百抽一二五，亦在其内。第二款，现行之进口税则，应立予修正，并增至实行值百抽五。其修正，应由上海修改税则委员会，照上次修正之大纲立予办理。至修正之进行，应愈速愈妙。而经修正之税则，除候批准外，应于公布两月以后发生效力。第三款，非至本约第一款所指各节实行之时，所有暂行各种规定均得适用，并除遇该各规定效力外，得由上开特别委员会审查之。对于应缴进口税之货物，该委员会得以其所协定之税率与条件，核准征收附加税。此项附加税，除遇某种奢侈品该会意见堪负重税不致妨碍商务者外，应有划一之税率，不得超过百分之二五。第四款，（甲）此项核准立即修正之税则，于修正事竣四年之后，须另行修正。以期确保税率与所指定按值抽收之税率相符合。（乙）经此度修正之后，应有每七年为一期之修正。（丙）未免延迟起见，上项之分期修正，得按照特别委员会所定各规则实行之。第五款，现行之海关行政制度，不得变更。第六款，凡关于关税之一切事务，与约各国应有切实之平等待遇与机会。第七款，现适用于中国陆路进出口各货所征收关税之减成办法，应废除之。第八款，子口税单，除遇本约第一款所计及之各办法业已实行外，应定为百分之二五。第九款，凡未参与华府会议之各有约国，应邀请其承认本协约。第十款，凡中国与承认本约之各国以前所订一切条件，其不合于本月条文者，应废除之。"②

---

①　中国社会科学院近代史研究所《近代史资料》编辑室编：《秘笈录存》，中国社会科学出版社1984年版，第450页。

②　同上书，第450—451页。

1922 年 2 月 6 日,《九国间关于中国关税税则之条约》在华盛顿签字。在会议中没有解决的关于中国关税方面的问题在条约第一、第二款中有详细规定。一方面为修改中国关税至切实值百抽五,由缔约国于条约公布后在上海召开修正税则会议解决。① 另一方面为裁厘加税问题,条约规定的办法在第二款和第三款,内容为:"由特别会议立即设法以便从速筹备废除厘金并履行 1902 年 9 月 5 日中英商约第八款、1903 年 10 月 8 日中美条约第四款、第五款及 1903 年 10 月 8 日中日附加条约第一款所开之条件,以期征收各该条款内所规定之附加税。……该会议应于本条约实行后三个月内在中国会集,其日期与地点由中国政府决定之。""在裁撤厘金并切实履行第二条所载各条约中诸条约所定条件之前,第二条所称之特别会议应考虑所应用之过渡办法并应准许对于应纳关税之进口货得征收附加税,其实行日期用途及条件均由该特别会议决定之此项附加税应一律按值百抽二. 五,惟某种奢侈品,据特别会议意见能负较大之增加,尚不致有碍商务者,得将附加税总额增加之,惟不得逾按值百抽五。"② 这就是关税特别会议的条约依据。从条约内容上来看,关税会议可以概括为四点:第一,讨论裁厘加税办法。第二,议定过渡时期二. 五附加税事。第三,议定税则定期修正的章程。第四,海陆边界划一征税之事项。

(二)北洋政府和商人组织对关税会议的筹备

自 1922 年 2 月 6 日《九国间关于中国关税税则之条约》签订后,北洋政府就着手准备关税会议。关税研究会就是其为积极筹备关税会议而发起的。在关税研究会结束后不久,11 月 23 日,北京外交部就设立关税特别会议筹备处事宜进行讨论,派外交次长沈瑞麟为筹备处副处长,派顾维钧为筹备处处长。③ 但因顾维钧推辞不担任此职,12 月 8 日,北京政府改派王正廷为筹备处处长④,并于 12 月 15 日再派严鹤龄为筹备处主任。⑤ 随后又于 12 月 19 日,北京政府公布了《关税特别会议筹备处章程》。虽然

---

① 参见世界知识出版社编辑《国际条约集(1917—1923)》,世界知识出版社 1961 年版,第769—770 页。

② 参见世界知识出版社编辑《国际条约集(1917—1923)》,世界知识出版社 1961 年版,第770—771 页;江源恒:《中国关税问题史料》第 15 编,人文编辑所 1931 年版,第 1—2 页。

③ 参见《命令》,《晨报》1922 年 11 月 24 日。

④ 参见《命令》,《晨报》1922 年 12 月 8 日。

⑤ 参见中国社会科学院近代史研究所中华民国史组编《中华民国史资料丛稿——大事记》第十八辑,中华书局 1989 年版,第 163 页。

北京政府对召集关税会议的筹备做了积极的准备，但同时也受到了来自两方面的阻力。首先，北京政府若要使关税会议尽早召集，就必须履行条约义务，即将加税收入主要用于整理内外债。但这一点遭到了全国工商各界的激烈反对。另一方面的困难则是依照华会条约的规定，召集关税会议有一个时间上的限制，即须在各国批准条约三个月内进行。而北京政府虽然做出了上述准备，但是华会条约也并没有得到九国的全部批准。再加上1923年初发生的"金法郎案"，又成为召集关税会议的最大障碍。因为法国将解决金案作为批准华会条约的交换条件，而北京政府对于法国方面对条约的歪曲及国内舆论的压力则不予承认，从而使条约的批准与关会的召集，均成为空言。最终，北京政府为打破面临的财政困难，开始了寻求整理财政的出路。经过北京财政整理委员会于1924年2月22日的开会结果，认为：整理财政基金，惟恃海关二．五附加税，而二．五附加税被阻于关税会议；关税会议又被阻于金法郎案。目前，整理财政自应从促进关税会议入手。[①] 然而"金法郎案"解决不了，为绕开"金法郎案"，北京政府决定召集关税预备会议。

为取得各使馆支持关税预备会议的召集，北京政府派参赞、秘书多人分访各使馆，虽然各使表示向各国政府请示，但事实上却并不赞成此项提议。4月12日，日本《大阪每日新闻》对法、英、美、日对召集关税预备会议的拒斥态度做了如下报道："法国方面以华府会议条约迄未批准，且金法郎案问题尚未解决，遂以华府条约目前无批准把握为由，绝对反对会议之召集。英国则以法国既未批准华府条约，特别关税会议何时可以开会，尚无把握，现在既开预备会议，亦无结果为言，而赞成法国之主张。美国对于召集此会，亦似不甚赞成。日本一国对于预备会议之召集，虽无反对之意思，但此会若有一国反对，即不成立，故认为既有反对之国，亦不必顾其反对，而故意赞成。其结果遂以中国政府希望关税预备会议之召集尚未达其时机为理由，决定拒绝。由是各国公使将议决之意，各自报告本国政府，各本国政府依其报告，近日当各自训令其公使，对中国政府答覆拒绝也。"[②] 驻京八国公使于6月6日至7日，先后照会北京政府外交

---

① 参见沈云龙主编《近代中国史料丛刊》三编第十辑，文海出版社1983年版，第26页。
② 章龙：《关税会议的"时机"》，《向导周报》合订本第二集第六十三期，第503页。

部，均以须由法国批准华会条约后再议为词，拒绝召开关税预备会议。①
北京政府召集关税会议的努力再度以失败而告终。1924 年 11 月 24 日，北
京段祺瑞临时执政府正式成立，12 月 9 日各国也都予以承认。为解决财政
困难，临时执政府再度做出了召集关税特别会议的努力。一方面向七国公
使疏通，请允召集关税会议，并电令驻外八使分别向各驻在国政府正式提
出召集关税会议的要求；另一方面就解决金法郎案与法国进行谈判。经过
谈判，"金法郎案"得到解决，临时执政府外交部于 1925 年 4 月 21 日公
布《金法郎案新协定》。② 因此，政府开始着手准备关税会议的召集。

　　各国对召集关税会议除对召集的具体时间，"或尚有讨论之余地"之
外，均表示赞同。③ 也就是说，如果不发生意外，关税会议的召集是不存
在问题的。后来，由于"五卅"惨案的发生，促进了民众对废除不平等条
约运动以及关税自主意识的全面觉醒，"全国愤慨，舆论沸腾，益觉国势
之不振，皆深受此等不平等条约束缚之所致，对于修改不平等条约之举，
已成全国坚决之主张"。④ 这就为政府外交做了有力的补充，并使关税会议
的议事范围突破了华盛顿条约的限制。

　　由于税则的修改事关主权，所以在特别会议中提出自主权的问题，也
就是顺理成章的事情。其实早在为关税会议做准备而召开的关税研究会
上，所讨论的第一个问题就是"应将约文提出加以修正者"。且在第二次
会议中还重申了下述意见：《马凯条约》第八款与美约第四款规定，洋货
进口一经完清进口正税及附加税后，"不得重征各项税捐，亦不得有查验
留难之事"，但是美约又云，"本款所载各节，毫无干碍中国主权征抽他等
税项之意，只须不与此款有所违背"。⑤ 对于有碍税权的约文，认为应当列
举出来，"预备将来令其取消"，江苏商会代表王介安主张："中美条约甚
简单。其最凶恶最苛虐者，即《马凯条约》，大家总当对《马凯条约》详
细研究，将来非修正不可。"⑥ 第二个问题是派员监督征税事宜（即监察问
题）。《马凯条约》第八款第十节的实际意图是"以洋员为税务之监察"。⑦

---

① 参见《八使拒开关税预备会议》，《晨报》1924 年 6 月 10 日。
② 参见《外交总长致法国公使文》，《东方杂志》第二十二卷第九号，第 133—136 页。
③ 《关会将变为列强对华政治会议》，《晨报》1925 年 4 月 26 日。
④ 徐东落：《修改不平等条约》，《晨报》1925 年 10 月 9 日。
⑤ 王铁崖编：《中外旧约章汇编》（1），生活·读书·新知三联书店 1957 年版，第 183 页。
⑥ 沈云龙主编：《关税研究会议事录》，文海出版社 1987 年版，第 25 页。
⑦ 同上书，第 20 页。

讨论结果，皆认为《马凯条约》必须修正或废除，否则的话"我国损失永无挽回之期"。[①] 虽然关税研究会中关于自主权问题的讨论局限于《马凯条约》，但实际意义却已经超出了为关税会议做准备的这一层面，是对华盛顿条约规定的关税会议的议事范围的扩充问题。

自"金法郎案"解决以后，由于关税会议的召集已成必然之势，国内舆论则将目光转向了对各国态度的披露与评论。不同观点有二：一方面，一时"共管"说有复兴之势；[②] 另一方面，由于各国都有以关税增加为外债整理之论，认为关税会议的召集，面临极大困难。[③] 对此，唐有壬有如下看法："中国增加关税，各国不仅要干涉税率的内容，还要限制收入的用途，甚至造成共同管理财政的局面，这是多么危险的事情。……所以，我们主张对于关税会议中，我们的主权，非有严重的保障不可。我们宁可牺牲关税会议，不可使关税会议为财政共管的厉阶。"中国在关税会议中不可涉及关税以外的问题，特别是厘金问题。既然关税会议与整理债务已互相关联，为将来社会经济发展计，"我们主张关税增加的收入，应有一切分用之于建设的方面，其余的方可用以整理债务。而且整理债务之中，应注意内债——至少也不可偏重外债，以免助长外国资本的毒焰"。[④]

虽然北京政府方面对于关税特别会议特别重视，但其内部的意见并不统一。对于关税特别会议的主张大致可分为两派：一派主张关税自主；一派主张关税自主恐怕难以办到，不如先实行二.五附加税，亦可救目前财政之困难。[⑤] 例如，主张关税自主派的有王正廷和外交总长沈瑞麟。王正廷主张促进关税会议，但不可以二.五附加税为满足，应当提出关税自由权，并力争之以达根本问题之解决。外交总长沈瑞麟对于关税会议，也主张恢复关税自主权，认为"此事实为吾国经济之根本关键，此事办到，中国自有生机"。[⑥] 反对召开关税会议的大都是一些政治派别和政界要人基于不同的政治动机而提出的。例如，五省联军总司令孙传芳以及西北军部分将领张之江等都通电反对关税会议的召开。广州国民政府更是对关税会议

---

① 沈云龙主编：《关税研究会议事录》，文海出版社 1987 年版，第 26 页。
② 参见《关税会议与共管说之复兴》，《晨报》1925 年 5 月 9 日。
③ 参见《关税会议之难开》，《晨报》1925 年 5 月 14 日。
④ 唐有壬：《关税会议》，《现代评论》第一卷第二十四期，第 6—7 页。
⑤ 参见《商联会对于关税会议之主张》，《申报》1925 年 8 月 19 日。
⑥ 《沈外长对各项要案之表示》，《顺天时报》1925 年 8 月 12 日。

持坚决反对态度，斥之为"卖国之举"。① 冯玉祥认为："以为中国正向各国要求修改不平等条约，以增高国际地位，华会议决之关税会议，仍系协定制，中国仍无自主之权，与关税自由之旨，大相违背，故此项会议无召集之必要，俟将来不平等条约修改后，自可达到关税自由之目的，望政府严词拒绝，以免外人藉口中国自愿受人保护，而为取消不平等条约之障碍。"② 对于政府方面对于关税会议的意见，当时的报刊做了如下归纳："第一，关税自主权为独立国家所应享有，政府当然须悬关税自主为目标，惟同时亦观察国际间形势，若关于争得此权之障碍过多时，则政府亦只能取变通之方法，于关税会议召集之后，先取得十二五税率，而声明保留中国随时有要求关税自主之权，如此逐步做去，终有达到之一日，主张稳健者，大概多同此倾向。第二裁厘必须实行，政府对于关税会议，决不仅在取得二.五附税，至少限度，必获得十二.五税率，惟按照华会规定，征收十二.五税之惟一条件，为裁撤厘金，厘金病商，久为中外诟病，政府对此问题，亦颇拟乘此时机，廓而清之。"对于裁厘之意见，认为："顾今日厘金，皆在各省军人手中，裁去之后，必设法为之填补损失，方可免去窒碍，闻当局亦已拟具计划，大致裁厘后之前六个月内，政府当预备一笔款项，存放一定处所，如甲省每月厘金为四十万，政府即于宣告裁厘之后，月拨甲省四十万，补偿其损失，各省固定收入不受影响，在事实上自不至有窒碍，至六个月以后，则所增之关税中，已足偿拨，自无问题。"③ 基于华盛顿会议以来国人对关税会议的"渴望"与修约问题事实上停滞的现状，对关税会议除极端反对者外，均持认可态度。但同时要求扩充会议范围，于会议中提出修改不平等条约。唐有壬说："我们不是说关税会议是不必开的，不过我们总希望不可因开关税会议之故，而将废除不平等条约的原则，轻轻地葬送于无声无臭之乡。"④ 天生亦认为，反对关税会议的召集者与主渐进者，二说各具理由。我国修改条约照会既已送出，则不可因关税会议之提议而无形。

　　同样，商人组织对于关税特别会议也给予了十分的关注，但是与上述观点相比较，他们的主张基本上是一致的，就是强烈希望中国收回关税主

---

① 江恒源编：《中国关税史料》第15编，人文编辑所1931年版，第70页。
② 《冯玉祥反对关税会议》，《申报》1925年7月25日。
③ 《关税会议之面面观》，《申报》1925年8月15日。
④ 唐有壬：《沪案与关税会议》，《现代评论》第二卷第三十一期，第3页。

权，实行关税自主。以上海总商会、银钱业公会为首的商人组织积极地对关会相关问题进行研究，并进行相关的准备工作，成为政府外交的强有力后盾。

对关税政策最为敏感、其切身利益与税率直接相连的各地商会组织对关税会议普遍持赞同态度，并致力促进关税自主之实现，其言行最能代表当时社会各界的基本立场。上海各路商界总联合会在致外交部的电文中指出：在关税会议问题上，中国应有"自主之精神，以拥护国体之尊严"，决不能"仅以二五税开议"，希望政府坚定立场。上海银行公会在致段祺瑞及财、外等总长的电文中提出了包括"关税定率应力争自主"在内的四条建议。① 上海总商会王晓籁、劳敬修、陆伯鸿、闻兰亭等后来还列席了关税会议，他们带有上海总商会的提议案及各种文件，宣称"此行目的，即在达到关税自主。倘此次关会结果，仅得增收二五率，而不能贯彻自主，则同人誓当力争"。②

当全国商会联合会在京开会时，沪会的代表赵晋卿"以近来各地自数经战事以后，盗案迭起，民不聊生，而国内各项实业，如纱业、面粉业等，无不失败。其根本原因，实缘于关税之不能自主，以致不能与外货竞争"。对于关税会议虽早有预备，迄未成为事实之事，表示"拟催促政府早日召集，以为根本救济，业以此意函达许君，请为在会表示"。③

早在"金法郎案"解决后不久，上海总商会月报就发表了《未来关税特别会议中之问题》一文。文章将依据华盛顿会议行将召开的关税特别会议的性质定位为中国摆脱不平等条约束缚的良机，给予了希望。但会议前途却是荆棘仍多，因此对于会议的结果如何，认为"要视国民之努力"程度来定。其中，列出了关会应讨论的问题，认为关税特别会议的任务是，要议决征收海关附加税的日期、用途及条件，奢侈品的范围及税率，裁撤厘金及增征关税至值百抽一二．五的办法，议定修改进口货海关税章程及陆路进出口货物征收关税办法等。由于这些问题都非常复杂，"或系目前一时利益，或开将来永远主权，非有缜密之考究，妥当之办法，决难折冲樽俎，收于议席之上，万一应付偶疏，必致主权国脉，永受其害，而贻国家百

① 《上海各路商界总联合会致外交部电》，上海《民国日报》1925年8月14日。

② 《总商会出席关税会议代表赴京》，上海《新闻报》1925年10月22日。

③ 《全国商会催开关税会议之提案》，《申报》1925年4月22日。

世之忧"。号召有识之士，应当迅速对此问题进行研究，以做好关税特别会议的预备工作。①

1925 年 8 月 15 日，全国商联会评议会议决关于关税问题三项。9 月 7日，又致电外交部，务请政府达到关税自主之目的。二者要点可概括为：（1）中国应根据华盛顿会议《九国公约》中"尊重中国之主权与独立及领土行政之完整"的原则，表明中国关税自主的真正态度；（2）中国人民力争关税自主斗争达 20 多年，此次会议是争取关税自主的大好机会，但愿做政府后盾；（3）政府宜乘"五卅"运动后国民要求修改不平等条约之际，采取断然收回关税主权的主张，而不应存在仅仅要求关税附加税二五的主张；（4）利用一战后各国希望世界和平，发展工商业的良好国际环境，求得各国真正平等。否则，若不从根本解决，则后患方殷。② 商联会从当时国内、国外环境出发，力主中国收回关税自主权。

在商界对关税会议做各种准备的过程中，为力争关税自主权，国货维持会会长王介安对于关税会议问题，还分呈北京各关系机关，北京分呈执政府外交部、农商部、外交委员会，就我国收回关税自主的重要性做了阐述。首先对关税自主权的丧失做了回顾，称："关税一项，为独立国家之主权以下重要行政之一，我国通商以前，商税本自由定，即各国公例，亦绝无他国干涉者。"但是"自鸦片案起"以来，"遂有协定税率，失我自由，当时以一着之误，而我工商乃受此无穷之祸"。因此提出请先把关会正名为收回关税主权会议，以贯彻开会宗旨，因为"值此公理大彰，强权不竞，列国既觉悟前非，于华府会议公决最有价值之尊重中国主权独立行政之案，现原案已发生效力，自当切实履行，还我关税自由，以符适用原则之意义"。③ 并于 9 月致电北京全国商会联合会，要求"务请先定其名曰全国商会联合会收回关税主权会议，乞即以此名义，号召各省商会开会，以示决心，而表民意，国计民生，实利赖之"。④ 上海广西路、贵州路、劳合路商界联合会，工商研究会等也发电，主张中国趁此收回关税自主权。为参加全国商会联合会行将召集的全国商会代表，总商会特开关税会议，

---

① 《未来关税特别会议中之问题》，《上海总商会月报》第 5 卷第 5 号，1925 年 5 月。

② 参见《全国商联会对于关会之条陈》，《申报》1925 年 8 月 22 日；尊庸《商联会对于关税会议之主张》，《申报》1925 年 8 月 19 日。

③ 《商界对于收回关会会议之表示》，《申报》1925 年 8 月 23 日。

④ 《请定讨论关税会议名称》，《申报》1925 年 9 月 9 日。

并经委员会议决，定名为上海总商会收回关税自主权委员会。① 另，总商会认为关税会议以关税自主为根本主张，而关税主权又与不平等条约联系在一起。因此，总商会关税委员会主任王晓籁在 9 月中旬致书总商会，提出关税会议的目的"在争回关税自主权，变协定而为国定，而中国自主权之被侵损，其症结在历来之不平等条约，故欲仅仅于关税会议中争回关税自主权，恐藉口多而把握少，鄙意宜更进一步，一面于关税会议中当力争税权之自主，同时并应积极从事于修改不平等条约"，如废约事成，则"关税自主，自亦迎刃而解"。"关会与改约两者同时并进，一可以表示我国外交之决心，二可以互为声援，壮折冲之气。"② 即主张应该把废除不平等条约与关税自主同时并进。

北京政府正式决定 1925 年 10 月召开关税特别会议后，上海总商会于 8 月 29 日举行常会，就行将召开的关税特别会议提案问题进行讨论。会议议决以关税自由为一致主张，并分函总商会会员征求意见，还推定会董劳敬修、王晓籁、顾子楘、沈燮臣、何积璠设立关税委员会，专门研究关税事务。③ 为研究关税问题，上海总商会还成立关税自主权委员会，成员有王晓籁、劳敬修、顾子楘、何积璠、沈燮臣、宋汉章、吴蕴斋、王介安、赵晋卿、马寅初、徐沧水、钟紫垣、盛灼三、施伯安、冯少山、叶惠钧、闻兰亭等。他们中既有知名的商会会员，也有财政经济专家。并经讨论，公推王晓籁为委员会主任，加请杨千里为委员会顾问，盛灼三、潘更生、杨千里、王介安四人起草关会意见。该委员会定期开会，讨论关税事务，如 9 月 15 日的会议议题为关税会议前之预备手续以及收回关税自主之进行步骤。④ 因关税会议"不独国际关系重大，而与商民利益亦多切肤"，总商会惟恐设立委员会专门研究仍有疏漏，又通告各界，广征关税问题意见。⑤ 并邀请马寅初加入关委会，"以马君对于关税，素有研究，故将备函，请其随莅临该会所组织之关税委员会，共同讨论"。⑥ 且分函各会员征

---

① 参见《总商会关会委员会纪》，《申报》1925 年 9 月 10 日。

② 《总商会关税委员会主任王晓籁之关会谈》，《申报》1925 年 9 月 20 日。

③ 参见《会务纪要》，《总商会月报》第 5 卷第 9 号，1925 年 9 月。

④ 关于上海总商会关税自主权委员会的情况，参见《总商会添聘关税会议委员》，《申报》1925 年 9 月 8 日；《总商会关税委员会纪》，《申报》1925 年 9 月 10 日；《总商会昨开关税委员会》，《申报》1925 年 9 月 16 日。

⑤ 《总商会广征关税问题意见》，《申报》1925 年 9 月 15 日。

⑥ 《总商会请马寅初加入关委会》，《申报》1925 年 9 月 11 日。

求意见，并推定设立委员会，"请熟诸税务专家，共（公）同讨论，发抒意见"。①

总商会关税委员会顾问潘忠甲随即在总商会月报上，发表了长达 2 万字的《解决关税十大问题》文章，就撤废协定税则之办法、最惠国条款之解释、二五附税抵补裁厘之主张、税款存放旧章之恢复、船钞协定之废除、华洋不平等待遇之矫正、修改税则之自主及参加、出厂税华洋一律待遇、产销税不宜举办之理由、宣告免税及禁品之自由等问题做了探讨。② 9 月 12 日，总商会常会通过《筹备关税会议案》，议决以潘氏所提出的十大问题意见作为拟向关税会议提出意见的基础。③

在总商会的号召以及商界对积极收回关税主权的努力下，上海银行公会等其他重要同业团体除派代表参加总商会有关会议和总商会关税委员会外，还纷纷召开会议，成立专门组织进行研究，对关会的意见和建议提出业界的看法。由于关税问题是一个专业性很强的问题，这些以研究关税问题为宗旨的组织，在提高商界理论水平方面发挥了重要作用。

由于关税会议及增收二·五附加税用途等问题与银行界关系密切，银行公会在 9 月 4 日的公会董事会上议决成立关税会议研究委员会，公推公会正副会长倪远甫、孙景西及盛竹书、李馥荪、徐新六、冯仲卿、徐沧水为研究委员。④ 上海机制面粉公会也因关税会议召开在即，于 9 月中旬召开上海各厂代表会，议决组织面粉业税约研究委员会，公推顾馨一、荣宗敬、方燮尹等为委员，共同研究。组织面粉业税约研究委员会是有其背景的。因为"一战结束后，欧洲农业生产渐恢复其战前水平，中国面粉出口减少。而美国、阿根廷、加拿大等国农业丰收，所产麦粉销路不畅，售价又低，纷纷被运到中国，占领了广东、汕头、福州、厦门等中国南方市场。华北、东北地区又有日粉不断涌进。外粉输入，以供应外侨食品为借口，在通商口岸免税，进入内地又免征厘金。而国粉出口税却繁苛，如动到日本，每包征收洋七角。1921 年外粉输入总量是 75 万担；1922 年增至

---

① 《总商会广征关税问题意见》，《申报》1925 年 9 月 15 日。

② 参见潘忠甲《解决关税十大问题》，《上海总商会月报》第 5 卷第 9 号，1925 年 9 月。

③ 参见《会务纪要》，《上海总商会月报》第 5 卷第 10 号，1925 年 10 月。

④ 参见《上海市银行商业同业公会关于段政府根据九国公约召开关税特别会议上段祺瑞、外交部、财政部及关税委员会书》，1925 年，上海市档案馆藏银行公会档案，资料号：S173—1—55。

360.9 万担，输入量已恢复并超过了战前水平；1923 年输入面粉数高达
573.8 万担。"① 与此同时，国内政局不定，军阀之间混战频频，不少地区
田地荒芜。长江流域因干旱少雨，小麦歉收。内地如陕西、河南等省的小
麦因战事而交通不便，运输困难，路途捐税种种，运费昂贵。由于原料缺
乏，外粉又倾销，形成麦贵粉贱的局面，使国厂面粉产销量骤减。上海各
面粉厂 1922 年、1923 年的销售量仅及生产能力的 28.2% 和 33.9%，同一
时期，福新一、三、七厂的面粉产量也有所下降。1922 年茂新、福新各厂
都出现亏损，共约亏损 50 万元；1923 年茂新系统继续亏损，福新各厂略
盈，盈亏相抵，仅余 2 万多元。② 为实现关税自主，委员会很快提出了关
税意见书，指出"洋粉进口，照约免税，年来源源输入，成为营业大宗；
华粉输往各国，税率极重"。"现在关税会议开幕伊尔，粉业同人为国权
计，为自卫计，不得不贡献其刍荛，以备采择。"具体意见认为"规定洋
粉进口免税额数，列入议程，如进口洋粉超过定额，则须征税，既符约
章，又裕税收"；同时，"应于会议席上，提出华粉运往各国，援洋粉进
口免税之例，商定免税额数，逾额不妨征收，但税率亦须减轻，以昭公
允"。并分函同业征求意见。③ 华商纱厂联合会也积极地参与了关税会议
的筹备工作，同样也有其背景的存在。因为"战后日本国内棉纺织业的发
展已趋饱和，而我国的棉纺织业却异常繁荣。所以日本资本家除大量向我
国倾销棉纱外，还趁机将战时向英国订购而此时才开始交货的纺织机运到
中国设厂。以 1925 年和 1919 年的数量比较，日资在华纱厂的纱锭数增加
了 281%，布机数增加了 385%；同时期华资纱厂的发展速度低于日资纱
厂，纱锭数仅增加 183%，布机数增加 320%。至 1925 年，日资纱厂的纱
锭数在全国纱锭总数中的比重迅速上升，由 1919 年的 27% 增至 38%；布
机数在全国布机总数中的比重，也由 1919 年的 23% 增至 35%"。④ "日资
纱厂的竞销，使我国棉纱市场上呈现供过于求的现象，纱价急剧低落。日
本棉织业向来以美棉、印棉为大宗原料，1922 年美棉、印棉价格飞涨，

---

① 上海社会科学院经济研究所：《荣家企业史料》上册，上海人民出版社 1962 年版，第
167、171 页。

② 同上书，第 54 页。

③ 《面粉公会之关会意见》，《申报》1925 年 9 月 20 日。

④ 上海社会科学院经济研究所：《荣家企业史料》上册，上海人民出版社 1962 年版，第 62
页。

我国棉花价格也随之而涨，但比美棉价格低。在华日资纱厂以其雄厚资金大量收购华棉，除供应在华日资纱厂需要外，还大批输往日本。棉花供不应求，价格扶摇直上。1922 年后，花纱交换比率长期对纱厂不利，在国内市场上出现了连续 4 年之久的所谓'花贵纱贱'的局面。申新一厂每件纱的总成本中棉花成本所占比重逐年上升，1921 年占 78.5%，1922 年和 1923 年分别上升到 80.6% 和 81.7%。"[①] 棉贵纱贱的现象虽然与"去年棉收略歉，与国内兵匪扰攘、棉纱之销路不振，不无关系"，但主要的原因是"日人之垄断耳"。中国地广人多，棉布需要量大。日本的棉纱、棉布大多运到中国销售。而中国纺织业的发达，"是夺其纱布之销路"。于是以压低纱价、收购棉花的阴谋打击中国纺织业，"华商未及预防，而卒中其计，不得已而竟至停工"。[②] 此外，日资纱厂除了操纵花纱价格外，还享有华商纱厂没有的特权，那就是他们以"三联单"为护符，在内地采办棉花，通行无阻。"三联单"只适用于出口的土货，日商采办棉花并不出口，但仍利用"三联单"避免内地关卡重征。北洋政府明知其违反条约，也不敢制止。而华商纱厂采办棉花必须交纳重益捐税，而且交通受阻，运输费时，华商纱厂处于不利的竞争地位。荣宗敬曾联合同业，用停工减工等办法阻止纱价不跌，仍未能挽回颓势。华商纱厂联合会也致电北洋政府国务总理、农商总长，要求禁止国棉出口及豁免花纱税厘，也没有结果。华商纱厂各有亏损，其中申新各厂 1923—1924 年两年亏损达百余万元。[③] 因此，华商纱厂联合会董事会认为关税会议关系棉纺业甚巨，于9 月间致电政府希望允许推派代表出席，并于 10 月 1 日议决以关会委员会委员王正廷兼作为该会关税会议正式代表，同时请上海各厂主及该会书记随时赴京接洽。[④] 但关税会议委员会复电，仅允纱厂业推顾问一人，纱联会即于 10 月 15 日推该会副会长荣宗敬为关税会议顾问，以详加研究，提出意见。

　　除以召开会议、通电、成立关税研究机构等形式积极向政府建言献策

　　① 　上海社会科学院经济研究所：《荣家企业史料》上册，上海人民出版社 1962 年版，第 148 页。

　　② 　同上书，第 147 页。

　　③ 　参见上海社会科学院经济研究所《荣家企业史料》上册，上海人民出版社 1962 年版，第 153 页。

　　④ 　参见《上海市棉纺织工业同业公会董事会会议记录（4）》，1925 年，上海市档案馆藏，资料号：S30—1—39。

外，商人社团间还不断加强联系，以形成关于关税特别会议的意见和行动。其中，上海总商会关税自主权委员会积极活动，除起草关税意见书外，并公推吴蕴斋进京，向全国商联会接洽关税事宜。① 9 月 16 日，上海国货维持会为提倡国货，关税自主，也推举张子柱、李馆卿、冯少山、亦汝卓到镇江、南京、汉口、九江、开封、济南、北京、天津、长沙、芜湖等地宣传联络。②

为存储关款，上海、北京、天津、奉天、汉口五处总商会还致电各省区商会，要求发起中央银行。其理由为"关税收入占全国收入三分之一，此次关税会议加税以后，若再统由外国银行集中存储，商业更将坐困"。所以决定"集合全国商民，建设中央银行，官商合办，经理关款，即以活动金融，其详细办法，容俟提出北京临时大会公决"。③

为争取各国的同情和支持，总商会还运用民间经济外交手段，加强了与中外政府的联络、沟通工作。9 月 19 日，上海总商会关税自主委员会主任王晓籁往访唐绍仪，陈述上海总商会意见及该会筹备经过。唐提出，关税职员应由中国人自任，收入税款应交存中国人之银行机关。④ 当美国关会代表抵达上海之时，上海总商会设宴招待，会长虞洽卿的致辞一方面表达了对美国政府寄予厚望，他说："此次关税会议，我国人民非常注意。故鄙人等对于二君，抱有极大之希望，诚以二君乃远见卓识之士，视我华人受条约之束缚，为极不幸之事，而极盼中国之解放及改造，得早日施诸实行，俾与其他文明各国，事事无不平等待遇者也。"进而希望"此次关税会议，为世界各国所注意，更为一般希望中外邦交产生一新纪元者，所引为难能可贵之盛会"。另一方面，明确表达其团体对于关会的态度，"鄙人等所希望之最重要问题，即解决关税自主权是也"。⑤ 另外，总商会于10 月 20 日，公宴赴京出席关税会议途经上海的英、法、意、比、葡 5 国特派出席关税会议代表。总商会正副会长虞洽卿、方椒伯及总商会会董王晓籁、沈联芳、赵晋卿、姚紫若、劳敬修、祝兰舫、孙梅堂、沈燮臣等出席招待会。席间，他们向各国关会代表阐明协定关税对于中国经济及中外

① 参见《总商会昨开关会委员会》，《申报》1925 年 9 月 13 日。
② 参见《国货会在总商会欢迎宣传代表》，《申报》1925 年 11 月 13 日。
③ 《全国商界发起中央银行》，《申报》1925 年 9 月 29 日。
④ 参见《唐少川与王晓籁之关会谈》，《申报》1925 年 9 月 20 日。
⑤ 《总商会公宴美国关会代表团纪》，《申报》1925 年 10 月 13 日。

贸易的影响，声明坚持关税自主的立场。如虞洽卿在欢迎词中道："此次关税会议，足开中外邦交之新纪元，促进彼此相互之谅解及同情。数月以来，敝国人士对于关会问题，异常注意，业经悉心讨论，因其关系中外商业与邦交至重且巨。吾国为世界重要市场，对于国际贸易，实有莫大之方便，则各国对于关会，当也视为极端重要。固不仅我华人为然也。"加之我国现有的关税制度，有损于我国的经济发展，同时直接间接减弱人民的购买力，"吾国人民虽极愿振兴中外贸易，终因力有未达，而不能有大规模之进展"。因此，全国国民"深盼关税问题之解决"，解除协定关税之束缚，使中外间商业有宏大的发展，使中外商人皆蒙其利。上海卷烟业领袖陈良玉还代表全国商业联合会在欢迎词中称："敝国商民一致主张关税自主。"以此表示，希望诸位代表赴京参与会议，主张公道。①

为加强对关税自主的宣传，关税会议召开前夕出版的《总商会月报》发表了《关税会议与关税自主》的专论，指出关税会议根据华盛顿会议九国公约而来，而华府条约与从前中国与各国协定税则的条约精神是一贯的，中国丝毫不得自主。所以关税会议的意义就是承认协定税则的继续，同意受八国的共同处分。对英、日、美、法等主要国家对关会的态度进行了分析，认为关会终难实现关税自主，而人民对于关税会议必须坚持关税自主则显得尤为重要。因为"关税自主之能否达到，关系本国工商业之盛衰，立国大计也。而商工团体对之尤有切近之利害，亟应注意于此，集会研究，详考利害所在，洞彻发表，作一种有力之主张运动，一面使国人共知共晓，一面督促政府当局不为近利所惑，一面向列强力争"。②

有评价认为："关税特别会议前上海商界对关税问题的研究和关税自主的宣传，加深了包括商界在内的国人对关税问题的了解和对关税会议重要性、实行关税自主必要性的认识，也为政府筹备关税会议，准备相关提案，提供了决策参考，对营造关税自主的舆论氛围也具有重要作用。"③

三　中国商人组织为关税特别会议建言献策

1925 年 10 月 26 日，关税特别会议在京举行。针对会议的进展情况，

① 《总商会昨晚欢宴各国关会代表》，《申报》1925 年 10 月 21 日。
② 《关税会议与关税自主》，《上海总商会月报》第 5 卷第 10 号，1925 年 10 月。
③ 陶水木：《上海商界与关税特别会议》，《史林》2007 年第 7 期，第 150 页。

以上海总商会为首的商人组织踊跃地建言献策，提出意见和建议，对会议施加了积极的影响。以下围绕争取关税自主权及裁厘问题、关款存放问题进行分析。

（一）关税自主权及裁厘问题

关税会议初期对关税自主问题做了讨论。中国代表王正廷在开幕式上即提出了关税自主提案，关税特别会议第一委员会即关税自主委员会分别于 10 月 30 日、11 月 3 日举行了两次会议，对关税自主以及裁厘加税问题进行了磋商。由于第二次会议上，日、美两国分别发表了原则同意中国关税自主的宣言及提案。对此，政府当局与国人对关税自主持两种不同的态度，一种为盲目乐观的态度，另一种为悲观的态度。为认清形势，为关税会议提供意见和建议，《总商会月报》于 11 月刊登了关税会议专号，主要有马寅初的《关税会议日美提案之比较》、诸青来的《关税会议之名义与实际——日美两案及其互惠协定得失之研究》、梁龙的《关税会议美日政策之异同》等文章。这些文章虽各有侧重，但主旨都在评析美日提案对我国的得失利弊，而重点又在分析美日赞同关税自主的条件，提请政府当局引起足够重视。对于美国所提裁厘一事，梁龙在文章中指出：美案条件在裁厘，而裁厘素为我国主张，为何美仅以此为条件愿把国定关税权拱手相让？因为美案所提厘金范围甚广，"深知吾国在今日政治现状之下，三年之内必无裁厘之能力也"。并针对上述分析，提出的建议是发表一宣言，不以裁厘为恢复关税自主之条件，或声明厘金范围限于各地通过税及裁厘限于全国 2/3 以上大商埠实行。而对于日本提出的互惠协定，论者均指出其名为互惠，实则不然。日案的用意在以单独协定代替现行的一般协定，而在不平等条约规定"利益均沾"的情况下，单独协定最终必然是一般协定，中国名义上收回国定税率之权，实际上仍受新协定税率之束缚。针对这种情况，梁氏提出政府应速定 5 项原则作为进一步交涉之方针，即（1）关税自主权应是完全的，不受任何限制；（2）不能以单独协定为交换条件；（3）取消商约上最惠国待遇之条款；（4）可以作自动裁厘之宣言，但不得以裁厘为条件；（5）不得以吾国之基本工业为协定之货物。①

对于日本方面提出的同意中国关税自主之意见，舆论界有如下分析，认为"日人方面，均以日置氏演说，足以诱发中国国民之快感，与中国国

① 梁龙：《关税会议美日政策之异同》，《上海总商会月报》，1925 年 11 月第 5 卷第 11 号。

民以极好之印象，颇自诩其在会议外交开始之成功，惟日置氏之演说，类多属于抽象的，以故重要之意味，未曾彻底"。并对日本提案中最紧要的两点做了分析："（1）以互惠协定为基础的国定税率之承诺，换言之，即自主权收回之承诺。（2）依据差等税率之平均十二五以内是也，但上述两案，本不能同时并立。"因此表明："日本之真意何在，仍不能令人无疑"。因为"若依据第一案，则依互惠协定，即与承认自主权无异，实投合中国方面之希望。惟中国关税定率，虽已公布，而其附关税率表，现尚在起草中，非俟中国制定交付后，日本实际贸易上各种货品，果受如何影响，殊不能知。故在原则上虽属不妨，然欲即依据之以与中国订实际的协定，殊可能。"再加之中国对于日本之棉纱棉布，据说在某期间内，"与以放置在互惠协定税率内之谅解，故此案对于日本，似较第二案为有利。其次第二案之选择条件，以向来之一律划一者，改为平均十二五以内，且由要求差等税率之点而言，全然与马凯条约以后之传统主义，迥不相同，并为特别考虑日本利益之提案"。对于王正廷所提出中国关税自主权收回之要求，认为："第二条与厘金裁撤同时实施国定关税定率法之提案，系以三年为期，但厘金裁撤三年间如何实行，亦与向来同为实际之疑问。惟在第三条，有在第二条实施以前，奢侈品以外普通货物，亦于现行五分之上更加五分附加税，作为暂行法，由此而言，则除厘金税及其他影响以外，加以现在子口半税之二五，已成为十二五之高率。"虽然日本所处的地位，较《马凯条约》裁厘加税以上之不利，但日本方面，深信中国之主张，含有可以折扣的意味，"故若加以最低二五之附加税，即以七五为限，则日本反为有利"。因此预测今后中日两国间的交涉，"大概以中国方面提案之第三条为主要问题，以期附加税率之低减，而其条件，则为以裁撤厘金为期间，承认日本方面提案，以互惠税率协定为条件之国定税率"。如此一来，"日本对于中国，可以援助自主权要求之国民期望的完成，并可免日本追随英国传统的对华政策之不利，而日本并得以此关税会议为机会，以期中日两国国交之转变"。当然，对于中日两国的利害关系，是否能如此简单而得调和，表示"固为一极大之疑问也"。[①]

为主张关税自主，太平洋国民会议委员还召集沪上商学等界各领袖进行讨论，议决"（1）由列席诸君联名，通电主张关税自主；（2）组织关

[①] 《东京通信》，《申报》1925 年 11 月 4 日。

税自主促成会，专事促进此后应当进行一切事宜；（3）当由到会诸人推选执行委员七人，计余日章、黄任之、冯少山、沈信卿、刘王立明、王云五等主持会务，而委员中之组织，刻已推定余日章为主任，赵晋卿为副主任，王云五为书记，霍守华为会计"。对于关税会议，"一致主张以收回自主为唯一之目的，绝对反对增加二五或一二五等协定办法，各友邦果诚意对我，应首先赞成收回之提议，吾国国民必心志勿忘，同人更敢以坚决之态度，正告我关税会议各代表曰，万一不能达自主之目的，毋宁停止会议"。表示"吾全国国民誓为后盾"。①

另外，关于裁厘等问题，关税会议专号同时还刊出了总商会关税委员会主任王晓籁的《关税自主与自动的裁厘》、刘大钧的《关税会议与裁厘》、马寅初的《关税自主与出厂税问题》、叶景华的《实行税则自主的日期问题》等文章。其中，王晓籁的文章指出：《马凯条约》20 余年后，裁厘加税成一连缀名词，"一若非裁厘不能加税，欲加税则必裁厘者"；但"敝会素来主张裁厘与加税不能混为一谈，即不加税仍当自动的裁厘"。②此主张是其代表上海总商会出席北京全国商会联合会关税特别会议临时会的演说，也是总商会向大会提出的提案，反映的是总商会的意见。

总商会出席北京全国商会联合会关税特别会议临时大会代表王晓籁、闻兰亭、劳敬修、陆伯鸿提出的关于关税问题的提案也在关税会议专号上刊出。《吾国于关税特别会议中应力持关税自主意见书》指出："如果此次会议中国民不以关税自主为惟一之目标力求贯裁（彻），则工商业所受不平等条约之束缚依然，内地土货所受厘金之障碍依然"。并进一步强调："再苟且偷安冀以二五附加或办到加税十二有半为足，纡目前之急，是不啻举巴黎和会和华府会议两次力争关税自主之提案自行宣告放弃，各国益有词可籍，而以后更无提出之机会，八十年余来所受之束缚与苦痛将永成为附骨之疽矣，此我全国国民不可不深切注意者也。"即体现了总商会对于关税会议的根本主张——关税自主。③《反对举办产销两税案》文章中对于中央商约提出的裁厘之后举办销场税、中美中日商约提出裁厘之后新设出厂税的主旨，认为均是为加税后恐不足抵补裁厘而起，而事实上加税后

---

①　《关会消息并志》，《申报》1925 年 11 月 3 日。

②　王晓籁：《关税自主与自动的裁厘》，《上海总商会月报》第 5 卷第 11 号，1925 年 11 月。

③　同上。

增加税收抵补厘金有余 1600 余万元，所以"无庸另设新税抵补"。另，指出此项产销税照约由常关稽征，由海关监察，如有不合例之留难需索由英官员会审，此即产销税实行之日，即我国财政主权降为英国从属之日，为主权计，产销税自不应举办。最后表示，厘捐税率虽有不同，然至多不过 5%，而据财政当局所议产销税达 7.5%，反较厘捐为重，为维护国产计，产销税也不应创设。①

关税自主促成会为促成关税自主事，还特在总商会议事室讨论进行，并议决办法："将由总商会省教育会等各公团，公举代表赴京，力争关税自主，并由各公团及各业领袖，分电各国各重要团体及在野名流，表示我国国民对于本届关税会议之主张"。此外，对日外交市民大会及市民提倡国货会以及上海职工青年会等团体，也纷纷致电北京关税会议，表示"商业凋敝，实业不振，国货不兴，其原因全由于关税不能自立"，因此"关税自主，攸关国权，二五加税，毋宁停会，此为国民一致之主张"。希望"尊重民意，据理力争，冀达自主目的，挽回已失主权"。对于"万一各国代表一味强横，我方意见，不予容纳"时，"情愿退出会议另谋对付办法"。② 关税委员会复电总商会，表示"自当一致力争，以期恢复自主"。③

11 月 6 日，以上海总商会与江苏教育会等团体头面人物为主的关税自主促成会余日章、沈信卿、赵晋卿、霍守华、冯少由、顾子仁、余鹏、孙道胜等在总商会举行会议，议决力争关税自主，并由各公团及各业领袖分电各国各重要团体及在野名流。随后以虞洽卿、袁观澜、余日章、赵晋卿、顾子仁 5 人名义致电日本议会及各商会、报馆、政党，美国上下院外交委员长及各商会、报馆，法国内阁总理及各商会、报馆，英国议院及各商会、报馆，电文内容虽有小异，但主旨一致，即表示中国人民于此次关税会议"一致以立即恢复自主为目的，绝对反对任何协定关税办法"，希望各国理解和赞成中国主张。④

总商会还举行了舆论宣传工作，第一段"为报告美国舆情，略谓美国各界，于九月间曾开一联合会，所讨论者，专为对华关税自主及治外法权二项"。并议决三项办法："（1）关税应归中国自主；（2）治外法权可以

---

① 王晓籁：《关税自主与自动的裁厘》，《上海总商会月报》第 5 卷第 11 号，1925 年 11 月。
② 《关会消息并志》，《申报》1925 年 11 月 5 日。
③ 《关会消息并志》，《申报》1925 年 11 月 7 日。
④ 同上。

有条件的归还中国；（3）如关税会议不通过自主，则美国应单独承认，此会与议人，均为美国各界领袖，而我国施肇基公使及郭秉文博士，亦均列席。"第二段明确各方代表"为抵沪后与各方面接洽的情形"。而上海各团体领袖人物，对于关税会议，"全体一致主张争回完全自主，可见国内外同胞之主张一致"。第三阶段述说了以后的进行步骤，"可分为三步，第一步关税会后，必行坚持自主。如不能达此目的，则即应打倒此种会议，以免将来更增加一重束缚。打倒会议之后，即进行单独谈判，任何一国能先允我自主，即先与何"。①

为取得日本国民的支持，关税自主促成会还决定由东京中华公使馆转日本议会各商会报馆政党，称"此次关税会议，敝国国民一致以立即恢复自主为目的，绝对反对任何协定加税办法，贵国政府人民，果以同种同文之谊，企图增进两国亲善，当本昔年贵国要求取消不平等条约宣布关税自主之原则，承认实行之办法，则历年中日间之意见，将消泯于无形，两国与有利"。②

上海总商会除在关税自主案方面为政府提供了积极的提案外，还具体就厘金、子口税以及产销税等提出了种种意见。王晓籁在其自动裁厘案中，对厘金的起源做了回顾。厘金起源于前清，咸丰年间洪秀全之乱时候，因军费无处，乃就江北运河即镇江扬州一带设局课税，当时税率不过百之一，故称厘金。厘金初设之时："商人亦少感痛苦，迄后推行各地，增设局所，于定率外，附加杂税，各省官吏，又从中巧立名目以取（益）。于是有所谓统捐、产销税、落地捐、包捐、饷捐、山海税等名目，均厘金之变相。内地商品，层层留难，国货滞销，价格腾贵，而吾商人苦矣。"并且阐明了厘金之患："不仅华商苦之，洋商亦恶其繁重。清咸丰六年（1856），乃有子口税之条约，三联单之规定。洋商依海关正税例，完纳子口半税，则洋货运入内地，土货运至通商口岸，经过厘卡，一概免征厘金，于是同一货物，洋商运之则免厘，华商运之则不得免。而洋商之挂洋旗者，乃日多，且子口半税，在华商视之，较厘金为轻。"在洋商方面，虽持有联单，但由于沿途局卡，其损失亦难预计。"往昔吾国屡向各国提议加税，而各国屡以厘金未裁，及其他应尽之义务，为条约上所载者，未全履行为搪塞。今日

---

① 《关会消息并志》，《申报》1925 年 11 月 6 日。

② 《关会消息并志》，《申报》1925 年 11 月 7 日。

交通机关，逐渐发达，与二十余年前马凯条约缔结时，迥不相同，洋货既随轮船、火车以直入内地，而中国裁厘与否，与洋商无其利害，而藉词以迁延加税成约至实行者，在洋商不允我国提高关税值百抽一二.五，以阻碍其对我进口货物之销路，固为重要之原因。"二十余年来几等废纸之裁厘加税条约，确有实行之机会，其重要之点，惟在政府以二五附税抵补裁厘，即先自动实行，以渐完成关税自主之目标耳，盖厘金之不能裁，实由于过渡时之无抵款，以为抵补。"按照中英条约，厘金完全撤废之日，即关税值百抽一二.五开始之日，但税项未集，厘款先失，各省当局反对裁厘，而约文所以无从实行。对此，认为解决之法，"惟有先增一部分之关税，以抵一部分之厘金，然后开始裁厘，裁尽则关税即可实行一倍半之约，再以一倍半所得抵补其余一部分之厘金，则此渡安然可过"。具体实行办法如下："（一）切实查明现在各省厘金净入之数，除去厘卡经费。（二）实行二五附加税及奢侈税后，以六个月所得税款，分配于各省，以抵全年厘金之一部分，通令即日一律裁撤厘金。（三）裁撤厘金之日，即关税增至值百抽一二.五之日，六个月之后，再以增收之关税，分配于各省，以补足全年厘金净入之数。（四）厘金一律裁撤后，同时制定关税法，实行国定关税定率条例，但至迟不得过民国十六年一月一日。"①

对于土货子口税华洋厂一律待遇案，出席全国商会联合会代表王晓籁认为："子口税亦不平等条约所产不平等税项之一，洋货运入内地，照约纳子税半税一道外，即可畅行无阻，沿途经过各关卡，不得更课以任何捐税。而土货运销国内，除机制防洋货外，皆可叠床架屋，节节重征。而运领国内，又例须逢关纳税，遇卡抽厘，此则于待遇洋货外，并进而待遇洋货商矣。又同是不出口之土货，洋商在华设厂，即可利用三联单采办原料，就地制造。而华商置办原料，无论为新式之机制工厂，抑旧式之手工作场，即不许照洋厂办法避免重征，是于优待洋货洋商之外，更进而优待洋厂，而歧视土货之中，复进而歧视华商华厂矣。"谴责此等办法："实属贻羞国家，骇人听闻，匪直阻碍实业之发展而已也"。提出救济之道，"除实行裁厘时，此税当然同时废止外，在厘金未裁前，既不能强在华洋厂以完纳厘金，即不能不许华厂以均沾利益，谓当由本联合会呈请财政部，对于华厂方面，购办外国原料，准予一体领用三联单，除完纳子口半税一道

① 《王晓籁提自动裁厘案》，《申报》1925年11月10日。

外，盖免重征。"但由于"要求修改不平等关税及不平等条约，此种国内之不平等待遇，苟非自动矫正，迅速实行，恐政府亦无以自解"。因此"本联合会为全国商人之总机关，拥护华商利益，申诉华商疾苦，职责所在，断难再行坐视"。表示"务达取消此种不平等待遇而后已"。①

对于产销两税不宜举办的理由，上海总商会代表于全国商会联合会提出："中英商约，许于裁厘后创设销场税，中美中日商约，许于裁厘后创设出产税，其主旨纯为加税后恐不敷抵补裁厘而起。盖当时海关全部税收，仅二千余万，较之今日，尚不足三分之一也，现距订约之时，已将二十余载，税收情形，较前大异，安能以既往情形，奉为今日之金科玉律？"并列举在民国十一年（1922）时候，财政、农商两部开关税研究会讨论时的结果："根据民国十年之海关税收，推算加速后之增收数目，谓与裁厘相抵，尚可余千六百万元左右。"另根据去年海关税收来看，"仅进口税一项，较民国十年已增至三成半左右，而当时财政讨论会代表之估计，其于出口税增收七五并未依据壬寅商约第八款第七节，以切实增收之数列算，故一经详细考核，所余当尚不止一千六百万左右，毋庸另设新税抵补"。理由之二为"产销税实行之日，即我国财政主权降为英国从属之日。使受此项屈辱而处于财政上不得已之情形，或条约上有必不可免之义务，则亦受之无辞耳。不知此项产销税，在财政上确无必要之情形，而条约之规定，只为各国容许，我以任便征抽，并非责我以必办，则勿办产销两税，非特惠养民生，正所以解除条约上监察权会审权之束缚，是为爱护主权计，产销税亦不应举办"。产销两税之重，以不出洋土货为例，"譬如由土丝而制成土绸，由木料而制成家具，丝与木料，既须先汇值百抽七五之产销税，迨其制成丝与家具，又须重完值百抽七五之产销税，是合计已值百抽十五"。如此重税，"何能与就地制造之洋货，仅完一值百抽十之出厂者相竞争乎？"因此，对于原以抵补厘金所失为目的的产销税，"今加税抵补裁厘，尚有盈余，何必尚欲举办此恶税？"②

经过上述努力，总商会关税自主促成会在欢迎赴京回沪代表时，对于关税自主案及裁厘问题做了如下叙述："特别关税自主案原则，略谓关税自主，原在维护主权，至于裁厘属内政，不能合并讨论，而含有条件意

---

① 《王晓籁提土货子口税华洋一律案》，《申报》1925 年 11 月 11 日。
② 《总商会代表提反对产销两税案》，《申报》1925 年 11 月 18 日。

义，因由会中决议，电请段执政既开关税委员会，请于协定条文内，勿将裁厘案列入。"至于厘金，因其"久为民患，国民极愿与最短期内，一律裁撤，又自主案，切望于一年内实现"。①

关税特别会议不仅引起了国内民众的充分重视，于国外尤其是日本产业界影响也颇为深刻。日本各方面的讨论主要分为两种：一种是从事于输出工艺品制造者方面，认为"以中国关税率之提高，与日本以一大威（胁）者，务运动中国关税率之减轻"。另一种则是从事于由中国输入原料品之事业者方面的意见，则希望"欲利用此机会，使中国减轻或取消原料品输出税，作为输入税率提高之代偿"。并且这两方面均各自为其意见做出了具体的宣传或运动，以期达到目的。为此，日本工业俱乐部与日本经济联盟两者联合而成的委员会，对于中国生产税实施之可否与输出税之取消或减轻之可否的问题进行了讨论。据其提案意见的概要，有如下表示："为鉴于日本产业界之现状，日本与中国间有极重大之关系者，为依《马凯条约》所决定之生产税不问中国人与外国人，凡在中国经营机械工业者，对之须课相当于一九零一年所规定输入税之倍额。试以之与日本现在工业之关系观之，则最近之著名的事实，为日本纺织工场（纱厂），向中国侵入之倾向。倘日本以为宜向工资比较本国低廉之中国侵入为是，则将以努力于此为其国是，果而则日本对于生产税之赋课，自不能不极力以反对之也。然若日本之经济政策，于现在仍无变更，则日本在将来，亦务必维持其为工业国之地位，而对于与他国之竞争，亦自然欲确保其竞争有利之地位。如是则对于中国生产税之赋课，自然不得不大为欢迎，此两者究为孰是孰非，实与日本国策之变更与否大有关系。"因此该会以为"非举全国国民，从事静细之研究不可"。因此，商界认为："上述二项意见，为日本产业界对中国关税会议意见之二大潮流，此二大潮流之关系，非常错杂，殊难得调和之解决办法，其何去何从，与其国之产业政策，有重大之关系。"②

关税特别会议期间，另一引人注目的内容则是日本提出的所谓"互惠协定"。在关税会议的后期，日本公使芳泽谦吉遵照日本政府的训令，于1926年1月20日照会中国外交部，称"为使中日两国之特种经济关系更

---

① 《关税自主促成会欢迎赴京代表》，《申报》1925年11月24日。
② 《东京通信》，《申报》1925年11月22日。

加紧密，并使两国之亲善友谊益臻敦睦起见"，希望"由中日两国开始商订实施中国国定税则时关于税率之互惠协定"。① 即由日方首先正式向中国政府提出商定关税互惠协定要求。

对于日本提出的所谓"互惠协定"，国人认为这是出于日本为掠夺中国资源，以占有中国市场为出发点的"损人利己"的目的而提出的。理由如下：中国是日本最大的贸易"伙伴"之一，"甲午战争之前，日本在中国外贸中并不占有重要地位，其时中日贸易值仅占中国外贸总值的 2%—6%，无法与其他列强相比。但是，经过甲午战争及日俄战争后，日本的各种产业迅速发展，它视工业落后的中国为其绝佳的输出市场，以其相对廉价的轻纺工业制品倾销于中国，同样又将其经济发展所匮乏、急需的原料品自华输入国内，这样便使日本在中国对外贸易中的地位迅速加重。中日贸易在中国外贸总值中战前约占 1/5，战后（含战期）一段时期占 1/3，至 20 年代占 1/4。"② 其中，日本输华商品主要是棉纱等棉制品，这些产品受到第一次世界大战期间发展起来的中国棉纺品的竞争。中国输日商品主要是棉花、铁矿石等原料品，而日本提出的互惠协定主要商品是日输往中国的棉纱及中国输日的棉花、大豆、铁块等，由此可见其用意如何。但中国外交部的答复却是为"两国经济互相通惠起见，对于贵公使前项之提议，可予赞同"，应"及早由双方酌定各国特种商品，使两国共同享受互惠之利益"；③ 并转照关税特别会议委员会，请即核办见复。如此，双方拟定了包括："（1）限于特殊货物数种；（2）务期从速缔结；（3）双方须含互惠之性质；（4）互惠协定与国定税率同时实行；（5）最惠国约款，不适用于互惠条约。"在内的中日互惠协定五原则。④

为减少中日贸易中对中国国货产品的打击，上海总商会于 3 月 1 日致电外交部、财政部和关税委员会，陈述日方所提"互惠"协定对中国的危害，并就协定商品种类、期限等提出意见和建议："报载中日互惠协定，已决定办法八项，日允协定之华货，只限于棉、豆、铁块、生麻等，彼可

① 中国第二历史档案馆编：《中华民国史档案资料汇编》第 3 辑，江苏古籍出版社 1991 年版，第 688—689 页。

② 娄向哲：《民初中国对日贸易论》，南开大学出版社 1994 年版，第 202—203 页。

③ 中国第二历史档案馆编：《中华民国史档案资料汇编》第 3 辑，江苏古籍出版社 1991 年版，第 689—690 页；《中国已允诺日本要求缔结中日互惠条约》，《申报》1926 年 1 月 30 日。

④ 《中日互惠条约之原则》，《申报》1926 年 1 月 31 日。

利用之原料，名为互惠，仍系片面，且年限太长，应请将夏布、绸缎、陶瓷等，凡可以销韩之大宗熟货，要求列入协定，并将期限改为三年至五年，否则宁愿罢议。"[①] 华商纱厂联合会也电请将绸缎、夏布列入中日互惠协定减税货物之列。[②]

为配合上述要求，总商会不仅对国内情况做了具体调查，而且还对国外的华货销售情况做了了解。总商会于 3 月 3 日分别致函横滨、大阪、长崎、神户、仁川、朝鲜等地中华总商会，对于中日互惠关税协定一事，称："日本已派定专员与我国将次开议，并据报载已事先商定办法八条，将来即据此为蓝本开议之说。"而此事"关系吾华对日贸易甚巨，此时稍欠审慎，即足为将来无穷之累，拟将贵会就在日华货行销情形，各抒所见，何者统宜加入互惠协定之内，详于查明，径行分电外财两部及关税委员会，俾资采择"。[③] 即明确要求各地商会根据当地华货销售情形，提出应列入互惠协定的商品。

总商会关税委员会主任王晓籁于 3 月 14 日提出《对于中日关税互惠协定的意见》。他一针见血地指出：如"徒慕互惠协定之名，则外人利用我国原料，加以制造，又输入我国，吸我金钱，名为互惠，实则惠而不互"，要求引起当局的充分注意。并结合 1924 年的中日贸易情况，对所谓的"互惠"协定对中国财政经济的影响做了分析。"日本输入中国商品，照十三年度，棉织物、棉纱、砂糖、水产物、纸类五项之进口数值，总计约一万三千六百万两，今日本声明协定税率为七五……若援去年美国提案所谓普通商品在关税自主过渡时期按一二．五税率征税，则吾国此项对日协定之损失为百分之五，将来关税自主，国定税率实行，其平均税率应较一二．五为高，则此项对日协定之损失更不止百分之五。……此就财政上言，此项对日协定不宜轻率将事者也。再自经济上言之，尤有详细考虑之必要，日本输入中国之棉纱、本色棉布及砂糖等纯为国货竞争之劲敌"，我政府对于此类商品协定税率，应以勿使外货侵入国货市场为唯一方针。最后，提出了应对日方所提"互惠"协定的建议：中国应依据关税定率关于互惠协定相关条款减免输出商品税；另外，即使不变更日方提出的协定

---

① 《上海总商会电陈中日互惠协定意见》，《申报》1926 年 3 月 2 日。
② 参见《纱厂联合会电请将绸缎夏布列入中日互惠协定》，《申报》1926 年 3 月 17 日。
③ 《总商会致函横滨等处华商会函》，《申报》1926 年 3 月 4 日。

品目，中方也"宜速声明协定品目，不采货品数目等同，而采货价等同。同时须将我国之工艺品如夏布、茧绸、纸、伞、木器、地毯、景泰蓝等以及原料品并半制品之生牛皮、野蚕缫丝、丝茧、菜籽等一并列入为特殊互惠货品"，还应根据互惠协定国际先例"声明于相当期间或特别情形，有声（申）请改正之权"①。总商会对上述意见非常重视，随即于3月17日致电财政、外交两部并将意见全文转呈。②

因奉军将领郭松龄倒戈，国民军与奉军发生战争，国内局势动荡，关税会议时断时续，加之1926年4月段祺瑞政府倒台，关税会议便逐渐瘫痪，一些与会的代表也相继回国，关税会议被迫停会。7月3日，各国正式发表宣言"俟中国代表能正式出席与外国代表复行计划时，当立即继续会议"。③声明自行停止关税会议，由此，关会便无疾而终。因政局进一步变化，以上海总商会、上海银钱业公会为代表的商人组织，因倾向于南方政府，不再把解决关税问题的希望寄予北京政府，总商会关税委员会主任王晓籁与虞洽卿的女婿盛贯中应广东政府的邀请于4月赴粤"参观"，自4月后对关税会议态度也热情锐减。其后，尽管中国方面曾做出了复开关税会议的努力，但最终未能遂愿。但是正如颜惠庆指出的那样："经过大约一个月的谈判，中国的提案实际上被采纳了，基于此，列强在会议上表示承认中国的关税自主权，同意废除以往不平等条约中种种涉及关税的限制……这一决议既极其重要又意义深远，为中国日后自行管理关税事项提供了法律基础。即使关税会议中途而辍，亦是如此。"④即此次关税特别会议经过政府外交及民间经济外交的努力，会议的主要议题及议案已经有了大致的结果，并不会因会议中辍而改变。

中国商界一致要求关税自主的态度和努力，是对北京政府在关会上力争关税自主的敦促，也为北京政府与列强谈判提供了强大的民意后盾，实际上体现了对政府外交的支持。当关税会议最后通过决议案："承认中国享受关税自主之权利，允许解除各该国与中国间现行各项条约中所包含之

---

① 《上海总商会月报》1926年3月第6卷3号。

② 参见《致外交财政部转陈王晓籁对于中日互惠协定意见电》，《上海总商会月报》1926年3月第6卷第3号。

③ 中国社会科学院近代史研究所中华民国史组编：《中华民国史资料丛稿——大事记》第十二辑，中华书局1978年版，第113页。

④ 颜惠庆：《颜惠庆自传：一位民国元老的历史记忆》，吴建雍等译，商务印书馆2003年版，第197页。

关税束缚，并允许中国国定税率条例于 1929 年 1 月 1 日发生效力。"中华民国政府声明："裁撤厘金与中国国定关税定率条例须同时施行：并声明于民国十八年一月一日即 1929 年 1 月 1 日将裁厘切实办竣。"① 关税会议显然还留有许多遗憾，商界对此表示出强烈不满。上海总商会在关税特别会议后号召各团体帮助政府收回关税自主权，中华国货维持会、中华实业维持会甚至致电军事实力派吴佩孚、张作霖、孙传芳、蒋介石等请求支持。

（二）关款存放问题的主张

在关税会议期间，另一讨论最为热烈的问题便是关于关税税款的存放问题。清末中国关税主权因鸦片战争后被迫签订《南京条约》而丧失，但关税税款的保管权仍在，并交上海道经营，遇银根紧缩、市面紧张时，可以动用已收未偿之税款调剂市面。自辛亥革命爆发后，总税务司安格联以确保如期偿付指抵外债、赔款为由，要求将关税收支两项权利归总税务司管理，并得到了英国公使朱尔典的支持。清政府对内不甘心让税款落入革命党手中，对外迫于英国压力，只好应允。中国关税税款保管权从此丧失。"查关税存放外籍银行之历史，实以辛亥革命为起源。从前所有偿还外债之关税，由度支部饬令各关按期接交上海关道，由上海关道负责保管。但在未偿债之前，此项存放之款仍可贷与市面，藉以调济（剂）金融。迨辛亥革命，国体变更，旧例未能实现，外人虑我不能履行债务，乃乘机要求关税存放与支付之权利……查关税之存放各外国银行，仅为一时权益办法，条约上并未规定，而外人反喧宾夺主，实属痛心。"② 上海各外国银行总董开会讨论并报公使团修改、拟定的《总税务司代收关税代付债款办法八条》中③，规定"应请总税司筹备由各收税处所，将净存税项每星期汇交上海一次之办法"；"关系尤重之各银行即汇丰、德华、道胜三家，应作为上海存管海关税项之处"，以备偿还洋债及赔款。因第一次世界大战时德华银行一度倒闭及十月革命的影响，汇丰银行成了中国关税唯

---

① 程道德等编：《中华民国外交史资料选编（1919—1931）》，北京大学出版社 1985 年版，第 256 页。

② 《经济学季刊》卷 2，1931 年 9 月第 3 期，第 48 页；转引自王敬虞《近代中外经济关系史论集》，方志出版社 2006 年版，第 459 页。

③ 参见王铁崖《中外旧约章汇编》第 2 册，生活·读书·新知三联书店 1957 年版，第 795 页；陈诗启《中国近代海关史》，人民出版社 2002 年版，第 891 页；此处据陈光甫编《关税存放问题意见》，出版时间地点不详，上海市图书馆近代文献室藏，第 6 页。

一存放银行，使中国每年 9000 万元的关税收入为汇丰银行处置，使中国"凡百商业因之失其维持，受重大损失于无形中"。① 此外，欧战以后汇丰银行独家经手中国偿还外债的结价业务，每届中国交款，其挂牌行市都较真正行市为高，使中国再受重大损失。② "辛亥革命，列强藉口于债券危险，除辛丑条约外更进一步，要求将关税收支，全权委任于总税务司。自此以英国汇丰银行代替国家'国库'。"③ 总税务司还利用掌握关款进而垄断中国财政。总之，海关税款保管权的丧失，"与中国主权、经济以及国计民生关系至巨"。④

关税特别会议期间，上海商界在争取海关税款保管权、设立公库问题上步调一致地进行了积极的民间经济外交活动。

为收回海关税款保管权，关税会议期间商界就纷纷发表函电、谈话。其实，早在会议召开前的 8 月 14 日，上海总商会会董赵晋卿就关税存放问题发表意见，对于各商埠所收关税的保管问题提出如下建议："除抵补赔款及偿还由关税作抵之外债外，新增之数，应存吾国之银行，且现在关税会议即将召开，增税为期不远，除偿还债款外，余款尚多，应与全国商会、银行公会一致主张，所余关税，提存吾国人之银行，以上海商界与关税特别会议利金融而发展商业。"⑤ 这一主张对上海以至全国商界有很大影响。随后，上海、北京、天津、奉天、汉口五处总商会为发起中央银行，存储关款，致电各省区商会。"关税收入占全国收入三分之一，此次关税会议加税以后，若再统由外国银行集中存储，商业更将坐困。"为此主张"集合全国商民，建设中央银行，官商合办，经理关款，即以活动金融，其详细办法，容俟提出北京临时大会公决"。⑥

---

① 陈光甫：《致关税会议委员会书》，载陈光甫编《关税存放问题意见》，出版时间地点不详，上海市图书馆近代文献室藏，第 8 页。

② 我国偿还外债因货币不同须以规元折合，汇丰银行操纵的结价行市均较真正行市为高，据陈光甫统计，从 1921 年至 1925 年，按汇丰平均结元行市，中国每偿还 1 两规元要损失 0.46875 便士，而此 5 年中国共付外债计 15641079 英镑，共损失规元 1128714 两。见陈光甫编《关税存放问题意见》，第 14 —19 页。

③ 许金元：《中国关税问题年表》，载 1925 年《民国日报》，参见江恒源《中国关税史料》第 1 编，中华书局 1931 年版，第 6 页。

④ 陈光甫编：《关税存放问题意见》，出版时间地点不详，上海市图书馆近代文献室藏，第 23 页。

⑤ 《赵晋卿再申关税问题意见》，《申报》1925 年 8 月 15 日。

⑥ 《全国商界发起中央银行》，《申报》1925 年 9 月 29 日。

10月20日，陈光甫致关税会议委员会的《致关税会议委员会书》中，对关税存放问题的由来、关款存放汇丰银行对中国利权的损害做了详细陈述，并在此基础上，提出在上海设立关税保管库的主张。他认为汇丰银行虽在华营业多年，但一直未在中国政府注册，依照法律而论，其根本不能在中国营业，更不应该收存公家的存款。其二，汇丰银行收存的关款，皆系备付外债之用，一旦遇有特别变故，存款不能付现的话，持有债票者则仍须向政府要求取偿。其三，税款存放汇丰银行不但丧失主权，且使全国市面失去维持之本，使我百业受重大之损害。综合以上三点，主张在中央银行设立前，应在上海海关内专设"中国关税保管库"，由上海关监督和总税务司会同保管，"所有各关税款统解该库保存，俟届偿债或付息时，再行照数提解，所有国内公债本息款项，亦按期划拨经理机关发给，妥订保管专章，除指定用途外，不得丝毫移用，惟遇上海银根紧急，银拆高至四钱以上时，准由上海总商会、银行公会、钱业公会斟酌情形，负责领出若干，或借或押，以资维持"。当风潮平静时，即行收回，并表示"设有疏虞，由总商会等共同负责，如此一转移间，银根自松，银拆自平，各业莫不咸受其赐"。① 就该意见还致函银行公会正、副会长倪远甫、孙景西，称"此次政府召集关税会议，议事日程所列议案众多，而关税收回自行存放，关系国计民生尤重"，所以，对于此项单独草具意见送关税会议委员会。②

上海总商会也给予了积极的支持。在全国商会联合会内提出由全国各商会组织中央银行，专为存放关税款项之议案，虽然因代表等回沪，不及提出，但认为："此事关系重大，仍拟提出，以期达到目的"。③ 11月23日，上海总商会、县商会致电北京执政府及外交、财政、农商等部及关税会议委员会，历数总税务司把持我国关税存放十数年之危害，使我国"财政经济咸受影响，故此次召集关税特别会议，全国上下咸主张恢复前清税款存解旧章，或主悉数提存本国自办之银行，以固主权而裕金融。惟是过

---

① 上海市银行商业同业公会关于段政府根据九国公约召开关税特别会议上段祺瑞、外交部、财政部及关税委员会书，1925年，上海档案馆藏银行公会档案，资料号：S173—1—55；陈光甫编：《关税存放问题意见》，出版时间地点不详，上海市图书馆近代文献室藏，第12页。

② 上海市银行商业同业公会关于段政府根据九国公约召开关税特别会议上段祺瑞、外交部、财政部及关税委员会书，1925年，上海档案馆藏银行公会档案，资料号：S173—1—55。

③ 《总商会仍拟提出中央银行案》，《申报》1925年11月20日。

渡之际，应定折中办法，本会等悉心研究，窃以当此吾国中央银行制度未备以前，拟先设立保管专库于上海，由政府委托上海海关监督及税务司会同保管，所有各关税款统解该库保存，俟届该项债款偿还或付息时照数提解，并妥订保管专章，除一定用途外，不得丝毫挪用，惟遇国内金融紧急时，得由本会等同银钱两公会斟酌情况借领若干，藉以维持市面，俟中央银行制度确立之时再行移交保管，以期根本改正。"且提出"关税专储汇丰，不但与我国主权有碍，即国际间亦易起竞争，今若设定专库保管，于外债信用，不生影响，各国当无异议"。①

11 月 27 日，上海银行公会致电北京段执政、外交部、财政部、农商部、关税特别会议委员会，其主张与《致关税会议委员会书》一致，"主张于上海关内设立关税保管库，专以存储各关税款，由政府委任上海关监督及总税务司共同保管，届偿还付息之期提出照解，所有国内公债之以关税及关余担保者，亦按照同样办法办理，如此既免去专存一家银行之危险，复可邀中外人民之信仰，务请提出议案，以挽主权而裕民生。"且由于欧战以后，汇丰独家经手，出现任意挂牌，与市面真正行市不符之事，经过比较，我国所受损失甚巨，主张"现在国内各银行承做国外汇兑者甚多，敝会意见应请政府于交款时期，查察市面真正行市结价，或直接汇交各债权国，以杜其任意高低行市之弊"。②

12 月 5 日，上海机器面粉公会致电北京段执政、外交部、财政部、农商部、关税会议委员会，称"本会一再讨论，极端赞成"银行公会、总商会、县商会的主张，请求将是项主张提交关会议决施行。12 月 9 日，华商纱厂联合会也致电上述机构，表示："吾国关税款项存放汇丰银行，并由该行自定行市结价偿债，于吾国主权、经济两受侵损。上海银行公会及总商会等主张设立关款保管专库，又结价一层应按照真正行市结算，与国计民生关系极巨。本会极端赞成，应请饬提关会采择实行。"③

---

① 《两商会电呈关款保管意见》，《申报》1925 年 11 月 26 日；《上海总商会县商会致京电》，载陈光甫编《关税存放问题意见》，出版时间地点不详，上海市图书馆近代文献室藏，第 21 页。

② 《银行公会对于关款之主张》，《申报》1925 年 12 月 2 日；《上海银行公会致京电》，载陈光甫编《关税存放问题意见》，出版时间地点不详，上海市图书馆近代文献室藏，第 23 页。

③ 《机器面粉公会赞成设立保管专库》，《申报》1925 年 12 月 9 日；《设立关款保管专库之又一应声》，《申报》1925 年 12 月 10 日；《上海机器面粉公司公会致京电》《华商纱厂联合会致京电》，见陈光甫编《关税存放问题意见》，出版时间地点不详，上海市图书馆近代文献室藏，第 24、25 页。

对于上海总商会主张设立关税公库保管税款一事，总税务司安格联电询总商会"是否出自贵会本意"，请总商会查明电复。总商会于5日致电安格联表示"关税自主，全国一致，而本会尤以欲实行自主，应设立中央银行，未设中央银行前，在上海设立关税公库，由海关监督、总商会、银行公会、钱业公会，共为保管，迭经建议在案"。① 安格联回复道：设立公库保管基金"与总税务司保管整理案内基金有无影响，尚需慎重考虑。一俟总税务司特行到沪，与贵会及银行公会钱业公会磋商，方能知鄙人以后愿否负保管整理案内基金之责"。

2月17日，安格联抵达上海。以上海总商会、银行公会为核心的上海商界为进一步营造舆论，力争公库设立，积极奔走呼吁以期对安格联施加影响，并推素识安氏的宋汉章前往接洽，但安氏称病未能往见。2月18日，银行公会原会长盛竹书邀总商会会长虞洽卿、银行公会会长倪远甫及多数重要银行家在银行俱乐部商榷公库制度问题，就设立公库问题取得一致意见。② 虽然商界为争取关税保管权做出了种种民间经济外交努力，但同日，中国代表却自动提出关税税款"应存于保管银行，由中国海关总税务司负责管理，而照本会议议决之用途与条件使用之"。③ 消息传来，上海商界大为反对，以虞洽卿、盛竹书为首的商界代表随即于19日分别发表谈话，主张："公库之发起，乃为国权及金融工商业前途计，对于安格联个人则绝无成见。安氏前此为我政府保管关税，办理公债，劳绩可观，我人当予以相当之感谢，且安氏本人为政府任命官员之一，此后组织公库保管基金等等，仍当请其相助为理。"④ 即阐述设立公库对于维护国权、维持金融、发展实业、保障劳工生计的意义。

为进一步统一上海商界意见，拟定应对的方案，总商会、县商会又于2月20日，就讨论关税存放、设立公库保管问题召开各业代表会议。总商会正、副会长虞洽卿、方椒伯，县商会正、副会长姚紫若、顾馨一、朱吟江，银行公会正、副会长倪远甫、孙景西，钱业公会会长秦润卿，广肇公所冯少山，卷烟业陈良玉，杂粮豆米业公会范和笙，振华堂余葆三，报关公所石芝坤，铜锡业公会冯咏梅、朱葆元，轮船业谢仲笙，敦仁公所忻文

---

① 《总商会对保管关税之主张》，《申报》1926年2月6日。
② 参见《安格联抵沪后之关税公库问题》，《申报》1926年2月19日。
③ 陈诗启：《中国近代海关史》，人民出版社2002年版，第579页。
④ 《华商主张之保管关税公库意见》，《申报》1926年2月20日。

尧及总商会会董祝兰舫、项如松、傅筱庵、沈联芳、徐乾麟、张延钟、劳敬修、戴耕莘、李泳裳、吴蕴斋、孙梅堂、徐庆云、沈燮臣、何积璠等上海商界领袖人物60余人与会。会议经表决一致通过设立"关税公库促成委员会"的意见，由总商会、县商会及银钱两公会各选至多7人组织委员会，厘定进行计划，遇必要时再征求各业意见。① 银行公会除派代表出席当日各业代表会议外又开董事会议，对于设立公库问题详加讨论，一致赞成。② 总商会于2月23日向财政部关税会致电，称："近日迭与银钱两公会及各业筹议，皆以公库之设，对外在保全债权信用，对内在周转金融维持主权。年来银拆高昂，影响实业，及至市面发生恐慌，公家又苦乏大宗资金救济，社会已成贫血现状。转瞬关会结束，税收增加，再任少数垄断，恐关税益增，商业生计日蹙，非依前速设公库，万难救济，业于效日开联席会议，一致表决应请先提院议批准设立，其详细办法容后会同妥拟续呈。"③

根据2月20日各业会议决案，商界迅速做出了应对方案。首先是银行公会推举倪远甫、孙景西、陈光甫、李馥荪、徐新六、林康侯组成公库促成委员会。④ 不久总商会也推出虞洽卿、方椒伯及傅筱庵、王晓籁、吴蕴斋、沈燮臣等为公库促成委员会委员。⑤ 在3月初北京有人提出关税存放于少数中外银行以保外债信用之说，针对于此，总商会会长虞洽卿再次致电北京执政府及外交、财政两长，关税委员会及王正廷，重申了商界坚持设立公库保管税款的主张。华商纱厂联合会致电外交、财政、农商部，表示："外债信用系乎关款之盈绌，公库保管信用有上海商界与关税特别会议增无减，况关国家主权，金融命脉，兹事尤不容缓，请力屏浮议，立于断行。"⑥

以上海商界为首的商人组织在设立公库、保管关税税款上态度坚决，

① 参见陈光甫编《关税存放问题意见》，出版时间地点不详，上海市图书馆近代文献室藏，第28—30页。

② 参见《银行公会昨开董事会设公库一致赞成》，《申报》1926年2月21日。

③ 《总商会积极促成公库》，《申报》1926年2月24日。

④ 上海市银行商业同业公会关于段政府根据九国公约召开关税特别会议上段祺瑞、外交部、财政部及关税委员会书，1925年，上海市档案馆藏上海银行公会档，资料号：S173—1—55。

⑤ 参见《总商会推定公库委员》，《申报》1926年3月15日。

⑥ 《纱厂联合会致京电》，载陈光甫编《关税存放问题意见》，出版时间地点不详，上海市图书馆近代文献室藏，第37页。

步调颇为一致。虽然由于时局变化，关会未得以继续下去，商界的这一主张也付之东流。但是商界为此作出的民间经济外交努力却是值得肯定的。追其原因除了为争取国家主权的民族主义的驱动外，还有其民间经济外交的另一目的，即出于共同的经济利益的思考。而这又由以下两方面所左右，一是试图直接掌握内债基金、保障债权利益；二是以关款维持金融市面。

内债本与海关无直接关系，但 1914 年袁世凯为准备帝制，在大借外债的同时发行民三公债，且以常关税作担保，并于 1918 年 1 月起将常关税款委托总税务司保管。1920 年的《内国公债局章程》规定：公债局董事会的第一董事为总税务司，从此总税务司成了内债局的首要人物。同年公布的《整理金融短期公债条例》又规定发行的 6000 万元公债在关税项下尽先提拨，即以关余为担保。据姜良芹研究，北洋政府时期发行国内公债 27 笔，其担保品先后共有 45 种之多，其中关税余款和关税附征被担保11 次，占 26.67%。[①] 由此可见，关税对内债起着重要的影响作用，因此，商界在主张设立由上海关监督和税务司会同保管的专库经理债赔款项时，都特别提出所有以关税及关余担保的内债都按同样办法办理。银行公会原会长盛竹书在 2 月 19 日的谈话中更明确指出："公库成立而后，公债基金之保管权可随之转移，自属不生问题。"[②]

对于稳定金融、调剂市面关款所起的作用，正如上海总商会会长虞洽卿在谈话中所指明的那样："况公库成立之后，所有基金在必要时经公众之决定，得于稳妥之方法，调剂金融，如银拆限制之程度，均可因以降低，惠益实业，至非浅鲜，否则实业家因重利盘剥而受影响，金融市面、劳工生计均蒙其害，此于维护实业方面言，颇多关系。"[③]

综上所述，上海商界虽没有直接参加关税特别会议，但因会议与商界关系至关重要，所以对关会极度关注。不但成立了各种专门机构研究中国关税问题，发表关于关税问题的主张，并通过多种途径积极向政府建言献策，对会议施加影响，力图使会议结果有利于工商金融各业经营和中国经

---

① 参见姜良芹《南京国民政府内债问题研究（1927—1937）以内债政策及运作绩效为中心》，南京大学出版社 2003 年版，第 35 页。

② 陈光甫编：《关税存放问题意见》，出版时间地点不详，上海市图书馆近代文献室藏，第27 页。

③ 同上书，第 26— 27 页。

济的发展。商人组织的上述活动不但是出于维护自身利益的动机，而且也明显带有维护国家和民族利益，实现国家的独立和富强的性质。从整个关税特别会议前后的表现来看，既对北京政府的内政外交有支持的一面，同时也具有积极监督督促的一面。具体来说，在争取关余用途问题的方面，与政府取得一致站到一起。当北京政府在争取关税自主问题上表现出犹豫不决时，商人组织坚决而一致的主张则与政界的主张并不完全一致。虽然关税会议因时局影响及各列强间的矛盾而瓦解，商人组织的努力也付之东流，但其不少建设性意见曾给社会以积极影响，对南京国民政府初期的关税自主也不无影响。

第七章 天津日本居留民团的民间经济外交活动
——1928年低利息资金请愿运动

1928年5月，济南惨案发生后，上海成立了全国反日会，并颁布《对日经济绝交计划大纲》，抵制日货风潮在全国迅速掀起。自1898年天津日租界建立后，天津就成为日军侵略华北的重要基地。在经济上，日本通过天津对华北倾销日货、掠夺原料的侵略活动使得天津的民族工业受到了严重打击。在此背景下，经天津各界民众团体联席会议于1928年9月23日正式成立天津反日会，再次展开了轰轰烈烈的抵制日货运动。

抵制日货运动的开展使得日本对华贸易以及日本在华商人组织利益严重受损，尤其是对以日本中小经营者为主组成的天津日本居留民团来说，所受损失有如下报告：第一，与中国商人签订的日货销售合同无法继续下去，只能滞存于租界内的仓库，而仓库租赁费、保险费以及利息等则全由日本商人负担；第二，对于上述延销产品的汇率差异使得日本人银行受到严重损失；第三，因中国商人减少日货输入以及对日输出的控制，使得交易量减少，导致日本人汽船的收益大幅下降；第四，与中国商人经营的工厂之间，几乎没有新的交易合同，使得某些工厂因堆积数万美元的产品而陷入金融周转困难境地，处于暂时停业的状态；第五，以中国商人为交易对象的日本批发商因无交易，从而陷入无法支付已购产品费用的困境。[①] 在此背景下，天津居留民团为复兴在华实业，增强占据中国市场竞争力之目的，开展了低利息资金请愿运动。[②]

---

① 参见天津排货对策实行会编《天津に於ける排日運動の真相》，天津排货对策实行会1929年版，第31页。

② 关于天津居留民团详细的请愿运动内容可参见幸野保典《天津居留民団の低利資金請願運動》，载波形昭一《近代アジアの日本人経済団体》，同文馆1997年版；小林元裕《一九二○年天津における日本人居留民》，《史苑》1995年第2号。

第一节　天津日本居留民会的构成

天津日本租界在天津日本总领事馆的管辖之下，居留民议会必须实行"自治"。居留民议会根据《居留民团法和外务省令居留民团法施行规则》（以下简称施行规则）而形成，1925 年 1 月在天津公布了作为馆令第一号的《天津居留民团法施行细则》（以下简称天津细则）。[1]

天津日本居留民会议员的总数，比天津细则规定的总数要多，定员为60 名。根据实行规则的规定，具有民会议员的选举权必须具备以下条件，在本地区内居住的帝国成人臣民以及拥有事务所且交纳 6 个月以上的民团税金的帝国法人。对于被选举权，则规定为具有选举权资格且年龄达到 25岁以上的男性，或者帝国法人。根据天津细则的规定，依据税金缴纳额的不同采取等级选举制度，即从税金缴纳额高于平均金额的缴纳者中，选出相当于议员定数的一半的一级议员 30 名，从剩下的缴纳者中，再选出 30名二级议员。[2] 这种选举方法使得一级议员比二级议员更容易当选，即这是一种有利于多缴税金者的制度。

表 7 - 1 和表 7 - 2 列举了天津居留会一级议员和二级议员的职业、缴纳税金等情况。从表 7 - 1 来看，30 名当选为一级议员者中，天津的工商业主有 23 名，大企业的支店长及其公司职员计 6 名，情况不明者 1 名。其中，一级议员中天津的工商业主高达 76.7%，这些工商业主中 1910 年以前就在津居住的有 16 名。从营业税的规模来看，比起 1928 年平均营业税的 57.4 银圆要高出很多，大都是由本地的上中层实力人物所组成。从与大企业有关系的议员身份来看，除了有位居支店长等 3 名上层人员以外，还包括 3 名公司职员，也就是说，在一级议员中确保了公司派系的席位。

从表 7 - 2 的二级议员的情况来看，天津的工商业主有 20 名，大企业支店长及公司职员 6 名，另有日本国内的中小企业及以满洲为据点的企业的职员 4 名。二级议员的天津地区占有率为 66.7%，与一级议员相比较，减少了 10 个百分点，其减少部分则由中小企业的支店长做了补充。这些

---

① 1907 年公布了《居留民团法施行に关する件》，1908 年、1911 年、1917 年进行了修改，伴随着居留民团法施行规则的改正，再次公布了天津居留民团法施行细则。具体内容参见天津居留民团《天津居留民团二十周年纪念誌》，天津居留民团 1930 年版，第 390 页。

② 参见天津兴信所编《京津在留邦人官商録》，天津兴信所 1925 年版，附录第 18—19 页。

天津地区工商业主中自 1910 年就来津的有 8 名，仅为一级议员的一半，而来津时间较短者居多。与大企业相关的二级议员和一级议员的构成情况大致相同。从营业税额来看，尽管有部分相当于第三级别的下层成员，但主要是以中层以上人员为主。

表 7 - 1　　　　天津日本居留民会一级议员（1928—1929 年）　　单位：银圆

民团职务	姓名	所属企业	职务	营业税	来华时间	来津时间
议长	吉田房次郎	吉田洋行	企业主	160	1902 年	1902 年
副议长	大田万吉	大田洋行	企业主	40	1900 年	1900 年
行政	田村俊次	东亚医院	院长		1916 年	1916 年
行政副	胜田重直	胜田重直法律事务所	企业主		1922 年 1901 年	1922 年 1912 年
行政	藤田语郎	天津医院	院长		1903 年	1903 年
行政	金井润三	三井物产	支店长	1200	1908 年	1908 年
行政	利根川久	中华汇业银行	支店长		1905 年	1919 年
行政	石川通	石川法律事务所	公司职员		1909 年 1916 年	1909 年 1916 年
	野崎诚进	中国土产公司	企业主	200	1905 年	1905 年
	田中铸太郎	隆华洋行	经理	60	1902 年	1902 年
	松田闻一	横滨正金银行	企业主			
	藤平正男	横滨正金银行	公司职员			
	郡茂行	郡茂洋行	公司职员	80	1902 年	1902 年
	小谷万次郎	小谷洋行	企业主	40	1910 年	1908 年
	长濑安平	广济堂药房	企业主	160	1902 年	1904 年
	冈本久雄	三昌洋行	企业主	80	1901 年	1901 年
	金山喜八郎	金山洋行	企业主	200	1913 年	1913 年
	森郁太郎	三菱商事	企业主		1911 年	1916 年
	清水幸三郎	清水洋行	公司职员	80	1901 年	1901 年
	山上逸	朝鲜银行	企业主	1000	1917 年	1918 年
	赤山今朝治	赤山工程局	企业主	100	1905 年	1905 年
	砂田实	日本棉花（株）支店	支店长	760 28	1906 年	1922 年 1927 年
	监谷信治	监谷医院	院长		1917 年	1917 年
	远山猛雄		企业主		1906 年	1906 年
	孙润宇		企业主			
	长谷川义三郎	丸二兄弟药房	企业主		1906 年 1925 年	1906 年
	植前香	中外工务店	企业主		1918 年	1918 年
	真藤弃生	天津日报社	企业主		1905 年	1905 年
	西村博	天津日报社	经理		1902 年	1902 年
	川岛范	福大公司	企业主		1906 年	1906 年

资料来源：天津兴信所编：《京津在留邦人官商录》，天津兴信所 1925 年版，附录第 18—19 页，笔者编辑作成。

注：税金为 1925 年缴纳税金。

表7-2　　　　　　　**天津日本居留民会二级议员**（1928—1929年）　　　　单位：银圆

民团职务	姓名	所属企业	职务	营业税	来华时间	来津时间
行政	牧尚一	东京建物（株）支店	经理	600	1907年	1907年
行政	臼井忠三	华胜公司	企业主	160	1902年	1908年
行政长	上野寿	晋信洋行	企业主	60	1906年	1908年
行政	大泽大之助	大泽洋行	企业主	100	1901年	1912年
	永安平吉	天平洋行	企业主	60	1908年	1908年
	鹭田小平治	京津电灯公司	企业主	40	1913年	1913年
	简井精逸	山田商会支店	公司职员	100		
	濑底正敏	正文洋行	企业主	60	1909年	1909年
	土崎正直	三井物产	公司职员		1916年	1920年
	大崎犬生	大阪商船（株）支店	支店长	1100	1924年	1924年
	森川照太	京津日日新闻社	企业主		1903年	1909年
	古田治四郎	大仓商事	公司职员		1907年	1907年
	武田守信	东和印刷局	企业主	20	1908年	1908年
	足立传一郎	立兴洋行	公司职员		1910年	1910年
	植松真经	大福公司	企业主	320	1914年	1919年
	小仓章宏	西丰洋行	企业主			
	佐佐木敏丸	清喜洋行	主任	200	1906年	1906年
	千叶初藏	千叶当铺、千叶澡堂	企业主	28	1902年	1902年
	宫舞德次郎	有邻社	企业主	4	1920年	1920年
	锻治静一郎	神港洋行	企业主	28	1912年	1917年
	松尾丰实	近海邮船（株）支店	支店长	900	1927年	1927年
	鹿田多三郎	常盘行洋	企业主	28	1917年	1917年
	高濑伸	东亚医院	医师		1920年	1920年
	小仓知正	天津兴信所	企业主			
	富成一二	天津银行	企业主	760	1902年	1902年
	五十岚重吉	五十岚建筑事务所	企业主	16	1925年	1926年
	手岛喜兵卫	山本商店（株）	主任	320	1913年	1913年
	吉田久	久利洋行	企业主			
	吉野久七	中日公司	企业主		1919年	1922年
	清水一太郎	天津烧瓷公厂	企业主	60	1910年	1911年
					1920年	1920年

　　资料来源：同表7-1；天津兴信所编：《北支那在留邦人官商录》，天津兴信所1932年版，笔者编辑作成。

　　从上述内容来看，天津居留民会议员在构成上主要有如下3个特点。

　　（1）较早时期就居住于天津或中国，并长时间生活在此的人占多数。

　　（2）从职业来看，以从事贸易业为主，另外还有医生、律师等出身于名门家族者，上述职业占到一半以上。

（3）与天津日本人商业会议所的会头、评议员等这些出身于大企业或支店长职务的构成相比较，从缴纳税金额来看，民会议员主要以出身中层者为主。

第二节　低利息资金请愿运动的背景

20 世纪 20 年代经由天津港的总贸易额占到了全国的 10%，继上海的 26%—30% 之后，位居第二，作为主要贸易港口与大连、汉口等在中国有着重要的地位。从经由天津港的国别来看，自 1923—1928 年来自日本的进口额超过了总额的 40%，与位居第二位的美国拉开了很大的距离。从出口来看，至 1927 年一直位居第一位，可以说，无论从日本产品的进口还是从对日出口来讲，天津港都具有极其重要的作用。另外，从 1924—1927 年三年间，与上年同期相比，增长率均超过了 100%。①

尽管这一时期日本对华贸易量呈扩大状，但据统计，经中国商人之手的贸易额，占到了日本产品进口总额的 35%②，对日出口也从 20% 增加到了 30%，可见，在对日贸易中经中国商人之手的商贸比重份额在增加。③ 面对如此情势，天津日本居留民所涉及的商业领域明显受到来自中国商人的压力。

与此同时，1928 年的抵制日货运动也席卷而来，使得天津日本居留民团陷入难以对抗的地步。除此之外，中华汇业银行的改组问题也给日本居留民很大的打击。因此银行是日中合资，因抵制日货运动的开展，结果导致其停业一个月。④ 因此，随之而来的结果就是与华商银行的交易变多，但是除了中国银行券等两三个银行券以外，其他中方银行的银行券并不能通用。这不仅给中国商人带来影响，同样也给日本商人带来了"极度的金

---

① 参见天津日本人商业会议所编《昭和二年天津贸易年报》，天津日本人商业会议所 1928 年版，第 4—5 页。

② 参见天津排货对策实行会《天津に於ける排日運動の真相》，天津排货对策实行会 1929 年版，第 31 页。

③ 参见［日］天津总领事加藤外松致外务大臣田中义一函《当地日本人商業会議所総会席上二於ケル同会頭ノ談報告ノ件》，载天津商工会議所《在外邦人商業（商工）会議所雑件》，1928 年 4 月 27 日，外务省外交史料馆藏，资料号：外务省记录 E. 2. 6. 0. 1—11。

④ 参见［日］北京原田梁三郎致总裁铃木嶋吉函《民国十七年一二月九日ノ中華匯業銀行支那側株主臨時緊急会議ノ情况》，载中华汇业银行《日、支合弁銀行関係雑件》，1929 年 3 月 11 日，外务省外交史料馆藏，资料号：外务省记录 E. 2. 3. 2. 3—1。

融阻碍"。① 受此影响，日资银行天津银行的存款额减少，而贷款却呈增加趋势。加之只有出口而无进口，出现汇率逆差状况，使得银行收益大减。② 因以前的不良贷款原因，天津银行于 1927 年 11 月的临时总会上，决定将资本金从 500 万日元减资至 250 万日元。③ 天津银行资本金的减半象征着天津的日本人工商业者在金融方面的穷困境况。以贸易商为主的日本居留民的窘况从缴纳税金及电费等的滞纳状况便可窥见一斑（表 7 - 3）。

表 7 - 3 天津日本居留民团工商业主滞纳税金

推移表（1928—1930 年） 单位：银圆

年份	缴纳税金名称	上年度滞纳税金	本年度已征收税金	本年度末滞纳税金总额
1928	土地税			2379.89
	房屋税			7854.47
	所得税			2369.06
	营业税			10721.29
	其他			11206.25
	合计			34530.96
1929	土地税	2379.89	364.41	3239.73
	房屋税	7854.47	3383.34	11007.44
	所得税	2369.06	984.58	1730.74
	营业税	10721.29	3814.00	10523.46
	其他	11206.25	10225.43	5084.51
	合计	34530.96	18771.76	31585.88
1930	土地税	3239.73	1101.01	3236.27
	房屋税	11007.44	4367.80	12060.87
	所得税	1730.74	310.50	1700.85
	营业税	10523.46	2876.50	10625.61
	其他	5084.51	2772.16	5582.57
	合计	31585.88	11427.97	33206.17

资料来源：天津ノ部：《在中国帝国居留民团及び民会关系杂纂》，外务省外交史料馆藏，资料号：外务省记录 k.3.2.2.1—3，笔者整理作成。

---

① 参见［日］天津总领事冈本武三致外务大臣币原重喜郎函《第拾七期昭和参年自七月壹日至拾弐月参拾壹日营业报告书》，载天津银行《本邦银行关连杂件》，1929 年 1 月 2 日，外务省外交史料馆藏，资料号：外务省记录 E.2.3.2.4—2—2。

② 同上。

③ 参见［日］天津总领事代理田代重德致外务大臣田中义一函《资本金变更认可申请》，载天津银行《本邦银行关连杂件》，1929 年 2 月 28 日，外务省外交史料馆藏，资料号：外务省记录 E.2.3.2.4—2—2。

由表 7 – 3 可看出，1928 年天津居留民团缴纳税金的累计滞纳金额为 34530.96 银圆，其中营业税累计滞纳金额为 10721.29 银圆，是应交税金中滞纳额最多的，高达总额的 31%。可见，日本居留民的困境。

根据外务省的指示，至 1928 年末，因滞纳营业、土地、房屋、所得税以及卫生费、电费等的日本人共计 384 人，并对应其滞纳金额，整理出一份滞纳金调查报告。① 根据此名单可知，因无力缴纳上述各项费用而沦为滞纳者的人中，除了处于下层的居留民外，还包含相当一部分民会议员、行政委员等当地知名人士以及当地知名企业，这对于天津日本居留民社会而言是一个必须要早日解决的重大问题。

第三节　低利息资金请愿运动的始末

一　低利息资金的启动

基于上述原因，1928 年 11 月，富成一二等 92 名天津日本居留民团员向民团行政委员长上野寿提交了《振兴天津日本居留民在华实业的贷款请求书》，向政府要求 350 万银圆的低利息贷款资金。

接受到此份请愿书的民团，于 1928 年 12 月召开行政委员会进行讨论，讨论结果决定，民团通过天津总领事询问政府意见。但是，政府给出的答复却是目前政府没有发放低利息贷款的打算。面对此答复，行政委员会决定设立一个专门的上访委员会，向政府等相关部门进行请愿。上访委员会的委员由民会议长吉田房次郎、民会议员代表富成一二、天津日本人商业会议所书记长小林阳之助组成。同时，行政委员会在富成一二等提交的请愿书基础上，对其进行修改，起草了《振兴天津日本居留民在华实业的低利息贷款请求书》，并提交给政府当局。与《振兴天津日本居留民在华实业的贷款请求书》相比较，主要强调了以下两点。

（1）导致天津中小工商业者陷入困境的原因是，因抵制日货运动带来的中华汇业银行的突然停业。也就是说，抵制日货运动给依赖于中华汇业银行的在津日本人工商业者以致命的打击。

---

① 《滞納額調書昭和四年十月五日調》，载天津部《在中国帝国居留民团及び民会関係雑纂》，1929 年 10 月 5 日，外务省外交史料馆藏，资料号：k.3.2.2.1—3。

（2）将原本要求发放 350 万银圆（约合 291.6 万日元）的低利息贷款资金下调至 200 万日元。具体申请途径可分为如下三点。

①从横滨正金银行的满洲特别贷款处申请 100 万日元；

②从进出口以及工业金融资金组合处申请 70 万日元；

③以上海、汉口为例，申请振兴业务资金贷款 30 万日元。

吉田房次郎与富成一二回东京前，曾于 1929 年 1 月访问了在北京的公森财务官，就请愿的意图做了说明，希望能够支援其请愿。随后，其他的三名请愿委员访问了外务省，向与天津有着较深关系的加藤前天津总领事、有田亚细亚局长、吉田外务次官做了请愿汇报。外务省对于民团的请愿要求，做了如下指示：在申请政府低利息贷款资金困难的情况下，对上述请求书进行修改再行提出。经委员们协商，将小林委员提交给行政委员长的草案进行了修改，并将其作为第二案提交外务省。第二案的主要变更点有以下几点。

（1）贷款机构从政府相关机构变更为民间金融机构。

（2）担保物权为民团所有的财产及收益金。

（3）具体分配用途方面，团债偿还金 95 万日元，不动产担保贷款金 70 万日元，天津进出口、工业金融组合贷款金 40 万日元，天津日本人业务复活资金 30 万日元。

（4）作为其他的条件是偿还开始前，关于团债本金的偿还年度以及一定期间的利息的支付等，希望由政府向民间金融机构做出说明。①

第一案与第二案相比较有着很大的不同。在第一案中，民团只是向政府提出给予低利息资金的援助；而在第二案中，民团作为贷款主体，在居留民会的同意之下以担保为条件提出请求。

东京上访三委员基于第一案实现的困难性，将做了修改后的第二案同外务省、大藏省、横滨正金银行、东亚兴业公司做了交涉。但是，对于上访三委员提出的第二案，行政委员会经讨论有不同意见因而并未予以认可。外务省将 50 万日元的复兴资金以及借贷的 100 万日元，合计 150 万日元团债作为起债额予以许可的方针，即比起救济中小工商业者来说，重点放置在改善民团财政方面的起债办法，使得行政委员会同意了第二案。得

---

① 参见天津居留民团编《昭和四年民团事务报告附民团财产明细书》，天津居留民团 1930 年版，第 35—53 页。

到行政委员会的许可，上访三委员在新任的冈本天津总领事的援助之下，再次与横滨正金银行、朝鲜银行、第一生命保险公司进行了交涉。[1] 但是由于大部分的金融机构基于以往工作实际经验，认为对中国居留日本人贷款存在危险，并以此为理由，提出没有国库的担保无法贷款。其中只有第一生命保险公司回答到是否给予融资要看本年度，即至 1929 年 6 月的情况才能做出决定。此外，东京建物株式会社答复以年利为 9 分的话，可以贷款 50 万日元。吉田三委员虽然对年利为 9 分的贷款是否能通过外务省的认可存有疑问，但是在得不到第一生命保险公司的贷款的情况下，也只能同意东京建物的提议。

后来第一生命的答复经由外务省、天津总领事传达到了民团。其内容是第一生命保险公司可以贷出 150 万日元贷款额的一半即 75 万日元，但是由于第一生命保险公司无法完全贷出 150 万日元，而剩下的 75 万日元必须要民团自己寻找融资方，并以此为条件方可答应 75 万日元的贷款。对此，以吉田民会议长为主，首先在大阪与住友进行了交涉，但是住友方面以两个理由坚决地回绝了贷款要求。第一，对中国的融资一向无法收回；第二，由于遭受黄金解禁[2]，对日本国内都没有长期的贷款计划。此外，虽然通过野村与大阪的各金融机构进行了交涉，但是均没有达成协议。[3] 因此，吉田民会议长给吉田外务次官以及外务省亚细亚局第二课长三浦发去的电报中称："国务多忙之际多有打扰，烦请给予更多的帮助。"要求帮助继续与第一生命保险公司进行交涉。[4]

但是原本附有条件予以贷款的第一生命保险公司却以要员会的决定为理由拒绝贷款，即要员会考虑到黄金解禁后将会给财界带来影响，决定在财界金融稳定前不打算推出任何方式的贷款。外务省又通过与三菱等国内银行、金融机构进行了联络，但是均以向中国的贷款非常危险，没有国库

---

① 参见天津居留民团编《昭和四年民团事务报告附民团财产明细书》，天津居留民团 1930 年版，第 353 页。

② 以解除黄金输出禁令的方式，使黄金和通货能够自由兑换，并在国内国际间自由流通，实行黄金解禁即意味着实行了金本位制度。日本曾因此次的黄金解禁加剧了国内的经济危机，史上称为"昭和恐慌"。

③ 参见天津居留民团编《昭和四年第二十四次居留民団臨時会議事速記録》，天津居留民团 1930 年版，第 9—11 页。

④ 吉田房次郎致吉田外务次官函，载天津部《在中国帝国居留民団及び民会関係雑纂》，1929 年 7 月 4 日，外务省外交史料馆藏，资料号：外务省记录 k. 3. 2. 2. 1—3。

的担保为由拒绝贷款。面对此情况，外务省认为从民间金融机构处得到融资是非常困难的，因此再次向大藏省提出了低利息融资的请求。尽管大藏省向低利息资金运用委员会递交了向中国低利息贷款的申请，但是却被认为绝对不能对中国实行低利息贷款。面对外务省多次坚持的请求，大藏省提出如下方案：1920 年横滨正金银行曾从国库金中贷款，即从正金处借出上次贷款的余款如何？但是，横滨正金银行方面认为，对于这项剩余资金一旦有要求就会被收回到国库，因此没有大藏省的指示，或者外务省的保证的话，这项余款是无法借出的。尽管外务省与横滨正金银行做了数十次的交涉，但结果还是无法达成一致的意见。①

　　事情毫无进展之时，民团不得不再次考虑东京建物高利息的融资方式。对此，冈本天津总领事给外务省外务次官吉田茂发去电函，提出如下请求：从政府相关机构以及民间金融机构无法借出低利息贷款的情况下，如能借到高利息贷款的话，也请允许可以充当对居留民的救济资金。② 但是，东京建物却以本公司债务无法从银行提出为由，突然拒绝了 50 万日元的融资要求。因此，民团不得不再次开始与第一生命保险公司进行交涉，但是与第一生命保险公司有关联的天津保险公司却认为，其他任何机构都不答应融资的情况下，仅由第一生命保险公司予以融资的话是非常危险的。所以，就没有同意对天津日本居留民团的贷款请求。③

　　而外务省考虑到民团屡次向其提出得到援助的申请要求，便由吉田外务次官给第一生命保险公司的矢野社长写了如下书简："近来因为居留地乃至于撤废治外法权的问题被宣传，闻及此传把对民团的投资视为危险之事。"④ 但认为由于此问题尚未有定论，即便是如此，关于保全担保物权方面也会尽力做到万无一失。在此基础上，吉田道："对于天津日本居留民

　　① 参见天津居留民团编《昭和四年第二十四次居留民团临时会议事速记录》，天津居留民团1930 年版，第 12 页。

　　② 参见冈本总领事致吉田外务次官函，载天津部《在中国帝国居留民团及び民会関係雑纂》，1929 年 8 月 1 日，外务省外交史料馆藏，资料号：外务省记录 k. 3. 2. 2. 1—3。

　　③ 参见天津居留民团编《昭和四年第二十四次居留民团临时会议事速记录》，天津居留民团1930 年版，第 12—13 页。

　　④ 吉田外务次官致第一生命保险公司矢野恒太函《天津居留民团团债二関スル件》，载天津部《在中国帝国居留民团及び民会関係雑纂》，1929 年 11 月 1 日，外务省外交史料馆藏，资料号：外务省记录 k. 3. 2. 2. 1—3。

的融资要求，请尽量予以好意的考虑，烦请快速达成其目的。"① 其实，第一生命保险公司对贷款犹豫不决的原因是因为考虑到万一租界被收回的话，就会失去治外法权，把仅剩下只有借贷关系的民团所有地作为担保的话，无法保证其有效性。但是在外务省的压力之下，第一生命保险公司再次召开要员会议，保证提供 30 万日元的贷款。此次保险公司的海外贷款与银行的短期高利息贷款相比较，显著的特点就是具有长期视野，被视为"在对外发展方面是极其有益且有利的，同时还具备充分的开拓余地"。② 称对天津日本居留民团的投资是："我国的生命保险公司首次对海外投资，其成绩如何，是检验将来各公司向海外企业投资的一块试金石。"③ 此举已经成为一个新的尝试而备受瞩目。

天津日本居留民团的低利息贷款经过上述与政府当局以及民间金融机构的多次交涉，最后仅实现了从第一生命保险公司处申请到了 30 万日元的贷款。吉田外务次官向河田大藏大臣提出了如下要求：认为 30 万日元的贷款与居留民团所希望的额度相比还是不足的，且作为振兴业务的资金也并不充足。外务省认为团债的低利息借贷无论如何都是必要的，因此希望大藏省指示横滨正金银行加快速度提供其充分的融资。为保证团债的偿还，外务省为民团开设了减债基金特别账户制度，命令其优先偿还借款。④ 这就为民团财政的再建，积极地引入了低利息资金的运用机制。

二　在华居留民团及商工会所联合会提议的发起

1929 年 3 月，众议院议员三好荣次郎认为，针对在华日本人商工业者的疲惫，应该给予资金方面的援助，为将来的发展采取妥当的措施，并向众议院提出了《资助在华工商业者及其发展对策的建议案》。⑤ 此建议案得到了众议院的批准，并向政府当局提出。

---

① 吉田外务次官致第一生命保险公司矢野恒太函《天津居留民团团债二関スル件》，载天津部《在中国帝国居留民团及び民会関係雑纂》，1929 年 11 月 1 日，外务省外交史料馆藏，资料号：外务省记录 k. 3. 2. 2. 1—3。

② 《東京朝日新聞》1929 年 9 月 3 日。

③ 同上。

④ 参见吉田外务次官致河田大藏次官函《天津居留民团团债二関スル件》，载天津部《在中国帝国居留民团及び民会関係雑纂》，1929 年 9 月 18 日，外务省外交史料馆藏，资料号：外务省记录 k. 3. 2. 2. 1—3。

⑤ 参见《第五十六回帝国議会衆議院議事速記録第三十八号》，《官報》号外，1929 年 3 月 22 日，第 865 页。

1929 年 5 月，在天津日本人商业会议所的定期总会上，金山喜八郎等 40 人为贯彻得到众议院批准的建议案，作为直接的利害关系者发表意见，建议为实现目的应当成立一个专门组织。① 因此，民团与天津日本人商业会议所经共同协商，决定了《举办在华民团和商工业会议所联合会的提议》。就以下三点达成了一致意见。

（1）对在华工商业者提供财力支援。

（2）构筑一个对抵制日货有统制力量的组织。

（3）对日华通商条约以及在华居留民的居住营业权等相关问题的修改。

天津日本居留民团行政委员长上野和天津日本人商业会所会头砂田联名将此提议发给上海、汉口、青岛、济南、北京的各居留民民团和商业会所，同时将其复印件分送给芳泽公使、横竹商务参事官、日华实业协会、日本各地的商工会所以及各经济团体。

至 7 月末，对此提议表示赞同的有青岛、济南、汉口、北京的各民团以及商工会所。而上海的日本居留民团以及商工会所没有答复，据传表示不同意此提议。关于低利息资金的问题，上海商工会所表示，那是民团的事情，并且上海日本居留民团已经取得了 20 万日元的业务振兴贷款资金，因此没有必要汇聚各地的代表进行商谈。上海日本居留民团对此问题表示，从民团财政以及土地方面来看，民团作为借贷的责任人，是不赞成低利息贷款的。由此可见，上海方面的应对是极其冷淡的。究其原因则是因为上海商工会所主要是以在华纺等大资本为主而构成，这与以中小工商业者为主要构成人员的天津商工会所，在利害关系方面有着较大的不同。而上海日本居留民团则由于是上海公共租界民团的成员之一，在表示其立场的时候，不得不考虑要保持与其他租界之间的协调关系。

对于天津日本居留民团与商工会所的呼吁，在日本国内得到了大阪商工会所、日华实业协会、外务省的赞同，在中国尤其得到了青岛、济南方面的积极支持。但是由于没有得到对在华日本人商务方面具有指导地位的

---

① 参见天津居留民团编《昭和四年民团事务报告附民团财产明细书》，天津居留民团 1930 年版，第 50 页。

上海商工会所的同意①，最终没有召开联合会。

三　低利息资金贷款的实施

与第一生命保险公司有着 30 万日元贷款约定的行政委员会，于 1929 年 10 月 15 日召开了第 24 次居留民临时会议，会议上就《第一生命保险公司团债起债案》《关于振兴实业的团债贷款方法案》进行了讨论。会议之初，天津总领事冈本就做了如下训话：此次贷款不能委托于民会及行政委员会的决定，虽然金额仅有 30 万日元，但是应引起天津日本人注意的是，因不法手段而带来的租界的发展是肮脏的、不名誉的繁荣。具体而言，"天津日本人居留地被认为是禁制品的巢穴，不仅全中国如此认为，而且世界上也有此看法"。希望"以此为转机，改善此况并洗刷清白"。②

根据此次低利息贷款的运作过程，可以看出外务省做了很多的援助性的工作。而推测外务省的援助理由，则是表面上通过对低利息贷款方法以及融资的监督，拒绝那些从事鸦片交易业者的融资要求，希望中止鸦片交易，恢复丢失的国际信用。

此次民会临时会议，因为冈本总领事的上述训话，会议上对于此两议案的具体起债方法以及贷款方法并没有做出要求，而是将此事的立案全权委托给了行政委员。会议上尽管对于 30 万日元的贷款一事有表示反对者，但由于赞成者居多数，因此通过了两议案。③ 民会临时会议之后召开的行政委员会上，按照天津总领事冈本的指示，成立了"振兴实业资金运用方法调查委员会"，委员由上野寿、沢原静卫（天津银行专务）、田中铸牧尚一、小林阳之助、金山喜八郎等 11 人组成。

在天津总领事冈本的监督之下，第一次调查委员会上选出砂田为委员长，沢原为副委员长，并召开了 9 次调查委员会议，做出了《关于振兴实业的特别账户资金条例》《兴业资金贷款委员会条例》《兴业资金贷款条例》三个条例，并提交给行政委员会。行政委员会经讨论对其进行了修改

---

① 参见天津居留民团编《昭和四年民团事务报告附民团财产明细书》，天津居留民团 1930 年版，第 52—53 页；天津居留民团编《昭和五年度第二十三次居留民会通常會議速記録》，天津居留民团 1931 年版，第 82—83 页。

② 天津居留民团：《昭和四年第二十四次居留民团臨時会議事速記録》，天津居留民团 1930 年版，第 6 页。

③ 参见天津居留民团编《昭和四年第二十四次居留民团臨時会議事速記録》，天津居留民团 1930 年版，第 27—35 页。

后，得到了民会的同意。《关于振兴实业的特别账户资金条例》共分为 7 条，主要内容为：第一条，振兴实业资金的收支视为特别账户。第二条，30 万日元贷款额中 20 万日元作为兴业资金所用，10 万日元贷给天津商工业金融组合，后者的利息为年 7 分 5 厘。

《兴业资金贷款委员会条例》中第一条规定，民团内设置委员会，委员会对资金贷款的相关事项进行调查，并决定可否贷款。第二条，委员会的成员由领事指名决定 4 名，另外 3 名要经过行政委员会的推荐及领事的许可，共计 7 名。由此可见，冈本总领事在对条例的立案过程以及实施过程，均具有不可触犯的指导作用。

《兴业资金贷款条例》主要由 14 条所组成，其中主要的内容有如下几点：第一条，就天津居留民日本人的贷款资格，民团规定为三点：（1）因中国的动乱及抵制日货运动而蒙受损失，且坚定继续居住下去者；（2）以申请贷款振兴业务资金之时为准，追溯到两年前，具备全额缴纳天津日本居留民团营业税者；（3）除上述要求外，还必须满足全额缴纳民团税金、使用费、卫生费等天津日本居留民团税的条件。第三条，贷款额度以 6 万银圆为限，对加入天津商工业金融组合者作为出资资本给予贷款。第四条，在贷款额度方面，信用贷款额为每人 2000 银圆以内，担保贷款额为每人 4000 银圆以内，但是对于影响到多数居留民的利益之时，实行特别贷款。第七条，贷款期间为 5 年以内，年利息为 12%。第十四条，关于本条例的细则由兴业资金贷款委员会规定，并由总领事许可所定。①

至 1930 年 3 月，申请兴业资金的普通贷款数为 98 件，金额合计 119000 银圆；特别贷款 4 件，金额为 56500 银圆及 5 万日元。最终批准普通贷款数为 57 件，合计金额为 97500 银圆，人均提供 1710 多银圆的贷款额。4 件特别贷款最终均没有符合批准条件。② 由上述数据可知，只有少数一部分人才得到兴业资金贷款，因此可以说此款项的经济效果并不大。

通过上述的史料分析可知，1928 年天津日本居留民的低利息贷款请愿运动，是因中国的抵制日货运动而使其经济发展受阻的危机情况下，以维护中产阶级的经济利益为目的的运动。而在此次运动中，日本外务省给予

---

① 参见天津居留民团编《昭和四年民团事务报告附民团财产明细书》，天津居留民团 1930 年版，第 30—33 页。

② 《興業資金貸付貸出数》，载天津部《在中国帝国居留民团及び民会关系杂纂》，1930 年 4 月 5 日，外务省外交史料馆藏，资料号：外务省记录 k. 3. 2. 2. 1—3。

了具体且强有力的支持，因为对于日本政府来讲，在对中国进行经济扩张和侵略的过程中，确保租界的经济扩张立足点的重要性是毋庸置疑的。为此，保护并扶持租界中的居留民，则是保证其与列强以及中国商人进行竞争的有力途径。而对于天津日本人居留民来讲，则在此过程中意识到，自己作为日本在海外第一线投资方面所起到的先锋作用，为维护自身的在华经济利益，他们需要将自己的在华经济诉求传递给日本政府，通过日本政府的保护和扶持，有效打击竞争对手——中国商人以及西方列强，增强自身争夺中国市场的竞争力。即天津日本居留民通过日本政府支持下的贷款等经济手段，振兴在华实业，增强占据中国市场的要求，与政府所期待的实现经济权益的扩张要求达到了一致。

第八章 民国初期中日民间经济外交的评价

民间经济外交作为国民外交的重要组成部分，与其他的民间外交以及政府外交相比，具有鲜明的特点。本章将在搞清民国初期中日民间经济外交的历史史实的基础上，对中日民间经济外交的作用、特点做一总体评价。

第一节 中日民间经济外交的作用

民国初期中日民间经济外交的作用可以从外交的角度以及对经济发展的角度来进行评价。

一 中日民间外交对政府外交的作用

民国初期中日民间经济外交对政府外交所起到的作用，主要有以下三点。

第一，中日民间外交是政府外交强有力的补充。

政府外交战略是建立在综合国力为后盾的基础之上的。在国际关系中，国家力量是衡量一国在国际社会中地位、作用、影响的重要尺度。它除了以经济力量为后盾，军事力量为核心，包括人口和地理因素在内的物质要素之外，还有一个不可忽视的因素就是以国民的士气、人心的向背为基础的国家的精神要素。而在北洋政府时期，由于军阀割据，混战局面一直持续，而且中央集权能力微弱，没有统一的、强有力的中央政权，一方面导致了中国在国际上因此遭受了更多的不公平待遇，另一方面列强常以此为借口来回绝中国没有收回各项主权的能力。在这种情况下，民间经济外交作为体现国民士气的国家精神因素，是民间外交最重要的一个组成部分，也是政府外交的一种有力的补充，体现了其重要性。并且商人依据其特殊的经济地位和所拥有的国际关系，在外交领域里发挥了积极的作用。这些作用从我们前面论述过的商人在华盛顿会议、抵制日货运动、参与关税问题讨论、组团出国访问等活动里就可以看出：在争取国家主权、人民权利方面，它是政府外交的必不可少的重要补充，并且也产生了积极的影响和作用。

同样，在日本，伴随着日本政府的对华侵略扩张政策，日本商人组织与其在经济利益上达成了一致。在与西方列强围绕争夺中国市场方面，日本商人组织所面临的困难也日益凸显，一方面是与西方列强为争夺中国市场而展开的激烈竞争。另一方面是中国各地为反对日本政府的对华侵略政策而展开的如火如荼的反日高潮。随着上述矛盾的日益尖锐化，面对此种形势，日本商人组织积极展开对华的民间经济外交活动，以摆脱实业界所面临的困境，在"反抵制"日货运动中，通过与日本政府加强联系，使得取缔抵制日货的民意得以传达，再经由日本政府的外交政策，转化成为中国政府的外交压力，传达到中国商人组织，最终转化为抵制日货运动被取缔。另外，1910 年日本实业团的访华，从准备访华至访华过程中，一方面表现了其在维护本身经济利益方面，与日本政府扩张在华势力的战略部署方面是一致的；另一方面，还为日本政府的对华经济扩张起到了挺头打进的推动作用，为日本政府对华外交做了有力的补充。

在 1926 年的中国代表团赴日访问这一过程中，中日实业界间通过直接对话的方式，做了一次正面交锋式的民间经济外交活动。在这一过程中，不仅使中国的商人组织加深了对日本的了解和认识，加深了对日本资本主义经济发展状况的了解，同时还通过直接对话，代表中国人民表达了他们坚持取消各国强加于中国的不平等条约、建立平等的中日合作关系的强烈要求与愿望。而这些本应是政府外交体现的内容，却由商人组织作出了最为直接的呼吁。而日本政府与实业界虽然一方面高唱中日亲善，给予代表团国宾般的待遇，另一方面却坚持推行不平等的对华政策。为达到其经济提携的目的，日本的实业界以中国内乱、"在商言商"以及"政经分离"为由，坚决拒绝代表团提出的取消不平等条约的要求。这些均体现出中日两国商人组织的民间经济外交活动是政府外交的有力补充，发挥着为政府外交提供支持的作用。

第二，中日民间外交对政府外交的有效监督作用。

没有以强大综合国力为支撑的软弱的中国政权，由于其本身的脆弱性，为了达到稳固政权的目的，在外交方面，常常是采取以争取国际援助或者剥削国内民众的方式。因此导致的结果往往是不顾国家主权、民族利益，做出有损国家利益的事情。在此情况下，商人往往会凭借其掌控的经济命脉，对政府为一己私利而损害国家利益的无理行为，以民间经济外交的形式表示反对，以此达到监督政府职能的目的。在具体表现方面则是使政府在处理外事活动的时候，不得不考虑商人组织所代表的民意及意向。例如，在讨论关税问题的时候，商人是直接参与政府的计划和实施当中去的，而在华盛顿会议的时候，商人组织推选的赴美国民代表所起到的作用，都表明了民间经济外交不但是政府外交的有力补充，同时也对政府外交起到了有效的监督作用。

在日本的对华扩张中，经济实力和政治权力虽然是互为依存和利用的补充作用，但是在对华扩张的具体表现方面，日本商人组织主张战术上利用合办企业方式，同时在理念上宣传经济亚洲主义，这与日本政府所奉行的以战争为媒介的手段有所不同，在某种程度上起到了对政府外交的监督作用。但是，在日本政府外交大势已定之时，民间经济外交对政府外交的监督作用却又是有限的。而另一方面，在"反抵制"日货运动中为避免其自身直接经济利益受损，日本商人组织在加深与日政府的联系，再三督促日政府与北洋政府进行交涉的过程中，对当局者表明了其严肃的姿态，施加了强大的压力，甚至公开指责日本政府对抵制日货运动采取"软弱外交、追随外交"的措施，并声称为维护日本经济利益，必要时应动用在华义勇兵和警察，甚至出兵来华，使日本政府为切实解决抵制日货运动起了推动和监督作用。

第三，中日民间外交是政府外交与民间外交的折中点。

民间经济外交在民间外交中虽然是处于领导地位，但由于商人的资产阶级性质所决定，与进步学生或者是工人阶级等其他民间外交相比较，在采用外交手段的时候，其外交方式相对来讲还是较缓和的。由于其具有这种特性，在政府外交与民间外交发生冲突时，往往就使之成为政府压制民意、寻找折中点，作为自己下台的阶梯。例如，在抵制日货运动中，天津商会为逮捕学生同政府进行的交涉，以及在日本政府及日本商人组织要求取缔抵制日货运动时，以亲善为名，商会协同政府与日本商人组织所举行的几次和谈，均是这种折中点的体现。

在日本，如上文所述，商人组织为日本政府的对华经济扩张起到了挺

头打进的推动作用，为日本政府对华外交做了有力补充的同时，也是日本
政府外交不便于直接出面时的代理人，这在 1910 年的访华一事上有着充
分的说明。此次的访华，是在意识到美国访华对日本占有中国市场优势的
威胁的情况下，日本政府与日本实业界达成一致的情况下做出的决定。如
果单纯由日本政府外交来予以应对的话，不但会引起以美国为首的列强的
反对，而且也会刺激中国民众，因此，以日本商人组织为主体的民间经济
外交手段作为政府外交与民间外交的折中点，恰巧能够发挥其作用。既肩
负日本政府外交的目的，又以民间身份加强了同中国商人组织之间的联
系，达到了维护其自身经济利益的目的。

二　中日民间外交对经济发展的作用

中日两国的民间经济外交对经济发展，因中日两国政府外交战略的不
同，以及与其各自所处国内外环境的不同，起到的作用也是不同的。主要
有以下三点。

第一，促进了中国民族经济的发展。

商人组织在进行对日民间经济外交活动的时候，往往采用抵制日货的
方式，以期达到维护主权的目的。但是同时也认识到抵制日货并不是长久
之计，认为抵制日货"只是政治上的暂用手段，不是经济上的根本原则"。
中国人只有"不靠外来的工业品可以自存，那么中国人方才有经济上的独
立权，方才有主张国民自决的勇气，方才有实行国民自决的力量"，应该
"快快的趁这个时候兴办各种大工业"。① 因此，只有民族工业得到振兴，
不再依赖外货，才算是真正意义上的进步和思想认识上的提高，使得提倡
国货的努力也日益增强，促进了中国民族经济的发展。

第二，加强了参与经济交流的意识。

1926 年的赴日参观，不仅使中国商人组织充分表达了中国希望在取消
不平等条约的基础上，与日本在平等互助的前提之下，进行相互的经济合
作的愿望，而且通过对日本经济的了解，一方面使中国进一步了解了世界
商业发展趋势，另一方面也令中国商人组织深刻认识到了自身的不足，促
进了其通过与其他国家的商贸联系，通过积极参与国际事务，来努力抓住
机会学习和引进国外先进的生产技术和管理方法，推动中国经济贸易的发

---

① 《国民自给与国民自决》，《南开日刊》1919 年 7 月 24 日。

展的这种强烈的参与经济交流的意识。此外，赴日参观期间，还给日本人民创造了加强了解中国的机会。

伴随着上述这些参与经济交流意识的加强，也使得中国成功加入国际商会组织，而这又促进了中国与世界各国之间的联系和合作，使世界各国了解了中国，消除了很多对中国不良印象的偏见，使得中国逐步与世界接轨，加大了对国外先进技术和方法的学习与引进。

第三，推动了日本资本主义对中国的经济掠夺。

日本商人组织积极展开的对华民间经济外交活动，使得日本资本主义在与列强的竞争中处于优势地位，加强了对中国市场及中国原料的掠夺，并维持了中国市场对日本的开放。以棉纺业来说，由于战后日本国内棉纺织业的发展已趋饱和，日本资本家除大量向中国倾销棉纱外，还趁机将战时向英国订购而此时才开始交货的纺织机运到中国设厂，占据中国市场并导致中国棉纱市场上出现供过于求的现象，纱价急剧低落。由于"日人之垄断"，连续4年出现"花贵纱贱"的现象。再加之其享有华商纱厂没有的"三联单"特权，带来了华商纱厂各有亏损的局面。这为日本政府推行的对华侵略政策起到了保持其经济侵略扩张的动力作用。

1910年，日本实业团通过访华，与上海总商会签署的秘密协定——"同方会"中，不但明确标明了排斥第三国的条文，而且还承诺此组织将来还要在实业方面进行合作。由此可见，其目的之一是要在牵制美中实业界接触的同时，为拓展中日两国实业界合作的内容和领域打下基础，以利于日本资本主义对中国的经济扩张与掠夺。

第二节　中日民间经济外交的特点

从中日民间经济外交所呈现的特点来看，主要有两点，一个是不均衡性，另一个则是双重性。

不均衡性的表现主要是体现在两国直接和间接的民间经济外交过程当中。从直接的民间经济外交来看，日方是占有主动性的，而中方却是处于被动地位。例如，1926年邀请中方访问日本的活动，日方是直接的促动者，在活动中为达到所谓的中日亲善掩盖下的经济提携，事先从民间到政府决策层均做过大量的准备工作，在整个访问过程中占有明显的主动权优势。这种主动权优势实际上是与其邀请中方访日的出发点互为一致的。关于此，有两点原因是并存的：一种是经济因素，因为日方希望通过与中国实业家的"亲善"交往，尽可能地削弱因五卅惨案而引发的中日紧张关系，以此来促进日本的对华经济输出。一种是政治因素，一则是因为第一次世界大战之后，围绕中国问题日美矛盾急剧上升，使得日本在国际关系中处于孤立的境地，二则由于在中国国内的反帝爱国运动中，运用经济抵制的手段，这就使得日本政府及资产阶级更为不安。加之日本实业界的对华经济活动作为其政府对华经济扩张的手段之一，是受到日本政府的鼓励和直接支持的，实际上是作为日本政府侵华政策的一部分而存在的。因此，鉴于以上两种原因，日本实业界与日本政府在邀请中国实业团访日这件事情上，是联合在一起做出所谓的"亲善"姿态的。在这次访问中，中方起初虽然没有识破日方的这种用心，仅把访日参观看成"考察实业以资借镜"的机会，并由上海总商会电邀各地总商会派员参加。在当时军阀割据、政局混乱之际，中国政府无力从人力、物力、财力方面参与组织代表团的活动，全部由以上海总商会为主的商人组织自费组织起这样一个赴日实业家代表团，也确属不易，其权威性与代表性得到了各地商会的承认。这与日方相比较，从外交层面的政府支持力度来讲，中日双方呈现出了这种不均衡性。

这种不均衡性还多表现在中日商人组织在对外交事务的间接参与方面。日方多带有维护日商依靠不平等条约体系而获取特权和利益，甚至有干涉中国内政的性质。而中方则带有维护国家权利、挽救民族危机、重树民族威望、实现国家独立和富强的性质，而造成这种特点的主要原因则在于中日双方在政治势力上的差异。因为对于当时处于半殖民地半封建社会且国家综合实力弱小、政治混乱的中国来讲，收回丧失的国家主权一事，虽然是中国政府外交的首要任务，但由于上述局限性的存在，在巴黎和会及华盛顿会议期间，政府外交的妥协性使得以民间经济外交为首的民间外交在此期间开展得最为活跃，发挥了强有力的监督作用。而对于日本实业界来讲，由于第一次世界大战后日本国家经济实力雄厚，且对外经济扩张的野心不断膨胀，这就使得日本实业界试图通过以民间经济外交手段来间接参与外交事务，同政府对华经济扩张政策保持步调一致，在维护不平等条约体系的情况下，以确保已取得的在华经济利益。例如，中国实业代表团赴日访问期间所采取的行为以及国人抵制日货的运动，其目的之一就在于呼吁和警告日本民众，促进其"醒悟"，希望其能够成为日本政府侵略政策的反对力量。但事实表明，以日本实业界为代表的日本民间及朝野上下，他们的对华立场却是完全一致的，因此表明将日本政府与民众区别对待的外交策略并未获得预期效果，这是由于两国实业家为代表的民间力量在间接参与外交事务中的不均衡性所致。

除此之外，日本商人组织的民间经济外交活动多是在日本政府支持及支援之下所发起的，其目的与日本政府外交的目的具有一致性。例如，1910年日本实业团的访华活动实质上是在日本政府的全力支持之下得以推进的，而这些不仅表现在访华准备活动中，而且还体现在访华过程中日本政府通过日本领事对情报的收集活动来对访华团做出的指示方面。但是，与日本方面的这一特点相比较，中国商人组织发动的民间经济外交活动则大多不具备政府的支持，而是由商人组织自身积极争取到的。数次的抵制日货运动中，大都由商人组织发起并执行实施，而最终结局多是因政府的取缔而被中止。同样，1926年的中国实业团访日活动，则完全是商人自发组织而成行，并在访日过程中，为争取谋求平等的政治目标，在没有政府外交支持之下，做出了本应由政府外交来交涉的外交活动。

从另一方面来看，还存在着双重性的特点。实际上，这一点也是与双方政府及两国商人组织本身的优劣势所决定的。例如，在抵制日货运动的过程中，中国商人组织虽然以罢市、通电、经济绝交等手段对日本政府及实业界给予了经济上的打击，并且在运动初期秉持一种盲目乐观态度，认为中国兵力虽弱但民意犹强，为了自救，唯有实行经济绝交方为有效。提出"何日撤废密约，即何日恢复旧状"的意见很多。但是，在抵制过程中，一方面经济绝交的手段使其本身经济利益受损，商人组织对于抵制日货的热情也就随时间推移而降低；另一方面由于政府的立场也严格制约着抵货运动的兴衰，在两国国力非均衡的背景之下，中国政府在对民众运动失控担忧的基础之下，再加之来自日本朝野的压力，使其态度由默许、利用转变为压制和最终的取缔。在这种背景之下，中国商人组织的态度也从最初的坚决抵制转变为最终以"中日亲善"为名，与日方商人组织召开所谓的"联欢会"，中止了抵货运动。

1926年邀请中国实业家代表团赴日访问，日方表面上以发展平等的合作和商务关系为理由而提出，并强调是以"中日亲善"为前提和基础而开展的中日之间直接的民间经济外交活动，而实质上却带有扩张在华势力，将中国作为其倾销商品的市场和原料来源地的动机，并与日本政府的对华外交政策达成一致。中方对于能与日方进行平等的交往和合作是渴望的事情，出发点在于利用日本资金和技术开发中国资源、发展中国经济，这从商业交流考察的出发点来看也是合理而正常的。但是由于这种平等的商业交往及合作的本质需要建立在平等的国交基础之上，为此中方摆脱"在商言商"这种完全放弃其政治上的义务的局限，表示了决心废除不平等条约、不达目的不止的坚决态度。

结　语

关于近代民间经济外交的研究起步较晚，虽在商会史、反帝爱国运动史和中外关系事件的研究中已有所涉及，但对于民间经济外交的理论框架与概念研究以及将其作为专题来进行研究的却很少，尤其是本研究论及的民国初期的中日民间经济外交，尚无专门详细的研究。笔者认为重新构筑中日民间经济外交的历史过程，不仅将加深我们对这一时期中日关系的认识，也将有助于我们对近代和当代中日关系的理解。

为开拓和深入研究中日民间经济外交这一专题，本研究以具体史实为依据，除了在国内收集相关史料外，还在日本收集了相关的日本报刊、重要人物传记、商工会议所记录、企业记录、日本外务省外交史料馆、亚洲历史资料中心以及官厅档案的资料。通过对中日两国史料的详细比较和考证，着重构架了中日两国民间经济外交发生、发展、演变的历史过程及其与两国政治外交、相互经济利益的关系；评价了民间力量与政治决策的关系；估量民间经济外交在国家政治外交中的地位；对中日民间经济外交的作用、特点做出总体评价，提出了自己的看法。

本书拟实现下述研究目的。

第一，通过上述全面的、多角度的研究，构筑民国初期的中日民间经济外交完整的历史面貌，丰富和深化民间经济外交的研究成果，填补近代中日民间经济外交专题研究的空白。

第二，对当今世界全球化的大趋势下日益活跃的民间组织和团体的对外经济交往活动，提供可资借鉴的历史经验和意义。

一　创新点

通过学术回顾，并针对以往研究的缺陷，本书具有以下几点创新及发展。

第一，在理论创新方面的价值。

笔者通过对民间经济外交意识的产生、发展以及表现等进行研究，在把握民间经济外交的内涵和外延的基础上，对民间经济外交的概念做了较具体的定义，从而达到对以往研究在理论上存在的缺陷加以修正和改善之目的。

第二，在研究领域方面的创新与发展。

由于学术界对民间经济外交的研究成果相对薄弱，重新构筑中日民间经济外交的历史过程，不仅是本书的一项重要内容，同时也丰富和深化了民间经济外交的研究成果，为近代中日民间经济外交专题研究领域提供了有价值的学术探索。

第三，在挖掘新史料方面的价值。

笔者除了集中精力在国内收集与课题相关的史料外，还在日本尽可能广泛地收集了日本的报刊、重要人物传记资料、商工会议所的记录、企业的记事、日本外务省外交史料馆、亚洲历史资料中心以及官厅档案的资料。并将所搜集的史料进行详细的整理和分析，对照中日文史料做细致的考证，挖掘出新史料，把论点的提出构建于坚实的史料基础上，补充和完善已有研究成果在史料收集方面的欠缺。

第四，在研究范围的扩展方面。

既考察中国对日本的民间经济外交活动，又考察日本对中国的民间经济外交活动，也考察中日两国民间经济外交的互动关系，以达到丰富和拓宽研究范围之目的。

第五，对于研究视角的扩展。

已有研究大多从商会史、反帝爱国运动史及中外关系的角度出发进行分析，但由于不同国家的商人在他所寄托的诉求方面，有着不同的出发点和目的，因此从民间经济外交的角度对其进行考察和剖析，将会有利于运用新的研究视角发现新的问题，达到对已有研究视角的补充和扩展。

第六，在问题研究意识方面的提升。

为避免以往研究把复杂的历史问题片面化的缺陷，将中日民间经济外交这一研究置身于当时的内政、经济和中外关系等大背景下进行多方位、综合性的分析和评价，在展现近代商人参与政治外交、经济外交、争取国家权利的多视角图景的同时，反映近代国家与社会，中外各种政治、经济力量之间的矛盾和博弈，从而达到从不同的侧面构架完整的历史面貌的创新点。

第七，在研究方法的综合运用方面。

以时间为经，重大历史事件及重要人物为纬，将中日商人组织为主体的民间经济外交放在中日两国国内外政治、经济、外交环境的大背景下加以动态分析。注重史料的排比分析，通过对中日两国史料的详细比较和考证，梳理清史实，把论点的提出构建于坚实的史料基础上。综合运用多种学科理论和方法，着重分析了中日两国民间经济外交发生、发展、演变的历史过程及其与两国政治外交、相互经济利益的关系。

二 研究结果

本书的研究框架及各章节所取得的研究结果大致如下。

首先，在绪论部分对本书的选题意识和分析视角做了总体说明，并在此基础上，通过对以往研究的学术回顾，指出了以往研究存在的六大问题点和改善点，为本书实现更趋完善的学术水平打下了基石，确定了中日民间经济外交的专题研究课题，实现了在研究领域方面的创新与发展的同时，理清了本书的整体分析框架。

第一章针对以往研究在理论方面存在的不足，主要围绕民间经济外交的理论与方法展开了论述。在梳理清民间经济外交意识产生的背景、民间经济外交意识的发展阶段的前提之下，对民间经济外交的概念及其形态做出了界定。在弥补了以往研究中对理论研究不足的同时，实现了理论创新方面的价值，并为本书的研究视角提供了总体指向。

第二章至第七章，利用国内外的研究资料，从民间经济外交的角度来观察中日之间发生的民间经济外交活动，是本书呈现此研究时段的中日民间经济外交全貌的历史考察部分。对于第二章至第七章取得的研究结果如下所示：

第二章以清末民初首次发生的抵制日货运动为着眼点进行分析。就此次运动中，新式商人组织在抵制日货运动中发挥的重要作用以及其主导运动的经过，依据历史史实做了整理，表明它具有中日民间经济外交之始端的意义。

第三章以1910年日本实业团访华以及1926年中国实业代表团的赴日访问为例，对跨出国门的中日民间经济外交活动做了整理。在对收集到的中日史料进行详细的整理和分析基础上，做了具体的比较。在考察了中国对日本的民间经济外交活动的同时，还考察了日本对中国的民间经济外交活动，并兼顾考察中日两国民间经济外交的互动关系，从而达到了丰富和拓宽研究范围的目的。其中，将 1910 年日本实业团访华背景，以及访华经纬置身于国内外政治、经济大背景下，进行历史考察。对于 1926 年中国实业代表团的赴日访问，则从赴日访问的缘起谈起，对赴日访问的整体经过做了详细分析，并从民间经济外交的角度出发，对赴日访问的意义做了综合性评价。

第四章以华盛顿会议前及会议期间中国商人组织所展开的民间经济外交活动为主线进行剖析。对华盛顿会议前商人组织的民间经济外交活动以及主张，主要分四部分进行了整理，即分别就反对直接交涉山东问题、救国赎路运动的发动与开展、选派赴美国民代表以及会前对华盛顿会议提案的积极参与进行了回顾。华盛顿会议期间积极主动的民间经济外交活动也由四部分组成，分别对参与中日"边缘"会谈的外交努力、救国赎路运动的发展、集金赎路运动的结束及影响，以及为支持政府外交而发动的抵制日货运动做了梳理，展示出商人组织为了实现华盛顿会议的政治、经济外交目的，在会前及会中就积极致力于各种民间经济外交活动的准备，以及积极踊跃参与民间经济外交活动过程的同时，分析了其与国内外政治环境、政府外交的关系。

第五章在第四章的基础上，围绕中国商人组织的抵制日货运动与日本商人组织的"反抵制"运动，这一中日两国间商人组织双方的并兼及在中国国内和国外展开的民间经济外交活动进行了详尽比较，展示了华盛顿会议后中日民间经济外交活动在国内外政治、经济大背景下，双方的商人组织既以本国政府外交，又以本身经济利益为出发点所展开的民间经济外交活动的历史过程。综合运用历史学、国际关系学等学科相结合的研究方法，对于民间力量与政治决策的关系以及民间经济外交在国家政治外交过程中的地位做出了评价。

第六章作为华盛顿会议的后续，针对华盛顿会议中规定的关税特别会议问题，从民间经济外交的角度出发，围绕关税会议前后中国商人组织的民间经济外交活动进行了考察。首先，对于华盛顿会议后关税特别会议之前，中国商人组织作为政府外交的补充力量，伴随着关税自主意识的发展，为关税特别会议的顺利召开而做出的积极主动的民间经济外交活动进行了整理和评述。主要以中国关税主权的丧失经过、关税自主意识的兴起及增强、关税研究会的成立及召开为主线，展开了讨论。其次，就关税特别会议过程中，中国商人组织力争关税自主的民间经济外交活动做了整理分析，主要对三部分展开了详细构筑，分别是力争税则修改和关余用途的民间经济外交活动、争取关税自主的民间经济外交活动以及关税会议期间为政府外交建言献策的民间经济外交活动。因关税特别会议问题不但与国家利权有着极其重要的关系，而且对于中国商人组织来讲，也是与自身的经济利益有着密切联系的重要问题。因此，与1919年以来所发生的自发式的民间经济外交活动相比较，此次活动明显展示了政府外交主导下的民间经济外交的积极作用，即显示了政府外交与民间经济外交步调一致的特点。

　　第七章，因1928年"济南惨案"发生后全国爆发的抵制日货运动给天津日本居留民团在华经济发展带来了阻力，为此天津日本居留民团为振兴实业开展了低利息资金请愿运动。此次请愿运动得到了日本外务省的大力支持，通过分析表明，在此次运动中，日本外务省给予了具体且强力的支持，是因为对于日本政府来讲，在对中国进行经济扩张和侵略的过程中，确保租界的经济扩张立足点的重要性是毋庸置疑的。为此，保护并扶持租界中的居留民，则是保证其与列强以及中国商人进行竞争的有力途径，有利于日本资本主义对中国的经济扩张与掠夺。而对于天津日本居留民来讲，则在此过程中意识到，自己作为日本在海外第一线投资方面所起到的先锋作用，为维护自身在华的经济利益，他们需要将自己的在华经济诉求传递给日本政府，通过日本政府的保护和扶持，有效打击其竞争对手——中国商人以及西方列强，增强自身争夺中国市场的竞争力。即天津日本居留民通过日本政府支持下的贷款等经济手段，振兴在华实业，增强占据中国市场的要求，与政府所期待的实现经济权益的扩张要求达到了一致。

　　第八章围绕中日民间经济外交的作用、特点等内容，对中日民间经济外交做了总体评价，提出了本书的看法。从民间经济外交对政府外交的作用来看，主要有三点作用：第一，是政府外交强有力的补充；第二，对政府外交的有效监督作用；第三，是政府外交与民间外交的折中点。另外，由于中日两国政府外交战略以及与其各自所处国内外环境的不同，决定了中日两国的民间经济外交对经济发展所起到的作用也是不同的，但主要有三点：从中国方面来讲，第一，促进了中国民族经济的发展；第二，加强了参与经济交流的意识；而从日本方面来看，则主要是体现在第三点上，即推动了日本资本主义对中国的经济掠夺。对于中日民间经济外交所呈现的特点，通过本书的分析，可以发现主要有两点：第一，具有不均衡性，这主要表现在日方占有主动性，中方却是处于被动地位方面上；第二，具有双重性，而这一特点实际上却是由中日双方政府及两国商人组织本身的优劣势所决定的。

主要参考文献

著作（含已出版档案材料）：

蔡渭洲：《中国海关简史》，中国展望出版社 1989 年版。

蔡正雅、陈善林等编：《中日贸易统计》，中华书局 1933 年版。

陈诗启：《中国近代海关史》，人民出版社 2002 年版。

陈耀东：《国民外交常识》，新月书店 1928 年版。

程道德等编：《中华民国外交史资料选编（1919—1931）》，北京大学出版社 1985 年版。

邓峙冰：《赴日参观记》，上海总商会月报营业部 1927 年版，上海图书馆藏书。

董霖：《顾维钧与战时外交》，台北传记文学出版社 1978 年版。

凤冈及门弟子编：《三水梁燕孙先生年谱》下册，1946 年铅印本。

盖平、周守一编：《华盛顿会议小史》，中华书局 1926 年版。

顾明义：《日本侵占旅大四十年史》，辽宁人民出版社 1991 年版。

顾维钧：《顾维钧回忆录》，中华书局 1983 年版。

郭太风：《迈向现代化的沉重步履》，学林出版社 2004 年版。

国民外交政府编纂委员会编：《中国恢复关税主权之经过》，外交部编纂委员会 1929 年版。

黄纪莲编：《中日"二十一条"交涉史料全编（1915—1923）》，安徽大学出版社 2001 年版。

贾中福：《中美商人组织与近代国民外交（1905—1927）》，中国社会科学出版社 2008 年版。

江恒源：《中国关税史料》，人文编辑所 1931 年版。

姜良芹：《南京国民政府内债问题研究（1927—1937）以内债政策及运作

绩效为中心》，南京大学出版社 2003 年版。

交通、铁道部交通史编纂委员会编辑：《交通史路政编》第 13 册，交通、
　　铁道部交通史编纂委员会 1935 年版。

金正昆：《现代外交学概论》，中国人民大学出版社 1999 年版。

来新夏编：《北洋军阀史》下册，南开大学出版社 2002 年版。

蓝旭男：《收回旅大与抵制日货运动（1923）》，台湾"中央研究院"近代
　　研究史集刊 1986 年版。

李达嘉：《商人与政治：以上海为中心的探讨（1895—1914）》，博士学位
　　论文，台湾大学历史学研究所，1995 年。

李恩民：《中日民间经济外交（1945—1972）》，人民出版社 1997 年版。

李权时：《中国关税问题》上册，商务印书馆 1936 年版。

李新编：《中华民国大事记》第 2 册，中国文史出版社 1997 年版。

娄向哲：《民初中国对日贸易论》，南开大学出版社 1994 年版。

鲁毅等编：《外交学概论》，世界知识出版社 1997 年版。

罗元铮主编：《中华民国实录》第一卷，吉林人民出版社 1998 年版。

农商部编：《中华游美实业团报告》，商务印书馆 1916 年版。

钱其琛主编：《世界外交大辞典》，世界知识出版社 2005 年版。

上海社会科学院经济研究所：《荣家企业史料》上册，上海人民出版社
　　1962 年版。

上海市工商业联合会编：《上海总商会议事录》，上海古籍出版社 2006
　　年版。

沈云龙主编；《近代中国史料丛刊》，文海出版社 1983 年版。

沈云龙主编：《关税研究会议事录》，文海出版社 1987 年版。

沈云龙主编：《近代中国史料丛刊》三编第三十一辑 310，文海出版社
　　1987 年版。

沈云龙主编：《近代中国史料丛刊》三编第五十一辑 502，文海出版社
　　1989 年版。

世界知识出版社编辑：《国际条约集（1917—1923）》，世界知识出版社
　　1961 年版。

四川档案馆编：《四川保路运动档案选编》，四川人民出版社 1981 年版。

苏绍炳编：《山钟集》，1906 年油印本。

台湾近代史研究所编：《中日关系史料——山东问题》，台湾近代史研究所

1987 年版。

唐有壬等编：《最近中国对外贸易统计图解（1912—1930）》，中国银行总
　管理处调查部 1931 年版。

天津市档案馆、天津社会科学院历史研究所、天津市工商业联合会：《天
　津商会档案汇编》，天津人民出版社 1992 年版。

天津市地方志编修委员会办公室、天津图书馆：《〈益世报〉天津资料点校
　汇编（一）》，天津社会科学出版社 1999 年版。

外交学会编：《外交大辞典》，中华书局 1937 年版。

王敬虞：《近代中外经济关系史论集》，方志出版社 2006 年版。

王铁崖编：《中外旧约章汇编》，生活・读书・新知三联书店 1962 年版。

王芸生编著：《六十年来中国与日本》第五卷，生活・读书・新知三联书
　店 1981 年版。

颜惠庆：《颜惠庆自传：一位民国元老的历史记忆》，吴建雍等译，商务印
　书馆 2003 年版。

吴相湘、刘绍唐主编：《民国史料丛刊》第 17 种，传记文学出版社 1971
　年版。

武堉干：《中国关税问题》，商务印书馆 1930 年版。

项立岭：《中美关系的一次曲折》，复旦大学出版社 1997 年版。

徐沧水编：《内国公债史》，商务印书馆 1923 年版。

徐鼎新、钱小明：《上海总商会史（1902—1929）》，上海社会科学院出版
　社 1991 年版。

虞和平：《商会与中国早期现代化》，上海人民出版社 1993 年版。

袁访赉：《余日章传》，青年协会书局 1948 年版。

张恒忠：《上海总商会研究》，台北知书房出版社 1996 年版。

赵靖主编：《穆藕初文集》，北京大学出版社 1995 年版。

中国第二历史档案馆编：《中华民国史档案资料汇编》第三辑民众运动，
　江苏古籍出版社 1991 年版。

中国社会科学院近代史研究所《近代史资料》编辑室主编、天津市历史博
　物馆编辑：《秘笈录存》，中国社会科学出版社 1984 年版。

中国社会科学院近代史研究所中华民国史组编：《中华民国史资料丛
　稿——大事记》第十二辑，中华书局 1978 年版。

中国社会科学院近代史研究所中华民国史组：《中华民国史资料丛稿——

大事记》第十八辑，中华书局 1989 年版。

"中央研究院"近代史研究所：《中日关系史料——排日问题》中华民国八年至十五年，台湾"中央研究院"近代史研究所 1993 年版。

周斌：《舆论、运动与外交——20 世纪 20 年代民间外交研究》，学苑出版社 2010 年版。

周启明编：《国外外交学》，公安大学出版社 1990 年版。

［日］白石重太郎：《赴清実業団誌》，东京商业会所内赴清实业团志编纂委员会大正三年版。

［日］波形昭一编：《近代アジアの日本人経済団体》，同文馆 1997 年版。

［日］大阪商船株式会社编：《大阪商船株式会社五十年史》，日清汽船株式会社 1931 年版。

［日］大藏省管理局编：《日本人の海外活動に関する歴史的調査》，ゆまに书房 2001 年版。

［日］大石嘉一郎编：《戦間期日本の対外経済関係》，日本经济评论社 1992 年版。

［日］东亚同文会编：《対支回顧録》，对支功劳者传记编纂会昭和十一年版。

［日］饭岛涉：《華僑華人研究の現在》，汲古书院 1999 年版。

［日］今井清一：《日本近现代史》第 2 卷，杨孝成等译，商务印书馆 1992 年版。

［日］木村昌人：《渋谷栄一民間経済外交の創始者》，中公新书 1991 年版。

［日］木村昌人：《日米民間経済外交 1905—1911》，庆应通信平成元年版。

［日］日本外务省：《日清両国実業家訪問交換一件》第一卷，明治四十三年，国立公文馆亚洲历史资料中心，资料号：No. 3—1312。

［日］日本外务省编：《外交文書》第 43 卷第 2 册，日本国籍联合协会 1962 年版。

［日］日本邮船株式会社编：《日本郵船株式会社五十年史》，日清汽船株式会社 1922 年版。

［日］日清汽船株式会社编：《日清汽船株式会社三十年史》，日清汽船株式会社 1934 年版。

［日］入江昭、有贺贞编：《戦間期の日本外交》，东京大学出版会 1984 年版。

［日］涩泽青渊纪念财团龙门社编：《渋沢栄一伝記資料》第 55 卷，涩泽荣一传记资料刊行会昭和 39 年版。

［日］神户华侨华人研究会编：《神戸と華僑 – この150 年の歩み》，神户新闻综合出版中心 2004 年版。

［日］石射猪太郎：《外交官の一生：対中国外交の回想》，太平出版社 1972 年版。

［日］天津居留团编：《天津居留民団二十周年記念誌》，天津居留团 1930 年版。

［日］天津居留团编：《昭和四年第二十四次居留民団臨時会議事速記録》，天津居留团 1930 年版。

［日］天津居留团编：《昭和四年民事務報告附民団財産明細書》，天津居留民団 1930 年版。

［日］天津居留团编：《昭和五年度第二十三次居留民会通常会議速記録》，天津居留民团 1931 年版。

［日］天津排货对策实行会编：《天津に於ける排日運動の真相》，天津排货对策实行会 1929 年版。

［日］天津日本人商业会议所编：《昭和二年天津貿易年報》，天津日本人商业会议所 1928 年版。

［日］天津兴信所编：《京津在留邦人官商録》，天津兴信所 1925 年版。

［日］天津兴信所编：《北支那在留邦人官商録》，天津兴信所 1932 年版。

［日］《日、支合弁銀行関係雑件》中华汇业银行，1929 年，外务省外交史料馆藏，资料号：外务省记录 E. 2. 3. 2. 3—1。

［日］《本邦銀行関連雑件》天津银行，1929 年，外务省外交史料馆藏，资料号：外务省记录 E. 2. 3. 2. 4—2—2。

［日］《在外邦人商業（商工）会議所雑件》天津商工会议所，1928 年，外务省外交史料馆藏，资料号：外务省记录 E. 2. 6. 0. 1—11。

［日］《在中国帝国居留民団及び民会関係雑纂》天津部分，1929 年，外务省外交史料馆藏，资料号：外务省记录 k. 3. 2. 2. 1—3。

［日］《在中国帝国居留民団及び民会関係雑纂》天津部分，载天津兴信所编《京津在留邦人官商録》，天津兴信所 1925 年版，外务省外交史料馆藏，资料号：外务省记录 k. 3. 2. 2. 1—3。

［日］《在中国帝国居留民团及び民会関係雑纂》天津部分，载天津兴信所编《京津在留邦人官商録》，天津兴信所 1915 年版，外务省外交史料馆藏，资料号：外务省记录 k. 3. 2. 2. 1—3。

［日］亚细亚局第二科：《上海総商会本邦視察団来朝顛末》，1926 年 6 月，国立公文馆亚洲历史资料中心馆藏，资料号：Reel No. 调—0014。

［日］亚细亚局第二科：《上海総商会本邦視察団来朝二関スル外務省措置》，1926 年 6 月，国立公文馆亚洲历史资料中心馆藏，资料号：Reel No. 调—0014。

［美］孔华润：《美国对中国的反应》，张静尔译，复旦大学出版社 1997 年版。

［美］雷麦：《外人在华投资》，蒋学模等译，商务印书馆 1959 年版。

［美］Chae-Jin Lee, *China and Japan：New Economic Diplomacy*, Stanford：Hoover Institution, 1984.

［美］Robert Dollar, *Private Diary of Robert Dollar on his Recent Visit of China*, San Francisco：Robert Company, 1912.

［美］Robert Dollar, *Memoirs of Robert Dollar*, San Francisco：Robert Company, 1917.

［美］C. F. Remer, *A Study of Chinese Boycotts-With Special Reference to their Economic Effectiveness*, Taiwan Taipei Ch'eng-wen Publishing Company, 1966.

［美］Joseph Fewsmith, *Party, State, and Local Elites in Republican：Merchant Organizations and Politics in Shanghai, 1890—1930*, Honolulu：University of Hawaii Press, 1985.

［美］Julean Arnnold, *China：A Commercial and Industrial handbook*, Washington : Government Printing Office, 1926.

［美］Susan Mann Jones, *Local Merchants and the Chinese Bureaucracy, 1750—1950*, Stanford, Calif：the Board of Trustees of the Leland Stanford Junior University, 1986.

［英］Marie-Claire Berère, *The Golden Age of the Chinese Bourgeoisie, 1911—1937*, New York：Cambridge University, 1989.

［英］戈尔·布恩主编：《萨道义外交实践指南》，杨立义等译，上海译文出版社 1984 年版。

［英］莱特：《中国关税沿革史》，姚曾廙译，生活·读书·新知三联书店
　　1958 年版。

　　论文：

冯筱才：《罢市与抵货运动中的江浙商人：以"五四""五卅"为中心》，
　　《近代史研究》2003 年第 1 期。

冯筱才：《沪案交涉、五卅运动与一九二五年的执政府》，《历史研究》
　　2004 年第 1 期。

顾莹惠：《中国实业代表团的赴日外交》，《民国春秋》1994 年第 6 期。

郭太风：《虞洽卿与商会变异（1924—1930）》，《档案与史学》1996 年第
　　5 期。

胡光明：《论国民党政权覆亡前的天津商会与工业会》，《天津社会科学》
　　1999 年第 1 期。

胡光明：《论早期天津商会的性质与作用》，《近代史研究》1986 年第
　　4 期。

李达嘉：《五四前后的上海商界》，《中央研究院近代史研究所集刊》1992
　　年第 21 期。

李达嘉：《袁世凯政府与商人（1914—1916）》，《"中央研究院"近代史研
　　究所集刊》1997 年第 27 期。

陶水木：《上海商界与关税特别会议》，《史林》2007 年第 7 期。

吴志国：《近代中国抵制洋货运动研究（1905—1937）》，博士学位论文，
　　华中师范大学，2009 年。

许冠亭：《上海总商会在华盛顿会议前后收复国权的主张和活动》，《史
　　林》2009 年第 3 期。

虞和平、贾中福：《中国商会代表团参加太平洋商务会议述论》，《史学月
　　刊》2004 年第 7 期。

虞和平：《论清末民初中美商会的互访和合作》，《近代史研究》1988 年第
　　3 期。

虞和平：《吴锦堂与民国初年的中日商人外交——以日支实业协会为中
　　心》，《近代中国与世界：第二届近代中国与世界学术讨论会文集》，社
　　会科学文献出版社 2005 年版。

虞和平：《五四运动与商人外交》，《近代史研究》2000 年第 2 期。

朱英：《近代中国商人思想观念的发展演变》，《理论月刊》2001 年第 5 期。

朱英：《评清末民初有关政治改良与商业发展关系的论说》，《史学月刊》 2000 年第 5 期。

朱英：《清末商会与抵制美货运动》，《华中师范大学学报》1985 年第 6 期。

朱英：《五四运动期间的天津总商会》，《华中师范大学学报》1997 年第 6 期。

［日］栋近美雪：《山东问题与恢复主权外交》，《东方论坛》1998 年第 1 期。

［日］金子肇：《一九二〇代前半中国の政治情勢とブルジョアジー》， 《広島大学東洋史研究室報告》1983 年第 5 号。

［日］片桐庸夫：《渋谷栄一と中国 – その対中姿勢と中心として – （二)》，《渋谷研究》平成十六年 17 号。

［日］片桐庸夫：《渋谷栄一と中国 – その対中姿勢と中心として – （一)》，《渋谷研究》平成十四年 15 号。

［日］小林元裕：《一九二〇年天津における日本人居留民》，《史苑》 1995 年第 2 号。

［日］野泽丰：《辛亥革命と産業問題 – 1910 年の南洋勧業会と日・米両 実業団の中国訪問》，《人文学報》1982 年第 154 号。

报纸杂志：

《晨报》

《东方杂志》

《国闻周报》

《华商联合报》

《民国日报》

《民心周报》

《南开日刊》

《上海总商会月报》

《申报》

《时报》

《时事新报》

《蜀报》

《顺天时报》

《外交报》

《外交公报》

《外交时报》

《现代评论》

《向导》

《向导周报》

《新闻报》

《益世报》

《银行周报》

《银行周刊》

《政法学报》

《政府公报》

《中国实业杂志》

《中华全国商会联合会报》

上海《商报》

天津《大公报》

［日］《大阪朝日新聞》

［日］《大阪每日新聞》

［日］《東京朝日新聞》

［日］《東京商業会議所日報》

［日］《都新聞》

［日］《官報》

［日］《横商月報》

［日］《竜門雑誌》

［日］《中外商業新報》

档案资料：

上海市档案馆藏银行公会档案

［日］国立公文馆亚洲历史资料中心馆藏外交档案

［日］外务省外交史料馆藏外交档案

后　记

在日本留学的近 9 年时间里，虽然在日本经济学界知名学者指导下，经过努力学习，在经济问题研究方面通过综合研究方法的运用，取得了一些成绩，并顺利获得综合政策博士学位。但是，在研究的过程中却愈发感悟到，研究现实问题更需要对学术渊源的追求，建立一个向上能够延伸到近代，向下能够延伸到现代的历史关怀空间，并在此基础上，进行更深入透彻研究的重要性。因此，为了给今后的学术研究工作打下扎实的基础，我选择到中国社会科学院近代史研究所从事博士后工作，并有幸得到在经济史研究方面具有卓越研究成果的虞和平研究员的指导。在虞老师的指导下，我选择了中日民间经济外交这个研究领域作为我的博士后研究方向。

虽然出于对做好未来研究工作的强烈责任感和自身对于历史学研究的兴趣，我大胆地选择了并非我专业优势的中日民间经济外交研究，但是在研究的过程中，却感到无论从问题意识、研究方法还是研究材料，对我而言都是需要从头开始的全新过程，所以真正做起来，比起想象中的困难更为艰辛。

幸运的是从资料的收集到选题，再到本书的具体写作、修改，虞老师都给了我很多非常有价值的指导。在研究过程中每遇到困难，就会请教虞老师，而虞老师则总是不厌其烦地与我共同分析问题的关键所在，指导我如何加深思考、如何加强史学方面的修养，而这些正是我所欠缺且必须充电的地方。当我对出现的问题表现出忧虑时，虞老师总会以他勤奋、执着的学术精神，鼓励我克服困难，继续前进。这些都是我继续努力的动力，也使我终身受益。

本书在博士后研究成果的基础上，除查阅了国内相关档案资料外，还赴日本相关档案馆和研究机构图书馆收集了资料，对日文资料进行了丰富和扩展，力求加深对史料真实性的考证。

感谢史建云老师对本书的学术观点以及选题方面所提出的疑问，并给予了很好的建议。感谢郑起东、严立贤两位老师的言传身教，惠我良多。感谢蒋清宏老师给我提供了英文文献阅读方面的指导。感谢中国社会科学院近代史研究所和中国社会科学院经济研究所各位老师从各方面给予我的学术帮助。

感谢我的博士后前辈徐志民、马建标、马静，以及博士后同窗何树远、吴丽平、田明、高莹莹对我工作和生活上的帮助。

感谢中国社会科学院经济研究所科研处各位老师，他们对我顺利完成本书提供了大量的帮助。

感谢中日两国相关档案馆和研究机构图书馆各位老师对我查阅资料提供的帮助，为我顺利搜集资料提供了便利。

感谢中国社会科学院的资助，为我顺利完成本书提供了有力的保障。

最后，感谢我的父母、兄弟姐妹对我研究工作的支持和理解。